Das Werk

»Nur ein toter Indianer ist ein guter Indianer« hieß es in den USA im vorigen Jahrhundert – »Indianer: derjenige, der sterben muß« überschreiben heute brasilianische Bischöfe ihre Anklage gegen die Ausrottung der Ureinwohner ihres Landes. Das Indianerproblem ist noch immer von tödlicher Aktualität. Es wurde durch den Eingriff Europas in die Geschichte Amerikas geschaffen; richtig erkennen läßt es sich nur, wenn man es auch aus der Perspektive der Betroffenen sieht.

Dieses Handbuch ist von Fachwissenschaftlern geschrieben, die ihre Erforschung der kulturellen und historischen Hintergründe verbinden mit der genauen Kenntnis der heutigen Situation und mit einem aus jahrelanger persönlicher Anschauung erwachsenen Engagement für die Sache der Indianer. Es informiert über die traditionellen Stammeskulturen und ihre Geschichte von der Ankunft der Europäer bis zum Panindianismus in Nordamerika, den Integrationsprogrammen in Mexiko und den Morden in den Wäldern am Amazonas. In 22 Kapiteln über die Kulturregionen werden – unterstützt durch Verbreitungskarten und viele Abbildungen – der Lebensraum, der Lebensunterhalt, der materielle Kulturbesitz, die soziale Umwelt, die Religion und die Geschichte anschaulich beschrieben.

Der Autor

Prof. Dr. Wolfgang Lindig lehrt seit 1971 am Institut für Historische Ethnologie der Universität Frankfurt. Völkerkundliche Forschungen auf zahlreichen Reisen und Aufenthalten im Südwesten der USA, in Kanada und in Mexiko. Bücher: ›Geheimbünde und Männerbünde der Prärie- und Waldlandindianer Nordamerikas‹ (1970), ›Die Kulturen der Eskimo und Indianer Nordamerikas‹ (1972), ›Vorgeschichte Nordamerikas‹ (1973), ›Völker der Vierten Welt‹ (Hrsg., 1981), ›Navajo‹ (mit Fotos von H. Teiwes, 1991), ›Indianische Realität‹ (Hrsg., 1994, dtv 4614).

Wolfgang Lindig und Mark Münzel:
Die Indianer
Kulturen und Geschichte

Band 1:
Nordamerika
Von der Beringstraße
bis zum Isthmus von Tehuantepec

Von Wolfgang Lindig

Deutscher
Taschenbuch
Verlag

Von Wolfgang Lindig außerdem bei dtv erschienen:
›Indianische Realität. Nordamerikanische Indianer in der
Gegenwart‹ (4614)

1. Auflage November 1978
3., durchgesehene und erweiterte Auflage in zwei Bänden
November 1985: 14. bis 20. Tausend
6. Auflage Juni 1994: 31.–33. Tausend
© Deutscher Taschenbuch Verlag GmbH & Co. KG,
München
Die Erstausgabe erschien 1976 im Wilhelm Fink Verlag,
München
Umschlaggestaltung: Celestino Piatti
Vorlage: Maske der Beringstraßen-Eskimos
(nach Nelson 1901)
Gesamtherstellung: C. H. Beck'sche Buchdruckerei,
Nördlingen
Printed in Germany · ISBN 3-423-04434-9

Inhalt

Inhalt von Band 2
MITTEL- UND SÜDAMERIKA
VON YUCATÁN BIS FEUERLAND (von Mark Münzel)

Die »Indianerwelle« – ein neues, politisch, ökologisch oder philosophisch engagiertes Interesse – rollt, vor allem seit der demonstrativen Besetzung des Massaker-Schauplatzes Wounded Knee durch rebellierende Sioux und seit den Presseberichten über die Ausrottung von Amazonas-Indianern. Allerdings ist dabei meist von einem nicht existenten Wesen die Rede, »dem« Indianer, der in sich Züge von Winnetou und Sitting Bull, von Rousseaus Edlem Wilden und von revolutionären Helden der Dritten Welt vereinigt. Das liegt zum Teil daran, daß wissenschaftliche Literatur über Indianer Laien meist schwer zugänglich ist. Auch herrscht manchmal die Tendenz vor, das »Indianerproblem« ganz überwiegend mit dem sicher wichtigen externen Faktor Kolonialismus – das heute den Indianern aufgezwungene fremde ökonomische und politische System – zu erklären. Zweifellos wurde das Indianerproblem erst durch den Eingriff Europas in Amerikas Geschichte geschaffen, aber wie es heute im einzelnen aussieht und wie es gelöst werden kann, läßt sich nicht ganz erkennen ohne den Blick auf die indianische Seite – auf die indianischen Kulturen, ihre Geschichte und heutige Gestalt.

Dieses Buch möchte die indianischen Kulturen in einer für den Laien verständlichen Form beschreiben, ohne doch die Ergebnisse der völkerkundlichen Wissenschaft einfach zu vernachlässigen. Besonders sollen dabei die bei uns meist zu wenig beachteten Unterschiede zwischen verschiedenen indianischen Kulturen herausgestellt werden. Die Vorgänge in Wounded Knee z. B. sind anders als die im Reservat der Navajo, unter anderem auch und gerade deshalb, weil die Navajo auf einer völlig anderen Kultur aufbauen als die Sioux von Wounded Knee und daher auch andere Erfahrungen mit dem europäischen Kolonialismus machten. Das Typische »der« indianischen Kultur ist eben, daß sie aus zahlreichen Einzelkulturen besteht. »Die« indianische »Nation« ist die Summe unzähliger großer, kleiner und kleinster Gruppen, die oft nur wenig gemein haben. Diese Vielfalt soll in der vorliegenden Darstellung eingefangen werden.

Das Buch ist nach einem Schema gegliedert, das besserer Übersichtlichkeit dienen und Quervergleiche erleichtern soll.

Es baut auf dem Begriff des Ökosystems auf. Ausgangspunkt und verbindendes Element ist die Umwelt, in der sich die Kulturen entwickeln und von der sie – in besonders starkem Maß bei einfachen Gesellschaften, wie wir sie bei den Indianern meist finden – abhängen und geprägt wurden.

Wie alle Schemata hat auch dieses seine Schwächen. Die Aufteilung der indianischen Gesellschaften und Kulturen in Kulturareale muß Grenzfälle – Gruppen, die zwischen den Arealen stehen – vernachlässigen. Aber ohnehin ist die Darstellung *aller* einzelnen Kulturen und Gruppen der amerikanischen Ureinwohner eine Aufgabe, die umfangreicheren, für Wissenschaftler spezialisierten Werken vorbehalten bleiben muß. Die Darstellung der einzelnen Areale in Unterkapiteln, die etwa Sozialordnung und Religion trennen, könnte manchmal fast vergessen lassen, daß diese verschiedenen Bereiche engstens und sich gegenseitig bedingend voneinander abhängen. Aber eine systematische Beschreibung ist zu solchen Einteilungen gezwungen, will sie sich nicht durch ständige Rückverweise wiederholen, was den Fluß der Darstellung stören würde. Einige ethnologische Fachausdrücke, deren Verwendung nicht zu umgehen war, sind in einem Glossar am Schluß des Buches erklärt.

Daß die Hunderte unterschiedlicher Kulturen, von denen jede für sich einen Komplex unzähliger Einzelelemente darstellt, hier nur summarisch dargestellt werden können, ist einleuchtend. Die Autoren mußten oft den Mut zur Vereinfachung, zum Pauschalurteil oder zur Lücke aufbringen. Der Leser darf deshalb nicht vergessen, daß es sich um eine Einführung, nicht um ein wissenschaftlich erschöpfendes Handbuch handelt. Zweck des Buches ist, Grundzüge indianischer Kulturen in all ihrer Vielfalt, nicht aber eine detaillierte Darstellung dieser Vielfalt zu vermitteln.

Inhalt des Buches sind die indianischen Kulturen als eigene Systeme. Die Autoren wissen wohl, daß diese nach außen offen, von außen vielfach beeinflußt und weitgehend auch in größere Systeme eingebettet sind. Man kann Indianer seit Kolumbus nicht mehr ganz verstehen, berücksichtigt man nicht, daß sie in einer immer unindianischer werdenden Umwelt leben. Doch soll in diesem Buch der Hauptakzent auf die *indianischen* Systeme gelegt werden.

Wolfgang Lindig   Mark Münzel

Zur 3. Taschenbuchauflage

Die neue Auflage enthält einige Veränderungen. Kleinere Fehler
wurden ausgemerzt, die Bibliographie wurde erheblich erweitert, auch das Glossar ist umfangreicher geworden. Ferner sind
einige Zeichnungen und Karten verbessert worden. Aus technischen Gründen konnte eine völlige Überarbeitung des Textes
nicht vorgenommen werden. Ein neues Kapitel über die siebziger Jahre wurde jedoch neu verfaßt, in dem auch einige jüngere
Kollegen – aus eigenen Erfahrungen der letzten Jahre berich-
tend – zu Worte kommen, um Schwerpunkte der heutigen indianischen Welt an aktuellen Problemen darzustellen. Ich bin
den Mitarbeitern, die mir auch sonst zahlreiche Anregungen
gegeben haben, für die Beiträge zu diesem neuen Kapitel zu
besonderem Dank verpflichtet. Mangelte es doch diesem Buch
gerade an solchen aktuellen Situationsberichten. Zwar war dieser Mangel beim Schreiben des ursprünglichen Textes bewußt
in Kauf genommen worden, weil zu jener Zeit gerade zwei
Werke auf dem deutschen Büchermarkt erschienen waren, die
sich speziell mit diesen Problemen beschäftigten – Christian
Feests ›Das rote Amerika‹ und Axel Schulze-Thulins ›Weg ohne
Mokassin‹ –, doch scheint es mir heute angebracht, diese Probleme auch in unserem Buch wenigstens exemplarisch aufzuzeigen. Im übrigen sei auf die ausführlichen Literaturangaben ver-
wiesen, die, abgesehen von dem älteren ethnographischen, d. h.
mehr deskriptivem Datenmaterial, eine große Zahl problem-
orientierter Titel enthalten, die es jedem Interessenten gestatten,
sich mit bestimmten Fragen intensiver zu befassen. Aus
Platzgründen konnten, von Ausnahmen abgesehen, nur Buchti-
tel aufgeführt werden; es gibt – wie in jeder Wissenschaft – eine
große Zahl von Fachzeitschriften mit wichtigen und aktuellen
Beiträgen. Neuerdings liegen auch die ersten fünf Bände des
›Handbook of North American Indians‹ vor, die in jeder größeren Bibliothek vorhanden sein dürften, und die ein ungeheures
Informationsmaterial über die traditionellen indianischen Kul-
turen Nordamerikas enthalten.
Es ist in mehreren kritischen Besprechungen zu den vorigen
Auflagen angeklungen, daß auch die vorgeschichtlichen Kultu-
ren Nordamerikas, von der Einwanderung der Indianer bis zur
Ankunft der Europäer, wenigstens in einem Abriß dargestellt

werden sollten. Das ist in diesem Buch aus Gründen des Umfanges nicht möglich, müßten dann doch auch die vorgeschichtlichen Kulturen Mesoamerikas und Südamerikas beschrieben werden. Um interessierten Lesern jedoch etwas weiterzuhelfen, verweise ich in einer kleinen Literaturzusammenstellung am Ende der Bibliographie auf einige neuere Arbeiten zur prähistorischen Archäologie Nordamerikas.

Frankfurt am Main
im Frühjahr 1985   Wolfgang Lindig

Einleitung

Das Bild vom nordamerikanischen Indianer hat in den fünfhundert Jahren seit der Entdeckung Amerikas erhebliche Wandlungen erfahren. Auf der einen Seite galt er als blutrünstiger Wilder, der weißen Siedlern den Weg in den Westen verstellte, Frauen und Kindern der Grenzer nach dem Leben trachtete und – ganz allgemein – dem Fortschritt und der Erschließung eines ungeheuren Landes im Wege stand. Die Unterdrückung und Einweisung der Indianer in Reservate und selbst ihre Ausrottung wurden angesichts des Widerstandes, den sie gegen die »zivilisierte Rasse« leisteten, als gerechtfertigt angesehen. Selbst moralisch weniger skrupellose Weiße haben jahrhundertelang mehr oder weniger achselzuckend beiseite gestanden und das Schicksal der Indianer als »historisches Ereignis«, das man nicht ändern könne, angesehen. Dieser allgemeinen Haltung der Mehrheit nicht nur der weißen Amerikaner, sondern auch vieler Europäer stand auf der anderen Seite eine Minderheit gegenüber, die, überwiegend von romantischem Ideengut beeinflußt, die nordamerikanischen Indianer als »Edle Wilde« betrachteten, in deren Lebensweise sie das Rousseausche Ideal reiner Naturverbundenheit verwirklicht glaubten. Sie bedauerten den Untergang der indianischen Kulturen und gründeten karitative Organisationen, die Hilfe versprachen, aber jeweils nur sehr kurzlebig waren. Wenige vermochten sich aus der ethnozentrischen Bezogenheit ihrer eigenen Kultur zu lösen und erkannten den erbarmungslosen Kampf gegen die Indianer als Genozid, den sie als solchen anklagten. In der Fortschrittseuphorie der amerikanischen Pionierepoche verhallten ihre Rufe ungehört. Erst als die Erforschung der traditionellen Indianerkulturen durch Ethnologen einsetzte und die indianischen Kulturen, ihre Wertsysteme, Ordnungen und Glaubensvorstellungen auch in der breiten Öffentlichkeit bekannt wurden, begann vielen Amerikanern bewußt zu werden, daß es einen kulturellen Pluralismus gibt, der, unabhängig von der Entwicklung technologisch-materieller Fertigkeiten, jede hochmütige Geringschätzung fremder Kulturen als krassen Ethnozentrismus entlarvt.

In der populären Meinung herrschen jedoch auch heute noch – abgesehen von pauschalen Vorurteilen, die sich wohl nie ausrotten lassen – manche falschen Vorstellungen über die nord-

Die Kulturareale Nordamerikas

amerikanischen Indianer vor, die in diesem Buch durch die Beschreibung der verschiedenen traditionellen Kulturstrukturen und der Ereignisgeschichte seit der Zeit des Kontaktes zwischen den Indianern und den Weißen berichtigt werden sollen. Dem Leser soll die Vielfältigkeit der indianischen Kulturen nahegebracht und die Reaktionen und Aktionen der Indianer – auch in ihrem kulturellen Bezugsrahmen – verständlich gemacht werden. Der Indianer soll nicht mehr die exotische Hintergrundkulisse der euro-amerikanischen Gesellschaft abgeben, sondern er soll als Mitglied einer autochthonen ethnischen Minorität mit bestimmten – ihm bisher meist verwehrten – Rechten in diesem großen Land anerkannt und unterstützt werden.

Unter den noch bestehenden falschen Vorstellungen über die nordamerikanischen Indianer ist unter anderem die verbreitet, daß ihre Rasse vom Aussterben bedroht sei. Das Gegenteil ist der Fall. Wenn man einmal von den kulturellen Veränderungen, der jede menschliche Gesellschaft unterworfen ist, und die bei den Indianern größer sein mögen als unter zivilisatorisch ähnlich strukturierten Gesellschaften, absieht, leben heute genau so viele (oder besser: wieder so viele) Indianer in Nordamerika wie zur Zeit des Kolumbus. Ihre Zahl steigt weiter an, und zwar prozentual sehr viel stärker als die der weißen Bevölkerung.

Eine weitere falsche Vorstellung, auf die bereits hingewiesen wurde, ist die, daß es eine einzige indianische Kultur gebe. Diese Annahme ist irrig. Weder gab es früher eine einheitliche indianische Kultur, noch gibt es eine solche heutzutage. Man wird deshalb auch vergebens nach einer einheitlichen indianischen Sprache, einer gemeinsamen indianischen Religion oder einem gesamtindianischen »Nationalcharakter« suchen, was immer man darunter verstehen mag; selbst rassentypologisch lassen sich zahlreiche Varianten der Indianiden unterscheiden, die denen der Bewohner der verschiedenen europäischen Länder, der Europiden, durchaus vergleichbar sind. Es ist – wie bereits oben angedeutet – Aufgabe dieses Buches, den Pluralismus des nordamerikanischen Indianertums durch die Beschreibung der traditionellen Kulturen der einzelnen Stämme vor dem Hintergrund der natürlichen Umwelt, in dem sie leben und der ihre Kultur prägte, darzustellen und verständlich zu machen.

Eine weitere verbreitete falsche Vorstellung ist ferner die, daß die indianischen Kulturen zu Veränderungen unfähig seien oder daß sie sich nur passiv äußeren Zwängen unterwürfen und dem auf sie ausgeübten Druck anpaßten. Entsprechend wird die Geschichte der Indianer und ihrer Kulturumbildungen seit der Kontaktzeit als bloße Reaktion auf europäische Einflüsse betrachtet. Doch haben ethnographisch-historische Untersuchungen gezeigt, daß sich indianische Kulturen durchaus kreativ-dynamisch verändern und neue Formen hervorbringen können. Das bekannteste Beispiel für einen solchen Vorgang ist die Entstehung der Bisonjägerkultur der Plains. Mit ihr tritt ein völlig neues Kulturmuster zur ohnehin schon schillernden Palette indianischer Kulturvielfalt hinzu. Es ist ein Kulturmuster, das durch seine Dynamik und Farbigkeit zahlreiche Romanschriftsteller – gute und schlechte – in seinen Bann zog, so daß viele Menschen diese »neue« Indianerkultur als *die* indianische schlechthin verstanden. Das vorliegende Buch soll dazu beitragen, auch dieses Klischee abzutragen.

In neuester Zeit wird nun der indianische Pluralismus um eine

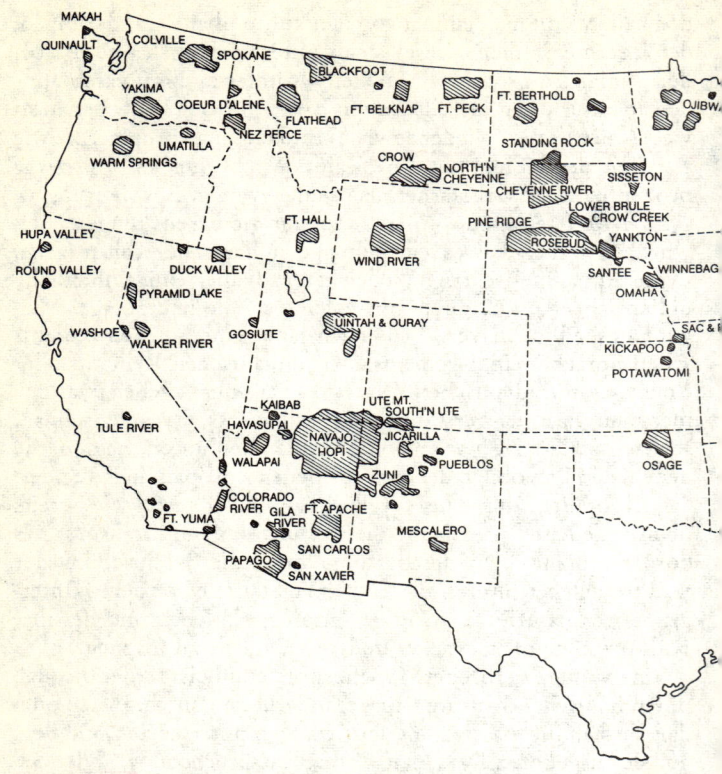

Die heutigen Indianerreservationen in den USA

weitere Variante bereichert, die sich bereits in zahlreichen indianischen Gemeinschaften abzuzeichnen beginnt und die neben der tribalen Tradition, die ja weiterhin besteht, in Erscheinung tritt und sozusagen über diese hinweg ein gemeinsames Problem schafft: die Dichotomie zwischen Reservats- und städtischem Indianer. Viele Indianer verlassen heute, häufig allerdings nur zeitweise, ihr Reservat, um in den Städten bessere Verdienstmöglichkeiten zu suchen. Dadurch entsteht in den Reservaten eine Polarisierung zwischen sogenannten Fortschrittlichen und Anpassungswilligen, die den Weg eines Kompromisses zu gehen gewillt sind, und konservativen, nativisti-

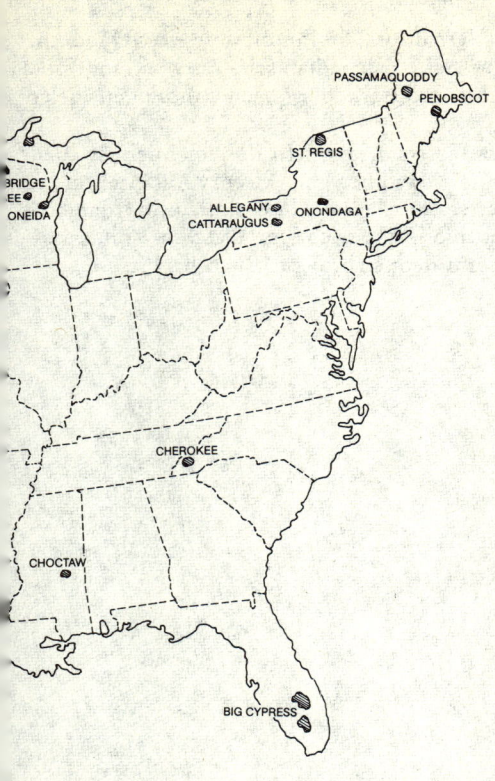

schen Gruppen, die durch extremen Konformismus die Einhaltung und Bewahrung alter Traditionen erzwingen wollen. Zwischen beiden Polen ist die Kluft scheinbar unüberbrückbar. Hinzu kommt eine völlig neue Perspektive, die von einigen in den Städten lebenden Indianern ausgeht. Sie haben Organisationen gegründet, die durch ihren pan-indianischen Anspruch – sich damit gegen den *tribalen* Kulturrigorismus kehrend – erstmals die weiße Majorität in den USA gezwungen haben, auf indianische Rechtsansprüche überhaupt zu reagieren. Damit wächst den im Grunde genommen traditionslosen Gruppen, die sich der tribalen Gemeinschaft entzogen haben, eine größere

Möglichkeit zu, die Verhältnisse in ihrem Sinne zu verändern. Ob sich hier eine dauerhafte pan-indianische Entwicklung vollzieht, bleibt angesichts der starken tribalen Bindungen vieler Indianer abzuwarten.

Eine Schlußbemerkung sei erlaubt. In diesem Buch ist auch den Eskimo ein Kapitel gewidmet, die rassentypologisch nicht zu den Indianern zählen. Doch als Autochthonen Nordamerikas gebührt ihnen ebenfalls ein wichtiger Platz im Völkermosaik des Kontinents, mit dem sich dieses Buch befaßt.

1. Die Eskimo: Das Überleben im arktischen Eis

Lebensraum: Die arktische Tundra

Der nördliche Teil des amerikanischen Kontinents, die gesamte arktische Küste von Westalaska bis Ostgrönland und die meisten Inseln des arktischen Archipels, wurden und werden bis heute von den Eskimo (Inuit) bewohnt. Darüber hinaus gibt es eine kleine Gruppe asiatischer Eskimo, die Yuit, die an der Küste der Tschuktschen-Halbinsel und auf den Inseln des Beringstraßengebietes zwischen Alaska und Sibirien leben. Die Inseln der Aleutenkette und die äußerste Spitze Südwestalaskas sind von den Aleuten, einer den Eskimo verwandten Ethnie, bewohnt. Trotz der riesigen Entfernung von über 5000 km Luftlinie zwischen Sibirien und Ostgrönland besitzen die Eskimo eine relativ einheitliche Sprache und Kultur, die aus einer im 13. Jahrhundert einsetzenden spätprähistorischen Kulturtrift (Thule-Kultur) zu erklären ist. Westlich der Mündung des Mackenzie River, dessen Mündungsgebiet die Grenze zwischen Alaska und Kanada bildet, machen sich jedoch sprachlich und auch kulturell gewisse Unterschiede bemerkbar. Am stärksten weichen die Südalaska-Eskimo (Chugash, Kodiak-Eskimo) und die Aleuten von der allgemeinen Eskimo-Kultur ab. Hier sind die Einflüsse aus der indianischen Nordwestküsten-Kultur besonders deutlich spürbar. Wie sich diese Einflüsse äußern, wird im folgenden darzustellen sein. Es sei jedoch bereits an dieser Stelle angemerkt, daß gewisse Abweichungen auch subsistenzspezifisch bedingt sind; denn in diesen schon im subarktischen Bereich liegenden Gebieten sind die Winter infolge des warmen Japanstromes weniger streng als in der eigentlichen Arktis, so daß Seesäugerjagd und Fischfang hier das ganze Jahr auf dem offenen Meer betrieben werden können. Weitere lokalökologische Varianten der allgemeinen arktischen Eskimo-Kultur stellen die nordalaskischen Küsten-Eskimo, die überwiegend von Walfang lebten, und die ihnen benachbarten Binnenland-Eskimo (Nunamiut) dar, die ihren Lebensunterhalt hauptsächlich durch die Karibujagd bestritten. Karibujäger waren auch die Inlandgruppen der sogenannten Karibu-Eskimo in den Barren Grounds am Chesterfield Inlet, nordwestlich der Hudson Bay. Während die Walfang schon im vorigen Jahrhundert durch die

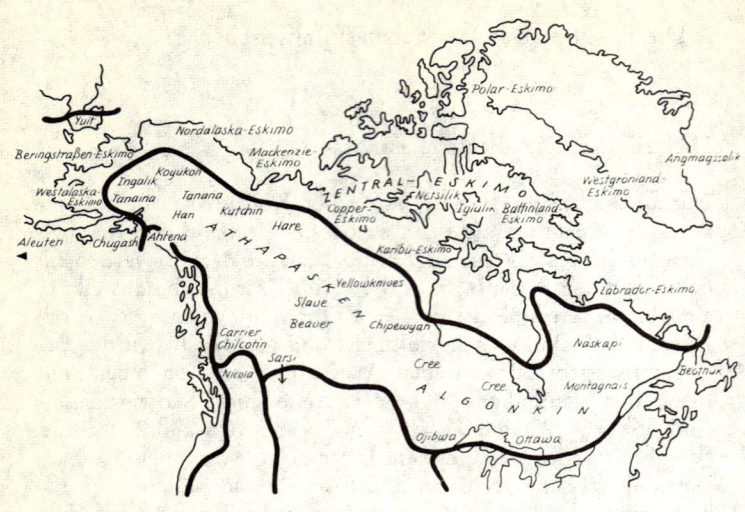

Verbreitung der Eskimo und subarktischen Indianer

Dezimierung der Bestände durch amerikanische Walfangflotten an Bedeutung verlor, haben die Nunamiut und die Karibu-Eskimo zum Teil bis heute ihre alte Subsistenzwirtschaft, die Jagd auf das amerikanische Rentier, das Karibu (Rangifer tarandus) beibehalten.

Lebensunterhalt: Robbe, Wal und Karibu

Der Lebensraum der Eskimo bildete mithin die arktische Tundra Nordamerikas, jener schmale und nur selten sich tiefer ins Binnenland erstreckende Küstenstreifen, der zwischen dem Nördlichen Eismeer und der Waldgrenze liegt. Dieser Lebensraum, dessen Vegetationsdecke im wesentlichen aus Flechten und Moosen besteht, läßt dem Menschen wenig Lebensmöglichkeiten. Nur die im Sommer in großen Herden äsenden Karibu bieten ihm durch die Jagd einen ausreichenden Lebensunterhalt. Den langen arktischen Winter hindurch ziehen sich die Tiere in die Waldgebiete weiter im Süden zurück. Allein in den Barren Grounds halten sich größere Mengen von Karibus auf, so daß hier auch im Winter die Jagd, wenn auch meist nur auf einzelne Tiere, möglich ist.

Da das Land dem Menschen nur in beschränktem Umfange Nahrung bietet, – zudem sind die Karibus im Frühsommer, wenn sie auf die Tundra hinausziehen, sehr mager – haben sich die Bewohner dieser Gebiete schon seit vorgeschichtlicher Zeit dem Meer und seiner Fauna zugewandt. Hier finden sie ihre wichtigste Nahrung. Zahlreiche archäologische Hinterlassenschaften im Gebiet beiderseits der Beringstraße lassen erkennen, daß sich bereits um etwa 2000 v. Chr. auf der Basis einer ausgesprochen maritimen Subsistenzwirtschaft die Eskimo-Kultur entwickelte. An erster Stelle in der Nahrung stehen die Meeressäuger, vor allem Robben, Walrosse und Wale. Fischfang ist in Nordalaska, in den Zentralgebieten der kanadischen Arktis und in Grönland von geringer Bedeutung; er wird hauptsächlich in den auch im Winter eisfreien Gebieten der Aleutenkette und in Südalaska betrieben.

Die Hauptjagdzeit auf Robben ist der Winter. Unter dem zunächst noch dünnen Eise der buchtenreichen arktischen Küste halten sich die Robben auf. Wenn das Eis stärker wird, müssen sich die Tiere ihre Atemlöcher offenhalten. Unter altem Eis können sie nur leben, wenn durch Strömungen oder Gezeiten einzelne offene Stellen entstehen. Das Walroß hingegen benötigt keine eigenen Atemlöcher, es ist infolge seines großen Gewichtes imstande, eine Öffnung, wo immer es einer bedarf, in das Eis zu rammen, selbst wenn es dick genug ist, einen Mann zu tragen. Der Jäger pirscht sich an die Atemlöcher der Robben und Walrosse heran und wartet, bis sich ein Tier zeigt; dann erlegt er es mit einem Harpunenstoß. Für Walrosse benötigt er eine besonders schwere Harpune. Im Frühjahr, wenn die Robben aufs Eis klettern und sich in der Sonne wärmen, kriecht der Jäger vorsichtig, hinter einem Eisblock oder einem weißen Schirm verborgen, an die mißtrauischen Tiere heran. Er verwendet heute fast überall das Gewehr, doch muß er aber das Tier gleich beim ersten Schuß tödlich treffen, damit es nicht zum Atemloch zurückkriechen und dort untertauchen kann. An der Westküste Alaskas und in Westgrönland werden im Sommer die Robben vom Kajak aus erlegt; in Alaska fing man sie auch mit großen Netzen. Das Walroß, das heute nahezu ausgerottet ist, wurde von den Eskimo nicht nur wegen seines Fleisches, sondern auch wegen seiner Stoßzähne, die das wertvolle Elfenbein des Nordens lieferten, gejagt.

Gravierungen der Eskimo auf Walroßelfenbein. (1) Karibuherde, die von einem Schamanen und seinen Helfern den Jägern zugetrieben wird. (2) Querschnitt durch Häuser, Vorratsplattformen, Schlitten und Boote. (3) Walroßjagd vom Kajak aus; Häuser, Vorratsplattformen und Gerüste für die Boote. (Hoffman 1897)

Während die Robbenjagd im allgemeinen als Einzeljagd betrieben wurde, war der Walfang die Angelegenheit einer Gruppe von Verwandten. Zwischen Point Barrow und Point Hope, wo der Walfang früher von größter Bedeutung war, gab es in jedem Dorf eine oder mehrere Fangmannschaften, die von einem Bootsführer, dem Umialik, geführt wurden. In großen, offenen Fellbooten, den Umiaks, fuhr die Mannschaft mit ihrem gebrechlichen Fahrzeug auf das offene und oft stürmische Meer hinaus, um die gewaltigen Tiere anzugreifen. Hatte man bei der gefährlichen, aber auch ertragreichen Jagd Erfolg gehabt, zogen meist mehrere Bootsbesatzungen den erlegten Wal, der bis zu 60 Tonnen wiegen konnte, gemeinsam an Land. Hier wurde das Fleisch an alle Mitglieder der Mannschaft und andere beteiligte Personen aufgeteilt. Früher fing eine Jagdmannschaft in Nordalaska jährlich bis zu zwanzig Wale. Da die Vorratshaltung in der Arktis kein Problem darstellte – man brauchte nur eine Grube in den Dauerfrostboden zu hacken und das Fleisch darin zu lagern –, genügte die kurze sommerliche Fangzeit, um genügend Nahrung für den langen Winter bereitzustellen.

Ein sehr viel entbehrungsreicheres Leben als die Waljäger führten die von der Karibu- und Moschusochsenjagd lebenden Eskimo des Binnenlandes. Im Sommer war die Nahrungsversorgung durch die Karibujagd zwar gesichert, und auch Fleischvorräte konnten angelegt werden, doch fehlte den Karibujägern das wichtige Robbenöl, das im Winter Licht und Wärme spendete. Deshalb waren die Binnenlandgruppen daran interessiert, mit den Küstengruppen in Tauschhandel zu treten, um das begehrte Öl zu erhalten. Neben individuellen Handelspartnern gab es, vor allem in Alaska, gegen Ende des Sommers große Handelsmärkte, auf denen Waren aus allen Teilen der Arktis angeboten wurden. Auch die weit im Süden lebenden Karibu-Eskimo strebten danach, in den Besitz von Robbenöl zu gelangen; entweder wanderten sie zu diesem Zweck gruppenweise im Spätsommer zur Robbenjagd an die Eismeerküste, oder sie tauschten Öl gegen Karibufelle von den Küstengruppen ein.

Bei den Südalaska-Eskimo war die Jagd auf die Wollhaargemse und das Dickhornschaf in den Küstengebirgen eine weitere Nahrungsquelle. Auch das Sammeln von Schaltieren und Muscheln an den eisfreien Stränden sowie von Beeren und Waldfrüchten in den küstennahen Wäldern war hier von Bedeutung. Die Tundrastämme konnten ihren Bedarf an Vegetabilien oft nur durch den gegorenen Mageninhalt eines erlegten Karibus decken, der deshalb zu den gesuchten Leckerbissen zählte. Von geringer Bedeutung war die Vogeljagd; sie wurde vor allem von den Polar-Eskimo am Smith Sound in Nordwest-Grönland in größerem Umfange mit Netzen betrieben.

Heute sind die meisten der hier genannten Nahrungsquellen für die Eskimo ohne Bedeutung. Der Walfang war schon seit der Mitte des vorigen Jahrhunderts stark zurückgegangen, als europäische und amerikanische Fangflotten die Tiere in riesigen Mengen schon auf ihrem Zug durch die Beringstraße in das Nördliche Eismeer abfingen und erlegten. Auch die Erträge aus der Jagd auf Walrosse, Robben und Seeotter sind in den meisten Gebieten nur noch spärlich. Die Amerikaner haben deshalb schon gegen Ende des vorigen Jahrhunderts mehrere Herden sibirischer Rentiere nach Alaska eingeführt, die zunächst von samischen Rentierzüchtern betreut wurden. Die Rentierhaltung hat zwar in einigen Teilen Alaskas und später auch am Mackenzie River eine gewisse Bedeutung erlangt, im zentralarktischen Raum ist sie jedoch nie bekannt geworden. Auf Grönland haben die dänischen Kolonisatoren schon früh europäische Haustiere eingeführt, vor allem Schafe und Rinder. Ackerbau mit frostbeständigen europäischen Getreidearten ist bisher nicht sehr erfolgreich gewesen.

Die Eigentumsverhältnisse bei den Eskimo werden oft als kommunistisch beschrieben, weil die Jagdbeute nicht ausschließlich dem Jäger gehört, der sie erlegte. Doch ist die Verteilung nicht nur von Ort zu Ort verschieden, sondern kleine Tiere werden überhaupt nicht verteilt. Die größeren Tiere wie Bartrobbe, Walroß und Wal werden zwischen dem Jäger und den bei der »Landung« Beteiligten geteilt. Nur die sehr großen Tiere, wie der Grönlandwal, sind gemeinsamer Besitz aller Dorfbewohner. Während einer Hungersnot gilt diese Regelung für alle Nahrungsmittel.

Die persönlichen Gegenstände wie Verkehrs- und Transportmittel, Jagdwaffen und Kleidung sind Eigentum jedes einzelnen. In Grönland durfte allerdings ein einzelner nur jeweils ein Boot oder ein Zelt besitzen, denn der persönliche Besitz bedingte hier, daß der Besitzer tatsächlich von ihm Gebrauch machte.

Der alte materielle Kulturbesitz der Eskimo ist inzwischen weitgehend durch moderne Geräte und Gegenstände ersetzt. Nur in entlegenen Teilen der kanadischen Arktis werden noch Waffen, Geräte und Kleidung in traditioneller Weise hergestellt und verwendet. Der folgende kurze Überblick soll die von den Eskimo selbst entwickelte Formen der materiellen Kultur vermitteln.

Die Eskimo mußten in ihrer extrem lebensfeindlichen Umwelt besondere technischen Hilfsmittel entwickeln, um überleben zu können. Wohl kein Volk der Erde hat auf dieser Stufe der Entwicklung der menschlichen Gesellschaft so ausgeklügelte Waffen und technische Apparate erfunden wie die Eskimo. Sie werden deshalb oft als Paradebeispiel menschlicher Anpassungsfähigkeit aufgeführt. Ihren technischen Erfindungen ist es zuzuschreiben, daß sich die Eskimo in ihrer harten Umwelt so überaus gut behaupten konnten und den von ihnen »eroberten« Lebensraum nicht verlassen wollten.

Als Transportmittel für die Jagd auf dem offenen Meer hatten sie den Kajak, das kleine Einmannboot, zu großer Vollkommenheit entwickelt. Es diente zur Robbenjagd auf dem Meer, aber auch zur Karibujagd auf den Flüssen des Binnenlandes; denn Karibus wurden vorzugsweise an Flußabschnitten gejagt, wo die Tiere auf ihren Wanderungen den Strom überquerten. Das Kajak besteht aus einem schmalen Holzgerüst mit gebogenen Spanten und langen dünnen Latten, das vollständig mit straff gespannter Tierhaut überzogen ist. Eine zentrale Öffnung, in der der Kajakfahrer sitzt, wird von einem Holzring auf dem Verdeck umgeben, an den die wasserdichte Lederjacke des Fahrers so festgebunden wird, daß er faktisch zu einem Bestandteil des Bootes wird. Auf diese Weise kann kein Wasser in den Bootskörper eindringen, und da die Lederjacke auch an Armgelenken und am Gesicht festgezurrt ist, bleibt der Fahrer immer trocken, selbst wenn sein Boot in schwerer See einmal kentern sollte. In solchem Falle konnte ein geschickter Kajakfahrer sein Boot mit Hilfe von bestimmten Paddelschlägen selbst wieder aufrichten. Diese Technik wird auch von den Kajaksportlern bei Wildwasserfahrten in Europa angewandt.

Als Mannschaftsboot für den Walfang und als Transportfahrzeug für Handelsfahrten diente das große offene Fellboot, das Umiak. Es besteht im Prinzip ebenfalls aus einem hölzernen Gerippe, das mit Fell bespannt ist. Es hat aber einen flachen Boden und kein Verdeck und gleicht darin etwa unserem Ruderboot. In einigen Gebieten der Arktis (Beringstraße, Grönland) besaß es einen Mast, der ein Segel aus Darmhaut oder aus Matten trug. Sonst wurde das Boot mit Rudern fortbewegt.

Das wichtigste Verkehrs- und Transportmittel auf dem Lande bei Eis und harter Schneedecke ist bis heute der von Hunden gezogene Kufenschlitten, der in seiner einfachsten Form aus einem Paar gerader schwerer Kufen mit kurzen Querbrettern besteht. Um das Gleiten zu erleichtern, bestreicht man die Kufen mit Torfbrei, der bei der Fahrt jeden Morgen mit warmem Wasser begossen wird, das dann sofort eine dünne Eisschicht bildet. Das Lenken langer Kufenschlitten – bei den Karibu-Eskimo sind sie bis zu zehn Meter lang – wird dadurch vereinfacht, daß die Kufen nur in der Mitte aufliegen, die Enden also hochgebogen sind. Auf weicher Schneedecke dagegen bevorzugen die Eskimo den vor allem in der Subarktis verbreiteten kufenlosen Toboggan, der im Prinzip aus einem vorn hochgezogenen Brett gebildet wird.

Einfacher Kufenschlitten der Karibu-Eskimo; knapp sechs Meter lang

Bedeutendstes und unentbehrlichstes Jagdgerät der Eskimo war die Harpune, eine besonders scharfsinnig entwickelte Waffe. Aus archäologischen Funden wissen wir, daß die Harpune bereits um 1500 v. Chr. von den Vorfahren der Eskimo verwendet wurde. Sie ist also ein sehr altes Gerät. Die Harpune wurde, wenn ein im Boot sitzender Jäger sie verwendete, meist mit einer Speerschleuder, einem kurzen flachen Wurfbrett, das Wurfkraft und Zielgenauigkeit erhöhte, geworfen. Weitere Jagdwaffen waren die aus Treibholzstücken und Walbarten zusammengesetzten Bögen, schwere Lanzen (für die Waljagd und großes Landwild), sowie mehrzackige Fisch- und Vogelspeere. Zum Fang kleinerer Pelztiere kannte man verschiedene Fallen; für die Vogeljagd verwendete man neben Netzen auch die Bola, ein Gerät mit mehreren Wurfkugeln aus Walroßelfenbein an Schnüren. Heute hat bei fast allen Eskimo das Gewehr die alten Waffen verdrängt.

Häufig wird der Iglu, die Schneehütte, als die charakteristische Behausung der Eskimo angesehen. Das trifft nicht zu. Iglus finden sich als Dauerwohnungen nur bei einigen Gruppen in den Zentralgebieten und in Labrador. Sie werden in der übrigen Arktis im Winter nur auf der Jagd und auf Reisen als vorübergehende Unterkunft errichtet. Mit Hilfe eines Messers aus Geweih schneidet man aus festem Schneeboden große Blöcke und

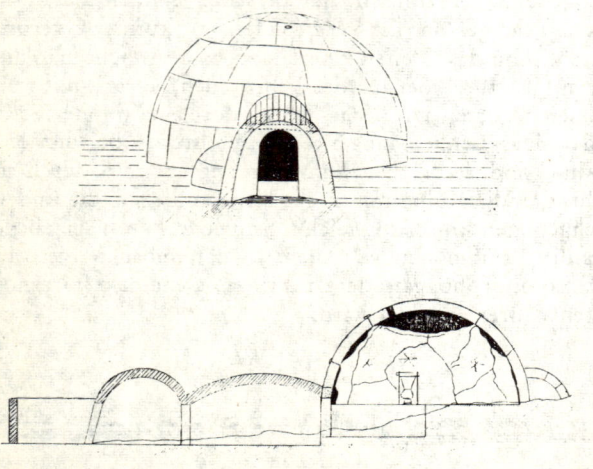

Schneehütte (Iglu) der Zentral-Eskimo (Boas 1888)

legt diese spiralförmig aufeinander, so daß eine Kuppelhütte entsteht. Die Fugen werden mit Schnee ausgestopft, ein Eisblock dient als Fenster. Das Mobiliar ist dürftig. Schlafbänke aus Schneeblöcken, die mit Moos oder Heidekraut und schließlich mit Fellen bedeckt sind, dienen als Schlafstätten; eine Tranlampe beleuchtet und erwärmt das Innere. Ohne Tranlampe konnten die Eskimo die bittere Kälte des langen arktischen Winters nicht überstehen. Deshalb fand sie sich in allen Teilen der Arktis; lediglich den Karibu-Eskimo der Barren Grounds stand diese Energiequelle nicht unmittelbar zur Verfügung; sie mußten sich Robbenöl einhandeln oder es sich auf Jagdzügen an der Küste selbst besorgen. Die Tranlampe ist eine flache, meist ovale Schale, die mit Robbenöl gefüllt wird, in dem ein oder mehrere Dochte aus Moos schwimmen. Sie erwärmt ein Iglu bis über den Schmelzpunkt des Schnees, so daß die Wände oft mit Fellen bedeckt werden müssen, die das Schmelzwasser dann auffangen und in Behälter leiten. Man betritt den Iglu durch einen langen Tunnel, der tiefer liegt als der eigentliche Wohnraum, so daß er eine Kältefalle bildet, denn die beim Eintritt durch den Fellvorhang eindringende Kaltluft sinkt in den Tunnelabschnitt und die von hier abzweigenden Vorratsräume und Hundehütten. Gelegentlich werden auch mehrere Iglus miteinander verbunden, so daß man sich bei anhaltendem Schneesturm gegenseitig besuchen kann, ohne ins Freie zu treten. Bei den Kupfer-Eskimo, die häufig nur den Iglu als Behausung kennen, wurden Gemeinschaftshütten von beträchtlichen Ausmaßen errichtet. So berichtet Jenness von einer Schneehütte mit zehn Meter Durchmesser, die hundert Personen aufnehmen konnte.

In Alaska, aber auch in Grönland, wurden die Behausungen der Eskimo meist aus Treibholz, Steinen oder Walbarten erbaut. Das Dach bestand aus Fellen oder Rasenziegeln. Ein Eingangstunnel hielt auch hier Schnee und Kälte vom Innern ab. An der Beringstraße gab es Pfahlhäuser, die an den steilen Felshängen errichtet wurden. Treibholz kommt an der ganzen arktischen Küste in beträchtlichen Mengen vor; es treibt die großen sibirischen und kanadischen Ströme herab ins Nördliche Eismeer und wird von den Meeresströmungen wieder an die Küste gespült.

Das lebensnotwendige Feuer beschafften sich die Eskimo, indem sie – so in den Zentralgebieten – zwei Schwefelkiesstücke aufeinanderschlugen oder mit Hilfe eines kleinen Bogenbohrers, der auf der einen Seite mit einem Mundstück versehen war und gegen die Zähne gepreßt wurde, während die andere, die Bohrseite, gegen das Holz gedrückt wurde, wobei das schnelle Rotieren des Stabes das Holz erhitzte und das Holzmehl zum Glimmen brachte.

Die Kleidung der Eskimo bestand aus Fellen, die körpergerecht zugeschnitten waren und aus zwei Schichten, vergleichbar dem Prinzip des Doppelfensters, bestanden. Neben Bären- und Robbenfellen wurden besonders Karibufelle bevorzugt, weil sie trotz aller Festigkeit leicht sind und sehr warm halten. In Form und Zuschnitt der verschiedenen Kleidungsstücke gab es größere Unterschiede zwischen den einzelnen Gruppen. Die wichtigsten Kleidungsstücke waren der Überrock mit oder ohne Kapuze (Parka), Hosen, Strümpfe, Stiefel und Fausthandschuhe. Besaß der Parka keine Kapuze, wurden Fellkappen getragen. Ein Eskimo mußte ständig Flickzeug bei sich haben, um entstandene Risse sofort ausbessern zu können. In West- und Südalaska sowie auf den Aleuten kannte man auch Hüte aus geflochtenen Tannenwurzeln. Die Schneebrille, ein kleines Holzbrett mit zwei schmalen Schlitzen, war besonders im Frühjahr, wenn die blendende Sonne von den Schneefeldern reflektiert wird, ein wichtiges Requisit.

Als Körperschmuck war das Tatauieren, vor allem bei den Frauen, weit verbreitet. In Alaska traf man als Schmuck Lippenpflöcke sowie Ohr- und Nasenschmuck an. Die Körperpflege war schon aus klimatischen Gründen nicht besonders ausgebildet, mußte doch im Winter jeder Wassertropfen durch Schmelzen von Eis oder Schnee beschafft werden. Dazu brauchte man Robbenöl, das nur durch anstrengende Jagd zu bekommen war. Das Problem der Reinigung wurde in Alaska in Form eines Schwitzbades gelöst: Man rieb sich in besonders erwärmten Hütten mit Schnee und abgestandenem Urin ein, wodurch sich das Fett auflöste und die Poren öffneten, so daß eine ungehinderte Ausdünstung möglich wurde.

Soziale Umwelt: Familie, Jagdgemeinschaft und Karigi

Die Gesellschaftsstruktur der Eskimo weist keine komplexen Formen auf; es gab weder Stämme noch sonstige größere politische Einheiten mit zentraler Instanz. Die Familien lebten in kleinen Lagern oder Siedlungen, weit verstreut über die ganze arktische Küste. In Alaska war die Bevölkerungszahl solcher Siedlungen meist größer als in den anderen Teilen der Arktis, wo erst in neuerer Zeit größere Ansiedlungen entstanden. Bezeichnungen wie Zentral-Eskimo oder Mackenzie-Eskimo sind von Eskimologen eingeführt worden, um mehrere solcher lokalen Gruppen zusammenzufassen, ohne damit jedoch eine stammesähnliche Organisation zu kennzeichnen, die nicht existierte. Das wichtigste Band, das die Familien einer Siedlung zusammenhielt, war die Blutsverwandtschaft. Heiratsregelungen wie Polygynie und Polyandrie (s. Glossar) verstärkten die verwandtschaftlichen Beziehungen und gaben dem Individuum Sicherheit und Geborgenheit in der Gruppe. Das Gefühl der Lagersolidarität erklärt sich wohl in erster Linie aus dem Zwang zum Überleben und aus der Notwendigkeit gegenseitiger Hilfeleistungen. Streitigkeiten wurden im allgemeinen gütlich beigelegt, indem man Faust- oder Singwettkämpfe veranstaltete. Mord verlangte allerdings nach Blutrache. Kriegerische Auseinandersetzungen zwischen einzelnen Gruppen fanden früher nur in Westalaska und auf den Aleuten statt, in jenen Gebieten also, in denen fremde Einflüsse unübersehbar waren. Hier gab es auch besonders entwickelte Kriegswaffen wie z. B. Schutzpanzer und Keulen.

Den Mittelpunkt eines Lagers bildete das Versammlungshaus, das Karigi oder Qassi. Es war eine Art Männerhaus, an dessen Bau alle Männer der Gruppe mitwirkten. In den größeren Siedlungen der Alaska-Eskimo hatte es oft beträchtliche Ausmaße. Auch die Schneehüttenlager besaßen häufig einen großen Iglu, der bis zu dreißig Personen fassen konnte. Ein Karigi wurde von den Mitgliedern der Bootsbesatzungen zugleich als Arbeits- und Schlafstätte benutzt. Hier überprüfte man im Winter die Boote und besserte den Fangapparat aus. Im Karigi hielt auch der Schamane seine Séancen ab, um in der Trance Kranke zu heilen oder Unglück von der Gruppe abzuwenden. Das Karigi war aber nicht allein Treffpunkt der Männer, sondern aller Erwachsenen, vor allem auch der Gäste. Hier wurde der Kontakt zwischen Familien und entfernten Verwandten gepflegt. Heute halten Transistorradios und moderne technische Verkehrsmittel wie Flugzeug und Motorschlitten den Kontakt zwischen den Siedlungen aufrecht.

Die Glaubensvorstellungen und Riten der Eskimo sind, von gewissen lokalen Differenzen abgesehen, im ganzen Gebiet überraschend einheitlich. Ihre entscheidende Prägung hat die Religion der Eskimo von dem harten Klima und der kargen Umwelt empfangen. Die Abhängigkeit von der Natur kommt immer wieder zum Ausdruck; auch das persönliche Erlebnis, besonders beim Schamanen, ist von der langen Winternacht und der Einsamkeit bestimmt.

Die Vorstellungen von Tiergeistern spielen im religiösen Leben der Eskimo eine beherrschende Rolle: die Tiergeister mußten wohlwollend gestimmt werden, damit sie sich als Jagdtiere zeigten und dem Eskimo seine tägliche Nahrung gewährten. Es gab eine ganze Reihe von Tabuvorschriften, die besonders bei der Waljagd ausgeprägt und so komplex waren, daß man in diesem Falle von einem Walkult sprechen kann. Auch die bei den Zentral-Eskimo geltenden Tabus, daß Tätigkeiten, die mit Landtieren in Verbindung stehen, sich nicht mit solchen mischen durften, die Meerestiere betrafen, gehören zu diesem magisch-religiösen Vorstellungsbereich. So war es z. B. verboten, Karibu- und Walroßfleisch am gleichen Tag zu essen.

Der Schamane spielte bei der Aufhebung von Tabuverletzungen eine besondere Rolle. Er half aber vor allem im Krankheitsfall, konnte das Wetter und Jagdglück beeinflussen und bösen Zauber bekämpfen. Viele dieser Mißgeschicke, die den einzelnen Menschen oder eine Gruppe befallen konnten, rührten von den erwähnten Tabuverletzungen her und mußten gesühnt werden. Um festzustellen, welches Tabu verletzt worden war, mußte meist ein Schamane zu Hilfe gerufen werden, der sich in seiner Novizenzeit besonders mächtige Schutzgeister im Bereich der Tiergeister hatte dienstbar machen können. Mit Trommelschlag und Gesang rief er nun seine Geister herbei. Er fiel dabei in Trance und glaubte, mit seinen Geistern zu sprechen. Sie gaben ihm Ratschläge, wie er den Menschen, die ihn um Hilfe gebeten haben, beistehen konnte. Auch im Falle einer Erkrankung durch Seelenverlust konnte der Schamane helfen, indem er die gestohlene Seele zurückholte und sie dem Eigentümer wieder übergab. Birket-Smith schreibt über den Eskimo-Schamanen: »Ein Eskimo wird fast nie aus freiem Willen zum Schamanen; der Auserkorene wird von sila (d. i. eine unpersönliche magische Kraft) oder von den Geistern selbst durch

Träume und auf andere Weise bezeichnet ... Hinter der scheinbaren Wahl der Geister verbirgt sich natürlich die Tatsache, daß der zukünftige Schamane für Einflüsse empfänglich ist, die ihn in Trance versetzen können. Die Trommel ist eines seiner wirksamsten Hilfsmittel. Die Schamanen sind wohl oft Neurastheniker oder Epileptiker. Ihre Ausbildung geht unter der Leitung eines alten Schamanen vor sich; die wichtigste Voraussetzung für Erfolg ist jedoch die Einsamkeit. Abgeschieden von den anderen Menschen, fastend und der Kälte ausgesetzt, erwartet der Novize die Geister, die er schließlich, durch Erschöpfung und Fieberwahn getäuscht, zu sehen vermeint.«

Neben solchen persönlich gedachten Hilfsgeistern glaubten die Eskimo an göttergleiche Wesen, die über den Tiergeistern standen: an Sedna, der Mutter der Seetiere; an Torngarsoak, dem Herrn der Tiergeister oder an Nunamshua, der Herrin der Landtiere.

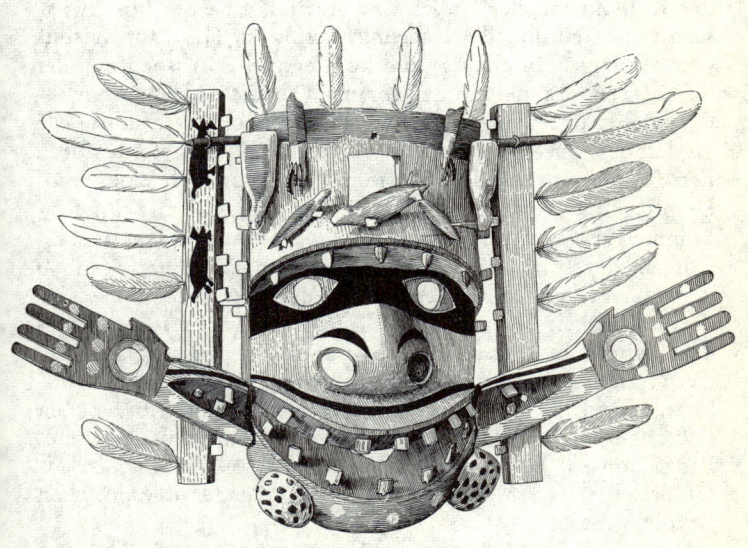

Maske der Beringstraßen-Eskimo, Alaska: der auf dem Mond lebende Tunghak, der den Menschen das Wild zuführt. Diese Maske (60 × 30 cm) ist zu schwer, um getragen zu werden. Sie hängt an Stricken vom Dach des Karigi, und der Träger stellt sich hinter sie und bewegt sie mit den Händen, als tanze er. (Nelson 1901)

Das Tragen von Masken bei schamanistischen Séancen war im wesentlichen auf Alaska beschränkt. Man stellte sich vor, daß die Geister, die in den Masken ihren Sitz hatten, in den Maskenträger übergingen und dann aus diesem sprachen. Der Maskenträger war also nur Medium. Bei den großen Tanzfesten, die den Zweck hatten, die Erfahrungen und Erlebnisse der Schamanen im Land der Geister bekanntzugeben, spielten sie eine wichtige Rolle.

Geschichte: Die Erschließung Alaskas. Grönland seit den Normannen

Die heutigen Lebensbedingungen der Eskimo wurden bisher nur am Rande behandelt. Bis zum Zweiten Weltkrieg hatte sich ihre Subsistenzwirtschaft in den Gebieten, in denen ein dauernder Kontakt mit der Außenwelt bestand, zu einer Mischwirtschaft von traditioneller Nahrungsversorgung (Jagd auf Karibus und Seesäuger, Fischfang) und kommerzieller Ausbeutung der Ressourcen (Handel mit Pelzen und Walroßelfenbein) ausgebildet. Dabei überwog im Grunde immer noch das traditionelle Jagdethos. Der Kontakt mit der Welt der Weißen wurde durch den Handelsposten, die (Missions-)Schule und oft eine Krankenpflegestation aufrechterhalten. Das geringe Pro-Kopf-Einkommen an Geld reichte nicht aus, konsequente Präventivmaßnahmen gegen die wichtigsten Erkrankungen zu ergreifen, so daß neben einer zwar hohen Geburtenrate auch eine hohe Kindersterblichkeit herrschte und Infektionskrankheiten, besonders Tuberkulose, weit verbreitet waren. Die amerikanische Regierung tat zunächst nicht viel, um den alarmierenden Gesundheitszustand der Eskimo zu beheben. Erst in neuerer Zeit (1955) begann ein vom staatlichen Gesundheitsdienst geleitetes Programm zur Bekämpfung der Tuberkulose und einer grundsätzlich besseren medizinischen Betreuung der eskimoischen Bevölkerung.

Die entscheidende Wende im Leben der meisten Eskimo trat erst nach dem Zweiten Weltkrieg infolge der politischen Konfrontation zwischen der UdSSR und den USA ein. Zur militärischen Absicherung ihrer Nordflanke brachten die Amerikaner riesige Mengen an Material in das damalige Territorium von Alaska, und auch die kanadische Arktis wurde miteinbezogen.

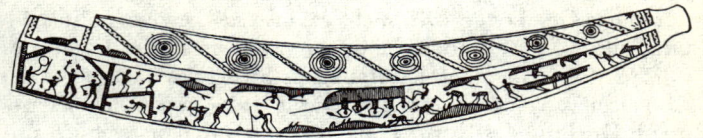

Verzierte Elfenbeingeräte der Eskimo. (Hoffman 1897)

Mit den Materialanlieferungen verbunden war der Ausbau von Straßen, Häfen und Flugplätzen, der von zivilen und militärischen Bautrupps betrieben wurde. Dieser starke Zustrom von Menschen und Gütern veränderte die Kultur der Eskimo bis in ihre Wurzeln. Er brachte die Möglichkeit der Lohnarbeit für die Eskimo, die aber stets mit der Gefahr der zeitweiligen Arbeitslosigkeit verbunden war und ein Klima von Unsicherheit und Existenzangst schuf, bis die Arbeitslosenfürsorge eingeführt wurde. Die Zuwanderung aus dem Hinterland in die militärischen Camps und die schnell wachsenden städtischen Siedlungszentren schnitten den Faden zur alten Subsistenzwirtschaft vollends ab.

Die allmähliche Stabilisierung der neuen wirtschaftlichen Bedingungen, die Bildung großer Siedlungszentren und die allgemeine Schulpflicht führten schließlich zu einer ersten politischen Willensbildung der alaskischen Eskimo durch die Gründung einer Alaska Federation of Natives-Partei, die bemüht ist, die Rechte der Eskimo zu schützen. Neuerdings steht auch die Alaska Native Brotherhood, ursprünglich eine rein indianische Organisation Südalaskas (s. Kapitel ›Nordwestküste‹), den Eskimo offen.

Die Alaska Federation of Natives stimmte 1971 mehrheitlich dem Alaska Land Claims Settlement Act zu, durch den den Eskimo und Indianern Alaskas das Eigentumsrecht über 162 000 qkm Land sowie eine finanzielle Entschädigung für den Verzicht auf ihre ursprünglichen Landbesitzansprüche zugesprochen wurde. Land und Gelder werden von zwölf regionalen Aktiengesellschaften der eingeborenen Bevölkerung verwaltet.

1973 schlossen sich die Inuit Nordalaskas unter Berufung auf das amerikanische Gemeinderecht gegen den Widerstand von Regierung und dort aktiven Ölgesellschaften zu einer Kommune zusammen (North Slope Borough). So erhielten sie eine, durch das Gesetz von 1971 nicht garantierte, gewisse politische und kulturelle Autonomie und waren zudem in der Lage, die Ölförderung mit einer kommunalen Steuer zu belegen. Die Konstituierung der Kommune wurde 1976 gerichtlich legitimiert. Die Inuit des North Slope Borough waren maßgeblich am Zustandekommen der ersten Inuit Circumpolar Conference, die 1977 in Point Barrow abgehalten wurde, beteiligt.

Die Situation der in Kanada lebenden Eskimo war insofern anders, als hier bestimmte traditionelle Zentren sozialer Kristallisation fehlten: das Karigi (Männerhaus), feste Handelspartnerschaften, die bilaterale Großfamilie, größere Dauersiedlungen. Letztere entstanden erst, als Handelposten, Missionsstationen, Wohlfahrtseinrichtungen und Krankenstationen an bestimmten Orten eingerichtet wurden. Sie waren oft in der Nähe von Wetterstationen, kleinen Flugplätzen und Einrichtungen des Fernwarndienstes gegen Raketenangriffe aus der Sowjetunion angelegt. Diese neuen Siedlungszentren zogen größere Eskimogruppen an, im Gegensatz zu Alaska allerdings nicht mehr als hundert bis dreihundert Personen. Auch die weiterhin im Hinterland von der Jagd lebenden kleinen Gruppen wurden in den Grundnahrungsmitteln und Gebrauchsgütern weitgehend von den neuen Stationen abhängig; sie übernahmen gelegentlich sogar Lohnarbeit oder kamen um Wohlfahrtsunterstützung nach. Die kanadische Regierung unterstützte die Gründung von Genossenschaften, um Produkte der Eskimo, vor allem Pelzwerk, neuerdings auch Kunsthandwerk (Schnitzereien), zu verkaufen. Die Genossenschaften werden von den Eskimo selbst betrieben und sind recht erfolgreich. Die meisten Siedlungen haben heute Schulen, die größeren auch gut eingerichtete Krankenstationen.

Seit Anfang der siebziger Jahre schlossen sich die kanadischen Inuit zu einem nationalen (Inuit Tapirisat of Canada) und mehreren regionalen Verbänden zusammen. Infolge der Ölbohrungen und anderer wirtschaftlicher Aktivitäten im Norden verschärfte sich der bislang nur in Nord-Quebec durch das James Bay Agreement (1975) geregelte, ansonsten aber noch ungelöste Streit um Landrechte sowie politische und kulturelle Autonomie.

In Grönland geht der europäische Einfluß bis auf die Normannen zurück. Aber erst mit der Ankunft des dänischen Missionars Hans Egede (1721) wurden feste Stationen errichtet. Im 19. Jahrhundert gab es in fast allen grönländischen Eskimosiedlungen Missionsstationen und Handelsposten; sogar eine Zeitung in transkribierter Eskimo-Sprache erschien regelmäßig. Die dänische Regierung kontrollierte diese Entwicklung durch lokale Ratsversammlungen, die aus dem Pfarrer, dem Leiter des Handelspostens, dem Arzt und einer Anzahl von gewählten Grönländern bestand. Sie waren verantwortlich für die Aufrechterhaltung von Gesetz und Ordnung, stellten die politischen Führer, halfen in Notfällen und unterstützten den Hausbau durch zinslose Darlehen. Die lokalen Gremien wurden erst in den fünfziger Jahren von zentral gelenkten Verwaltungsinstanzen, wie dem Landesrat, abgelöst. Grönland wurde zu einer Provinz Dänemarks und ist im dänischen Parlament durch zwei Repräsentanten vertreten. Eine Erwärmung der Gewässer um Süd- und Westgrönland bewirkte, daß die Robben weiter nach Norden zogen; dafür stieg vor allem in den Gewässern vor der Südwestküste der Fischreichtum, so daß der Lebensunterhalt der südgrönländischen Eskimo heute in erster Linie vom Küstenfischfang bestimmt wird. Wo eine Fischindustrie aufgebaut ist, verlockt man die Fischer durch den Bau von staatlich finanzierten Wohnungen zur Konzentration an bestimmten Orten; eine Urbanisierung ist heute so weit fortgeschritten, daß die Mehrheit der grönländischen Bevölkerung in städtischen Zentren lebt, was zu erheblichen sozialen Problemen führte. Die grönländische Landesregierung versucht gegenwärtig, diese Entwicklung aufzuhalten und entwickelt Pläne zur Dezentralisierung.

Seit 1. Mai 1979 hat Grönland eine innere Autonomie (Hjemmestyre), die sich auf die Bereiche Sozialpolitik, Kultur, Schulverwaltung, Steuerpolitik und (teilweise) Wirtschaftspolitik erstreckt. Um ihre ökonomische und politische Autonomie besser zu wahren, entschlossen sich die Grönländer 1982 in einer Volksabstimmung, Ende 1984 aus der EG auszuscheiden. Vor allem unter der jungen Generation gewinnt der Wunsch nach vollständiger Unabhängigkeit von Dänemark zunehmend an Boden.

Neben den ca. 43 000 Grönländern eskimoischer Abstammung, die in Grönland selbst leben, haben sich auch mehrere tausend in Dänemark niedergelassen.

2. Die subarktischen Indianer: Am Rande der Existenz

Lebensraum: Die nordamerikanische Taiga

Die riesigen Waldgebiete der nordamerikanischen Subarktis, die sich von Zentralalaska bis zur Mündung des Sankt-Lorenz-Stromes erstrecken und damit den größten Teil Kanadas bedecken, wurden in voreuropäischer Zeit von nicht viel mehr als 30 000 Indianern, einfachen Jägern und Sammlern, bewohnt. Die Stämme westlich der Linie Winnipeg-See/Hudson Bay werden zusammenfassend als Nord-Athapasken, die östlichen, Algonkin sprechenden Stämme als Nord-Algonkin bezeichnet. Kulturell gab es nur geringfügige Unterschiede zwischen den beiden Sprachgruppen.

Der ursprüngliche subarktische Kulturtypus hat sich am besten bei den athapaskischen Kutchin und ihren unmittelbaren Nachbarn in den Northwest Territories im Gebiet des Großen Sklaven-Sees erhalten. Dagegen sind die alaskischen Athapasken starken Einflüssen aus dem höher entwickelten Küstengebiet (Eskimo, Nordwestküsten-Kulturen) ausgesetzt gewesen, die auf den Handel zwischen Binnenland- und Küstenbewohnern zurückzuführen sind. Auch die meisten athapaskischen Kordilleren-Gruppen British Columbias sind durch Kontakte mit Küstenstämmen in den kulturellen Ausstrahlungsbereich der Nordwestküsten-Kultur geraten. Die Sarsi, die wohl am weitesten nach Süden vorgestoßen sind, haben sich gar den Blackfoot der nördlichen Plains angeschlossen und sind zu einem Plainsstamm par excellence geworden.

Signifikante Einflüsse aus benachbarten, höher entwickelten Kulturen sind unter den Nord-Algonkin nur bei den Ojibwa bemerkbar. Ob die Beothuk, die ausgestorbenen Bewohner Neufundlands, dem ursprünglichen subarktischen Kulturtypus näher standen als andere Algonkinstämme Kanadas, wie die Cree oder die Naskapi, vermag niemand zu sagen. Es scheint jedoch sicher, daß die Beothuk in ihrem isolierten Wohngebiet noch manche älteren Lebensformen bewahrt haben, die ihren Nachbarn auf dem Festland als Folge der Ausbreitung des sogenannten Schneeschuhkomplexes verloren gegangen sind.

Dieser Schneeschuhkomplex, den man sich – unbewiesenermaßen – als einen von außen (Sibirien) gekommenen Komplex von technischen Erfindungen, die sich im Gefolge der Einführung des Rahmenschneeschuhs (s. weiter unten) entwickelten, vorstellt, hat zweifellos wesentlich dazu beigetragen, die Lebensverhältnisse der subarktischen Indianer zu verändern; denn der Rahmenschneeschuh, ein runder Holzrahmen mit einigen Querstäben und Lederriemen, erlaubte dem Indianer auch im Winter bei tiefem Schnee der Jagd nachzugehen. Dadurch konnte der stets gefährdete Lebensunterhalt, der sich bis dahin im Winter ausschließlich auf die Eisfischerei gestützt hatte, besser gesichert werden.

Lebensunterhalt: Jagd und Fischfang. Wildreissammeln

Ihren Lebensunterhalt bestritten sowohl die athapaskischen wie auch die algonkinschen Subarktiker überwiegend durch die Jagd auf das Waldkaribu, den Waldbison, den Hirsch, den Elch und andere, kleinere Jagdtiere sowie durch den Fischfang in den zahlreichen Strömen und Seen. Das Sammeln eßbarer Wildpflanzen war von geringer Bedeutung; nur im Süden Zentralkanadas – schon außerhalb der eigentlichen Subarktis gelegen – spielte eine bestimmte Wildpflanze, der wilde Wasserreis (Zizania aquatica), eine hervorgehobene Rolle als Nahrungsmittel. Die hauptsächlich von den Körnern dieser Wildpflanze lebenden Algonkingruppen waren die Ojibwa (Chippewa) und Ottawa. Ihre Kultur weicht auch im nichtökonomischen Bereich stärker von dem allgemeinen subarktischen Grundtypus ab. Zweifellos gibt es hier in Südzentralkanada Einflüsse aus dem Maisanbaugebiet weiter im Süden, doch dürften sie allein nicht für die kulturellen Unterschiede verantwortlich sein.

Materieller Kulturbesitz: Rahmenschneeschuh, Toboggan und Rindenkanu

Die Subarktiker hatten zahlreiche Geräte, Waffen sowie Verkehrs- und Transportmittel entwickelt, die für ihr Waldjägerdasein wichtig waren und ihnen das Überleben in der rauhen Wildnis ermöglichten. An erster Stelle ist hier der bereits mehrfach erwähnte Rahmenschneeschuh zu nennen. Er besteht in

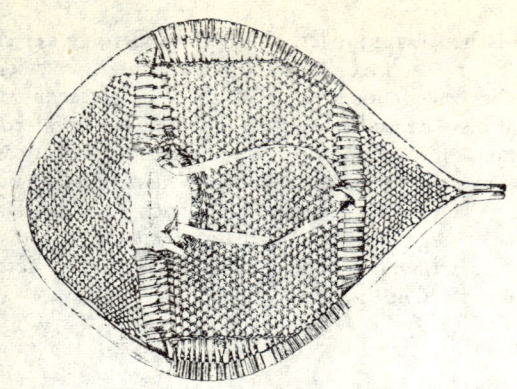

Rahmenschneeschuh (»Schwalbenschwanztyp«) der Naskapi, Labrador.
(Turner 1894)

seiner Grundform aus einer ovalen oder schwalbenschwanzförmigen Weidenrute, die kreuz und quer von Lederriemen (babiches) überzogen ist. Auf diesem Geflecht, das von zwei Querstreben gehalten wird, steht der Fuß, dessen Hacke sich beim
Gehen heben kann, da die Zehen in einem »Auge« nach vorn
durch das Geflecht stoßen. Man kann so schlurfenden Ganges,
mit weit auseinanderstehenden Beinen gehen. Der subarktische
Schneeschuh ist also kein Ski, sondern ein tellerförmiger Untersatz. Als Transportmittel war der Toboggan, ein einfaches, vorn
hochgebogenes Brett, im Winter von großer Bedeutung. Auf
ihm wurde die Jagdbeute ins Lager gebracht, Fallen und Köder
aufgeladen oder auf Reisen Gepäck und Kinder transportiert.
Im Sommer nahm das leichte Rindenkanu seinen Platz ein. Es
bestand aus mehreren aneinandergenähten Birken- oder Fichtenrindenstücken, die auf hölzerne Rahmen gespannt wurden;

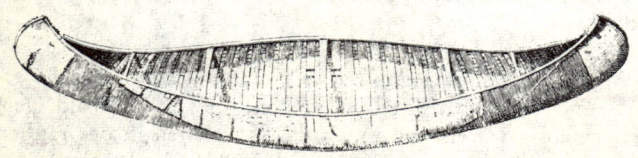

Birkenrindenkanu der Naskapi, Labrador. (Turner 1894)

die Nähte waren mit Kiefernpech abgedichtet. Die Boote waren außerordentlich leicht, was um so wichtiger war, als der Fahrer sein Boot allein über eine Portage, die kurze Landstelle zwischen zwei Wasserläufen, tragen mußte. Doch gab es auch sehr große Rindenkanus, die bis zu einem Dutzend Personen tragen konnten. Diese Großkanus wurden meist für europäische Händler und Reisende hergestellt, die auf längeren Fahrten eine größere Bootsbesatzung mitnahmen und für die eingekauften Felle Platz brauchten. Die Kanus wurden mit kurzen Paddeln fortbewegt.

Die Behausungen der subarktischen Indianer, ob Athapasken oder Algonkin, waren sehr unterschiedlich. Konische Stangenzelte mit Fell- oder Rindenbedeckung kamen ebenso vor wie feste giebelförmige Holzhütten als Winterbehausungen bei den seßhaften Gruppen des südlichen Kordillerengebietes und kuppelförmige Hütten aus Zweigen mit Fell-, Rinden oder Mattenbedeckung. Die letzteren werden nach einem Algonkinwort »Wigwams« genannt, ein Name, mit dem später die Europäer alle indianischen Behausungen bezeichneten. Wigwams errichteten sich vor allem die Cree und Ojibwa; in den nördlicheren Teilen der Subarktis hatten nur die kleinen Schwitzhütten eine kuppelartige Form.

Die meisten Haushaltsgeräte wurden aus Holz, Horn oder Baumrinde hergestellt; gelegentlich verwendete man auch Lederbehälter. Tonwaren fehlten in der voreuropäischen Zeit in der ganzen Subarktis. Dagegen kannten einige nordathapaskische Gruppen die Herstellung von kupfernen Beil- und Messerklingen, die kaltgehämmert wurden. Der Name »Yellowknife« leitet sich daher ab. Eine echte Metallurgie, d.h. irgendwelche Schmelzverfahren, waren in voreuropäischer Zeit in ganz Nordamerika unbekannt.

Als Kleidung verarbeiteten die subarktischen Waldjäger Felle, die durch Räuchern geschmeidig gemacht oder mit Tierhirn gegerbt wurden. Die Männer trugen lange Überröcke, Hosen und Mokassins, die entweder an die Hosen angenäht waren oder getrennt getragen wurden. Der Mokassin war ein Schuh, der aus einem Lederlappen hergestellt wurde und – mit Ausnahme des Präriegebietes – keine Sohle (als zusätzliches Lederstück) besaß. Er eignete sich besonders in Verbindung mit dem Rahmenschneeschuh. Im Winter waren Mäntel aus Hasenfellstreifen beliebt. Die Frauenkleidung bestand aus den gleichen körpergerecht zugeschnittenen Gewändern. Die Kleidungsstücke wurden entweder aus weichem Hirsch-, Elch- oder Karibuleder gearbeitet und waren oft reich mit Fransen, gefärbten Stachelschweinborsten oder mit Ornamenten verziert. Den Höhepunkt der Stachelschweinborstenapplikation (Quillwork) erreichte das indianische Kunstgewerbe im nördlichen Teil des Östlichen Waldlandes, zwischen Atlantik und Mississippi. Das Präriegebiet, das ebenfalls Borstenapplikationen kennt, hat diese wohl von den zahlreichen aus dem Waldland eingewanderten Stämmen übernommen.

Soziale Umwelt: Macht und Ohnmacht des Jagdhäuptlings

Die Bewohner der nordamerikanischen Taiga lebten in kleinen Gruppen weit verstreut voneinander. Es gab weder Stämme noch feste Siedlungen. Meist zogen die Familien unter der Führung eines bewährten und erfolgreichen Jägers dem Wild nach, und lediglich im Spätherbst ließ man sich in der Nachbarschaft befreundeter Gruppen nieder, um gemeinsam den Winter zu verbringen. Die oberste politische Instanz war dementsprechend der Jagdanführer. Aber auch er besaß nur geringe Autorität und stellte mehr den Sprecher seiner Gruppe als den Häuptling dar.

Die Verwandtschaftsorganisation der Subarktiker war bilateral, d. h. man rechnete seine Abstammung in väterlicher und mütterlicher Linie. Polygynie kam gelegentlich vor; sie beschränkte sich in der Regel auf erfolgreiche Jäger, die in der Lage waren, mehrere Frauen und deren Kinder zu versorgen. Gruppenbindungen bestanden nicht, ausgenommen die zwischen Blutsverwandten, so daß die Sozialorganisation ein archaisches Bild zeigte. Eine Ausnahme bildeten diejenigen Gruppen, die von den Nordwestküstenstämmen beeinflußt wurden. Hier war die Sozialstruktur z. T. wesentlich komplexer; es fanden sich – oft nur in Ansätzen – erbliches Häuptlingstum, gesellschaftliche Schichtung, Klanverbände mit unilinearer Abstammungsrechnung, Geheimbünde usw.

Religion: Manitu, Tierschutzgeister und Midewiwin-Bund

Über die Glaubensvorstellung der Subarktiker genügen wenige Worte. Wie in der Arktis war der Glaube an Tiergeister verbreitet. Jeder einzelne suchte sich schon in der Jugend einen Tierschutzgeist, von dem er bei Jagd, Krankheit und im Unglücksfall Hilfe erwartete. Konnte der eigene Schutzgeist in einem besonders schweren Krankheitsfall nicht helfen, zog man einen Schamanen zu Rate, dem besonders mächtige Schutzgeister – meist waren dies Bärengeister – zur Seite standen. Bei den Algonkin war darüber hinaus der Glaube an eine omnipotente Macht verbreitet, die »Manitu« genannt wurde. Sie wohnte in allem: in den Menschen, Tieren, Pflanzen, Gegenständen, meteorologischen Erscheinungen, kurz in allen Phänomenen und belebten sowie unbelebten Erscheinungsformen der Welt. Der Mensch mußte sich diese Macht, der oft auch das Attribut eines Höchsten Wesens gegeben wurde, wohlwollend stimmen und durfte deshalb bestimmte Tabus nicht verletzen. Über den Manitu- und andere »präanimistische« Begriffe wird später noch ausführlicher zu sprechen sein. Da die Vorstellung einer omnipotenten Macht bei den Subarktikern nur schwach ausgeprägt war – in der westlichen Subarktis fehlte sie so gut wie ganz –, ist es sehr wahrscheinlich, daß sie erst spät aus dem Süden hier eingedrungen ist; vielleicht ist sie sogar mit der Abdrängung eines Teiles der Algonkin aus dem östlichen Waldland in die Subarktis in Verbindung zu bringen.

Bei den sehr volkreichen und meist seßhaften Ojibwa trat der stark individualistische Zug, der den Glauben der subarktischen Stämme im allgemeinen auszeichnete, zugunsten kollektiver Riten in den Hintergrund. Der Ojibwa war in erster Linie bestrebt, Mitglied des Kultbundes zu werden, dem Midewiwin-Bund oder der Großen Medizingesellschaft. Dieser Geheimbund fand sich bei den meisten Zentral-Algonkin südlich der kanadischen Grenze und trat auch im nördlichen Präriegebiet in abgeschwächter Form auf. Bei den Ojibwa war er jedoch besonders ausgeprägt, weshalb er an dieser Stelle kurz charakterisiert werden soll. Das Symbol des Bundes war eine Muschel. Sie wurde dem Novizen in einem feierlichen Ritual »eingeschossen«, nachdem er eine längere Lehre, für die er ein beträchtliches »Lehrgeld« aufbringen mußte, absolviert hatte. Jedes Mitglied (Mide) gelangte auf diese Weise in den imaginären Besitz einer Muschel, die Leben spendete und ihren Träger gegen

43

Krankheit feite. Die Zeremonie des Muscheleinschießens mußte in regelmäßigen Abständen – mindestens aber einmal im Jahr – wiederholt werden, damit die Kraft nicht verrann. Schon während der Lehrzeit und später dann in den Erneuerungsriten wurde jeder Mide mit den Mythen und Traditionen des Stammes vertraut gemacht, die von den Mide-Meistern in zahlreichen Gesängen vorgetragen wurden. Als Hilfsmittel dienten dabei mitunter bilderschriftliche Gedächtniszeichen, die auf Birkenrindenrollen eingeritzt waren.

Geschichte: Der Pelzhandel und die Hudson Bay Company

Zwischen den indianischen Bewohnern der nordamerikanischen Taiga und den Europäern hat es nur selten gewaltsame Auseinandersetzungen gegeben, und die Indianer sind nicht, wie es in den USA die Regel war, von ihrem Land vertrieben worden. Das lag allerdings weniger an einer versöhnlicheren Einstellung der hierher eingewanderten Weißen gegenüber den Indianern als vielmehr an Klima und Physiographie des Landes. Ackerbau und Viehzucht, welche die Basis der vorindustriellen europäischen Gesellschaft bildeten, konnten hier nicht betrieben werden. Es war also nicht das Land als Produktionsmittel, das den einwandernden Europäer hier anzog, sondern der Pelzreichtum der riesigen Waldgebiete. Die Beziehungen zwischen Indianern und Weißen im Bereich der Subarktis sind noch bis zur Mitte des 20. Jahrhunderts im wesentlichen vom Pelzhandel geprägt worden. Wo sich Weiße überhaupt im Indianerland niedergelassen hatten, geschah das meist als Trapper und Händler, nie als Siedler. Nur in Südkanada, im Tal des oberen Sankt-Lorenz-Stromes, wo Bodenbau und Viehzucht möglich sind, waren schon frühzeitig Siedlungen europäischer Kolonisten entstanden, abgesehen von den kanadischen Prärien, die jedoch nicht als Teil der Subarktis betrachtet werden. Auch sie wurden in den letzten hundert Jahren in Ackerland umgewandelt.

Die pelzhungrigen Europäer folgten bei der kommerziellen Erschließung der kanadischen Wälder im wesentlichen drei Routen: dem Sankt-Lorenz-Strom aufwärts bis an die Großen Seen, dem Seeweg um die Halbinsel Labrador herum in die Hudson Bay und schließlich, fast 250 Jahre später, der Binnenlandroute über die zahlreichen Seen, Flüsse und Portages in das

Innere Nordwestkanadas bis Zentralalaska und bis zur Mündung des Mackenzie River in das Nördliche Eismeer. Im Gefolge dieser kommerziellen Durchdringung des heutigen Kanada, die für immer mit dem Namen der Hudson Bay Company verbunden sein wird, kam es nur zu relativ geringen Veränderungen der indianischen Kultur. Erst mit der Entstehung von ortsfesten Industrien (Sägemühlen, Bergwerken, Fischfabriken) und der Errichtung von Missions- und Regierungsstationen wurde der Kontakt intensiver, und zahlreiche Güter des täglichen Gebrauchs strömten nun auch in die entferntesten Gegenden: Holzbearbeitungsgeräte, eiserne Öfen, Außenbordmotoren, Benzinlaternen, Batterieradios, Handnähmaschinen und schließlich Plastikgegenstände verschiedenster Art. Der Rückgang des Pelzbedarfs und die Beschränkung der Abschuß- und Fangquote verschiedener Pelztiere hatte einen erheblichen Einkommensverlust für die Indianer zur Folge. Als Pelzlieferanten waren sie immer weniger gefragt und büßten schließlich als Geschäftspartner ihren Wert ein. Die meisten Indianer mußten sich dem euro-kanadischen soziokulturellen System eingliedern und begannen ihr Leben als Wohlfahrtsempfänger zu fristen; einen Weg zurück gab es nicht.

Die Bedeutung des Pelzhandels mit den Europäern lag für die Indianer vor allem in dem Erwerb von Eisengeräten und Feuerwaffen. Der Kontakt brachte also zunächst beiden Seiten Vorteile. Allerdings kam es schon bald zu Auseinandersetzungen zwischen rivalisierenden indianischen Gruppen im oberen Sankt-Lorenz-Tal um die Vorherrschaft des Zwischenhandels zwischen den Europäern an der atlantischen Küste und den pelzliefernden zentralsubarktischen Stämmen. Ähnliche Auseinandersetzungen gab es auch auf europäischer Seite: Franzosen, Engländer und Holländer stritten sich um das Monopol des Pelzeinkaufs. Die Vorherrschaft der indianischen Zwischenhändler am oberen Sankt-Lorenz-Strom wurde schon früh von den beiden Franzosen Grosseliers und Radisson gebrochen, die jedoch ihrerseits den Engländern weichen mußten, die unter dem Schutz ihrer Regierung an den Küsten der Hudson Bay ihre Faktoreien errichteten und den gesamten Pelzhandel der zentralen und westlichen Subarktis an sich rissen. Sie erreichten damit, daß die zentralsubarktischen Indianer ihre Pelze zu den Stationen an der Hudson Bay brachten, wo 1670 schließlich die große, heute noch existierende Gesellschaft, die Hudson Bay Company, gegründet wurde. Im letzten Viertel des 18. Jahrhunderts drangen die Pelzaufkäufer dann weiter in das Landesinnere westlich der Hudson Bay vor, um den französischen Händlern, die ohne staatliche Unterstützung arbeiteten, auch hier den Handel aus der Hand zu nehmen. 1821 hatte die Hudson Bay Company ihren letzten Konkurrenten, die zur Northwest Company zusammengeschlossenen Montrealer Händler, aus dem Felde geschlagen.

Zwischen weißen Händlern oder Trappern und ortsansässigen Indianerinnen war es häufig zu dauerhaften ehelichen Bindungen gekommen, so daß eine Mischlingsbevölkerung, die sogenannten Métis, entstand, die im Laufe der Zeit auch eine gewisse kulturelle und soziale Bedeutung erlangte. Als Mittelsmänner zwischen Weißen und Indianern spielen die Métis besonders im Nordwesten Kanadas auch heute noch eine besondere Rolle.

Die politischen Geschehnisse, die zur Entstehung Kanadas als Nation führten (1867 Proklamation als Federal Union), hatten nur geringe Auswirkungen auf die Gesamtheit der indianischen Bevölkerung. Nachdem schon vorher am Sankt-Lorenz-Strom vier Indianer-Reservate geschaffen worden waren, schloß man nach der Bildung der kanadischen Union weitere Verträge mit indianischen Gruppen, die schließlich auch in anderen Teilen Kanadas zur Einrichtung von Reservaten führten. Die letzten Verträge wurden 1921 mit den Athapasken ausgehandelt.

Da die traditionelle politische Organisation der subarktischen Indianer wenig entwickelt war, gab es keine Schwierigkeiten bei der Einführung von freien Wahlen. Heute wählt jede Lokalgruppe ihren Anführer und eine Anzahl von Ratsmitgliedern, die die Gruppe staatlichen Stellen gegenüber offiziell vertreten. Diese politischen Führer besitzen jedoch, wie früher auch die traditionellen Lokalgruppenführer, nur geringe Autorität. Zur Durchsetzung staatlicher Verfügungen werden heute Beamte der Royal Canadian Mounted Police (RCMP), die in den größeren Ansiedlungen stationiert sind, herangezogen. Nur bei schweren kriminellen Delikten greifen sie jedoch in die indianischen Belange ein. Erst vor wenigen Jahren wurde die Canadian Indian Brotherhood, eine alle indianischen Gruppen repräsentierende Vereinigung, gegründet. Sie will die indianische Identität erhalten und für die Belange der Indianer eintreten. Durch die Missionstätigkeit (Anglikaner, Wesleyaner, Katholiken) ist christliches Gedankengut unter allen indianischen Gruppen verbreitet, so daß heute alle kanadischen Indianer nominell Christen sind. Synkretistische Bewegungen sind von Zeit zu Zeit, vor allem unter den Athapasken, aufgetreten, haben jedoch nur wenig Anklang bei der Masse der Bevölkerung gefunden.

3. Die Nordwestküsten-Indianer: Die Überflußgesellschaft

Lebensraum: Fjorde und Schären

Ein besonders eigenartiges, ja fast unindianisches Bild bietet die sogenannte Nordwestküsten-Kultur dem uneingeweihten Betrachter. Die pazifischen Küstenstämme, die den schmalen Landstreifen zwischen den Kordilleren und dem Meer sowie die vorgelagerten Archipele zwischen Südostalaska im Norden und Nordkalifornien im Süden bewohnen, haben hier, abgeschnitten von den indianischen Kulturen des übrigen nordamerikanischen Kontinents, eine Fischerkultur entfaltet, die ihresgleichen in der Welt sucht. Die fjordartige Landschaft mit ihrer üppig-feuchten Vegetation, die von Riesenzedern und anderen Mammutbäumen geprägt ist, war eines der am dichtesten besiedelten Gebiete Nordamerikas, obwohl der Bodenbau hier unbekannt war. Charakteristisch für die Nordwestküstenprovinz ist auf dem Gebiet der materiellen Kultur die hoch entwickelte Holzschnitzkunst, die in ihrer plastischen und ornamentalen Gestaltung eher an ostasiatische und ozeanische Vorbilder als an indianische erinnert. Trotz mancher formaler Parallelen mit Asien hat die Kunst der Nordwestküsten-Kultur aber wohl doch eine eigenständige Entwicklung gehabt, die ohne wesentliche Einflüsse von außen blieb.

Man teilt die Nordwestküsten-Kultur gewöhnlich in mehrere Kulturregionen, in denen Stämme von unterschiedlicher Größe und Sprachzugehörigkeit wohnen. Das nördliche Teilgebiet wird (nach A. L. Kroeber) als *Nördliche Meeresregion* bezeichnet. Es erstreckt sich von Südalaska bis zum fjordartigen Douglas Channel im zentralen British Columbia und schließt die der Küste vorgelagerten Inseln, insbesondere den Queen-Charlotte-Archipel, mit ein. Der Norden dieser Region wird von den Stämmen der Tlingit bewohnt, die Queen-Charlotte-Inseln von den Haida und der südliche Küstenbereich von den Tsimshian. Mit ihnen sind nur die wichtigsten Stämme bzw. Sprachfamilien genannt. Zur Zeit der Ankunft der Europäer war die indianische Kultur der *Nördlichen Meeresregion* reich entfaltet; sie wurde oft als repräsentativ für die gesamte Nordwestküste angesehen. Es hat sich aber, vor allem aufgrund archäologischer Funde, die man weiter im Süden gemacht hat, gezeigt, daß die

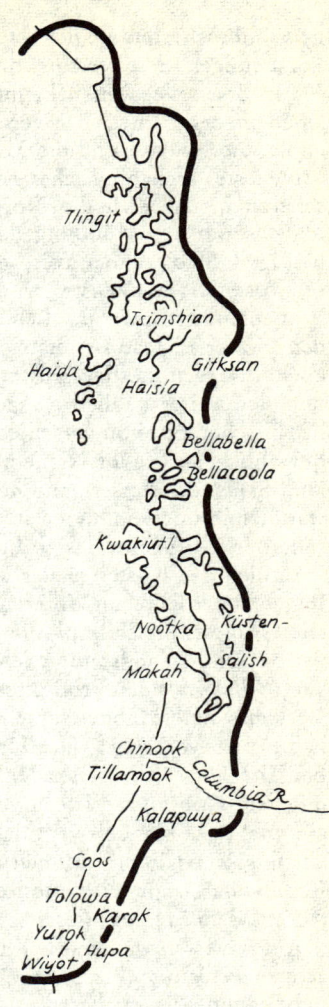

Verbreitung
der Nordwestküstenstämme

Kulturhöhe der Stämme des Nordens eine relativ junge Erscheinung ist und daß früher der Höhepunkt der pazifischen Fi-
scherkulturen in der Zentralen Meeresregion lag. Dieser Raum
umfaßt die zentrale Küste von British Columbia, die Insel Vancouver und den Nordteil der Olympia-Halbinsel. Die meisten
seiner Bewohner gehören zur Wakash-Sprachfamilie. Von ih-

nen sind insbesondere die Kwakiutl durch die jahrzehntelangen Forschungen des Nestors der amerikanischen Völkerkunde, Franz Boas, weltweit bekanntgeworden. Neben den Kwakiutl leben in der Zentralen Meeresregion die Bellabella, die Bellacoola, die Nootka und die Makah.

Neueste archäologische Entdeckungen machen es wahrscheinlich, daß sich die Nordwestküstentradition wenigstens teilweise an der Mündung des Fraser River, in der Nähe der heutigen Stadt Vancouver, entwickelt hat. Hier findet sich schon seit etwa 4000 v. Chr. eine Küstenfischerkultur, die von Binnenlandstämmen ins Leben gerufen worden war und, aus dem Fraser-Plateau stromabwärts ans Meer vorstoßend, die reichen Fischgründe der Küste erreicht hatte. Das Fraser-Delta und der weiter südlich gelegene Pugetsund wurden in früher historischer Zeit von verschiedenen Stämmen der Küsten-Salish bewohnt, die, wie ihr Name besagt, sprachlich mit den Binnenland-Salish des Fraser- und nördlichen Columbia-Plateaus verwandt sind und von diesen abstammen dürften. Der archäologische Befund scheint das zu bestätigen.

Südlich des Küstengürtels und der großen Meeresbucht des Pugetsundes lebte am Unterlauf des Columbia einst die volkreiche Gruppe der Chinook. Sie war der wichtigste Handelspartner der Binnenlandstämme jenseits der Kaskadenkette und versorgte diese mit den Produkten der Küste. Das Chinook war als Verkehrs- und Handelssprache von Vancouver bis nach Nordkalifornien verbreitet. Der Unterlauf des Columbia River, der bei The Dalles die Kaskadenkette durchbricht und die Küste mit dem Columbia-Plateau verbindet, war schon seit altersher ein wichtiger Handelsweg; das bezeugen die hier gelegenen archäologischen Fundstationen von Indian Wells und Five Mile Rapids, deren unterste Fundschichten Artefakte und Fischgräten aus dem 5. Jahrtausend v. Chr. enthielten.

Am stärksten wichen die Kalapuya, die Bewohner des prärieartigen Willamette-Tales in Oregon, und die zahlreichen kleinen Stämme der mittleren und südlichen Oregonküste von der dynamischen und reichen Kultur der nördlichen und mittleren Nordwestküste ab. Nordkalifornien mit dem Unterlauf des Klamath River zählt zwar ebenfalls noch zur Nordwestküstenprovinz, doch macht sich hier schon der Einfluß des kalifornischen Kulturtyps bemerkbar.

Lebensunterhalt: Fischfang und Waljagd

Alle Nordwestküstenstämme mit Ausnahme der Kalapuya lebten fast ausschließlich vom Fischfang; die Nootka und Makah gingen in größerem Umfang auch dem Walfang nach. Die zahlreichen Küstenflüsse und das küstennahe Meer lieferten so riesige Mengen von Fischen (vor allem Lachs, aber auch Hering, Heilbutt, Seehecht, Dorsch, Stör, Stint), daß hier niemand hungern mußte. Die Fische und Meeressäuger (Robben, Delphine, Seelöwen, Wale) vermochten eine dichte Bevölkerung ausreichend zu ernähren, und sie trugen zugleich zur Entstehung einer besonders hypertrophen Form des Verdienstfestwesens, dem Potlatch, bei, zu dessen Feiern große Mengen von Nahrungsmitteln verschenkt oder vernichtet wurden (s. S. 59). Der Flußfischfang wurde zur Laichzeit der Lachse, wenn diese in großen Schwärmen die Flüsse aufwärts zogen, mit Angeln, Speeren, Reusen und Dämmen betrieben. Zu anderen Jahreszeiten zog man mit großen Booten auf das Meer hinaus, um Kabeljau, Heilbutt und Dorsch zu angeln oder mit Netzen einzuholen. Für den Walfang verwendete man Harpunen und Lanzen, für die Robbenjagd Bogen und Pfeil. Der Walfang wurde in ganz ähnlicher Weise betrieben, wie dies bei den Nordalaska-Eskimo beschrieben wurde; auch die magisch-rituellen Vorbereitungen erinnern in vielen Einzelheiten an eskimoische Gebräuche.

Weniger zur eigentlichen Ernährung als zur Abwechslung der Kost trugen die zahlreichen Schaltiere bei, die von den Frauen am Strand eingesammelt oder von den Felsen abgekratzt wurden. Eine geringe Rolle spielte die Jagd auf Landwild wie Hirsch, Bergschaf, Bergziege und Bär. Einige Stämme unterwarfen sich einem Tabu, das den Genuß von Wildbret und Lachs am gleichen Tage verbot. Oft wurde die Landjagd nur als Sport oder zur Erlangung der Wolle der Bergziege für die Dekkenweberei betrieben. In Nordkalifornien dagegen war die Hirschjagd, zu der die Jäger Hirschmasken trugen, auch für die Ernährung von Bedeutung.

An pflanzlicher Nahrung wurden Beeren und Wurzeln, vor allem die wohlschmeckende und stärkehaltige Camaszwiebel (Camassia quamash), gesammelt. Die Kwakiutl ernteten eine besondere Kleeart; wahrscheinlich wird es sich dabei weniger um einen eigenen Anbau als um ein regelmäßiges Einsammeln von Kleeblättern gehandelt haben. Im südlichen Oregon und in

Nordkalifornien verwendeten die Indianer nach kalifornischem Vorbild Eichelmehl. Als die Russen in ihren amerikanischen Territorien die Kartoffel einführten, wurde diese Pflanze begeistert angebaut; sie machte bald einen beträchtlichen Teil der Ernährung aus. Seit Ende des 19. Jahrhunderts werden in den südlichen Teilen der Nordwestküste auch verschiedene europäische Getreidearten angepflanzt, die jedoch bei den Indianern nur geringen Anklang gefunden haben.

Materieller Kulturbesitz: Das Holz der »Zeder«

Die Ergologie der Nordwestküsten-Indianer wird überwiegend von einem Rohstoff geprägt, dem Holz. Mit einfachen Werkzeugen wie Dechseln, Meißeln, Keilen, Bohrern, Hämmern und Messern, die früher aus Stein und Muschelschalen bestanden, heute jedoch aus Eisen gefertigt sind, schlug man die Riesenzeder, spaltete sie und bearbeitete das Holz, meist Bretter, über heißem Wasser, Feuer oder – seltener – aus dem Vollen. Aus Zedernbrettern errichtete man Plankenhäuser, die im Durchschnitt 10 × 15 m, im Süden als Versammlungshäuser eine Länge von über hundert Meter erreichten. Auch für Kochkisten, Truhen und Wandschirme verwendete man Holzbretter. Aus dem Vollen dagegen wurden die Kanus, die als Kriegsboote bei den Haida bis zu zwanzig Meter Länge erreichten, gearbeitet. Halbierte Zedernstämme wurden mit Feuer ausgehöhlt, mit Hölzern gespreizt und so schließlich sorgfältig zugehauen. Die Seetüchtigkeit solcher Einbäume wurde erhöht, indem man an Bug und Heck Holzplanken aufsetzte. Aus dem Vollen wurden außerdem kleine Schalen und Schüsseln für den Haushalt geschnitzt. In der Holzbearbeitung beherrschte man alle Techniken, von der Verzapfung bis zur Verformung in der Dampfkiste.

Zedernbast bildete das Grundmaterial für die geflochtenen Hüte und Kleidungsstücke. Der Bast für die Tracht wurde mit Klopfern weich geschlagen. Matten wurden aus Rinde oder Schilfrohr geflochten. Horn von Bergziegen oder Holz lieferte das Material für Löffel, die man im Dampf zurechtbog und mit Einlagen aus Muschelschalen, Glimmer und Kupfer verzierte. Aus Bergziegen- oder Hundewolle wurden in der Technik der Halbweberei, die eher der Flechterei als der Weberei, in der ja

Webschiffchen verwandt werden, nahe steht, Decken und andere Kleidungsstücke gewebt; in der gleichen Technik stellte man aus Bergziegenwolle nach gemalten Vorbildern die bekannten Chilkat-Decken der Tlingit her; sie dienten vor allem den Häuptlingen als Umhänge. Bei warmem Wetter gingen die Männer der Nordwestküste meist nackt, die Frauen trugen kurze Basteröcke. Bei kalter und feuchter Witterung legte man Decken aus Zedernbast, Wolle oder Daunenfedern an oder zog Regencapes oder Pelz- und Lederhemden über; dazu trug man Korbhüte oder Kapuzen. Im Norden waren auch Mokassins und Hosen bekannt.

Die meisten Gegenstände der materiellen Kultur, so z.B. Haus, Boot, Truhe, Löffel, Hut oder Decke, waren dekoriert (s. Kunst). Plastisch ausgestaltet waren Löffel- und Keulengriffe (sog. Sklaventöter), bemalt wurden Häuser, Boote und Hüte, in Halbrelief geschnitzt waren viele Truhen. Als Farben verwendete man bei den Chilkat-Decken Moos, Baumrinde oder Kupferlauge. Schon früh wurden europäische Farben, vor allem zur Bemalung der Kanus und Wappenpfähle, eingehandelt.

Hausgiebel mit Eingangstür der Kwakiutl. Die Szene stellt den Donnervogel dar, wie er einen Wal, der seine Nahrung bildet, aus dem Wasser emporhebt. (Boas 1897)

Als Körperschmuck war das Tatauieren und Drucken mit Stempeln verbreitet. Lippenpflöcke wurden vor allem im Norden getragen, Schädeldeformation war besonders im zentralen Gebiet und im Süden verbreitet. Die Schädeldeformation, die auch bei den Stämmen des Columbia-Plateaus vorkam – man denke an die Flathead –, zeigt die engen Beziehungen der südlichen Küstengruppen zur Binnenlandbevölkerung.

Kunst: Der Tierstil in Plastik, Relief und Malerei

Auf dem Gebiet der Kunst erreicht die Nordwestküsten-Kultur einen für ganz Nordamerika einmaligen Höhepunkt. Sie ist besonders in der plastischen Darstellung in Holz, aber auch in der Reliefdarstellung und in der Malerei entwickelt. Eine überragende Rolle spielt hier die Tierplastik. Das erklärt sich aus der Bedeutung der Tiergeister in den Glaubensvorstellungen dieser Indianer. Meist sind die Tiere in schematisierter Form wiedergegeben, obwohl sich auch naturgetreue Skulpturen finden. Jede Tierart ist stark stilisiert und durch besondere charakteristische Merkmale gekennzeichnet: der Schwertwal durch die hoch aufragende Rückenflosse, der Bär durch das breite Maul mit den großen Zähnen, der Biber durch die oberen Schneidezähne und den schuppigen Schwanz. Der Grund für solche Stilisierung liegt darin, daß es sich nicht um die Darstellung individueller Tiere handelt, sondern um mythische Gattungswesen. Zu dieser Schematisierung, die sich vor allem im Norden der Nordwestküste findet, mag beigetragen haben, daß aus einer ursprünglich plastischen Kunst Reliefdarstellungen und dann später Malereien geworden sind. Der Gegenstand – eine Truhe, ein Hut, ein Wandschirm, ein Wappenpfahl – wurde als Tierfigur aufgefaßt, so daß das Tier um den Gegenstand herum gelegt werden mußte. Auf der Vorderseite wurde dann der Kopf, auf den Seiten der Körper mit den Vorderfüßen und auf der Rückseite der Schwanz mit den Hinterfüßen dargestellt. Das Flachrelief wurde durch Bemalen stärker hervorgehoben und schließlich ganz ersetzt. So entstand aus der Plastik die Flächendarstellung, die ihren früheren dreidimensionalen Charakter nur noch insofern besitzt, als sie um einen viereckigen oder runden Gegenstand gelegt ist. Der stärkere Zwang zum Realismus bei der Skulptur ist nun weggefallen, und so wer-

Doppelprofildarstellungen in der Malerei der Haida: Hai und Donner-vogel. (nach Mallery 1893)

den die ursprünglich naturalistischen Vorbilder immer stärker stilisiert und in ihre Grundbestandteile aufgelöst. Infolge der Füllsel und Betonung bestimmter Elemente, z.B. der Gelenke (»Augenornament«), ist die zugrundeliegende Figur oft kaum noch zu erkennen. Ein Tier wird deshalb nur selten im Profil oder in Vorderansicht, sondern meist als Doppelprofil darge-stellt, das entsteht, wenn man eine um einen Gegenstand her-umgezeichnete Tierfigur auf eine Fläche ausbreitet. Dabei wird der Tierkörper durch einen Schnitt vom Schwanz zur Nase halbiert.

Solche Flächendarstellungen wurden auch auf Textilien über-tragen, z.B. auf die Chilkat-Decken.

Die Wappenpfähle, die in der populären Literatur meist als Totempfähle bezeichnet werden, tragen ebenfalls stark schema-tisierte Tierdarstellungen. Die Tiere sind aber keine Totems, sondern Wappentiere und Würdezeichen des Besitzers eines Pfahles. Man errichtete solche Pfähle, die Höhen von zehn Me-tern erreichten, aus verschiedenen Anlässen: zu Ehren eines verstorbenen Häuptlings, anläßlich einer Bestattung – manch-mal dienten sie selbst als Gräber, indem der Leichnam in sie hineingelegt wurde –, bei dem Bau eines neuen Hauses. Meist stellten die auf den Pfählen übereinander angeordneten Tiere wichtige Ereignisse aus der Familiengeschichte eines Häuptlings dar, z.B. vor allem Begegnungen mit Tiergeistern und Dämo-nen. Man liest gelegentlich, daß die Wappenpfähle erst nach der Einführung von eisernen Werkzeugen durch die Europäer her-

Wappenpfahl (Totempfahl) der Haida; Höhe: 14 Meter. Von oben nach unten sind folgende Einzeldarstellungen zu erkennen: Rabe – Tanzhut eines Häuptlings – Mond (aus der Rabenmythe) – Rabe als sitzender Häuptling – Frosch – Schmetterling – Ohr des Raben mit menschlichem Gesicht – Rabe – Knabe, der vom Raben geraubt wurde – Frösche – Biber – Schwanz des Bibers mit kopfstehender Figur. Rabe und Biber sind die eigentlichen Wappentiere, die restlichen Figuren sind Füllsel. (Ritzenthaler 1965)

gestellt wurden; doch besitzen wir Berichte aus der zweiten Hälfte des 18. Jahrhunderts (James Cook 1778, Malaspina-Expedition 1793), aus denen hervorgeht, daß Wappenpfähle schon damals existierten, wenn sie auch kleiner gewesen sein mochten als die der Kontaktzeit. Offenbar hatten die Wappenpfähle primär die Funktion von Bestattungspfosten, wie sie in Westalaska und in Sibirien in allerdings wesentlich einfacherer Form vorkommen.

Soziale Umwelt: Klassenschichtung, erbliches Häuptlingstum und totemistische Klane. Der Potlatch

Der riesige Überfluß an Nahrungsmitteln und der schier unerschöpfliche Vorrat von Rohstoffen für den materiellen Kulturbesitz, wobei das leicht zu bearbeitende Holz der Riesenzeder an erster Stelle zu nennen wäre, gaben den Nordwestküstenstämmen wie keiner anderen indianischen Bevölkerung Nordamerikas die Möglichkeit, auch komplexe gesellschaftliche Strukturen zu entwickeln, die sich im allgemeinen nur in archaischen Hochkulturen finden. Mit anderen Worten: Einer Gesellschaft mit aneignender Produktionsweise standen hier Sozialordnungen gegenüber, die sonst nur bei entwickelteren Gesellschaften mit produzierender Wirtschaftsform auftreten. Aufgrund des hohen Stellenwertes, den das ständige Streben nach Anhäufung von Nahrungsmitteln und Gebrauchsgütern, Sklaven und Luxusartikeln einnahm, kann hier von einer primitiven Form des Kapitalismus gesprochen werden, verbunden mit einer vom Reichtum bestimmten sozialen Klassenschichtung. Charakteristisch für die Nordwestküstengesellschaften war ferner die Betonung genealogischen Denkens, die zur Entstehung unilinearer Gruppen (s. Glossar) führte, die bei der Erlangung von Reichtum und Privilegien miteinander rivalisierten.

Politische Verbände bei Naturvölkern werden oft als Stämme, ihre Führer als Häuptlinge bezeichnet. In den meisten Fällen, so auch in bezug auf die Nordwestküste, ist das nicht korrekt. Die »Stämme« waren Lokalgruppen oder kleine Sprachfamilien, die sich aus mehreren autonomen Dörfern zusammensetzten; man könnte also höchstens von Dorf»häuptlingen« sprechen. Im ganzen nördlichen Bereich waren die Lokalgruppen oder Dorfgemeinschaften mit Klanen, im Süden mit Sippenverbänden identisch. Diese Klane des Nordens waren Verwandtschaftsgruppen, die sich aus den Frauen einer Sippe (oder Lineage) und ihren angeheirateten Ehepartnern sowie den noch unverheirateten männlichen Lineage-Angehörigen zusammensetzten (s. Glossar). Während die drei nördlichen Sprachfamilien der Tlingit, Haida und Tsimshian ein matrilineares Verwandtschaftssystem mit Matri- bzw. Avunku-Klanen besaßen, waren die Stämme weiter im Süden, insbesondere die Küsten-Salish, überwiegend patrilinear und nicht in Klane organisiert. Ob dies ein älterer Zustand ist, wie vielfach behauptet wird, läßt sich bei der geringen historischen Tiefe unserer Nachrichten schlecht sagen, doch wäre das – evolutionistisch gesehen – nicht ausgeschlossen. Im Norden verbanden sich häufig mehrere Klane zu Matri-Moieties, die die Namen Adler oder Rabe oder Wolf trugen, sie traten vorwiegend als Heiratsklassen in Erscheinung, regulierten aber auch den zeremoniellen Besitztausch während des Potlatches (s. S. 59).

Innerhalb dieser an und für sich schon komplexen Verwandtschaftsstrukturen gab es ein hierarchisches System mit verschiedenen Rangklassen: Häuptlinge, die den Löwenanteil aller Ehren beanspruchten und denen die Führung im Klan bzw. in der Sippe zustand, den Adel, meist von den engeren Verwandten der Häuptlinge getragen, und dem gewöhnlichen Volk. Die unterste Schicht bildeten die Sklaven, die gewöhnlich Kriegsgefangene waren und sich freikaufen lassen konnten. Es wäre nicht richtig, wollte man die Klassen als »Kasten« bezeichnen, wie das zuweilen in der Literatur geschieht, denn die Zugehörigkeit zu den Klassen war nicht unveränderbar. Jedes Individuum hatte die Möglichkeit, aus seiner Klasse in die nächst höhere Schicht aufzusteigen. Hierzu konnten ihm besondere Erfolge bei der Jagd oder im Krieg verhelfen; oder es konnte als angesehener Künstler sein Gewicht in die Waagschale werfen, wenn es galt, die Hilfe der Verwandten zu erbitten, um ein großes Verdienstfest, einen Potlatch, auszurichten. Denn nur bei solcher Gelegenheit konnte es die ihm durch Geburt zustehende gesellschaftliche Position verbessern. Diese vertikale Mobilität, die früher freilich sehr gering war, wurde besonders gefördert, als durch die von den Europäern eingeschleppten Epidemien die Bevölkerungszahl sank und die ausfallenden Rangpositionen wieder neu besetzt werden mußten (s. S. 62).

Es ist schon des öfteren vom Potlatch gesprochen worden. Das Wort stammt aus dem Chinook und bedeutet soviel wie »geben«. Man bezeichnet damit alle Formen von Geschenkverteilungsfesten, die an der Nordwestküste üblich waren: zur Namengebung, anläßlich der Übernahme eines Häuptlingsamtes, bei Rangerhöhungen, an Gedächtnisfeiern, bei der Errichtung eines Wappenpfahles, zur ersten Menstruation eines jungen Mädchens, bei Heirat, Tod und vielen anderen Anlässen. Die bedeutendsten Potlatche wurden von den Häuptlingen veranstaltet, wenn sie offiziell in ihren neuen Rang eingesetzt wurden.

Solche Feste bedurften umfangreicher Vorbereitungen. Oft dauerte es Jahre, bis alle Geschenke beisammen, d. h. durch Tausch eingehandelt oder in einem komplexen Kreditsystem gegen hohe Zinsen beschafft waren. Neben Gütern des täglichen Gebrauchs wie Decken, Kisten mit Olachenöl oder getrockneten Lachsen und Pelzen gehörten zu den Geschenken an die Gäste auch Schnitzarbeiten und aus rohem Kupfer gehämmerte und mit Wappen und Symbolen bemalte Y-förmige Platten. Die Kupferplatten stiegen nach jeder Übergabe in ihrem Wert; bei den nördlichen Gruppen durften sie überhaupt nicht mehr verschenkt werden, sondern wurden nur noch als hochgeschätzte Familienerbstücke zur Schau gestellt. Das besonders bei den Kwakiutl entwickelte Kreditsystem mit Zinsen bis zu zweihundert Prozent jährlich ist allerdings erst nach der Ankunft der Europäer und der Errichtung europäischer Handelsposten, in deren Nähe sich die zahlreichen überlebenden Gruppen niederließen, entstanden.

Die Geschenke wurden den feierlich eingeladenen Gästen während des Festes überreicht oder bei einem Potlatch-»Kampf« zwischen zwei rivalisierenden Häuptlingen zerschlagen, verbrannt, ins Meer geworfen oder, im Falle von Sklaven, getötet. Der »besiegte« Rivale mußte nun bei passender Gelegenheit seinerseits einen Potlatch abhalten und seinen früheren Gastgeber an Geschenken oder zerstörten Gütern zu übertreffen versuchen. Ein wichtiger Potlatch fand immer dann statt, wenn ein Häuptling seinen Rang und seine Privilegien öffentlich übernahm – zugleich war das die Totenfeier für den verstorbenen Amtsinhaber – oder wenn er Namen, Rechte oder Orden verlieh. Die Gäste dienten dann quasi als Zeugen des

Rechtsaktes und bestätigten die Ansprüche der Betreffenden. Speisen und Getränke waren ihr Lohn. Als der Pelzhandel Reichtum ins Land brachte, wurde das System des Wett-Potlatches zum Laster, zu einer schier endlosen Prozedur. Man häufte Güter an, um andere zu ruinieren. Für die Zuschauer war das immer ein aufregendes Schauspiel, und es ist verständlich, daß diese Feste eine wichtige Rolle im Leben der Nordwestküsten-Indianer spielten.

Religion: Geheimbünde, Tiergeister und Schamanen

War die gesellschaftliche Struktur mit ihrem komplexen Verwandtschaftssystem und ihrer hierarchischen Klassenschichtung, die sich im steten Kampf um Statusänderung und in einer ungeheuerlichen Verschwendungssucht äußerte, in höchstem Maße auffallend für ein Kultursystem mit aneignender Produktionsweise, so mag es nicht verwundern, daß auch der religiöse Sektor ein ähnlich komplexes und schillerndes Bild bietet.

Neben den verbreitet in Nordamerika vorkommenden Vorstellungen von Tiergeistern – hier sind es vor allem Lachsgeister, die als Unsterbliche in Gestalt von Lachsen jedes Jahr wieder die Ströme aufwärtsschwammen – und dem mit den Tiergeistvorstellungen zusammenhängenden Schamanismus, der bei der Krankenheilung in Erscheinung trat, gab es im Winter, der »heiligen Zeit«, sakrale Gruppen mit kollektiven Riten: die Geheimbünde. Sie übernahmen alle säkularen und magischen Funktionen der im Sommer »regierenden« Verwandtschaftsgruppen und boten mit Tänzen, Besessenheitszeremonien der Schamanenbünde, mit Masken, Marionetten und allerlei Zauberkunststücken ein höchst dramatisches und faszinierendes Schauspiel. Auch die gewöhnlichen magischen Tricks der Schamanen wurden zu erregenden theatralischen Aufführungen umgearbeitet. Da alle Vorstellungen bei Feuerschein in den halbdunklen Häusern stattfanden, konnten die Zuschauer um so leichter getäuscht werden: Mit feinen Fäden öffnete man Klappmasken, so daß sich plötzlich die Gesichter von Tieren in Menschen und umgekehrt verwandelten, oder man ließ übernatürliche Gestalten an dünnen Seilen durch den Raum schweben; mit Hilfe von Sprachrohren konnte man Stimmen aus verschiedenen Teilen des Raumes ertönen lassen.

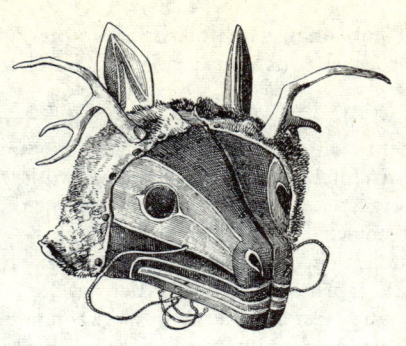

Klappmaske der Kwakiutl. Die geschlossene Maske (oben) zeigt einen Hirschkopf, die geöffnete (unten) dahinter ein menschliches Gesicht. (Boas 1897)

Jeder Erwachsene war Mitglied eines Geheimbundes. Nachdem sich ihm in einem Traumerlebnis ein bestimmter Tiergeist, der Symbol- und Schutzgeist des betreffenden Bundes war, gezeigt hatte, wurde er in einer feierlichen Initiationszeremonie in den Bund aufgenommen. Der vornehmste Bund der Kwakiutl war der Hamatsa- oder Kannibalenbund; ihm gehörten alle reichen Häuptlinge und die großen Schamanen an. Seinen Mitgliedern stand das Recht zu, Menschenfleisch zu essen.

Geschichte: Vom ersten Handelskontakt bis zur Entstehung der Native Brotherhoods und der Shaker-Kirche

Der erste Teil der im folgenden geschilderten Kontaktgeschichte bezieht sich auf die in Südalaska lebenden Tlingit und Tsimshian. Anschließend werden die Verhältnisse bei den Küsten-Salish dargestellt, wobei insbesondere auf die Shaker-Kirche eingegangen wird.

Der früheste, noch ganz sporadische Kontakt mit Europäern erfolgte im 18. Jahrhundert (Vitus Bering, James Cook u. a.) und brachte die ersten eisernen Werkzeuge ins Land. In größerem Umfange kamen europäische Waffen, Werkzeuge und Geräte erst nach der Entstehung eines festen Handels mit Seeotterfellen in den Besitz der Indianer. Die Beziehungen der alaskischen Küstenindianer zu den Russen blieben, selbst als diese 1804 in Sitka ein Verwaltungs- und Handelszentrum gründeten, im wesentlichen kommerzieller Art. Die Russen selbst versuchten nicht, eine politische Kontrolle über die Indianer auszuüben. Dies entsprach im übrigen ganz der Politik der Hudson Bay Company, die sich schließlich zu Beginn des 19. Jahrhunderts auch hier in den Handel mit Pelzen einschaltete. Eine größere Zahl von Weißen ließ sich erst spät im eigentlichen Wohngebiet der Nordwestküsten-Indianer nieder; die Zuwanderer beeinflußten zunächst die traditionelle indianische Lebensweise, die allein vom Fischfang abhing, nur wenig. Die alten Fangtechniken wurden noch lange beibehalten, nur verwendete man jetzt anstelle knöcherner Spitzen eiserne Harpunen- und Lanzenspitzen, und die Pelzjagd, die an Bedeutung zunahm, wurde mit Gewehren und Stahlfallen durchgeführt. Im Laufe der Zeit strömten aber immer mehr europäische Güter ins Land: Wolldecken, Tabak, Metallgefäße, eiserne Beilklingen, Glaswaren und prächtige Uniformen für die Häuptlinge. Gleichzeitig wurde hier, wie in anderen Teilen Nordamerikas auch, die indianische Bevölkerung durch eingeschleppte Krankheiten dezimiert (Pockenepidemie 1835); die Hälfte der Tlingit starb an dieser Seuche, und erst als die indianischen Medizinmänner ihre Ohnmacht offen eingestanden, ließen sich die Indianer von amerikanischen Ärzten impfen.

Mit dem Verkauf Alaskas an die USA (1867) wurden die Indianer immer mehr aus ihren Fischgründen, die die Grundlage ihrer Existenz bildeten, verdrängt. Die gewerbsmäßige Lachsfischerei, die zum Bau von Konservenfabriken führte, er-

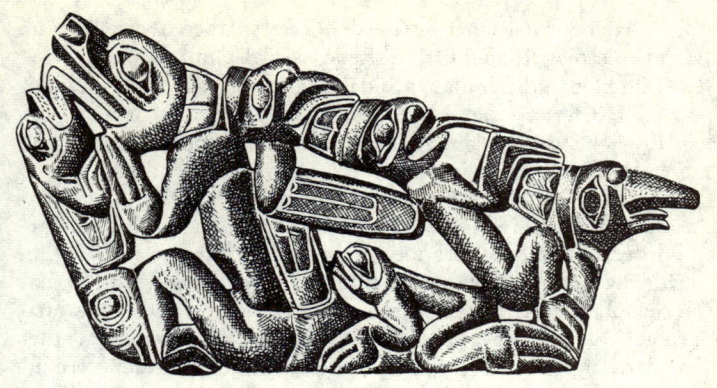

Argillit-Schnitzerei der Haida: Gruppe von Tieren und menschlichen Wesen. Solche Steinschnitzereien werden ausschließlich für den Fremdenverkehr hergestellt. (nach Fuhrmann 1923)

schöpfte die Fischgründe, so daß der Lachs auszusterben drohte. Glücksritter aller Art strömten in das Territorium von Alaska, und es kam zu ersten Zusammenstößen zwischen Weißen und Indianern. Alkoholverkauf, die Unfähigkeit des Militärs, das in den ersten Jahren das neue Land verwaltete, und die Goldfunde in Juneau (1880) führten zu chaotischen Zuständen auch in den noch überwiegend indianischen Gebieten. Infolge des Rückgangs der Fangerträge wurden viele Indianer gezwungen, in den Siedlungen der Weißen als billige Arbeitskräfte ihren Lebensunterhalt zu suchen. Meist verdingten sie sich als Fischer oder arbeiteten in den Konservenfabriken. Einige Gruppen gründeten mit staatlicher Hilfe Genossenschaften.

Mit der erzwungenen Aufgabe der alten Wirtschaftsform brach auch das traditionelle Sozialsystem zusammen. Die Sippen- und Klanverbände lösten sich auf, der einzelne Indianer zog mit seiner Familie in die Nähe des neuen Arbeitsplatzes. Unterstützt wurde dieser Desintegrationsvorgang durch die Mission (Wesleyaner seit 1878 in Sitka), die auch die ersten Schulen betrieb. Die Missionare bekämpften die Totenverbrennung, die Sklaverei, das indianische Medizinmannwesen, den Potlatch und die Polygynie. Der Zustrom weißer Siedler brachte bald auch eine größere Mischlingsbevölkerung hervor, die – nach europäischer Sitte – den Vatersnamen übernahm und damit die matrifokale Ordnung der Nordstämme untergrub.

Heute leben die Indianer Südalaskas entweder in rein indianischen Dörfern – Reservate gibt es in Alaska nicht –, in ursprünglich weißen Siedlungen, zusammen mit Mischlingen, oder als Minoritäten in den Slums der weißen Städte.

Seit der Gründung einer zunächst rein religiösen Organisation, der Alaska Native Brotherhood (1912), die nach dem Vorbild der Arctic Brotherhood, die gerade im Kampf um die Gewährung des Zivilrechts und einer Zivilregierung für die Indianer erfolgreich gewesen war, aufgebaut und von den Missionaren gefördert wurde, begann das Selbstbewußtsein der Indianer wieder langsam zu wachsen. Die zehn Gründer dieser Vereinigung waren getaufte Christen (Presbyterianer), deren erklärtes Ziel die Integration aller Indianer in die euro-amerikanische Gesellschaft war; paradoxerweise war das Ergebnis ihrer Bemühungen die Stärkung der indianischen Ethnizität. Mit der kirchlichen Organisation vertraut, bauten die Gründer der A.N.B. ihre eigene Organisation nach christlich-kirchlichem Vorbild auf. Die ersten lokalen Kapitel wurden in Sitka, in Juneau und in Douglas gegründet. Die Zentrale war das »Grand Camp«, das einmal jährlich auf einem Kongreß mit den Delegierten der lokalen »Camps«, zu denen auch Vertreter der Alaska Native Sisterhood gehörten, zusammentraf. Die Eintritts- und Jahresbeiträge, die 1952 zehn Dollar betrugen, bilden das finanzielle Rückgrat der Vereinigung. Obwohl nicht alle Indianer Südalaskas Mitglieder der A.N.B. oder A.N.S. sind, unterstützen doch auch die Nichtmitglieder die Organisation. In den Kapitelhäusern der Dörfer finden vor allem auch gesellschaftliche Zusammenkünfte statt. Filme werden hier vorgeführt; im Mittelpunkt stehen Besprechungen über die Politik der Organisation. Die Kapitelhäuser bilden heute das Zentrum eines indianischen Dorfes.

Das Ziel der A.N.B. ist die Abschaffung der Rassendiskriminierung und die Erlangung der gleichen Rechte und Chancen für die Indianer, wie sie den Weißen in Alaska von der Bundesregierung in Washington zugestanden worden waren. Das bedeutete eine Abkehr von alten indianischen Traditionen, vor allem die Abschaffung des Potlatch-Systems und die Übernahme der englischen Sprache. Erst 1924 erhielten alle alaskischen Indianer die gleichen Rechte wie die weißen Bürger des Landes. Ein weiteres wichtiges Anliegen der A.N.B. war die

Zulassung indianischer Kinder zu den Staatsschulen, die gleichberechtigte Anerkennung indianischer Gewerkschaftsmitglieder – um für gleiche Löhne in den Betrieben der Fisch- und Holzindustrie kämpfen zu können – und die Lösung der Reservatsfrage, in der die Indianer untereinander verschiedener Meinung waren. Die meisten dieser Anliegen sind inzwischen verwirklicht worden und haben die A. N. B. weiter gestärkt. Heute stellt sie eine angesehene Organisation dar.

In British Columbia wurde 1931 nach dem Vorbild der A. N. B. die Native Brotherhood of British Columbia gegründet, nachdem die Allied Tribes of British Columbia nach langem hartem Kampf um die Besitzansprüche auf Landgebiete eine Niederlage hatten hinnehmen müssen. Die zu diesem Zeitpunkt bereits erfolgreiche Alaska Native Brotherhood wirkte stimulierend auf die Stämme in British Columbia und diente als Vorbild für die neue Organisation, so daß deren Struktur derjenigen der A. N. B. angeglichen wurde. Doch war die Native Brotherhood of British Columbia an der Basis, in ihren lokalen Kapiteln, im Gegensatz zu ihrem alaskischen Pendant wenig erfolgreich. Das lag vor allem daran, daß die Alaska Native Brotherhood alle kirchlichen, sozialen und sportlichen Vereinigungen zu integrieren vermocht hatte, während in den Dörfern von British Columbia die Brotherhood mit diesen lokalen Institutionen in heftigem Konkurrenzkampf lag. Hinzu traten Rivalitäten zwischen den Kapiteln der Dörfer, so daß der Einfluß der Native Brotherhood of British Columbia auf die politischen und Verwaltungsinstanzen der kanadischen Bundes- und Provinzialregierung recht gering war.

Die jüngere Kontaktgeschichte der Küsten-Salish im südlichen Teil British Columbias und im US-Staat Washington nahm einen völlig anderen Verlauf. Nach einer kurzen Zeit regen Handels mit weißen Pelzaufkäufern und den ersten Siedlern gerieten die Küsten-Salish in den Sog der hier einsetzenden rasanten Entwicklung von Produktions- und Handelsstätten, die schon bald zur Entstehung von Städten und industriellen Ballungsräumen führte. Es gibt, mit Ausnahme der nördlichen Atlantikküste zwischen Boston und New York, kaum ein Gebiet in Nordamerika, das so schnell und vollständig urbanisiert wurde wie das Küstengebiet zwischen der Straße von Georgia und dem südlichen Pugetsund. Wollten sie nicht wegziehen, waren die hier ansässigen Indianer gezwungen, sich dieser Entwicklung anzupassen. Sie wurden zu Lohnempfängern in der

Industrie, aber sie blieben nicht ungelernte Arbeiter, die sich für Hungerlöhne verdingen mußten, sondern wurden Facharbeiter in den Fischereibetrieben, in Sägewerken und in der Holzverarbeitungsindustrie, und bald bekleideten sie auch in anderen Gewerbebetrieben verantwortliche Stellungen als Vorarbeiter. Zu dieser schnellen Anpassung trug entscheidend bei, daß die Küsten-Salish neuen Technologien gegenüber immer schon sehr aufgeschlossen waren und in ihrer eigenen Kultur eine ausgeprägte Arbeitsteilung kannten.

Einen interessanten Sonderfall stellt das ökonomische Wagnis einer »Aqua-Kultur« der Lummi dar, die eine kleine Reservation an der Küste nördlich von Seattle bewohnen. Die Lummi haben sich von amerikanischen Meeresbiologen beraten lassen und einen Fisch- und Austernzuchtbetrieb als kollektives Unternehmen aufgebaut. Nach anfänglichen Schwierigkeiten beim Ausbau der Anlagen, sind sie in den letzten Jahren auch finanziell erfolgreich gewesen. Das gelungene Experiment eines indianischen Selbsthilfeprojektes, das im Rahmen ihrer traditionellen Fischerkultur stattfand und somit nicht wie ein Fremdkörper wirkte, kann als Beweis für eine hohe indianische Anpassungsfähigkeit an die moderne Industriegesellschaft gelten, ohne daß bei diesem Prozeß die ethnische Identität aufgegeben werden muß.

Auch in den Glaubensvorstellungen gelang den Küsten-Salish eine erstaunlich schnelle Anpassung an das christliche Ideengut, indem sie schon bald eine besondere Synthese zwischen indianischen und christlichen Vorstellungen schufen, die in der Shaker-Kirche ihren konkreten religiösen Ausdruck und ihre gemeinschaftsbindende Organisationsform fand. Die Shaker-Kirche breitete sich rasch aus und ist heute eine der wenigen bedeutenden indianisch-christlichen Sekten Nordamerikas. Sie geht auf einen Küsten-Salish namens John Slocum zurück, der 1881 im Alter von vierzig Jahren in Trance fiel – nach indianischen Vorstellungen war er »gestorben« – und, als er wieder erwachte, erklärte, er sei im Himmel gewesen (Himmelsreise = Schutzgeistsuche). Er sei zur Erde zurückgekehrt, um die Menschen besser mit den christlichen Geboten vertraut machen zu können. Slocum verbrachte den Rest seines Lebens unter seinen Landsleuten als Prediger und gründete die Shaker-Kirche, die diese Bezeichnung nach den Schüttelzuständen erhielt, die sich bei Gottesdiensten und bei Krankenheilungen unter den Gläubigen einstellen.

Innerhalb eines halben Jahrhunderts verbreitete sich die neue Sekte über die ganze Westküste Nordamerikas, von Nordwestkalifornien bis an die Küste von Zentral-British Columbia. Nachdem das Schüttelritual zum festen Bestandteil des Gottesdienstes geworden war, gewann die Shaker-Kirche immer mehr Anhänger, denn das Schütteln oder Zittern der Hände war in den Augen der Indianer Ausdruck einer Macht, die sie ergriffen hatte. Es war ein Zustand, den früher nur ihre Schamanen an sich erfuhren und den diese als eindrucksvollen Beweis für die in ihnen schlummernde Kraft (z.B. zur Krankenheilung) betrachteten und demonstrierten. Als Mitglied der Shaker-Kirche aber konnte jeder Gläubige in den Besitz dieser Macht gelangen, die ihn zur Heilung von physisch und psychisch Kranken befähigte. Zu einer Zeit, als die amerikanische Regierung die Ausübung indianischer Heilpraktiken durch die Schamanen streng verboten hatte und das Vertrauen zu den weißen Ärzten noch sehr gering war, bot diese Form des erlaubten religiösen Empfindens und Ausdrucks den Indianern jene Hilfe, deren sie in einer besonders schwierigen Situation, nämlich dem vollständigen Zusammenbruch der traditionellen Werte, am dringendsten bedurften. Auch der indianische Glaube an die Geisterbesessenheit ließ sich verhältnismäßig leicht in eine »Gottbesessenheit« übertragen. Fast alle Mitglieder der Shaker-Kirche waren getaufte Christen. Taufe und Hochzeit wurden nach christlichem Ritual in den christlichen Kirchen vorgenommen; Hauptfunktion der Shaker-Kirche dagegen war die Heilung von Kranken und die Bekehrung von Abtrünnigen und Ungläubigen.

4. Die Indianer Kaliforniens: Friedliche Sammler

Lebensraum: Zwischen Pazifik und Sierra Nevada

Obwohl die indianische Kultur Kaliforniens manche Übereinstimmung mit den Wildbeuterkulturen des intermontanen Gebietes einerseits und denen des Südwestens andererseits aufweist, besitzt sie doch eine eigene Physiognomie, die weitgehend von den besonderen ökologischen Gegebenheiten, d. h. dem intensiven Sammelkomplex mit der Eichel als Hauptnahrungsprodukt, geprägt wird. Die bewaldeten Küsten Südkaliforniens, die nördlichen Küstenketten und das große kalifornische Längstal, das vom Sacramento River im Norden und vom San Joaquin River im Süden geformt wird, war einst mit Beständen von Eichen durchsetzt. Ihre Früchte, die Eicheln, standen den Menschen in solcher Fülle zur Verfügung, daß hier eine dichte Bevölkerung mühelos davon leben konnte; man schätzt die Bevölkerung Kaliforniens in voreuropäischer Zeit auf etwa 85 000.

Landschaftlich hebt sich der schmale Küstensaum mit seinen vorgelagerten Inseln, dessen Bewohner überwiegend maritim orientiert waren, stärker vom übrigen Kalifornien ab. Hauptwohngebiet der binnenländischen Indianer war das große kalifornische Längstal mit dem angrenzenden nördlichen Wald- und Seengebiet. Die Westhänge der Sierra Nevada wurden nur zur Jagd aufgesucht, und auch der äußerste Süden und Südosten Kaliforniens mit seinem wüstenartigen Klima waren nur dünn besiedelt.

Im Gegensatz zur großen Einheitlichkeit der kalifornischen Kulturen steht ihre starke sprachliche Zersplitterung. In Kalifornien wohnen Angehörige von mehr Sprachfamilien als in irgendeinem anderen Kulturareal Nordamerikas. Neben kleinen und kleinsten Splittergruppen gehörten die meisten kalifornischen Indianer drei Sprachfamilien an: dem Hoka, dem Penuti und dem Shoshone. Aufgrund ihrer Verbreitung kann angenommen werden, daß die Hoka sprechenden Stämme Reste einer älteren Bevölkerungsschicht sind, während die in Südkalifornien lebenden Shoshone erst vor etwa 800 Jahren aus dem Großen Becken kommend hierher einwanderten. Zu den nördlichen Hoka-Stämmen gehören die Karok, Shasta, Pomo, Yana

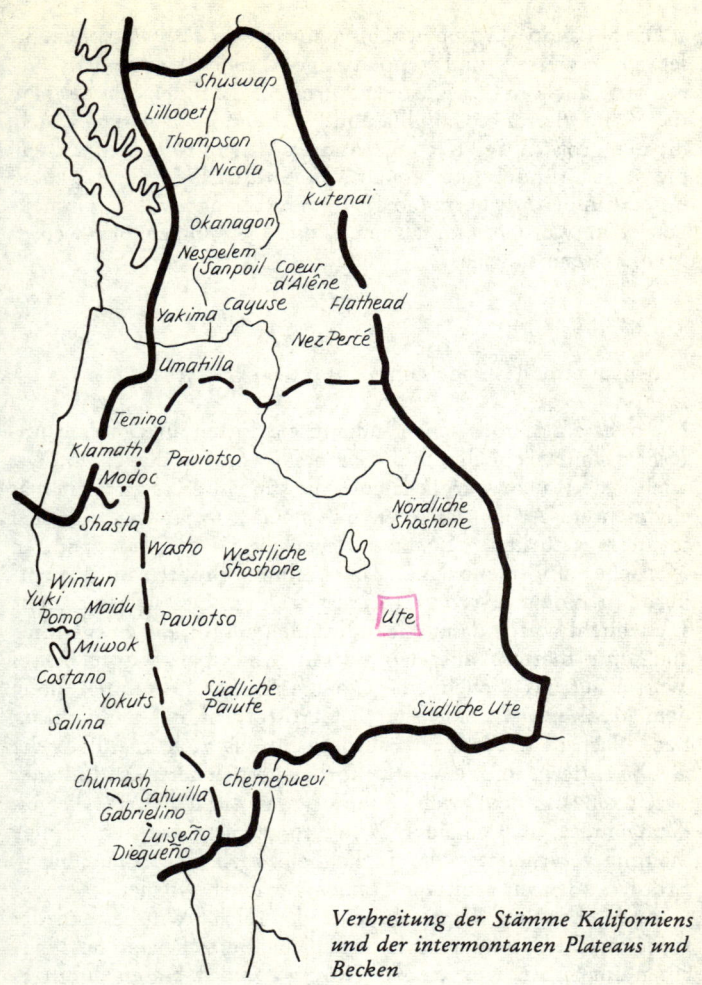

Verbreitung der Stämme Kaliforniens und der intermontanen Plateaus und Becken

und Chimariko, zur Südgruppe zählen die Salina, Chumash, Diegueño (heute: Tipai-Ipai).

Den zentralen Teil Kaliforniens bewohnten vorwiegend die Penuti sprechenden Stämme. Mit mehr als 50000 Menschen stellten sie den größten Teil der indianischen Bevölkerung dieses Gebietes. Man rechnet zu ihnen die Wintun, Maidu, Miwok, Costano und Yokuts.

Die Shoshone-Gruppen zählten nur etwa 20 000 Personen. Sie lebten im wüsten- und steppenartigen Teil Südkaliforniens, waren aber auch an der Küste anzutreffen. Zu ihnen rechnet man die Mono, Serrano, Cahuilla und Gabrielino. Sie waren es auch, die den größten Teil der sogenannten Missionsindianer stellten, die nach Gründung der ersten Mission durch die Franziskaner unter Junipero de Serra (ab 1770) auf Missionsland zusammengetrieben wurden und als erste die »Segnungen des weißen Mannes« empfingen.

Lebensunterhalt: Eichelsammeln und Vorratswirtschaft

Die meisten kalifornischen Indianer bestritten ihren Lebensunterhalt hauptsächlich durch Sammeln von Wildfrüchten. Die wichtigste Frucht war die Eichel. Sie genießbar zu machen, war ein mehrere Arbeitsgänge erfordernder Prozeß, da die Eichel in ihrem natürlichen Zustand wegen ihrer Bitterstoffe für den Menschen ungenießbar ist. Zuerst einmal mußten die Fruchtkerne in Holzmörsern zerkleinert werden. Das so gewonnene Eichelmehl wurde dann in Sandmulden gefüllt, die gelegentlich auch mit Blättern ausgelegt waren. Mehrmals wurde heißes Wasser auf das Eichelmehl gegossen. Dadurch konnten die in dem Mehl enthaltenen bitteren Gerbstoffe in den Sand abfließen. Nach dem Trocknen wurde dann das Eichelmehl aus der Grube entfernt und in Vorratskörben gespeichert. Die Indianer bereiteten aus dem Mehl Suppen oder dünnen Brei, die mit Wildgemüse, Beeren oder Wildbret gewürzt wurden. Einige Stämme verarbeiteten das Eichelmehl auch zu Broten, die in Erdöfen oder auf erhitzten Steinen gebacken wurden.

Im Herbst und Winter brachte der reiche Wildbestand der kalifornischen Wälder eine zusätzliche Bereicherung an Nahrung. Im Süden wurden Kollektivjagden auf Hasen durchgeführt, in der Sierra und in Nordkalifornien gingen dagegen nur einzelne Jäger oder kleinere Jagdgruppen auf Pirsch.

Fischfang war ebenfalls von großer wirtschaftlicher Bedeutung. Nicht nur in den Küstenflüssen des Nordens und in der großen Bucht von San Francisco, sondern vor allem an der südkalifornischen Küste und auf den vorgelagerten Inseln wurde er in großem Umfange betrieben. Das Fangen von Fischen war nicht nur auf die Flüsse und küstennahen Gewässer beschränkt. Mit großen Plankenbooten fuhren die südkalifornischen Küstenindianer auch aufs offene Meer hinaus und erlegten mit Harpunen Robben, Delphine und Seeotter. Die Küstenfischerkultur bestand schon seit mindestens 1000 Jahren; in ihrer letzten präkolumbischen Phase wird sie als Canaliño-Kultur bezeichnet.

Man hat sich oft die Frage gestellt, warum die kalifornischen Indianer keine produzierende Wirtschaftsweise betrieben, denn die Stämme des Coloradotales, mit denen die Südkalifornier in regem Handelskontakt (Import von Töpferei) standen, hätten ihnen die Kenntnis domestizierter Pflanzen und deren Anbau durchaus vermitteln können. Die einzige zufriedenstellende Antwort auf diese Frage lautet: Der Arbeitsaufwand wäre für den Anbau von kultivierten Pflanzen, zumal dort, wo die Felder hätten bewässert werden müssen, sehr viel größer gewesen als für das problemlose Einsammeln der in großen Mengen vorhandenen Wildpflanzen. Die intensive Sammelwirtschaft der Kalifornier bietet deshalb den Anhängern einer evolutionistischen Theorie kein Beispiel einer Zwischenstufe in der Entwicklung vom Wildbeutertum zum Bodenbau; sie ist vielmehr eine lokalspezifische Sonderentwicklung der aneignenden Produktionsweise.

Materieller Kulturbesitz: Körbe

Im traditionalen materiellen Kulturbesitz der Kalifornier standen die Erzeugnisse der Flechtkunst an vorderster Stelle. Sie waren wichtigstes Requisit zum Einsammeln und Aufbewahren von Eicheln und anderen Wildfrüchten. Es gibt kaum ein anderes Gebiet Nordamerikas, das eine technisch und künstlerisch so hoch entwickelte Korbflechtkunst besaß. Die Flechtwaren wurden sowohl in Doppelfaden- als auch in Spiralwulsttechnik hergestellt. Während die erstere im Norden der Kulturprovinz überwog, fand sich die letztere vor allem im Süden; in den Zentralgebieten waren beide Techniken verbreitet. Es gab eine große Vielfalt von Körben: dicht geflochtene topfartige Körbe, die mit Kiefernpech wasserundurchlässig abgedichtet waren und in denen die Eichelsuppe gekocht wurde, indem man erhitzte Steine in die Flüssigkeit legte; kleine geflochtene Korbkellen (seedbeaters), mit denen man die als Nahrungsmittel hoch geschätzten Grassamen von den Halmen abstreifte; flache Korbpfannen, in denen die Grassamen dann über glühender Holzkohle geröstet wurden; große kegel- und glockenförmige Körbe, in denen man die Vorräte transportierte und aufbewahrte. Nur im südlichen Binnenland Kaliforniens traten an die Stelle der kleinen Körbe importierte Tonwaren; eine grobe Keramik wurde dort auch selbst hergestellt.

Während die Kleidung der kalifornischen Indianer aus klimatischen Gründen auf das Notwendigste beschränkt war – die Männer gingen meist nackt, die Frauen trugen einen zweiteiligen Schurz aus Hirschleder oder aus Pflanzenfasern –, waren die Formen der Behausung sehr vielgestaltig: im Norden gab es neben giebelförmigen Plankenhäusern kuppelförmige Hütten mit Gras, Rinden- oder Binsenmatten; in Zentralkalifornien, dem Verbreitungsgebiet des Kuksu-Kultes, errichtete man in den Dörfern neben den Wohnhäusern der Familien große in den Boden eingetiefte Versammlungshäuser, die bis zu zwanzig Meter Durchmesser besaßen und alle Männer des Dorfes fassen konnten. Im Süden bestanden die Unterkünfte meist aus kegelförmigen, mit Gras bedeckten Stangengerüsten.

Das Hauptschmuckmaterial der Kalifornier waren Federn, Muscheln und Meeresschnecken. Die Gesichtstatauierung, die vor allem das Kinn der Frauen zierte, war in vielen Teilen Kaliforniens verbreitet. Körper- und Gesichtsbemalung wurden ausschließlich zu zeremoniellen Zwecken aufgelegt.

Soziale Umwelt: Lokalgruppe und Zeremonialgruppe

Im Gegensatz zu den einfachen Sozialstrukturen der meisten Wildbeutergruppen Nordamerikas besitzen die meisten kalifornischen Sammler komplexe Gesellschaftsformen, die in manchen Zügen der von entwickelten Bodenbauer-Kulturen entsprechen. Zwar ist die politische Organisation im allgemeinen nicht sehr differenziert; so gab es im Norden kleine autonome Lokalgruppen, die aus einem Hauptdorf und mehreren weiteren bestanden, und auch in Zentralkalifornien überwog die Lokalgruppenorganisation. Lediglich bei den Yokuts im San Joaquin Valley hatten sich kleine Stammesverbände herausgebildet, die unter der Führung von Häuptlingen standen. Die für den größten Teil Kaliforniens typischen autonomen Lokalgruppen setzten sich jedoch aus komplexeren Formen unilinearen Gepräges, wie exogamen und totemistischen patrilinearen Lineages (s. Glossar) oder Klanen (im Süden) zusammen. In einigen Gebieten bildeten die Klane auch Moieties mit überwiegend rituellen Funktionen, die besonders bei den Bestattungszeremonien eine wichtige Rolle spielten. Die Wohnsitzregelung nach der Heirat war meist viri-patrilokal, d.h. beim Vater des Mannes, doch wurde diese Regelung nicht streng eingehalten. Auch Polygynie und Polyandrie (bei den Shoshone im Süden) kamen nur vereinzelt vor. Sie wurden, wie Levirat und Sororat (s. Glossar), zwar von der Gesellschaft toleriert, wurden aber nicht besonders hoch geschätzt; in ihrem mehr sporadischen Auftreten erinnern diese Gepflogenheiten stark an die gesellschaftlichen Verhältnisse bei den Wildbeutergruppen des Großen Beckens.

Religion: Kuksu-Kult und Toloache-Ritual

Die Lokalgruppenführer besaßen nur geringe Autorität, die sie zudem meist ihrer religiösen Funktion als Hüter von sakralen Gegenständen verdankten. Ihnen stand im rituellen Bereich der Schamane als Krankheitsheiler (Bären-Schamanen der Pomo), Regen- oder Wetterzauberer, Geister»doktor« und Ritualleiter in verschiedenen Zeremonien zur Seite bzw. gegenüber.

Neben den individuellen Riten fanden sich in Kalifornien auch komplexere Rituale, wie sie sonst überwiegend für Bodenbauer-Kulturen charakteristisch sind. Solche organisierten Gemeinschaftskulte stellen offenbar eine jüngere Erscheinungsform in Kalifornien dar und waren dazu bestimmt, das Wohl der gesamten Dorfgemeinschaft zu fördern und nicht nur dem einzelnen zu helfen.

In Zentralkalifornien dominierte der Kuksu-Kult, in Südkalifornien fand der Toloache-Kult besondere Bedeutung. Im Mittelpunkt der kultischen Feiern beider Rituale stand die Aufnahme der jungen Männer in die Gemeinschaft der Erwachsenen. Kuksu war der große Krankenheiler und Herrscher des Totenreiches. Zu seinen Ehren tanzten die Teilnehmer der Feier in Federkleidern mit Federhauben und mit bemaltem Gesicht.

Während der Jahre 1871 bis 1873/74 gewann die Geistertanzbewegung in Zentralkalifornien eine ähnliche Bedeutung wie der frühere Kuksu-Kult. Sie war im westlichen Nevada von einem Paiute-Propheten namens Tävibo ins Leben gerufen worden und hatte vor allem in Kalifornien bei den Überlebenden der von den Weißen nahezu ausgerotteten Stämme Fuß gefaßt. Diese Geistertanzbewegung ist nicht zu verwechseln mit der großen Geistertanzbewegung der Jahre 1890/91, die fast alle Stämme der Plains und des intermontanen Raumes erfaßte und zum letzten großen Aufstand der Dakota und dem Massaker von Wounded Knee führte.

In Südkalifornien war das Toloache-Ritual verbreitet, das gewissermaßen ein Pendant zum Kuksu-Kult darstellte. Wie dieser war das Toloache-Ritual seinem Wesen nach eine Knabenpubertätszeremonie, verbunden mit der Aufnahme in die Gemeinschaft der Männer des Stammes. Sein Hauptmerkmal war die Einnahme eines narkotischen Getränkes, das aus der Stechapfelwurzel (Datura stramonium; sp.: toloache, engl.: Jimson weed) gewonnen wurde. Dieses Narkotikum rief einen tranceartigen Zustand hervor und führte zu Visionen, in denen den jugendlichen Teilnehmern in meist tierischer Gestalt ihr zukünftiger Schutzgeist, an den sie sich in Not und Gefahr wenden konnten und der ihnen Schutz und Hilfe versprach, erschien. Im Gegensatz zum Kuksu-Kult zeigt das Toloache-Zeremoniell jedoch Einflüsse aus dem Südwesten: Vor einem Sandbild, das von einem Schamanen aus farbigem Sand, Holzkohlenpulver, Gips und anderem Material »gezeichnet« wurde und das meist die Erde oder den ganzen Kosmos darstellte, wurden dem jungen Novizen die Geschichte seines Stammes und die Gesetze des Kosmos erläutert. Die Gabrielino und andere Shoshone-Stämme schrieben das Toloache-Ritual einer Gottheit zu, die sie Chingichnish nannten. Ihm standen die Nachkommen des Kulturbringers Wiyot zur Seite, die darüber wachten, daß die Menschen seine Gebote befolgten. Die Gestalt des Hochgottes ist möglicherweise erst christlichem Einfluß zuzuschreiben, denn sie fällt völlig aus dem Rahmen der hier verbreiteten Geistervorstellungen heraus, die keine oberste Gottheit kennen.

Geschichte: Die spanische Mission und die Folgen des Goldrausches von 1848

Die ersten Kontakte der kalifornischen Indianer mit Europäern gehen bis ins 16. Jahrhundert zurück. Aber erst durch das Wirken von Franziskaner-Missionaren im letzten Viertel des 18. Jahrhunderts begann ein dauernder Kontakt, der einschneidende Folgen für die betroffenen indianischen Gruppen hatte. Innerhalb kurzer Zeit wurden 21 Missionen errichtet, unter ihnen San Diego (1769), San Gabriel (1771), San Luis Obispo (1772), San Juan Capistrano (1776), Santa Barbara (1786), San Luis Rey (1798). Viele dieser Missionen stehen heute noch; manche, die durch Erdbeben zerstört wurden, hat man wieder aufgebaut. Die Missionen konzentrierten sich vor allem auf die schmale Küstenzone und die Täler der Küstenketten. In ihrer Nachbarschaft änderte sich das Leben der Indianer grundlegend: Sie wurden gezwungen, sich bei den Stationen anzusiedeln, sie wurden getauft und erhielten europäische Kleidung; sie erlernten europäische Handwerkstechniken, z. B. Tischlern, Schmieden, Mauern; man machte sie mit europäischen Getreidepflanzen und Haustieren vertraut und man lehrte sie die spanische Sprache. Die Indianer arbeiteten auf dem Missionsland und mußten die Missionsangehörigen mit allen lebensnotwendigen Gütern versorgen. Neben dem einer Mission zugehörigen Land gab es riesige Landstriche, die der spanische König Mitgliedern der herrschenden spanischen Oberschicht schenkte. Diese richteten große Viehbetriebe ein, auf denen Indianer Fronarbeit leisten mußten. Die mittelständische Schicht spanischer Handwerker und mexikanischer Landwirte war klein, so daß Kalifornien damals noch stark von der Einfuhr aus dem Mutterland abhing.

Schon der erste Kontakt mit den Europäern hatte verheerende Folgen für die Indianer, denn die Infektionskrankheiten, gegen die die Europäer weitgehend immun waren, verliefen für die Indianer oft tödlich. Während die Missionen ihren Einfluß immer weiter nach Norden und ins Binnenland ausdehnten, verließen viele Stämme ihr Land und flohen nach Osten, jenseits der Küstengebirge. Aber die eingeschleppten Seuchen verbreiteten sich rasch auch ins große kalifornische Längstal und dezimierten die hier lebenden Gruppen. Weiter nach Osten über die Sierra Nevada geflohene Stammessplitter und die im nördlichen Zentraltal ansässigen Stämme übernahmen das Pferd und überfielen in der Folgezeit als streifende Marodeure die spanischen Viehranches. Sie lebten vom Fleisch der gestohlenen Rinder und der Pferde ihrer eigenen Herden. Neuere Forschungen haben ergeben, daß diese schweifenden kriegerischen Gruppen, deren taktisches Konzept der Kriegsführung der Apache glich, sehr wohl imstande gewesen wären, die kleine spanisch-mexikanische Kolonistenschicht aus dem Lande zu vertreiben, wenn nicht plötzlich neue einschneidende Veränderungen eingetreten wären.

Nach der Unabhängigkeit Mexikos (1821) wurden die Missionen säkularisiert, und die Indianer erhielten nach dem Buchstaben des Gesetzes ihr Land zurück. Faktisch übernahmen jedoch die Großgrundbesitzer das ehemalige Missionsland. Die Indianer arbeiteten entweder weiter als Knechte auf »ihrem« Land oder sie verließen es und zogen ins Innere Kaliforniens, wo sie sich mit Mexikanern vermischten und eine europäisch-indianische Mischkultur hervorbrachten.

Den nördlichen und nordöstlichen Gruppen blieben die ersten verheerenden Folgen des Kontaktes mit Europäern erspart, denn der spanisch-mexikanische Einfluß beschränkte sich auf den schmalen Küstenstreifen bis nach San Francisco im Norden. Erst die Errichtung eines russischen Forts nördlich von San Francisco im Jahre 1812 bewirkte, daß die Spanier auch hier Missionen anlegten. 1846 besetzten amerikanische Truppen Kalifornien.

1848 trat ein weiterer Konkurrent auf den Plan, der Schweizer Abenteurer John Sutter. Er gründete am Zusammenfluß von Sacramento und American River eine stark befestigte Kolonie, die von landwirtschaftlichen und handwerklichen Experten getragen wurde und bald so erfolgreich war, daß sich weitere Kolonisten anschlossen. Auch Indianer, die hier lebten, wurden in den Betrieben beschäftigt.

Auf dem Sutterschen Grundbesitz, auf einer Sägemühle, wurde 1848 das erste Gold gefunden. Damit begann eine Epoche in der Geschichte Kaliforniens, die zu den traurigsten und grausamsten Kapiteln des neuen Bundesstaates gehört. Das Goldfieber lockte Tausende von Abenteurern an und brachte den Untergang fast aller zentralkalifornischen Stämme mit sich. Hunderttausende von Goldhungrigen strömten ins Land, und auch die Küstengebirge wurden nun von Weißen besetzt. Die Goldsucher waren in ihrer Gier nach dem edlen Metall skrupellos. Sie drangen in das Land der Indianer ein, besetzten auch die

Kolonien der weißen Siedler und errichteten überall ihre Barakkenstädte. Sie stahlen Vieh und schossen jeden nieder, der sich ihnen in den Weg stellte. Von 1858 bis 1880 fanden mehrere »Indianerkriege« statt, das heißt friedliche Indianer, die sich und ihre Frauen vor dem Gesindel schützen wollten, wurden in sadistischen Massakern niedergemacht. Unter den Goldgräbern gab es Gruppen von Indianerjägern, die es sich zu einem Sport machten, die meist unbewaffneten Indianer zu jagen und wie Tiere abzuschießen.

Die nordwestkalifornischen Stämme leisteten dagegen erbitterten Widerstand, und es kam hier zu schweren Kämpfen, so daß an der Humboldt Bay ein militärischer Posten eingerichtet wurde. Die Versuche der Staatsregierung, die chaotischen Zustände in den Griff zu bekommen, scheiterten. Gegen Ende der achtziger Jahre wurden die ersten Reservate für Indianer geschaffen, aber niemand kümmerte sich um sie. Viele Indianer kehrten deshalb in ihre alte Heimat zurück oder starben an den von den Weißen eingeschleppten Infektionskrankheiten.

Als der Goldrausch abklang, wurden die fruchtbaren Täler im Landesinnern des nördlichen Zentralkalifornien von weißen Bauern »erschlossen«. Die hier immer noch dichte indianische Bevölkerung wurde vertrieben oder absorbiert. Reste einzelner Stämme wanderten in die Berge ab oder ließen sich in den Außenbezirken der größeren Siedlungen nieder. Sie blieben in kleinen Gruppen beisammen und paßten sich zum Teil mit Erfolg den neuen Lebensbedingungen an. Im Laufe der Zeit gingen sie in der weißen Bevölkerung auf (oder vermischten sich stark mit anderen indianischen Gruppen und eingewanderten Chinesen, die als Eisenbahnarbeiter ins Land gekommen waren), so daß ihre alte Stammesidentität bald vollständig verlorenging. Ihre letzten traditionellen Sitten verschwanden nach dem Zusammenbruch der nativistischen Geistertanzbewegung von 1870/1871.

Die im äußersten Nordwesten Kaliforniens lebenden Stämme blieben von den schweren Schicksalsschlägen der Zentralkalifornier größtenteils verschont. Sie lebten in Reservaten in ihren alten Wohngebieten und paßten sich langsam der Welt der Weißen an; heute verdienen sie sich ihren Lebensunterhalt als Holzfäller und Farmer. Aber auch sie haben ihre Sprache und ihre ethnische Identität weitgehend verloren; die Bezeichnung Indianer oder gar ein Stammesname sind, auf sie angewandt, völlig bedeutungslos.

In Südkalifornien vermischten sich die Reste der sogenannten Missionsindianer mit der mexikanischen Landbevölkerung. Seit die Anglo-Amerikaner als herrschende Schicht in Erscheinung zu treten begannen, wurden sie oft wie die Mexikaner behandelt. Erst im 20. Jahrhundert gab man ihnen aus Staatsbesitz kleine Reservate, die in den meisten Fällen nur wenige tausend Morgen groß waren. Sie wurden als Rancherias bezeichnet und waren weit verstreut, so daß sie schwer von den kalifornischen Dienststellen des Bureau of Indian Affairs zu verwalten waren. 1953 wurden die kalifornischen Indianer aus der Bundesverantwortung entlassen. Sie verloren damit zwar nicht viel, doch mußten sie nun ohne die Unterstützung von Bundesbehörden ihre Rechtsansprüche auf ihr Land vertreten und um finanzielle Abfindungen kämpfen.

Inzwischen haben die staatlichen und lokalen Behörden die Betreuung der Indianer übernommen, weil diese keinen Sonderstatus mehr innehaben. Viele besitzen nur eine mangelhafte Schulbildung, entsprechend gering ist ihr Erfolg bei der Arbeitssuche. Als Wohlfahrtsempfänger erhalten sie wenigstens Krankenunterstützung.

Von den rund 18 Millionen Bewohnern Kaliforniens zählen offiziell noch 40000 als Indianer, die in Reservaten, Rancherias und in indianischen Gemeinden leben; die Zahl derjenigen, die in den Städten leben, ist darin nicht eingeschlossen. Von den schätzungsweise 50000 bis 100000 nach Kalifornien eingewanderten Indianern haben sich viele an die amerikanische Lebensweise angepaßt, andere wiederum sind auf der untersten Stufe der sozialökonomischen Entwicklung stehen geblieben. Im ganzen gesehen, ist die heutige Situation der Indianer in Kalifornien sehr uneinheitlich.

5. Die Indianer der Plateaus und Hochbecken des Westens: Marginale Gruppen

Lebensraum: Westlich des Felsengebirges

Der intermontane Raum des westlichen Nordamerika wird aus den Plateau- und Beckenlandschaften zwischen dem Kaskaden-Gebirge und der Sierra Nevada im Westen und den Gebirgs-komplexen der Rocky Mountains (Felsengebirge) im Osten gebildet. Er erstreckt sich von British Columbia (Fraser-Plateau) über Washington, Montana, Teilen von Oregon und Idaho (Columbia-Plateau) sowie Utah und Nevada (Great Basin) bis an das Colorado-Plateau, das unmittelbar an das südliche Rocky Mountain-Massiv anschließt und noch, über den Colorado River hinweg, bis nach Arizona hinein reicht. Während der nördliche Teil dieser großen Binnenlandschaft durch den Fraser River und den Columbia River in den Pazifik entwässert, ist das weiter südlich gelegene Gebiet des Großen Beckens eine abflußlose, aus zahlreichen Einzelbecken bestehende Plateaulandschaft, die Basin and Range Province. Bis auf wenige kleinere Zonen trägt der gesamte intermontane Raum eine Trockensteppenvegetation aus Büschelgräsern und Kräutern (sagebrush), der Süden geht in Halbwüste mit Kakteen und Yuccas über. Nur die höheren Lagen der meridional streichenden Bergketten des Großen Beckens und die Gebirgssysteme der Plateaus tragen dichteren Waldbewuchs (Gelbkiefer, Pinyon, Douglasie, Fichten).

Die Zahl der indianischen Bevölkerung der intermontanen Gebiete wird auf knapp 50000 geschätzt. Sprachlich gehören die Stämme des Fraser- und nördlichen Columbia-Plateaus zu den Binnen-Salish. Die bekanntesten von ihnen sind die Shuswap, Lilloet, Thompson, Okanagon, Sanpoil, Nespelem, Spokan, Coeur d'Alêne und Flathead. Die Kutenai, die ebenfalls hier leben, bilden eine eigene Spracheinheit. Nach Südwesten zu schließen sich sahaptinsprechende Stämme an: Yakima, Cayuse, Nez Percé, Umatilla u.a. Die ebenfalls sahaptinsprechenden Klamath und Modoc wohnen im Grenzgebiet von Südwestoregon und Nordostkalifornien. Alle Gruppen des Großen Beckens gehören dagegen zur Shoshone-Sprachfamilie (Numisch) des Uto-Aztekischen. Ihre wichtigsten Stammesverbände sind die Westlichen Shoshone, die Nördlichen Shoshone, die Windriver Shoshone, die Nördlichen Paiute (Paviotso), die Südlichen Paiute und die Ute. Als gegen Ende des 19. Jahrhunderts das Bisonjägertum des Plainsgebietes seinen Höhepunkt erreichte, drangen starke Einflüsse über die Rocky Mountains in das östliche Columbia-Plateau und das östliche Große Becken ein. Von ihnen wurden im Norden insbesondere die Flathead, im Süden die Windriver Shoshone, die Nördlichen Shoshone und die Ute in so starkem Umfange erfaßt (Übernahme des Pferdes und zahlreicher materieller Güter und Ideen), daß diese Gruppen früher häufig als Plainsindianer klassifiziert wurden. Der Einfluß war aber nur von kurzer Dauer, denn mit der Ausrottung des Bisons in den achtziger Jahren des vorigen Jahrhunderts und dem Vordringen der Weißen auch in diese entlegenen Teile des Kontinents brach die Entwicklung ab.

Lebensunterhalt: Reiche Lachsfischer auf dem Columbia-Plateau, arme Sammler im Great Basin

Die beiden nördlichen Plateaus, die vom Fraser und Columbia entwässert werden, boten den Bewohnern dieses Gebietes mit ihrem Wasserreichtum gute Voraussetzungen zum Lebensunterhalt, vor allem aufgrund der reichen Möglichkeiten des Fischfangs. Alle Ströme, bis in die kleinsten Nebenflüsse hinein, wurden von verschiedenen Arten von Lachsen, die zum Laichen alljährlich stromaufwärts ziehen, in großen Mengen bevölkert, so daß sie ohne Mühe in Netzen gefangen, geangelt oder gespeert werden konnten. Außerdem bot die Natur hier den Menschen Wildwurzeln, insbesondere die Camas-Knolle, zahlreiche Beerenarten und in den Wäldern Jagdwild. Im Süden war das Nahrungsangebot der Natur weitaus kärglicher. Die abflußlosen Zonen weisen mit ihren wenigen Flüssen und nicht versalzenen Seen nur einen geringen Fischbestand auf, und auch das Wild ist weniger reichlich als im Norden; die wichtigsten Nahrungsquellen bildeten Pinyon-Nüsse und Grassamen. Im Herbst fanden Hasen- und Antilopenjagden statt. Der Norden war also durch seinen Fischreichtum ein für den Menschen anziehendes Gebiet, der Süden dagegen ein armes Land, das nur wenige Menschen ernähren konnte.

Der materielle Kulturbesitz: Fischspeer, Grabstock und Sammelkorb

Der gesamte materielle Kulturbesitz war dürftig und entsprach dem wenig entwickelten sozioökonomischen Niveau dieser Jäger, Sammler und Fischer. Bei den mehr seßhaften Völkern des Columbia- und Fraser-Plateaus waren Unterkunft und Gerätschaften differenzierter und vielfältiger als bei den nomadischen Gruppen des Großen Beckens. Hier im Norden dienten als Winterbehausungen stabile runde Grubenhäuser aus Planken, im Sommer zur Zeit der Fischzüge bewohnte man mit Matten bedeckte Sommerhütten. Dagegen kannten die Steppensammler im Süden nur einfache Windschirme, die ihrer nomadischen Lebensweise genügten; den Winter verbrachten sie in Höhlen oder Felsnischen.

Bei den Lachsfischern gab es Einbäume und Rindenboote (Kutenai), im Winter schnallte man in schneereichen Gebieten ovale Schneeschuhe (»Bärentatzen«) an, um dem Jagdwild zu folgen. Seit Beginn des 19. Jahrhunderts verbreitete sich in den östlichen Teilen beider Gebiete das Pferd; es wurde bald zum wichtigsten Transport- und Verkehrsmittel.

Bei den einfachen Sammlern und Kleinwildjägern des Großen Beckens waren Grabstöcke zum Ausgraben von wilden Wurzeln und Körbe zum Transport der gesammelten Früchte und als Vorratsbehälter wichtig. Lange Netze wurden während der herbstlichen Treibjagd quer durch kleine Täler gespannt, um die Hasen (amerikanisch: jack rabbit) darin einzufangen. Auffallend war, daß die meisten Shoshone-Gruppen die Herstellung von einfachen Tonwaren kannten, eine Ausnahme bei nichtseßhaften Wildbeutern. Mit Handwalzen wurden Samenkörner und Nüsse auf Steinplatten zu Mehl zerrieben. Solche Handreibsteine sind ein in diesem Gebiet sehr altes Artefakt, das schon von den archaischen Steppensammlern, deren Hinterlassenschaft man in zahlreichen Höhlen in der Nähe des Großen Salzsees gefunden hat, vor Tausenden von Jahren benutzt wurde.

Die Sozialstruktur war bei den Plateaustämmen des Nordens im allgemeinen stabiler, weil die ökonomische Basis durch den sehr ergiebigen Lachsfang gesichert war. Jedes Dorf hatte seinen Häuptling. Für die Dauer der großen Lachsfangzüge wurden sie allerdings von den sogenannten Lachshäuptlingen abgelöst, die während der ganzen Saison uneingeschränkte Befugnisse besaßen. Ein Stammeshäuptlingstum fand sich nur bei den Gruppen, die unter dem Einfluß der Plains-Kultur größere Stammesverbände gebildet hatten. Jedoch besaßen auch diese Häuptlinge nur selten absolute Autorität; sie verdankten ihre Macht, wie bei vielen Plainsstämmen, ihrem Führungsgeschick und ihrem Jagdglück.

Die Bewohner des Großen Beckens waren politisch noch weniger integriert. Das war die Folge einer durch die notwendige ökonomische Tätigkeit bedingten Aufsplitterung in kleine und kleinste Gruppen. Nur im Herbst schlossen sich mehrere solcher autonomer Sammelgruppen zu größeren Einheiten zusammen, um unter der Führung eines Schamanen die Hasen- oder die Antilopenjagd gemeinsam zu betreiben.

Die verwandtschaftliche Organisation war bei den meisten Gruppen des intermontanen Raumes bilateral, in den Plateaugebieten mit leichter Patri-, im Großen Becken mit leichter Matri-Dominanz. Beide Formen der Polygamie kamen vor. Weit verbreitet war die Sitte, nach dem Tode des Ehemannes dessen Bruder (Levirat) oder nach dem Tode der Ehefrau deren Schwester (Sororat) zu heiraten. Diese Gebote sowie die Kreuzvetternheirat erklären sich aus ökonomischen Gründen zur Sicherung der meist aus Verwandten bestehenden Kleingruppen. Die Wohnsitzregelung war nicht genau vorgeschrieben, bei einigen Plateaustämmen (Sanpoil, Flathead, Shuswap) war sie viri-patrilokal. Mädchenpubertätszeremonien als wichtigster »rite de passage« kamen in mehr oder weniger ausgeprägter Form bei allen Gruppen vor. Sie waren jedoch im Süden nicht von so großer Bedeutung wie im Norden.

Religion: Kollektivrituale (im Norden), Ritualarmut (im Süden)

Die religiösen Vorstellungen der Bewohner des intermontanen Raumes ähnelten denen der Subarktiker. Man glaubte an die Macht übernatürlicher Tiergeister, die, in Träumen oder in Visionen erscheinend, den Menschen Kraft und Beistand im täglichen Leben, vor allem aber in Krisenlagen zu geben vermochten. Die Schutzgeistervorstellungen, die im Norden sehr ausgeprägt waren und dort zur Ausbildung eines Medizinmann- oder Schamanentums geführt hatten, spielten im Süden eine geringe Rolle. Daß der bei den Ute verbreitete Bärentanz zu einer älteren Glaubensschicht gehört – er ist vor allem in Ostsibirien verbreitet! – wird vielfach angenommen, kann aber nicht mit Gewißheit belegt werden. Auffallend ist im Großen Becken eine ausgesprochene Ritualarmut. Das ist sicher nicht eine Folge des schlechten Forschungsstandes, der hier zweifellos vorliegt, sondern ein Charakteristikum zahlreicher Wildbeutervölker.

An kollektiven Kultritualen steht im Norden die Zeremonie des Ersten Lachses im Vordergrund; im Großen Becken hat der Geistertanz, eine messianische Bewegung, die sich 1889/90 von Nevada aus über das ganze Große Becken und die Plains ausbreitete, zeitweilig eine gewisse Bedeutung gehabt. Der Sonnentanz, der auch heute noch von verschiedenen Stämmen im östlichen Großen Becken abgehalten wird und hier wieder mehr geworden ist als folkloristisches Survival, nämlich eine neue Identitätsfindung, stammt dagegen aus den Plains und ist vermutlich durch die Arapaho zu den Nördlichen Shoshone und über sie zu den Ute gelangt.

Geschichte: Von der Übernahme des Pferdes bis zur Kapitulation von Chief Joseph

Den ersten dauerhaften Kontakt mit Europäern hatten um 1675 die Südlichen Ute, als der spanische Gouverneur Otermin mit ihnen Verhandlungen anstrebte. Zu dieser Zeit kannten die Indianer Südwestcolorados bereits das Pferd, das sie durch Handel und Raub von anderen benachbarten Stämmen, vor allem den Plainsstämmen und den Pueblo-Indianern, in ihren Besitz brachten. Vermutlich hatten die Südlichen Ute in der Gegend von Santa Fe, ihrem südlichsten Winteraufenthalt, der zugleich die nördlichste spanische Kolonie war, Pferde und Anbauprodukte der seßhaften Indianer gegen Felle eingetauscht. Von nun an besaßen sie eine Schlüsselstellung in der Verbreitung der Tiere unter den Stämmen weiter im Norden und Nordwesten. Der Kontakt der Südlichen Ute mit den Spaniern beschränkte sich aber nicht nur auf kommerzielle Unternehmungen. Der Brauch der Adoption, der bei beiden Völkern üblich war, führte dazu, daß spanische Siedler Ute-Kinder in ihre Familien aufnahmen und dafür Pferde anboten. So entstanden im Laufe der Zeit recht freundschaftliche Beziehungen zwischen Ute und Spaniern, und in den Kämpfen der Spanier mit anderen Stämmen (Apache, Comanche, Pueblo) stellten die Ute als Verbündete oft Krieger zur Verfügung.

Unter diesen Umständen konnten die Südlichen Ute bald auch ungefährdet Teile der westlichen Plains aufsuchen, um dort den Bison zu jagen. Ihr materieller Besitz vergrößerte sich, und die Lagergemeinschaft wurde zu einem stabilen Zentrum der Gruppe. Ähnlich verlief die Entwicklung um die Mitte des 19. Jahrhunderts weiter im Norden bei den Nördlichen Ute, den Nördlichen Shoshone und den östlichen Gruppen des Columbia-Plateaus. Aus den kleinen Lokalgruppen bildeten sich größere Verbände, und ein (erbliches) Kriegshäuptlingstum entstand. Das Pferd erlaubte den Transport von größeren Mengen von Nahrungsmitteln zu zentral gelegenen Lagerplätzen, die alsbald den Charakter fester Dorfsiedlungen annahmen.

Aber schon in der ersten Hälfte des 19. Jahrhunderts wurden die Ute von den schnell expandierenden südlichen Plainsgruppen angegriffen. Außerdem mußten sie nun unter Zwang Land an weiße Siedler abgeben. Aus dem ihnen zugesprochenen Reservat wurden in den siebziger Jahren Parzellen auf öffentlichen Auktionen verkauft; als Rest blieb die Southern Ute Reservation, die sich in eine östliche anpassungswillige und eine westliche konservative Gruppe spaltete.

Die durch den Besitz des Pferdes entstandene Konsolidierung der Südlichen Ute, die eine Erweiterung ihres Beutegebietes zur Folge hatte und ein politisch stabiles Führertum hervorbrachte, ja sogar zu einem Männerbund nach Plainsmuster, der Hunde-Kompanie, führte, – alle diese Leistungen verfielen, gerieten in Vergessenheit oder verloren zumindest ihren alten Stellenwert in der Kultur und sanken zu bloßen Reminiszenzen herab. Die letzten Versuche einer kulturellen Revitalisation bildeten der Sonnentanz, der Geistertanz und der Peyote-Kult. Der Geistertanz war nur von kurzer Dauer und verschwand völlig. Bei den Bewohnern des östlichen Reservatsteiles wurde die Integration mit den Weißen stärker vorangetrieben, so daß bald nichts mehr von der traditionellen Kultur erhalten blieb. Dagegen behielten die westlichen Gruppen den Sonnentanz und den Peyote-Kult bei. Nach dem Zweiten Weltkrieg gerieten beide Gruppen wieder ins Scheinwerferlicht der Öffentlichkeit, als in ihrem Reservat Uran gefunden wurde. Man verstand es, die Indianer mit größeren Beträgen für längst schon verlorenes Land abzufinden und Bergwerke gegen Pachtgebühren einzurichten.

Auch im nördlichen Teil des Großen Beckens drangen weiße Siedler in die den Indianern zugesicherten Gebiete ein. Zuerst betrachteten die Weißen das Große Becken und das nördliche Plateau nur als Durchzugsgebiete, so daß die Stämme wenig gestört wurden. Später aber begannen sie, das Land zu besetzen. Es kam zu ständigen Reibereien. Da nur wenige Stämme stark genug organisiert waren, um ernstlichen Widerstand zu leisten, wurden viele Indianer zwangsverschleppt. Ein charakteristisches Schicksal erfuhr ein Teil der Nez Percé, der sich unter der Führung des Häuptlings Joseph vereinigt hatte. Zunächst hatte auch diese Gruppe zugestimmt, in ein für sie geschaffenes Reservat zu ziehen. Nach und nach wurde ihnen immer mehr Land dieses Reservats abgenommen, so daß sich Chief Joseph und seine Anhänger schließlich weigerten, weitere Gebietsverluste hinzunehmen und den Kampf gegen die Weißen aufnahmen. Es folgte ein langer und blutiger Krieg, in dem die Indianer zahlenmäßig hoffnungslos unterlegen waren. Deshalb entschlossen sie sich, unter Deckung ihrer Krieger nach Kanada zu fliehen. Begleitet von ihren Frauen und Kindern, lieferten sie aussichtslose Rückzugsgefechte. Vor Kälte erschöpft und fast verhungert, wurden sie eingeholt und kurz vor der kanadischen Grenze von amerikanischen Truppen umzingelt. Häuptling Joseph erhielt ein ehrenhaftes Angebot der Übergabe und ergab sich, um die Frauen und Kinder zu retten. Bald waren jedoch alle Abmachungen und Versprechungen vergessen, die amerikanischen Truppen deportierten ihn und seine Leute nach Oklahoma. Erst 1885 konnten sie in ihre alte Heimat zurückkehren, wo sie in winzigen Reservaten ihr Leben fristeten.

Auch der Bannock- und Ute-Krieg brachte schwere Verluste für die Indianer und endete mit ihrer Verschleppung in Reservate. Als die Mormonen unter Brigham Young 1847 nach Utah eindrangen, gelang es dem Mormonenführer zunächst, mit den

Ute und Paiute friedlich auszukommen. In ihrem eigenen Kampf gegen Truppen der US ließen die Mormonen dann den Indianern freie Hand. Als aber bald darauf die großen Durchzugsrouten nach Kalifornien von den Paiute unterbrochen wurden, kam es zu schweren Kämpfen, auf die in den sechziger Jahren die Niederschlagung der bewaffneten Indianeraufstände folgte; die Sicherung der Überlandwege war garantiert.

6. Die Indianer des nordöstlichen Waldlandes: Irokesen und Algonkin

Lebensraum: Der große Wald

Der Lebensraum der nordöstlichen Waldlandstämme reichte vom Sankt-Lorenz-Strom im Norden bis zum Cumberland River im Süden und vom Mississippi im Westen bis zur mittleren atlantischen Küste. Zu Beginn der europäischen Eroberung standen hier riesige Laub- und Mischwälder, in denen die Indianer einen primitiven, aber intensiven Bodenbau betrieben. Die nördliche Zone dieses ausgedehnten Waldareals wurde durch zahlreiche Seen und kleinere Ströme geprägt, die für das indianische Verkehrswesen von großer Bedeutung waren und als Verbreitungswege von Kulturgütern und Ideen zwischen den Stämmen eine wichtige Rolle spielten. Abgesehen von einigen kleinen Enklaven und den Landschaften um die östlichen Großen Seen, die von Angehörigen der irokesischen Sprachfamilie bewohnt wurden, war das ganze nordöstliche Waldland von Algonkin sprechenden Stämmen besiedelt.

Die nördliche atlantische Küstenzone wurde von einer Anzahl von Algonkinstämmen bewohnt, die sich schon in frühkolonialer Zeit zu mehreren Stammesverbänden vereinigt hatten und von denen die Konföderation der Abnaki (Wabanaki) besonders zu erwähnen ist. Ihr hatten sich die früher selbständigen Micmac, Malecite, Penobscot und Passamaquoddy angeschlossen. Zu den namhaftesten Stämmen der mittleren atlantischen Küste, von den südlichen Neuenglandstaaten bis etwa zur Chesapeake Bay, zählten die Pennacook, Massachuset, Wampanoag, Narraganset, Mohegan (deutsch: Mohikaner), Wappinger und die volkreichen späteren Delawaren (Lenape). Außer diesen Stämmen und Konföderationen gab es noch eine größere Zahl von kleineren ethnischen Gruppen, die teils in den genannten größeren Einheiten aufgegangen oder schon kurz nach den ersten kriegerischen Konflikten mit den weißen Siedlern aufgerieben worden waren und ihre ethnische Identität verloren hatten. Die meisten dieser mittleren atlantischen Küstenstämme sind ethnographisch nur wenig bekannt, weil ihre Kultur sich in den kleinen Restgruppen, die in Reservaten leben, nicht mehr erhalten hat. Die südliche atlantische Küstenzone war von den

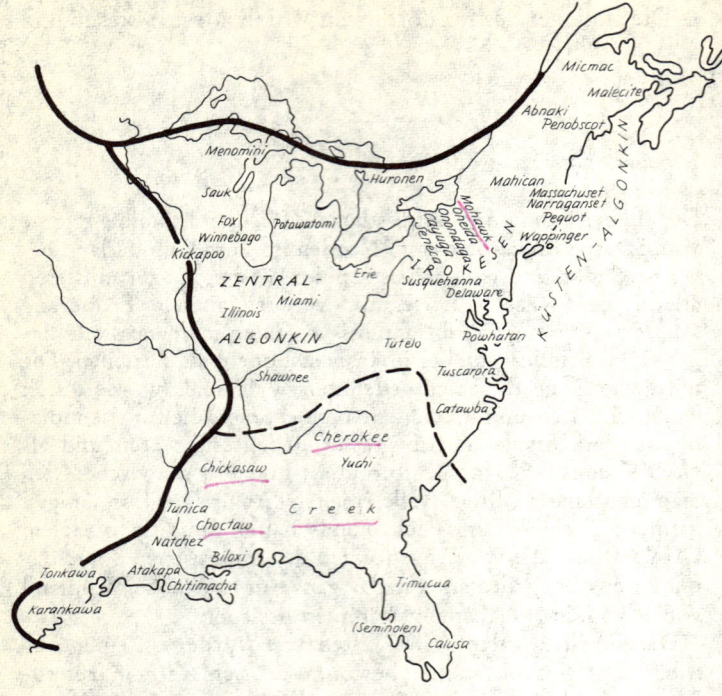

Verbreitung der östlichen und mittelwestlichen Waldlandstämme

Mitgliedern der Powhatan-Konföderation sowie einigen kleineren Einheiten der Irokesen (Meherrin, Tuscarora) und der östlichen Sioux (Catawba, Tutelo) besetzt. Auch diese Indianer sind schon durch den ersten Siedlungsschub der Weißen entweder ausgerottet oder vertrieben worden, so daß sich über ihre ursprüngliche Kultur nur noch wenig sagen läßt.

Wesentlich besser unterrichtet ist man über die Kultur der Irokesisch sprechenden Bewohner des Binnenlandes, insbesondere über die Irokesen im engeren Sinne, d. h. die Stämme der irokesischen Liga: die Mohawk, Oneida, Onondaga, Tuscarora (ab 1722), Cayuga und Seneca (von Ost nach West). Zwar stammen die meisten ethnographischen Nachrichten über sie aus der Mitte des 19. Jahrhunderts, als Lewis Henry Morgan unter ihnen weilte, doch gibt es schon aus dem 17. Jahrhundert über einen irokesischen Nachbarstamm, die Huronen, ausführliche Aufzeichnungen von jesuitischen Missionaren, die erst kürzlich auf ihren ethnographischen Aussagewert gesichtet worden sind. In der Kontaktgeschichte des östlichen Waldlandes sind die Irokesen vor allem wegen ihres erbitterten und anhaltenden Widerstandes gegen die Franzosen und später gegen die Amerikaner bekannt geworden. In ihrem ständigen Kampf hielten sie sich sogar ein stehendes Heer, ein einmaliges Phänomen in der indianischen Welt Nordamerikas. Sie unterwarfen alle benachbarten Stämme vom atlantischen Hinterland im Osten bis zum Unterlauf des Ohio River, wo einige ethnographisch weniger hervorgetretene Algonkinstämme (Shawnee, Illinois, Miami und Potawatomi) lebten. Von diesen sind später nur die Shawnee in der Geschichte durch ihren großen Führer Tecumseh und dessen Zwillingsbruder Tenkswatawa bekannt geworden, als sie 1811/12 noch einmal versuchten, alle östlichen Indianer zu vereinigen und das Vordringen der Weißen über die Appalachen hinweg nach Westen zu verhindern.

Am westlichen Rand des großen Waldgebietes der gemäßigten Zone lebten einige Stämme, die sich teils wegen ihrer besonderen Art der Nahrungsbeschaffung, teils wegen ihrer Nachbarschaft zu den Prärie-Indianern von den bisher besprochenen Waldlandstämmen in ihrem kulturellen Habitus abhoben. Zu ihnen zählen die Algonkin sprechenden Sauk, Fox, Menomini, Kickapoo und die Sioux sprechenden Winnebago. In ihrem seenreichen Wohngebiet der heutigen Staaten Minnesota und Michigan, vor allem aber an den seichten Ufern der großen Seen, gedieh eine Art Wildreis, die diesen Indianern, ebenso wie den Ojibwa des Oberen Sees (s. Subarktis), eine reiche Sammelnahrung lieferten. Auch hier war der Bodenbau bekannt, doch spielte er eine untergeordnete Rolle.

Lebensunterhalt: Mais, Bohne, Kürbis

Die nördlichsten atlantischen Küstengruppen und die soeben erwähnten Stämme am Westrand des Waldlandes betrieben nur in geringem Umfange Bodenbau; die Küstenbewohner lebten überwiegend vom Fischfang und von der Jagd, die Westgruppen vom wilden Wasserreis. Alle anderen Bewohner des nördli-

chen Waldlandes aber waren Bodenbauer par excellence. Trotz
recht primitiver Anbaumethoden erwirtschafteten sie einen so
großen Überschuß an Nahrungsmitteln (vor allem Mais, Bohnen und Kürbisse), daß sie große Vorräte anlegen und manchen
Sturm überdauern konnten. Die Irokesen beispielsweise kannten über zweihundert verschiedene Nahrungspflanzen, darunter allein siebzehn Mais-, sechzig Bohnen- und acht Kürbisar-
ten. Außerdem wußten sie zahlreiche halbdomestizierte Pflanzen wie Sonnenblume, Melone, Tabak und Hanf zu verwerten,
ebenso eine große Zahl von wildwachsenden Pflanzen (Beeren,
Nüsse, Pilze, Wildrüben). Der hohe Ernteertrag in diesen Breiten beruht auf einer frostfreien Zeit von mindestens 120 Tagen
und einem relativ hohen Niederschlag (75 bis 125 cm). Die von
den Indianern angebauten Nutzpflanzen waren sehr kälteemp-
findlich und vertrugen selbst geringen Frost nicht. Da der Boden nur oberflächlich mit Hacken, die aus einem Holzstiel mit
einer Klinge aus einem tierischen Schulterblatt oder einem
Schildkrötenpanzer bestanden, gelockert wurde und eine Düngung unbekannt war, mußten die Felder häufig gewechselt werden. Die Hauptlast der Feldarbeit, von der Rodung abgesehen,
lag bei den Frauen; dies ist wohl auch einer der wesentlichen
Gründe, weshalb der Frau bei den Irokesen in sozialer und
politischer Hinsicht eine besondere Bedeutung zukam. Die Indianer zogen es im allgemeinen vor, ihre Felder in den leicht zu
bestellenden Flußauen anzulegen, wo eine schwere Rodungsar-
beit nicht erforderlich war. Nur in Neuengland kannte man eine
gelegentliche Düngung mit Fischresten und Muschelschalen.
Meist wurden einige Beete zu einer kleinen Pflanzung vereinigt,
so daß hier von einem Gartenbau gesprochen werden kann.
Man verarbeitete das Hauptnahrungsmittel, den Mais, indem
man die Körner mit Stößeln in einem Holzmörser zu Mehl
zerstampfte. Das Mehl wurde dann zu Brei oder Hominy, einem Gericht aus gekochtem Maisbrei mit Fleisch- oder Fisch-
stückchen, verarbeitet.
    Der Besitz an Land war wie bei fast allen Indianern Nord-
amerikas niemals individuell verteilt, sondern gehörte der ganzen Gemeinschaft. Das Land stand nur für die Zeit der Bebau-
ung derjenigen Familie zur Verfügung, die es in Nutzung genommen hatte. Die Irokesen bildeten für die wichtigen Arbeiten des Rodens, des Pflanzens und des Erntens kollektive Ar-
beitsgemeinschaften. Während der Wachstumszeit mußte die
ermüdende, aber wichtige Arbeit des Hackens und Jätens von

den Familien einzeln durchgeführt werden. Mit der Verlegung der Felder, die oft nach wenigen Jahren erschöpft waren, wurden auch die Dörfer verlassen, so daß man hier in gewissem Sinne von einem Wanderfeldbau sprechen kann. Es muß aber festgehalten werden, daß sich dieser Wanderfeldbau immer im Rahmen eines genau abgesteckten Territoriums abspielte, den Stammesgrenzen. Da das Wohngebiet der Irokesen dicht besiedelt war, gab es hier nur geringe Möglichkeiten, Felder unbegrenzt in Nutzung zu nehmen. Zudem blieb eine starke Bindung an das angestammte Land durch die Gräber bzw. Ossuarien erhalten, in denen die Gebeine der Vorfahren ruhten. Der andere Faktor, der die Siedlungsmobilität in Grenzen hielt, war – bis zur Ankunft der Europäer – die Möglichkeit, die angebaute Nahrung durch Wildbret, Fische und Wildpflanzen in ausreichendem Maße zu ergänzen. Das änderte sich erst nach dem harten Eingriff durch die weißen Siedler, die die Jagdtiere in größeren Mengen abschossen und das Siedlungsgebiet einengten. Die immer stärker von den Erträgen des Bodenbaus abhängig gewordenen Indianer setzten sich zunächst heftig gegen die Weißen zur Wehr (s. Geschichte), mußten sich aber schließlich dem Druck der Kolonisten beugen und büßten die Quellen ihrer früheren reichen Nahrungsversorgung ein, was sie zu ihrer heutigen Lage führte, in der sie als Wohlfahrtsempfänger, die nebenbei etwas Ackerbau betreiben, ihr Leben fristen.

Eine besondere Bedeutung erlangte für die Indianer die Pelztierjagd, als die Nachfrage nach Biber- und anderen Pelzen durch die weißen Händler, hinter denen der europäische Markt stand, wuchs. Bald war der begehrte Biber in vielen Teilen des östlichen Waldlandes praktisch ausgerottet, und die meisten Indianer, insbesondere die Irokesen, mußten sich auf den Handel mit den weiter landeinwärts lebenden Stämmen verlegen. Der Kampf um das Monopol dieses Zwischenhandels bestimmte auch die Auseinandersetzungen zwischen den indianischen Stämmen und Konföderationen, denn jede Gruppe wollte sich an dem Handel beteiligen, um in den Besitz der begehrten europäischen Güter – darunter Feuerwaffen, eiserne Geräte, Schmuck, Stoffe und Alkohol – zu gelangen. Auch der Besitz von Familienjagdgebieten ist erst auf die Knappheit der Pelztiere in europäischer Zeit zurückzuführen. Solche territorialen Abgrenzungen spielten vor allem bei denjenigen Stämmen eine größere Rolle, bei denen die Jagd die überwiegende Form der

Nahrungsbeschaffung darstellte und die Pelze überdies das einzige Mittel waren, durch das sie über den Weg des Tausches oder Handels in den Besitz der begehrten europäischen Waren kamen. Familienjagdgebiete fanden sich dementsprechend bei den nördlichen Küsten-Algonkin und bei allen südlichen subarktischen Völkerschaften, von Neufundland bis zum Oberen See.

Im Nahrungserwerb der Bodenbauern war auch der Fischfang in den zahlreichen Flüssen und Seen des nördlichen Teiles des Waldlandes, also vor allem im Wohngebiet der verschiedenen irokesischen Stämme, von Bedeutung. Man fing die Fische mit Angelhaken, mit Speeren und in Netzen. Waren die Gewässer flach, errichtete man sogar Sperrzäune und Steindämme. Gefangen wurden Lachse, Aale, Barsche, Hechte, Pickerelen, Forellen und Weißfische.

Der Anteil der Wildpflanzennutzung bei den Bodenbauern archaischer, d. h. vorhochkulturlicher Prägung wird oft unterschätzt. Die Höhe des Anteils ist nicht immer genau zu ermitteln; auch schwankt sie natürlich von Jahreszeit zu Jahreszeit beträchtlich. Einige wichtige Wildpflanzen, die im östlichen Waldgebiet genutzt wurden, sind bereits erwähnt worden. Noch zu nennen ist die Gewinnung von Zucker aus dem Saft des Ahorns (Acer saccharum). Im zeitigen Frühjahr, von Ende Februar bis Anfang April, zog das ganze Dorf in die Ahornwälder und errichtete dort das Zuckerlager. Man zapfte die Bäume an, kochte den Saft ein und ließ schließlich den dicken Sirupsaft zu Zucker kristallisieren, der in kleinen kuchenförmigen Stücken aufbewahrt wurde. Welche Bedeutung diese Speisewürze für die Indianer hatte, zeigt sich in der ungewöhnlich großen Menge des geernteten Stoffes; im Jahre 1859 wurden von den Indianern der östlichen USA 200 000 Pfund Ahornzucker hergestellt.

Auf die Bedeutung des Handels bei einigen indianischen Stämmen wurde bereits hingewiesen. Nicht erwähnt wurde, daß die Stämme der atlantischen Küste und des unmittelbaren Hinterlandes bereits eine primitive Form von Geld kannten, das im südlichen Neuengland »Wampum« und in Virginia »Roanoake« genannt wurde. Dieses »Geld« bestand aus Wampumperlen, die man zu Schnüren aufreihte. Sie wurden aus Meeresschnecken (Fulgur carica, Buccinum) und der dunkelvioletten Venusmuschel (Venus mercenaria) hergestellt. Im Laufe der Zeit gewannen sie auch dokumentarischen Wert, da man sie bei

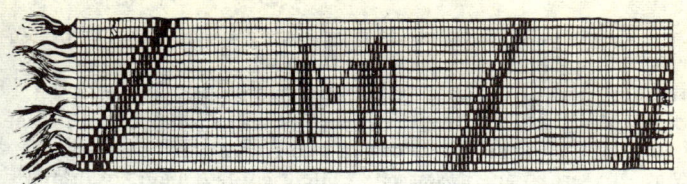

Wampum-Gürtel, der anläßlich eines Vertragsabschlusses zwischen William Penn und den Delaware (oder den Irokesen) dem Begründer Pennsylvanias überreicht wurde

Friedensschlüssen, Kriegserklärungen und Handelsverträgen seinen Partnern überreichte. In Farbe und Musterung wurden sie dem jeweiligen Anlaß angepaßt, und jeder Partner erhielt das genaue Duplikat des Musters. Einer der berühmten Wampumgürtel ist der sogenannte Penn-Gürtel, der den Vertrag zwischen den Liga-Irokesen und dem amerikanischen Gouverneur William Penn besiegelte und die Sicherung des Staates Pennsylvania seitens der Indianer garantierte.

Materieller Kulturbesitz: Wigwam und Großhaus

Der charakteristische Rohstoff der Waldlandindianer war das Holz. Es bildete das Grundmaterial für den Hausbau und die meisten Geräte des täglichen Lebens, wie Waffen, Eßgeräte und Gefäße. Die Behausungen bestanden bei den nördlichen Küsten-Algonkin und den Zentral-Algonkin aus kuppelförmigen Wigwams vom subarktischen Typ; bei den Irokesen und den volkreichen benachbarten Algonkin der mittleren und südlichen atlantischen Küste bewohnte man große, rechteckige Langhäuser mit Giebel- oder Tonnendach. Die Häuser der Irokesen erreichten oft eine beträchtliche Länge; sie dienten mehreren Kleinfamilien, die zu einer Matri-Lineage gehörten, zur Unterkunft.

Aus Rindenstücken (im Norden Birken-, weiter im Süden Ulmenrinde) nähte man Kanus zusammen und dichtete die Nähte mit Kiefernpech. Hölzerne Querstreben und ein Holzrand sorgten für eine große Stabilität der sehr leichten Boote.

93

Aus Baumrinde stellte man wasserdichte Gefäße her, in denen man mit heißen Steinen Wasser oder Nahrung erhitzte. Aus Baumrinde wurden auch große Vorratsbehälter, flache Tabletts, muldenförmige Ahornsaftkessel (mockocks) und Schöpflöffel gefertigt. Körbe flocht man aus den Ruten der Schwarzesche. Matten wurden aus Baststreifen oder Schilfstengeln zusammengenäht. Zu jedem Haushalt gehörten ein großer Holzmörser und ein Stößel, mit dem Mais zerstampft und Nüsse zerkleinert wurden.

Die in vorgeschichtlicher Zeit hochentwickelte Töpferei wurde in frühkolonialer Zeit kaum noch betrieben, da die meisten Gefäße aus Holz hergestellt wurden und schon bald nach Ankunft der Europäer durch Kupfer- und Messingkessel ersetzt wurden. Tabakspfeifen und Kalumets entsprachen denen der Prärieindianer und sind dort beschrieben.

Die Kleidung wurde meist aus Tierhäuten, kleinere Stücke aus Bastfasern und dem sogenannten Indianerhanf (Apocynum cannabinum) hergestellt. Aus weichem Hirschleder bestanden Durchziehschurz und das kurze Hemd des Mannes sowie Rock und langärmeliges Überhemd der Frauen. Als Fußbekleidung waren Mokassins mit weicher Sohle üblich. Bei kalter Witterung wurden Leggings und Fellmäntel übergezogen. Viele Kleidungsstücke waren mit gefärbten Stachelschweinborsten oder Elchhaaren geschmückt, die auf die Gegenstände aufgenäht waren. Man nennt diese Applikationstechnik im Englischen Quillwork. Sie hatte in frühkolonialer Zeit ein bemerkenswert hohes handwerkliches Können und künstlerisches Niveau erreicht.

Mokassin, mit Stachelschweinborsten bestickt (Quillwork). Irokesen (Morgan 1851)

Mit Perlen bestickte Tasche der Irokesen. Die Muster sind europäischer Herkunft. (Morgan 1851)

An die Stelle des heimischen Quillworks traten schon früh durch europäische Importe Glasperlen- und Seidenbandapplikationen.

Als Waffen kannten die östlichen Waldlandstämme vor Ankunft der Weißen hölzerne Säbel- und Kugelkopfkeulen sowie Bogen und Pfeile für den Fernkampf. Holz- und Lederschilde dienten zum Schutz, die Huronen trugen Holzstäbchenpanzer. In der Kolonialzeit setzte sich bald der Tomahawk (Algonkin: takähakan), eine kleine Axt mit Eisenklinge – später die Bezeichnung für alle Arten von indianischen Wurfäxten – und das Gewehr durch.

Ab 1820 etwa ist die materielle Kultur, auch die der weiter westlich lebenden Stämme, durch europäische Metallwerkzeuge und -geräte, Gewehre und Stoffe fast völlig umgewandelt worden. An der atlantischen Küste setzte dieser Vorgang bereits im 17. Jahrhundert ein.

Soziale Umwelt: Langhaus und Liga der Irokesen

In der sozialen Struktur zeigt sich sehr deutlich der Unterschied zwischen den Jäger- und Sammlerstämmen, die nur gelegentlich etwas Bodenbau betrieben, und den vollseßhaften Bodenbauern, als deren Repräsentanten die Irokesen gelten können. Bei ersteren herrschte eine labile Lokalgruppenverfassung, zuweilen mit Häuptlingstum, bei letzteren eine komplexe Verwandtschaftsstruktur mit erblichem Stammeshäuptlingstum und organisierter Territorialorganisation sowie kollektiven Gruppenbildungen außerhalb der Blutsverwandtschaftsgruppen. In einer Mittelstellung zwischen diesen beiden Polen gesellschaftlicher Gruppenbildung bzw. im Übergang von der einen zur anderen befanden sich die Zentral-Algonkin, die zur Zeit der ersten ethnographischen Bestandsaufnahme gerade eine Periode des Umbruchs von der Lokalgruppenorganisation zu festeren sozialen Formen durchliefen.

Im folgenden sollen die Irokesen, im engeren Sinne die Seneca, als Repräsentanten der seßhaften Bodenbauern gelten, denn die ethnographische Quellenlage ist hier, seit Lewis H. Morgan seine umfangreichen Berichte über den Stamm der Seneca verfaßte, besonders günstig.

Bei den Irokesen bildeten mehrere Kernfamilien eine exogame Matrilineage, die »ohwachira« genannt wurde und mit dem sogenannten Langhaus identisch war. In einem Langhaus wohnten zwischen zwanzig und zweihundert Personen; meist waren es über hundert Menschen, die in Familienabteilungen getrennt das lange irokesische Giebeldachhaus gemeinsam bewohnten und bewirtschafteten. Die Bewohner eines solchen Langhauses setzten sich aus einer Verwandtschaftsgruppe zusammen, deren Mitglieder sich als Nachkommen einer gemeinsamen Ahnfrau betrachteten. Die ehelichen und adoptierten Kinder zählten zur Lineage der Mutter, so daß hier eine Matrilineage oder Matrisippe bestand. Bei der Heirat zog der Ehemann in das Langhaus seiner Frau (uxori-matrilokale Wohnsitzregelung), doch hatte er in der ohwachira, in der er nun lebte, nur geringe Rechte und Pflichten. Diese bestanden vielmehr gegenüber seiner eigenen Matrilineage, d. h. gegenüber seiner Mutter, seinen Schwestern und deren Kindern. Männliche Rechte und Pflichten der Elternschaft übernahmen die Brüder der Mutter. Man hat diese in der Welt nicht sehr häufig vorkommende matrilineare Deszendenzregelung, kombiniert mit uxori-matrilo-

kaler Wohnsitzregelung, oft als Matriarchat, als Mutterherr-
schaft, bezeichnet, wobei die Irokesen gern als Paradebeispiel
einer solchen Sozialordnung betrachtet werden. Schließlich hat
man vielfältige Theorien daran geknüpft, besonders hinsichtlich
der evolutionistischen Entwicklung von Sozialordnungen. Die
Bezeichnung Matriarchat ist jedoch im Falle der Irokesen trotz
der zweifellos starken Stellung der Frau in der irokesischen
Gesellschaft ganz sicher nicht berechtigt. Denn die eigentlichen,
die tatsächliche Führung bedingenden Entscheidungen, von der
Leitung eines Langhauses einmal abgesehen, wo mehr großfa-
milienähnliche Zustände herrschten, lagen immer in den Händen der Männer. Selbst wenn diese Männer als Führer von Klanen oder Stämmen von der Leiterin einer »ohwachira« gewählt
wurden, so stellten sie doch ein eigenes männliches Führungs-
element dar; denn eine Matrone konnte nicht einfach einen
beliebigen Mann ihrer Wahl zum Klanhäuptling oder Sachem
bestimmen, sondern mußte sich bestimmten Regeln fügen, bei
denen die Erbfolge eine entscheidende Rolle spielte. Die wichtigste Tätigkeit einer Matrone war die Überwachung der ge-
meinschaftlichen Feldarbeit und der Ordnung im Langhaus.
Dabei standen ihr auch alle männlichen Nachkommen zur Seite,
die – soweit sie verheiratet waren – zwar im Langhaus ihrer
Ehefrauen lebten, aber dort nur geringe Rechte und Pflichten
besaßen. Insofern war auch die Klanintegrität bei den Irokesen
nicht sehr stark entwickelt, denn eines der wesentlichen Kenn-
zeichen eines Klanes (nach der Definition von G. P. Murdock)
war die Existenz eines Wir-Bewußtseins der Familienangehörigen, im Falle der Irokesen also das Zusammengehörigkeitsbewußtsein des Mannes mit seiner Frau und seinen Kindern. Sehen wir einmal von der strengen Auslegung des Klanbegriffs
durch Murdock ab, so läßt sich von den Irokesen sagen, daß die
Langhausbewohner ein Klansegment stellten, das zusammen
mit den Bewohnern anderer Langhäuser einen totemistischen
Klan bildete. Die Mitglieder eines solchen Klans hatten die
Pflicht, sich gegenseitig zu helfen, den Blutpreis einzutreiben
bzw. die Blutrache zu üben, und sie hatten das Recht, Fremde
zu adoptieren. Der Klanrat regelte auch die Nutzungsrechte der
Felder, schlichtete Zwistigkeiten unter den Klanmitgliedern,
verlieh Ehrennamen und veranstaltete wichtige öffentliche Zeremonien. Die bedeutendsten Klane in den Stämmen der irokesischen Liga waren der Schildkröten-, der Wolf- und der Bären-
klan. Sie waren unter allen Stämmen vertreten. In einigen Stäm-

men wurden sie durch einen Habicht-, einen Hirsch-, einen Biber-, einen Schnepfen- und einen Reiherklan ergänzt.

Der Zusammenschluß der Klane zu zwei sozialen Einheiten (Moieties), die jedoch keinen eigenen Namen trugen, sondern nach dem Hauptklan benannt wurden, ist vermutlich jüngeren Ursprungs; denn er trat nur bei bestimmten religiösen Zeremonien in Erscheinung, z.B. bei Begräbnisfeierlichkeiten oder bei kultischen Wettkämpfen und Spielen.

Die politische Einheit war der Stamm, der in einem abgegrenzten Territorium mehrere Dörfer bewohnte, einen gemeinsamen Dialekt sprach und durch einen Stammesrat repräsentiert wurde. Neben den erblichen Klanhäuptlingen gab es die Gruppe der sogenannten Pine Tree Chiefs; das waren verdiente und tapfere Krieger, die aufgrund hervorragender Leistungen zu Häuptlingen auf Lebenszeit gekürt wurden. Der Stammesrat unterstand in seinen politischen Entscheidungen weitgehend der Exekutivgewalt des Ligarates, der höchsten Instanz der Irokesen-Liga, die eine Konföderation von fünf, zeitweilig sechs Stämmen war. Irokesischen Überlieferungen zufolge soll sie um 1575 von Dekanawida und seinem Adepten Hiawatha gegründet worden sein. Das geschah, als nach der Gründung europäischer Kolonien am Atlantik die Küsten-Algonkin in den Besitz von Gewehren gelangten und den einzelnen irokesischen Stämmen des Binnenlandes militärisch überlegen wurden. Die Liga als Institution besteht heute noch, vierhundert Jahre nach ihrer Gründung.

Den Ligarat bildeten fünfzig Sachems, deren Ämter erblich waren und die nach einem genauen Schlüssel auf die verschiedenen Stämme verteilt wurden. Dabei war es unerheblich, wieviel Sachems ein Stamm stellte, denn alle Entscheidungen mußten einstimmig beschlossen werden. Theoretisch beriet und bestimmte der Liga- oder Sachemrat Angelegenheiten, die alle Stämme gemeinsam betrafen, also in erster Linie Krieg und Frieden. Es kam aber häufig vor, daß die Stämme selbständig handelten. Trotz allem läßt sich jedoch nicht bestreiten, daß der Ligarat eine wichtige Institution darstellte, deren Macht sich in den Auseinandersetzungen zunächst mit den Franzosen und später dann mit den Amerikanern manifestierte, als sich die Stämme geschlossen auf die Seite der Briten stellten und den Amerikanern in langen erbitterten Kämpfen schwere Verluste zufügten. Nachdem die Engländer den Krieg verloren hatten, mußten viele Irokesen ihre Heimat verlassen und nach Kanada

Tecumseh (1768–1813) war der Führer des letzten organisierten Widerstandes der Zentral-Algonkin. Er trägt auf diesem Porträt eine englische Offiziersuniform.

umsiedeln, wo bis heute noch eine größere Zahl von ihnen lebt, die meisten in der Six Nations Reserve im südlichen Ontario. Die in den Vereinigten Saaten gebliebenen Irokesen verhalfen durch die strikte Einhaltung ihrer neuen Treueverpflichtung gegenüber den Amerikanern, diesen einer vernichtenden Niederlage der verbündeten Indianer und Engländer unter dem Shawneeführer Tecumseh (1812) zu entgehen. Im Laufe des 19. Jahrhunderts gaben einige Irokesengruppen Teile ihres Landes auf und übersiedelten nach Oklahoma in das Indianerterritorium. Heute leben noch 6000 Irokesen in kleinen Reservaten des Staates New York.

Religion: Traum, Vision und Maskenbund

Während bei den halbseßhaften Algonkinstämmen des nördlichen Küstenabschnitts Geistervorstellungen vom subarktischen Typ vorherrschten, besaßen die seßhaften Bodenbauer der mittel- und südatlantischen Küste sowie des Hinterlandes (Irokesen) ein ausgebildetes Götterpantheon, das sich über und neben die alten Geistervorstellungen geschoben hatte; die Schamanen waren bei ihnen im wesentlichen nur noch als Krankenheiler tätig und hatten sich – was für die Irokesen gilt – in Geheimbünden zusammengeschlossen. Durch schamanistische Kunstgriffe, aber auch durch eine genaue Kenntnis von der Wirkung bestimmter Heilpflanzen, in neuerer Zeit auch bei der Behandlung von neuropsychischen Leiden, stellten sie durch eine Art Suggestion ihre Fähigkeiten unter Beweis. Da der Glaube an die Erlangung besonderer Macht in einem Traum oder in einer Trance allgemein auch bei den seßhaften Maisbauern verbreitet war, wurden die Schamanen als die Empfänger besonders mächtiger Schutzgeister geachtet, aber auch gefürchtet.

Neben ihnen gab es agrarische Gottheiten, die eng mit der Entstehung des Kosmos und des Menschen verbunden waren. In der Schöpfungsgeschichte der Irokesen standen die beiden göttlichen Zwillinge Teharonhiawagon und Tawiskaron im Vordergrund. Der erste verkörperte das Gute, der zweite das Böse. Inwieweit hier bereits christliches Gedankengut Eingang gefunden hat, muß dahingestellt bleiben, weil ja alle Quellen aus der nachkolumbischen Zeit stammen.

Nach der Zerschlagung des irokesischen Widerstandes gegen die Amerikaner und der Wiederherstellung eines ungestörten Wirtschaftslebens wurden die religiösen Feste im Einklang mit dem feldbäuerlichen Lebensrhythmus kalendarisch fixiert. Die regelmäßige Abhaltung von mindestens sechs jährlichen Festen mit kompliziertem Ritual erforderte die Bildung eines zeremoniellen Apparates. Die Mitglieder einer solchen Institution waren die Keepers of the Faith. Als Zeremonialleiter nahmen sie während der Kultfeiern eine geachtete Stellung ein. Das erste Fest war das Ahornfest. Es folgte das Maisaussaatfest; bei großer Trockenheit wurde noch das Donnertanzfest eingeschoben, bei dem Heno, der Donner- und Vegetationsgott, angerufen wurde. Darauf folgte das Erdbeerfest. Die wichtigsten zeremoniellen Feste des Jahres aber waren die drei letzten: das Maisreife- oder Grünkornfest, das Maiserntefest und das Neujahrs- oder Mittwinterfest. Bei allen Festen wurden kultische Tänze abgehalten, der Federtanz beim Grünkornfest, der Adlertanz beim Mittwinterfest usw. Das Mittwinter- oder Neujahrsfest war das bedeutendste aller irokesischen Feste: In seinem Rahmen fand das Traum- und Weißhundfest statt. Es begann damit, daß alle Teilnehmer ihre Sünden öffentlich beichteten; dann wurden die Häuser zeremoniell gereinigt. Zum Abschluß wurde ein erdrosselter weißer Hund feierlich in dem erneuerten Feuer verbrannt, um die Sünden des Dorfes mit sich zu nehmen. Die christlichen Elemente in der irokesischen Glaubenswelt erschöpften sich trotz langer Missionszeit noch bis ins 19. Jahrhundert hinein in Äußerlichkeiten. Selbst die Buße, die man bei bestimmten Zeremonien Sündern auferlegte, wurde im Grunde nicht richtig verstanden. Das zentrale christliche Ritual der Kommunion war nie von den Irokesen übernommen worden. Wahrscheinlich ging nur die Gestalt des großen Geistes als eines obersten Gottes auf christlichen Einfluß zurück.

Träume und Visionen spielten im religiösen Leben vieler nordamerikanischer Indianer eine zentrale Rolle. Sie bildeten auch den Inhalt vieler Mythen und nahmen in Kultobjekten, z.B. in den irokesischen Masken, sichtbar Gestalt an. Der Traum war für den einfachen Indianer Voraussetzung zur Er-

Krankenheilungsritual des Falschgesichterbundes. Zeichnung eines Seneca-Indianers

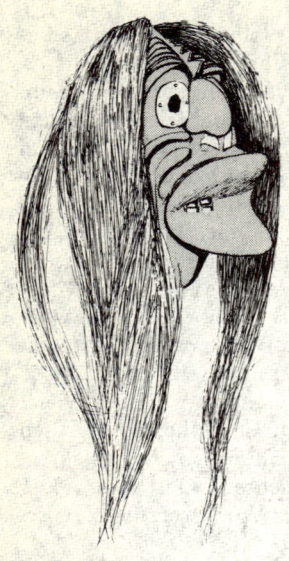

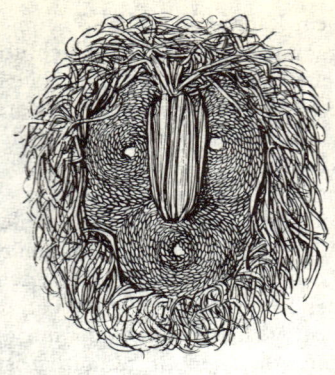

Maisstrohmaske der Irokesen

Falschgesichtermaske der Irokesen

langung eines persönlichen Schutzgeistes, der ihm bei der Mei-
sterung des Lebens, bei Krankheit und zur Aufnahme in einen
Geheimbund behilflich war. Wem ein bestimmtes Tier im
Traum erschienen war, konnte um Aufnahme in einen Geheimbund bitten. Andererseits gab es noch die Möglichkeit, Mitglied
einer esoterischen Gesellschaft zu werden, wenn man von einer
schweren Krankheit durch Medizinmänner eines bestimmten
Bundes geheilt wurde. Da man im Verlauf der Heilung die sie
bewirkenden sakralen Riten kennenlernte, bestand gleichsam
die Verpflichtung, Mitglied des betreffenden Bundes zu werden. Das tat natürlich jeder gern, denn er stand von nun an
unter dem Schutz der Bunddoktoren, die ein beträchtliches Repertoire nicht nur von suggestiven Zaubertricks besaßen, sondern auch ganz konkrete Heilmittelwirkungen und Behand-
lungsmethoden kannten, die sie ihren Bundgenossen zur Verfügung stellten. Jedes Mitglied war zudem des Schutzes der Bun-
desgeister sicher. Einzige Voraussetzung war Verschwiegenheit
und regelmäßige Teilnahme an den Bunderneuerungsriten, die
als Krafterneuerungsriten mindestens einmal im Jahr abgehalten

wurden. Nahm man an diesen Riten nicht teil, konnte sich die
»Medizin« ins Negative umwandeln und den Betreffenden gefährden. Diese Vorstellung dürfte wohl von den führenden Mitgliedern der Bünde, die ja ein beträchtliches politisches Gewicht
besaßen, gefördert worden sein, weil sie sich auf diese Weise der
unbedingten Gehorsamkeit und Abhängigkeit ihrer Mitglieder
versichern konnten.

Von allen Stämmen des östlichen Waldlandes kannten nur die
Irokesen Masken. Insbesondere der Falschgesichterbund, der
auch heute noch viele Mitglieder hat, war ein Maskenbund.
Man trug aus Holz geschnitzte Masken mit menschenähnlichen,
stark verzerrten Zügen, die teilweise zweifarbig bemalt waren.
Eine weniger wichtige Rolle spielte der Maisstrohgesichter-
bund, deren Mitglieder aus Maisstroh geflochtene Masken anlegten. Der dritte irokesische Maskenbund war der Idosbund.

Die Geheimbünde, von denen die meisten heute noch existieren, haben inzwischen eine zusätzliche Funktion übernommen:
Sie sind die Wahrer der alten Stammessitten, der alten Glaubensvorstellungen und Riten. Die Mitglieder der irokesischen
Geheimbünde stellen somit die konservative Partei der Reser-
vatsbevölkerung. Die konservative, nativistische Einstellung ist
auch durch die Lehre des Seneca-Propheten Handsome Lake
(1735–1815) gestärkt worden, dessen Neue Religion, eine konservative Ausdeutung indianischer Morallehre mit christlichem
Gedankengut, mit dem Bundwesen eine enge Verbindung ein-
ging und sich in der sogenannten Langhausreligion gegenüber
den getauften Christen in den meisten Reservaten bis in die
Gegenwart hinein erhalten hat.

Geschichte: Der Pelzhandel. Zwischen den Fronten. Der Neo-
Indianismus

Der Pelzhandel

Die erste Kontakt-Periode (1550–1700) wurde durch den Handel geprägt. Sie betraf in erster Linie die Küsten-Algonkin und
die am Sankt-Lorenz-Strom lebenden Irokesen. Die Händler
tauschten Eisenwaren, Perlen, Messingkessel, Alkohol und andere Waren gegen die auf den europäischen Märkten gesuchten
Pelze, vor allem Biberpelze. Die Händler brachten auch die

ersten Infektionskrankheiten, denen die Indianer zu Tausenden erlagen, ins Land. Ab 1535 waren die ersten französischen Entdecker den Sankt-Lorenz-Strom weit aufwärts gefahren und hatten mit den hier ansässigen laurentischen Irokesen Handelskontakte hergestellt. Von hier gelangten europäische Waren über die alten indianischen Verkehrswege bald bis weit in das Binnenland. Dieser für beide Seiten einträgliche Handel war schließlich auch die Ursache für die Kriege indianischer Gruppen und Stämme untereinander, denn alle wollten sich daran beteiligen. Bald stritt man sich um die Jagdgebiete mit den Pelztieren. Es dauerte nicht lange, so war der Biber im ganzen Küstengebiet und im Hinterland ausgerottet. Einige Stämme schlossen sich zu größeren Einheiten zusammen. Die Bildung der Konföderationen war also letztlich Ausdruck des Handelsimpaktes der Weißen auf die Indianer. Mit Hilfe europäischer Feuerwaffen vertrieben Stämme der nördlichen Küsten-Algonkin die laurentischen Irokesen aus dem Sankt-Lorenz-Tal (bis 1580). Trotz großer Anstrengungen gelang es den Irokesen nicht, dieses Gebiet zurückzuerobern, zumal sich die Franzosen mit den Huronen und Algonkin verbündeten und 1609 einen großen Handelsposten bei Quebec gründeten. Doch bildeten fortan die Stämme der irokesischen Liga eine Quelle ständiger Unruhe, in die sich dann später auch die Kolonialmächte einschalteten.

An der mittleren atlantischen Küste hatten im frühen 17. Jahrhundert Engländer, Schweden und Holländer Handelsposten gegründet. Sie verbündeten sich mit den hier ansässigen Algonkin, die nun mit Unterstützung der Weißen benachbarte Landstriche erobern konnten. So vergrößerten die Powhatan, die Pequot und die Wampanoag ihre Stammesgebiete, und die Angehörigen der Mahican-Konföderation griffen die Delaware am unteren Hudson River an. Auch Teile der östlichen Irokesen mußten den Mahican Tribut zollen.

Während der Pelzhandel in den Küstengebieten zurückging und die weißen Händler weiter landeinwärts vordrangen, erlebten die Indianer, insbesondere auf Long Island, noch eine kurze Blütezeit durch die Herstellung und den Handel mit Wampumperlen, die als Kleingeld auch von den europäischen Händlern benutzt wurden. 1623 gründeten die Holländer am oberen Hudson River einen Handelsposten – Fort Orange (das heutige Albany) –, wodurch eine Verschiebung der Machtverhältnisse eintrat. Nun gewannen die Mohawk die Oberhand über die

Mahican, denn den Holländern erschien ein Handelsbündnis mit den Mohawk wichtiger. Die Algonkin zogen sich auf das Ostufer des Hudson River zurück.

Jetzt waren die Irokesen in einer günstigeren Position als die Küsten-Algonkin; sie rissen den gesamten Handel an sich, und mit Hilfe der von den Holländern eingetauschten Feuerwaffen unterjochten sie die benachbarten Stämme bis zum unteren Ohio.

Die Folgen des Handels machten sich auch in der soziopolitischen Struktur der betroffenen Stämme bemerkbar: Man wurde sich auf einmal des Wertes des Landes bewußt, in dem die Pelztiere lebten, und man strebte territoriale Abgrenzungen an. Während früher die Arbeitsteilung zwischen den Geschlechtern den ökonomischen Notwendigkeiten entsprach, wandten sich die Männer jetzt fast ganz dem Pelzhandel bzw. der -jagd zu, und die Verantwortung für die Sicherstellung der Nahrung lag allein in den Händen der Frauen.

Oft entstanden im Kampf um Handelsvorteile Rivalitäten unter den einzelnen Gruppen. So waren es nicht nur die eingeschleppten Krankheiten, sondern auch die ständigen Auseinandersetzungen und Kämpfe, die die Bevölkerung allmählich dezimierten und zur Auflösung ganzer Stammesgruppen führten.

Zwischen den Fronten

Ab 1620 begannen die Weißen nunmehr als Siedler das Bild der Kontaktgeschichte zu prägen. Nachdem die Händler die Flüsse aufwärts gezogen und ihre Tätigkeit immer weiter ins Binnenland verlagert hatten, traten an den Küsten die Siedler an ihre Stelle. Man schätzt die Zahl der englischen Einwanderer zu Anfang des 17. Jahrhunderts auf etwa 30000; 1650 waren es bereits 50000. Sie wohnten vorwiegend an der Küste der Neuenglandstaaten und um die Chesapeake Bay. Zwischen diesen beiden englischen Siedlungszentren hatten sich einige Tausend Holländer, Finnen, Schweden und Pfälzer, die späteren Pennsylvania-Dutch, niedergelassen.

Mit der Ankunft der Siedler veränderten sich die Beziehungen der Indianer zu den Weißen: War den Händlern an einem möglichst ungestörten Leben ihrer indianischen Handelspartner gelegen, kamen die Siedler mit dem Ziel, den Indianern ihr Land abzukaufen. Zunächst reagierten die Indianer noch freundlich und versuchten, sich mit den Siedlern zu arrangieren. Sie boten ihnen Land zur Bearbeitung an, wie es bei ihnen selbst üblich war. Als jedoch die Siedler das Land für immer behalten wollten – eine Vorstellung, die den Indianern fremd war –, kam es zu Streitigkeiten und schließlich zum offenen Kampf. Die Siedler fühlten sich nun getäuscht, und in einem ungleichen Kampf wurden die Indianer Schritt für Schritt aus ihren Wohngebieten vertrieben, getötet oder versklavt. Ihre Häuptlinge wurden von den Kolonialbehörden bestimmt und bestätigt; Oberhäuptlinge gab es nicht mehr. 1663 wurde die kleine holländische Kolonie von den Engländern besetzt. Nach einem letzten Aufbäumen brach schließlich 1675 im sogenannten König Philipp-Krieg der Widerstand der Indianer endgültig zusammen. Ein Massaker folgte dem anderen; indianische Frauen und Kinder wurden ermordet oder mit ihren Männern lebendig in ihren Hütten verbrannt. Um 1680 lebten noch rund 15 000 Indianer im zentralen und südlichen Teil der Neuenglandstaaten. Es gab nur wenige Reservatsindianer, soweit sie nicht Sklaven waren. Die wenigen Überlebenden waren geflohen und hatten sich den Franzosen am Sankt-Lorenz-Strom angeschlossen.

Nach der Eroberung der atlantischen Küstenzone wurde die koloniale Expansion der Siedler durch den wachsenden Widerstand der nach Westen geflohenen und sich dort mit den Irokesen vereinenden Stämme, die durch die Pelzhändler unterstützt und mit Gewehren und Munition versorgt wurden, zunächst einmal gestoppt.

Es dauerte ein halbes Jahrhundert, bis die Siedlungsgrenze die Oberläufe der Flüsse erreichte. Um 1740 hatten sich die historischen Delaware aus versprengten Resten verschiedener Stämme zu einem Stammesbund zusammengeschlossen. Der berühmte Friedensvertrag, den William Penn mit ihnen schloß, als er Pennsylvanien gründete, sicherte ihnen zunächst ein friedliches Leben. Nach dem Tode Penns wurden sie jedoch von ihrem Land vertrieben und verbündeten sich nun mit der irokesischen Liga. Immer wieder schlossen die Delaware Verträge mit Weißen, aber stets wurden sie wieder gebrochen. Auch von ihrem selbst gekauften Land in Kansas wurden sie vertrieben, bis sie schließlich in Oklahoma eine neue Heimat fanden.

Die Haltung vieler Weißer gegenüber den Indianern war oft von unvorstellbarer Grausamkeit geprägt. Ein Beispiel ist das Massaker von Gnadenhütten in Ohio im Jahr 1782, als die hier lebenden christlichen Delaware von einer Streife Weißer in sinnloser Weise niedergemetzelt wurden.

Die Periode der Siedler-Frontier brachte die ersten umwälzenden Veränderungen der traditionellen indianischen Kultur mit sich. Es waren besonders die friedlichen Kontakte mit den skandinavischen Siedlern, die die indianische Welt zu verändern begannen. Europäische Haustiere (vor allem Schweine und Hühner) und Obstbäume wurden eingeführt. Seit 1650 beteiligten sich zahlreiche Indianer der Neuenglandstaaten an der Walfangindustrie. Zwischen Holländern und Indianerinnen kam es häufig zu Mischehen, während sich die Engländer, die ihre Familien mitgebracht hatten, für sich hielten.

Mit der Integrationsperiode (1650–1800) begann eine verstärkte Missionstätigkeit protestantischer Sekten. Die früheren Missionare, vor allem die Jesuiten, hatten bei ihrer mühseligen Arbeit wenig Erfolg gehabt, weil die traditionelle indianische Kultur noch intakt und die Glaubens- und Wertvorstellungen der Indianer noch unerschüttert waren. Nun aber wurden die traditionellen indianischen Strukturen gründlich zerstört, und die Engländer, vor allem die Puritaner im Norden, waren entschlossen, den Indianern, nachdem sie »zivilisiert« worden waren, die christlichen Moralbegriffe beizubringen. Man nahm indianische Kinder in englischen Familien auf und hatte damit zugleich billige Haussklaven. In den Kämpfen gefangen genommene indianische Frauen und Kinder wurden unter den Kolonisten verteilt. Eine intensive Missionstätigkeit begann aber erst, als einige Prediger die indianische Sprache erlernten und sich unter die Indianer begaben. Finanziell wurden diese Unternehmen vor allem von der 1649 gegründeten Gesellschaft Society for the Propagation of the Gospel in New England unterstützt. Man siedelte die Indianer in aufgekauftem Land an, wo man sie ständig unter Kontrolle hatte. 1674 gab es bereits vierzehn solcher Missionsdörfer im Gebiet von Massachusetts. Von seiten der weißen Kolonisten entstand diesen Indianern gegenüber ein gewisser Paternalismus. Von den eigenen Stammesgenossen wurden die Missionsindianer verachtet; vor allem waren es die Stammeshäuptlinge, deren Kontrolle sie ja nun entzogen waren, die sich gegen sie wandten. Im König Philipp-Krieg (1675/76) waren diese Indianer besonderen Verfolgungen ausgesetzt. Von den 4000, die 1674 gezählt worden waren, lebten 1698 nur noch 2500. Auch die Arbeit französischer katholischer Missionare bei den Mohawk und Mahican war bis 1730 wenig erfolgreich, in erster Linie wegen der politischen Allianz dieser Indianer mit den Engländern.

Die Stockbridge-Indianer im westlichen Massachusetts hatten sich aus Resten der Mahican, Wappinger und anderer Gruppen gebildet, als dort 1734 eine Mission gegründet wurde. Ihre Führer wurden besonders gefördert, weiße Handwerker brachten ihnen europäische Werkzeuge und bildeten sie in handwerklichen Fertigkeiten aus. Die Siedlung gedieh, Häuser wurden gebaut und Äcker angelegt. Später fielen aber auch die Stockbridge-Indianer dem Landhunger weißer Siedler zum Opfer; sie wanderten 1785 zu den Oneida ab, denen sie sich auch später auf ihrem Zug nach Wisconsin anschlossen. Anderen Missionssiedlungen erging es ähnlich.

In dieser Zeit brach die traditionelle Kultur der Küstenstämme endgültig zusammen. Religiöse Sanktionen, die früher soziale Normverstöße eingedämmt hatten, wurden wirkungslos. Die zeremoniellen Feste wurden nicht mehr veranstaltet, weil der Glaube an ihre Bedeutung verlorengegangen war. Die Annahme des christlichen Glaubens und christlicher Moralvorstellungen brachte eine gründliche Veränderung des indianischen Führertums und des Gemeindelebens mit sich. Die Stellung des Häuptlings wurde durch die Missionare gestärkt; er war oft der einzige, der lesen und schreiben konnte. Durch die Missionsschulen verbreitete sich die englische Sprache rasch. Die Arbeit auf den Feldern ging auf Frauen über, während die Männer auf den Höfen der Weißen arbeiteten und oft längere Zeit von ihren Familien getrennt lebten.

Der letzte Abschnitt im Leben der östlichen Waldlandindianer setzte um 1800 ein. Die einzelnen Restgruppen lebten weit verstreut in einer Welt von Farmen, Dörfern und kleinen Städten, ihre eigenen »Höfe« lagen am Rande der Siedlungen und unterschieden sich schon äußerlich von den Behausungen der Weißen durch ihr ärmliches Aussehen. Einige größere indianische Siedlungen wurden als Staatsreservate anerkannt. Die in den isolierten Einzelgehöften lebende indianische Bevölkerung ging bald in den Slums mit den Poor Whites und Negern auf. Auch das in den größeren indianischen Siedlungskomplexen noch vorhandene Gefühl der Solidarität verschwand bald völlig, als Streitigkeiten zwischen den Mischlingen und einem Kern von Mitgliedern alter Häuptlingsfamilien ausbrachen. Schließlich wurden die erblichen Häuptlinge durch gewählte Führer ersetzt, womit auch diese traditionalistische Gruppe auseinanderfiel. Nun übernahmen die Mischlinge als gewählte Repräsentanten die Führungsrolle; unter ihnen fanden sich auch Negermischlinge, Nachkommen von Sklaven, die sich nach der Revolution hier versteckt hatten und sich nach der Abschaffung der Sklaverei mit den Indianern vermischten bzw. verbanden.

Der Neo-Indianismus

Ab 1860 begann die gewaltige Expansion der weißen Bevölkerung. In der Nähe der großen Städte setzte eine Urbanisierungswelle ein, in deren Folge überall neue Wohn- und Erholungsgebiete entstanden. Dabei wurde den Indianern das letzte Stück Land abgenommen. Den Mischlingsgruppen wurde die indianische Identität abgesprochen, die Reste reinrassiger Indianer wurden in andere Gegenden umgesiedelt.

Die gelegentlich vorkommenden Streitigkeiten zwischen Mischlings- und reinrassigen Gruppen der Reservate und der nun allmählich aufkommende Tourismus riefen gegen Ende des 19. Jahrhunderts eine Welle des Neo-Indianismus und eine Reihe intertribaler Aktivitäten hervor, die heute noch im Gange sind. Jedoch steht dieser neue Indianismus nur noch ganz entfernt mit der alten indianischen Kultur in Verbindung. Die materielle Welt existierte nicht mehr, und die alte Sprache war verschwunden. Die indianischen Traditionen hatten sich noch am ehesten bei gewissen Jagd- und Fischfangriten sowie in der Wettermagie erhalten. Der Neo-Indianismus wurde nicht zuletzt durch romantische literarische Darstellungen gefördert. Die Weißen aus den Städten, die nun als Touristen auftraten, sahen in den überlebenden Indianern die Nachkommen der alten indianischen Helden der Grenzerkriege. Indianische Namen kamen als Vornamen in Mode, und indianische Trachten, wie sie noch von Reservatsgruppen weiter westlich getragen wurden, belebten die Indianerromantik. Oft wird vergessen, daß auch die unter den einzelnen Gruppen arbeitenden Ethnologen, wie Frank Speck und James Mooney, die Wiederaufnahme indianischer Sitten stimulierten. Ab 1930 stellten sich die in New York lebenden Irokesen an die Spitze der Bewegung zur Wiederbelebung des Indianertums. Zahlreiche Indianer, die nicht in Reservaten lebten, wollten nicht auf ihre indianische Identität verzichten; sie schickten ihre Kinder auf indianische Bundesschulen im Westen und erhoben bei den Gerichten Ansprüche auf verlorengegangenes Land. Die neo-indianischen Bestrebungen stärkten das indianische Selbstgefühl, und auch die gespannten Beziehungen zwischen Indianern und Mestizen klangen ab. Nach dem Zweiten Weltkrieg traten junge Männer – meist mit College-Bildung – als Führer an die Stelle der Abkömmlinge von Häuptlingen.

Durch die Verkehrserschließung des Landes, den Massentourismus und die Expansion der Städte sind die Reservate heute weniger isoliert als früher. Damit erschließen sich den Indianern neue Einkommensquellen: Sie arbeiten in den stadtnahen Erholungszentren, in der Industrie oder leben von der Herstellung und dem Verkauf indianischen Kunstgewerbes. Im Winter erhalten viele Familien Wohlfahrtsunterstützung, denn die Zahl der Arbeitslosen ist in den meisten indianischen Gemeinden sehr hoch. Andererseits bedingt die Steuerfreiheit in den Reservaten, daß immer weniger Indianer abwandern, ja daß in einzelnen Reservaten die Bevölkerung durch Rückkehr anwächst. Als man die schlecht ausgestatteten Indianerschulen schloß, stiegen durch den Besuch der integrierten Schulen die Bildungschancen. Die Zahl der Indianer wächst als Folge besserer hygienischer Betreuung und niedrigerer Sterblichkeitsrate überproportional stark an. Im Jahre 1960 zählte man über 12 000 Küsten-Algonkin von den südlichen Neuenglandstaaten bis nach Virginia.

7. Die Indianer des südöstlichen Waldlandes: Die »Fünf zivilisierten Nationen«

Lebensraum: Zwischen Appalachen und Everglades

Die Kulturprovinz des südöstlichen Waldlandes wird im wesentlichen von drei Landschaftsformen geprägt: dem südlichen Teil der Appalachen, der Mittelgebirgscharakter aufweist, dem Piedmont-Gebiet, einem breiten, hügeligen Vorgebirge und der weiten flachen, auch die Halbinsel Florida umfassenden Küstenebene unterhalb der Fallinie. Alle drei Landschaften waren in voreuropäischer Zeit mit dichten Wäldern bedeckt, so daß die hier lebenden Indianer ihre Felder mit ihren primitiven Werkzeugen in mühevoller Arbeit roden und anlegen mußten. Ein großer Teil der küstennahen Ebenen war die meiste Zeit des Jahres überschwemmt und für Dauersiedlungen ungeeignet.

In den Appalachen und im südwestlichen Piedmont-Gebiet lebten die Cherokee. Sie stehen sprachlich den Irokesen des Nordens nahe, sind jedoch kulturell den südöstlichen Stämmen zuzurechnen, die in ihrer Mehrheit aus den Muskogee sprechenden Chickasaw, Choctaw und Creek bestehen. Weitere Südoststämme sind die Natchez und Tunica im unteren Mississippital, die Chitimacha und Atakapa an der Golfküste westlich der Mississippimündung und schließlich die Bewohner Floridas: im Norden die Timucua und im Süden die Calusa. Die letzteren sind der einzige Stamm, der keinen Bodenbau betrieb, sondern vom Sammeln und Fischfang lebte.

Die Zahl der Indianer des südöstlichen Waldlandes belief sich nach neueren Schätzungen zur Zeit der Ankunft der Weißen im 16. Jahrhundert auf etwa 150000. Der heute bekannteste Stamm, derjenige der Seminolen, ist ein Mischvolk aus zahlreichen Splittergruppen von Muskogee sprechenden Stämmen, hauptsächlich Creek, und geflohenen Negersklaven. Von allen genannten Stämmen lebt heute nur noch ein kleiner Teil in seiner alten Heimat: einige Tausend Cherokee in den südlichen Appalachen, einige Hundert Seminolen im Innern Floridas, und etwa 2500 Choctaw im Staate Mississippi, dazu einige verstreute kleine Gruppen von Creek, Biloxi, Chitimacha und Houma in Louisiana. Die meisten südöstlichen Waldland-Indianer wurden im Jahre 1834 nach Oklahoma deportiert, dem damaligen

Indianerterritorium, wo sie heute noch mit 140 000 Köpfen den größten Anteil der indianischen Bevölkerung stellen. Die dort zusammengepferchten Indianer, zu denen später zahlreiche Restgruppen von Präriestämmen kamen, haben im Laufe der Zeit ihre tribale Identität weitgehend verloren; an ihrer Stelle hat sich eine panindianische Solidarität gebildet, die allerdings nicht zuletzt wegen der heute relativ guten wirtschaftlichen Situation dieser Gruppen (Erdölfunde!) nicht sehr stark in Erscheinung tritt und keinesfalls als eine politische Bewegung gewertet werden darf.

Lebensunterhalt: Mais, Bohne, Kürbis

Alle Südost-Indianer, mit Ausnahme der Calusa Südfloridas, waren intensive Maisbauern. Archäologisch ist der Maisbau bereits aus der Zeit um 1000 v. Chr. belegt, doch hat er seine überragende Rolle in der Nahrungsversorgung der Indianer erst in der Mittelwaldlandzeit (etwa ab Christi Geburt) gewonnen. In den ersten tausend Jahren seit der Einführung des Maisbaus aus Mexiko hatten halbdomestizierte Pflanzen, wie Sonnenblume (Helianthus annuus) und Gänsefuß (Chenopodium sp.), sowie eine Anzahl wilder Gewächse einen beträchtlichen Anteil der Nahrung ausgemacht; hinzu kamen der Fischfang bei den Küstenbewohnern und die Erträge der Jagd bei den Binnenlandgruppen. Der Anbau von Mais, Bohne und Kürbis erreichte seinen Höhepunkt in der Spätwaldlandzeit (500–1500 n. Chr.), aus der uns durch Ausgrabungen eine große Zahl bedeutender Siedlungs- und Kultzentren bekannt ist. Der Bodenbau wurde in sehr primitiver Weise betrieben: Man rodete ein Waldstück mit der Steinaxt, lockerte den Boden mit einer Hacke und befreite ihn von Unkraut; dann stach man mit dem Grabstock kleine Löcher für die Saatkörner in den Boden. Da die Vegetationsperiode im Süden länger dauert als im Norden und die Niederschläge ergiebiger sind, war der Ertrag am Aufwand gemessen außerordentlich hoch, so daß hier eine dichte Besiedlung möglich war. Außer den Grundnahrungsmitteln baute man Tabak an, der, mit Sumachblättern vermischt, zu zeremoniellen Anlässen geraucht wurde. Aus Dattelpflaumen (Persimmon) verstand man ein mildes Rauschmittel herzustellen; alkoholische Getränke waren unbekannt. Von den weißen Eroberern wurden schon bald neue Pflanzen, vor allem Reis, Melonen und Obstbäume, eingeführt und in größeren Mengen angebaut.

Wichtigste Jagdtiere der Binnenlandstämme waren Hirsch, Bär, Hase und wilder Truthahn. Hasen jagte man gemeinsam, dem Bär stellte man einzeln und vor allem wegen seines Fettes nach; dabei diente der Hund als Jagdhelfer. Die im Mississippital wohnenden Stämme, wie die Natchez, zogen im Winter gelegentlich zur Bisonjagd in die südlichen Prärien. An der Golfküste und in Florida wurden Alligatoren und Seekühe erlegt; den Fischfang gab es besonders in den Flüssen des Binnenlandes, an der Küste war er unbedeutend.

Materieller Kulturbesitz: Blasrohr, Keule und Tomahawk

Holzgeräte, Korb- und Tonwaren sowie Kürbisgefäße machten den größten Teil der Gebrauchsgegenstände aus. Gemessen an dem hohen Stand der handwerklichen Kunst der Spätwaldlandzeit ist eine bemerkenswerte Degeneration in der frühkolonia-

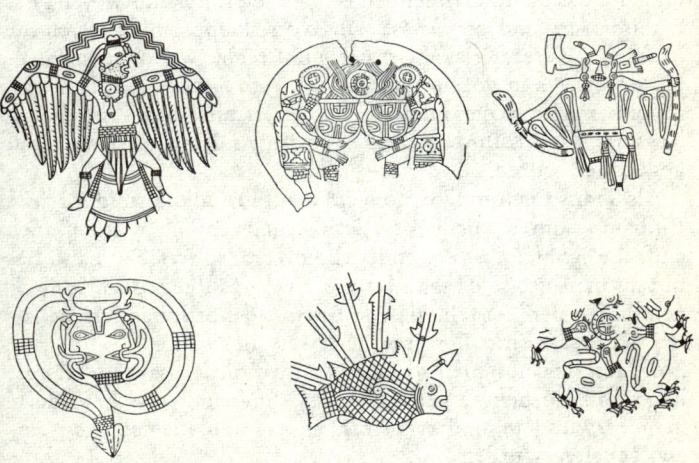

Muschelgravierungen aus der vorgeschichtlichen Mississippi-Kultur (um 1200 n. Chr.), die eine hochentwickelte Handwerkskunst kannte (Prufer 1965)

len Phase erkennbar. Daß dies kein rein lokales Phänomen ist, beweist eine ähnliche Entwicklung im Gebiet der Pueblo-Indianer des Südwestens. Man könnte fast meinen, die Eroberung des nordamerikanischen Kontinentes durch die Europäer hätte ihren Schatten bereits vorausgeworfen. Es ist aber archäologisch zu belegen, daß der Rückgang handwerklicher Fertigkeit schon einige Jahrhunderte vor der Ankunft der Weißen einsetzte.

Die wichtigsten Jagd- und Kriegswaffen der Südost-Indianer waren Bogen und Pfeil sowie das Blasrohr, das wohl ein Importgut aus Westindien ist. Auch Speere und Lanzen fanden im Kampf und bei der Jagd auf Großwild Verwendung; für kurze Speere benutzte man die Speerschleuder. Als Waffe im Nahkampf diente den Stämmen im allgemeinen eine Holzkeule, die säbelartig gearbeitet war oder, wie bei den Timucua, schaufelförmige Gestalt aufwies. Seit Mitte des 18. Jahrhunderts hatte sich bei den meisten Gruppen bereits der Tomahawk, die Streitaxt mit geschweifter Stahlklinge (spanischer Typ), durchgesetzt. Die Schutzwaffen bestanden aus runden Lederschilden.

In frühkolonialer Zeit war in vielen Gebieten Nordamerikas die Sitte des Skalpierens verbreitet; ursprünglich stammt sie aus dem Südosten und hat sich von dort aus über die Prärien und Plains bis in den Norden durchgesetzt. Seine große Bedeutung erlangte das Skalpieren jedoch erst mit dem Bekanntwerden des Stahlmessers und der Aussetzung von Skalpprämien durch die Weißen. Walter Krickeberg hat wohl recht, wenn er das Skalpieren, wie es in voreuropäischer Zeit im Südosten üblich war, als eine religiöse Zeremonie interpretiert und in ihr eine Parallele zum Xipe-Kult der Azteken sieht, wo dem Opfer die Haut abgezogen wurde.

Als Transportmittel dienten auf den Flüssen und an der Küste Einbäume unterschiedlicher Größe; gelegentlich wurden auch einfache Rohrflöße verwendet. Beim Transport über Land benutzte man große Tragkörbe aus einem Stufengeflecht mit einem hölzernen Gestell, die von Brust- oder Stirnbändern gehalten wurden. Eine Besonderheit war die Sänfte, die in ganz Nordamerika nur hier vorkam. In ihr wurden sakrale Häuptlinge und Vornehme getragen. Auf ähnliche Weise beförderte man Verwundete, und zwar in Hängematten, die von Tragstangen gehalten wurden.

Eine große Variationsbreite wiesen die Haustypen der Indianer im Südosten auf. Sie lassen sich jedoch auf zwei Hauptformen zurückführen: das runde feste Winterhaus und das leichte rechteckige Sommerhaus, das in Florida ohne Wände, als schattenspendende Laube, konstruiert wurde. Im allgemeinen waren die Häuser der Häuptlinge besser und solider gebaut als diejenigen der einfachen Stammesmitglieder. Besser gestellte Familien hatten einen »Hof«, der aus mehreren Häusern bestand, die sich um einen kleinen Platz gruppierten: dem Wohnhaus mit Küche, dem Sommer- und dem Gästehaus sowie dem Speicher und dem Lagerhaus. Das Mobiliar bestand aus einfachen Plattformbetten, die mit Matten oder Tierfellen belegt waren, und kleinen dreibeinigen Schemeln sowie den täglichen Gebrauchsgegenständen.

Jedes größere Dorf, das sich aus mehreren solcher Höfe und Einzelhäuser zusammensetzte, besaß ein kultisches Zentrum, die Plaza. Hier standen das Zeremonial- und Versammlungshaus, vier große Sommerhäuser, und hier befand sich auch der Ballspielplatz, an dem gewöhnlich ein großer Holzpfosten mit dem Emblem des Dorfes aufgestellt war. Die Anlagen unterschieden sich in Größe und Ausstattung beträchtlich voneinander; so liegen uns Beschreibungen von den Bauten des Hauptdorfes der Natchez vor, die in vielem an die großen kultischen Zentren der Mississippi-Kultur des 13. Jahrhunderts erinnern.

Die größeren Dörfer waren von Palisaden umgeben, die bei Überfällen Schutz gewährten. Nach der festen Etablierung der Kolonialmächte wurde der Bau dieser Art von Befestigungsanlagen wieder eingestellt. Ganz offensichtlich war erst in den unruhigen Zeiten, als die Europäer hier Fuß zu fassen suchten, mit ihrer Errichtung begonnen worden; denn vorher lebten die meisten Stämme friedlich nebeneinander. Die Streitigkeiten zwischen ihnen arteten zu großen Kämpfen erst dann aus, als sich einige Stämme den Spaniern, andere den Engländern und wieder andere den Franzosen anschlossen und damit in die Querelen der europäischen Kolonialmächte hineingezogen wurden.

Wie bereits erwähnt, war die in vorgeschichtlicher Zeit hochentwickelte Handwerkskunst schon vor der Ankunft der Europäer auf ein niedriges Niveau zurückgefallen. Dieser Niedergang setzte sich fort, und bald ersetzten europäische Waren die einheimischen Erzeugnisse niederer Qualität. Zur Zeit der beginnenden französischen Kolonialisierung und in deren Folge wurde das Kalumet als Zeremonialpfeife aus den französischen Nordprovinzen hier im Südosten eingeführt. Wichtigstes kultisches Spiel war das Lacrosse-Spiel, wie es von den Franzosen genannt wurde. Man spielte es mit Holz- oder kleinen Lederbällen und tennisartigen Schlägern auf die Weise, daß der Ball über eine bestimmte Torlinie geschlagen werden mußte. Zwei Parteien standen sich bei diesem Spiel gegenüber. Sie wurden von den Moieties oder Dorfhälften gestellt. Ein bekanntes Gemälde von George Catlin zeigt eine solche Ballspielszene bei den Choctaw.

Im Südosten war in voreuropäischer Zeit der Anbau von Baumwolle wahrscheinlich unbekannt. Die Kleidung der Indianer bestand meist aus Tierfellen. Die Männer trugen einfache Durchziehschurze, die von einem Gürtel gehalten wurden, sowie Leggings mit Kniebändern, Mokassins und in der kühlen Jahreszeit Fellmäntel. Die Frauen kannten einen knielangen Lederrock mit Gürtel; auch sie trugen Mokassins und im Winter einen Lederumhang, der je nach ihrer sozialen Stellung ganz oder teilweise mit Vogelfedern besetzt war. Messerscheide, Jagdtasche und Tabaksbeutel ergänzten die Tageskleidung des Mannes. Die Häuptlinge trugen meist Kopfbänder aus Häuten, Federn oder Metallstreifen, die in frühkolonialer Zeit durch Turbane aus Halstüchern ersetzt wurden. Die Reichen zierten darüber hinaus ihre Kleidung mit viel Schmuck. Wie dieser war auch die Tatauierung ein Vorrecht, das nur den Angehörigen der Häuptlingsschicht zukam.

Soziale Umwelt: Totemistische Klane, Moieties und sakrales Häuptlingstum

Die Gesellschaftssysteme der Südoststämme waren meist ziemlich komplex. Es gab fast überall matrilineare Sippen, die in der Regel in totemistischen Klanen organisiert waren, doch konnte diese Klanorganisation auch fehlen. An ihre Stelle trat dann etwa eine Lokalgruppenverfassung. In anderen Stämmen wiederum war die Klanstruktur zwar vorhanden, aber nur schwach ausgeprägt und meistens mit anderen sozialen Institutionen kombiniert, beispielsweise mit einer endogamen Adelskaste (Chitimacha, Timucua). Es ist nicht sicher, ob die Klanordnung jüngeren Ursprungs ist, die alte Strukturen durchscheinen läßt, oder vielmehr doch die ältere Form der Sozialstruktur darstellt, die von neuen Formen, die aus der institutionalisierten Endogamie durch ethnische Überlagerung resultierten, verdrängt wurde.

So unterschiedlich wie die Klanorganisation war auch der Totemismus entwickelt. Neben Tieren waren Pflanzen, Gegenstände oder Naturerscheinungen als Totems bekannt. Am stärksten war der Totemismus bei den Yuchi, die aus dem Norden gekommen waren, ausgeprägt. Es wird deshalb angenommen, daß der Totemismus sich von ihnen aus zu den übrigen Südoststämmen verbreitete.

Unter den Häuptlingen und ihren nächsten Verwandten war die Polygynie, meist in Form der sororalen Polygynie, erlaubt, d. h. ein Mann lebte mit mehreren Schwestern zusammen. Im allgemeinen herrschte jedoch die monogame Form der Ehe vor. Ähnlich verstreut in seiner Verbreitung ist auch das die Klane überlappende Moiety-System; es besagt, daß sich mehrere Klane zu zwei Stammeshälften (Moieties) oder, seltener, zu mehreren Phratrien verbanden. Die Moieties kamen vor allem bei den Muskogee sprechenden Stämmen vor, traten aber in verkümmerter (?) Form auch bei den Cherokee auf. Dies könnte bedeuten, daß das dualistische System für das Sprachgebiet der Muskogee charakteristisch war und benachbarte Stämme erst sekundär beeinflußt hat. Die Moieties hatten vor allem zeremonielle Funktionen; so standen sie sich bei den Creek und Choctaw im kultischen Ballspiel gegenüber, in dem die Parteien den kosmischen Dualismus Himmel und Erde symbolisierten. Ob die politische Gewaltenteilung zwischen Friedens- und Kriegshäuptlingstum mit diesem kultischen Dualismus in Verbindung gebracht werden kann, dürfte zweifelhaft sein. In vielen nordamerikanischen Stämmen gab es nämlich neben der Institution des Friedenshäuptlingstums, das in erster Linie für den Zusammenhalt des Stammes verantwortlich war, also überwiegend innenpolitische Funktionen besaß, in Kriegszeiten das Amt des Kriegshäuptlings, der während der Dauer des Konfliktes dem Friedenshäuptling übergeordnet war. Nur in Kriegszeiten erhielten mithin die besonders bewährten und erfolgreichen Kriegshäuptlinge größeren Einfluß auf die Stammespolitik. Das trat besonders in den Kämpfen mit den europäischen Kolonialmächten in Erscheinung, als sich die Kriegshäuptlinge profilieren und auch für längere Zeit die Führungsgewalt des Stammes an sich reißen konnten. In Friedenszeiten verloren sie ihre Macht und traten wieder hinter die Friedenshäuptlinge, die meist ihre Stellung ererbt hatten, zurück. Dieses in

Nordamerika verbreitete Wechselspiel zwischen der Amtsführung von Friedens- und Kriegshäuptlingen existierte auch unter den Stämmen des Südostens. Doch sollte allgemein bedacht werden, daß die Mehrheit der ethnographischen Nachrichten aus einer Zeit datiert, in der diese Stämme in größeren kriegerischen Konflikten mit den Weißen standen, wodurch die Institution des Kriegsanführers oft eine dominierende Rolle erlangte.

Das Friedenshäuptlingstum des Südostens, häufig kombiniert mit dem Priesteramt, ist eng mit einer festen sozialen Schichtung verbunden; die sakralen Häuptlinge entstammten immer der Adelsschicht. Die gesellschaftliche Stratifikation der Natchez, die besonders ausgeprägt ist, geht allerdings wohl auf eine exogene Überlagerung oder eine von außen erzwungene Integration einer matrilinear organisierten und endogamen Adelskaste mit einer fremden Bevölkerungsschicht zurück. Bei den Muskogeestämmen war das Klassensystem weniger stark entwickelt.

Die Adelsschicht der Natchez, die sich über die mütterliche Linie direkt auf die Sonne zurückführte, gliederte sich wiederum in drei Ränge: Dem obersten gehörten die unmittelbaren Verwandten des sakralen Oberhäuptlings an, die »Sonnen«. Zum nächstniederen Rang zählten die entfernteren Verwandten der »Sonne«, die man als »Edle« bezeichnete; die Mitglieder des untersten Adelsranges waren die »Geehrten«. Die zweite Schicht der Natchez bestand aus der großen Menge der »Gemeinen«, die in der einschlägigen amerikanischen Literatur als »Stinkards« (= Stinkende) bezeichnet werden. Als dritte Schicht können die »Sklaven«, die in ihrer Mehrzahl Kriegsgefangene waren, betrachtet werden. Ich bediene mich hier der Bezeichnungen, die von den französischen Chronisten verwendet wurden und in dieser Form in die ethnographische Literatur Eingang gefunden haben. Daß in ihnen die Vorstellung der europäischen Historiographie aus der Zeit des Absolutismus ihren Niederschlag gefunden haben, versteht sich von selbst. Doch wäre es müßig, wollte man die im Stil ihrer Zeit verfaßten Berichte umdeuten, denn unbestreitbar hat das theokratische Gesellschaftssystem der Natchez als solches existiert.

Der Oberhäuptling der Natchez galt als direkter Abkömmling und als Inkarnation der Sonne. Entsprechend lautete sein Titel »Große Sonne«. Da sich die Zugehörigkeit zur Schicht durch die Mutter vererbte, standen die Mutter und die Schwe-

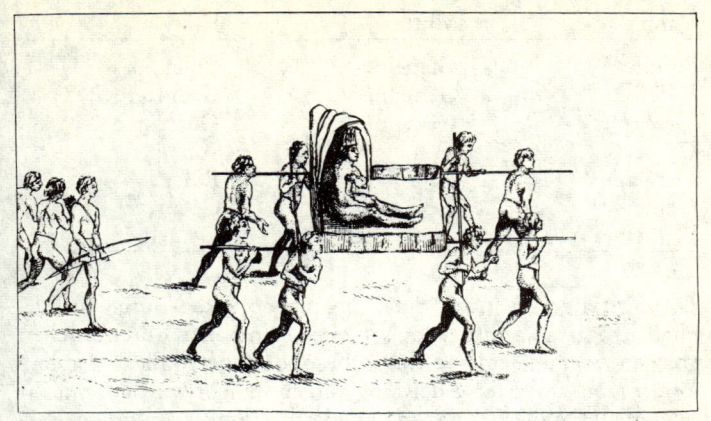

Die »Große Sonne«, der sakrale Oberhäuptling der Natchez, wird in einer Sänfte zum Erntefest getragen. Dieser Holzschnitt aus dem Jahre 1758 wurde von einem französischen Meister angefertigt, der die Schilderung eines Reisenden unter dem Einfluß der französischen Hofsitten wiedergab und so die indianische Realität verfälschte.

ster der Großen Sonne in gleich hohem Ansehen wie der Oberhäuptling selbst; die Bezeichnung für die Mutter als ranghöchste Frau war »Weiße Frau«. Hatte die Große Sonne einen jüngeren Bruder, der dann den Titel »Kleine Sonne« trug, so nahm dieser das Amt des Kriegshäuptlings ein, unterstand aber unmittelbar seinem Bruder, der Großen Sonne. Gab es noch weitere Brüder, so waren diese als einfache »Sonnen« Mitglieder der obersten Adelsschicht. Man kann also sagen, daß die Herrschaft des Stammes in den Händen einer Dynastie ruhte, die sich in weiblicher Erbfolge fortsetzte.

Der Status der Kinder wurde durch eine genau festgelegte Heiratsordnung bestimmt. Dabei standen die männlichen Nachkommen in der sozialen Hierarchie jeweils eine Stufe tiefer als der Vater, weil die Mitglieder der drei Adelsklassen immer Gemeine als Ehepartner nehmen mußten. Das galt auch für die männlichen Nachkommen der Großen Sonne, dessen Urenkel somit zur untersten Schicht, den Stinkards, absank. Nach dem Tode der Großen Sonne trat der Sohn der Schwester die Nachfolge an. In schematischer Darstellung sieht dieses System so aus:

Vater	Mutter	Kind
Sonne	Gemeine	Edler
Edler	Gemeine	Geehrter
Geehrter	Gemeine	Gemeiner
Gemeiner	Sonne	Sonne
Gemeiner	Edle	Edler
Gemeiner	Geehrte	Geehrter
Gemeiner	Gemeine	Gemeiner

Diese strenge Ordnung der Rangzugehörigkeit durch weiblichen Erbgang konnte jedoch in einzelnen Fällen durchbrochen werden, wenn Gemeine durch besondere persönliche Tapferkeit in den untersten Adelsrang aufgenommen wurden; mit ihnen erlangten die Ehefrauen den gleichen Status. Im umgekehrten Falle dagegen, wenn eine Sonne oder eine Edle einen Gemeinen heiratete, behielt der Ehemann seinen alten Status bei; meist wurde er nach dem Tode seiner Ehefrau getötet und neben ihr beigesetzt.

Zur politisch-territorialen Organisation, die bei vielen Stämmen des Südostens in ihrer höchsten Stufe aus Konföderationen bestand, muß ebenfalls die Einschränkung gemacht werden, daß unsere ersten Nachrichten über diese Verbände aus der Zeit der Konflikte mit den europäischen Kolonialmächten stammen. So ist nicht auszuschließen, daß sich die Konföderationen erst nach der Ankunft der Weißen gebildet haben, als es um die Existenz der betroffenen Stämme ging. Wie gering die integrierende Kraft der Konföderationen war, zeigte sich in friedlicheren Zeiten; dann agierten die Stämme oft auf eigene Faust und kümmerten sich wenig um einst gemeinsam gefaßte Beschlüsse. Für die These eines jungen Alters solcher Stammesverbände spricht auch, daß ihre Führungsgremien relativ instabil waren. Die sogenannten Ratsversammlungen wurden häufig von denjenigen führenden Persönlichkeiten beherrscht, die zu dieser Zeit zufällig in ihrem eigenen Stamm an der Macht waren. Es fehlte den südöstlichen Stammesverbänden eine Art konföderativer Verfassung, wie sie bei den Irokesen existierte, wo die Gründung der Liga in den Stammesmythus eingegangen war und damit zur Verpflichtung zwang, die Gesetze dieser Körperschaft bei strenger Androhung von Sanktionen zu achten.

Religion: Priester und Medizinmann

Ein intensiver und erfolgreicher, wenn auch mit primitiven Mitteln und Methoden betriebener Bodenbau, ein hoher Grad von Seßhaftigkeit, ein zumindest für die späte vorgeschichtliche Zeit bezeugter hoher Entwicklungsstand der Technologie und Ergologie sowie eine streng hierarchische, teilweise in endogame Adelskasten gegliederte Gesellschaft läßt auch eine institutionalisierte, von einem Priestertum organisierte Religion erwarten. Diese Vermutung trifft in der Tat zu, und zwar besonders für jene Gesellschaften, die in stärkerem Maße die materiellen Voraussetzungen für die Ausbildung komplexer religiöser Formen besaßen als andere, in denen Wirtschaft und Gesellschaft weniger stabil waren. Generell betrachtet herrschten in den Stämmen mit niederem Kulturniveau Naturgeistervorstellungen vor, in den höher entwickelten Gesellschaften monotheistische Glaubensvorstellungen, die sich in einem Himmels- oder Sonnenkult ausdrückten. Stämme wie die Natchez, Chitimacha und Yuchi hatten den Sonnengottglauben faktisch zur Staatsreligion erhoben, verwaltet von einer allmächtigen Priesterkaste, die zugleich auch die weltliche Gewalt inne hatte.

Neben der Priesterschaft, die in mehr oder weniger ausgeprägter Form in allen Südoststämmen vorhanden war, gab es eine untergeordnete Gruppe von religiösen Helfern, die man als Medizinmänner oder Schamanen bezeichnen kann. Ihnen oblag die Krankenheilung, die man meist in geheimen Séancen durch Extraktion eines fremden Objektes aus dem Körper des Kranken herbeiführte. Zur Behandlung Kranker gehörten auch die Skarifizierung und das Blutaussaugen, der Aderlaß. Außerdem hatten die Medizinmänner noch andere Aufgaben wahrzunehmen: künftige Ereignisse vorauszusagen, Regen herbeizuzaubern oder Jagderfolge zu sichern, – alles Tätigkeiten, wie sie von den Medizinmännern anderer nordamerikanischer Stämme auch ausgeübt wurden. Die Priester dagegen standen den kollektiven Riten vor; sie überwachten vor allem die zeremoniellen Reinigungsvorschriften vor Beginn der größeren religiösen Feste und hüteten das heilige Feuer in der Rotunda, dem großen Versammlungshaus. Die meisten großen kultischen Feste waren dem Bodenbau gewidmet. Die wichtigste Zeremonie war das Buskfest (von Creek: poskita = fasten). Es wurde abgehalten, wenn die ersten Maiskolben röstreif waren, also Ende Juli bis Anfang August. Zum Zeitpunkt des Buskfestes, das auch prähistorisch durch Muschelgravierungen bezeugt ist, wurden in allen Häusern die Herdfeuer gelöscht, das alte Tongeschirr zerbrochen und Häuser, Straßen und Plätze gesäubert. Auch die Menschen reinigten sich, indem sie fasteten und nach Einnahme des Schwarzen Trankes, eines Erbrechen hervorrufenden Pflanzenextrakts, den Körper von allen Schlacken befreiten. Während der mindestens vier Tage anhaltenden Feiern – in den großen Siedlungs- und Kultzentren dauerten die Feierlichkeiten acht Tage – wurde jeder Streit vermieden, und alle Wettkämpfe trugen einen kultischen Charakter. Hierzu zählten vor allem die bereits erwähnten Ballspiele, die von den Vertretern der zwei Stammeshälften ausgetragen wurden. Nach Ende des Buskfestes wurde das Feuer vom Tempelpriester neu entzündet, und damit hatte das neue Jahr begonnen. Ähnliche Neujahrszeremonien, wenn auch in ihrer gesamten Ausgestaltung viel komplexer, sind aus altmexikanischen Kulturen, etwa aus der aztekischen Kultur, bekannt. Auch im religiösen Bereich sind somit Elemente zu finden, die auf Mesoamerika hinweisen. Den archäologischen Zeugnissen aus den Zeremonialzentren der prähistorischen Mississippi-Kultur (500–1500 n.Chr.) zufolge, hatten die Kultfeste um 1200 n.Chr. ihre höchste Entfaltung; in der nachkontaktzeitlichen Kultur der Südoststämme dürften sie nur noch einen schwachen Abglanz jener alten Kultfeierlichkeiten besessen haben.

Geschichte: Von der Ankunft der Spanier bis zur Vertreibung in das Indian Territory

Die Spanier, der Kampf um Florida und die Seminolen

Die Kontaktgeschichte der Südoststämme mit den europäischen Kolonialmächten beginnt mit der Ankunft der Spanier in Amerika im Jahre 1513, obwohl sich diese in Nordostflorida erst nach der Gründung von St. Augustine im Jahre 1565 festsetzten. 1573 gründeten die Franziskaner bei den Timucua und anderen Gruppen im nördlichen Florida eine Reihe von Missionen, die schon wenige Jahre später bis zum heutigen Pensacola im äußersten Nordwesten Floridas reichten. Die Missionen standen unter der Kontrolle der spanischen Krone. Für die Spanier bedeutete der Besitz dieses Gebietes die strategische Absicherung der Nordflanke ihrer Besitzungen in Mittelamerika gegen die Engländer und Franzosen. Sie verzichteten deshalb darauf, Siedlungen anzulegen, und selbst die Garnisonen wurden, ebenso wie die Missionen, nur dürftig ausgestattet. Den Spaniern genügte der nominelle Besitz Floridas und eines schmalen Küstenstreifens von Georgia. Sie unternahmen keinen Versuch, sich im Binnenland, im Gebiet der Creek, festzusetzen.

Der Kontakt der Spanier mit den Indianern Floridas verlief in dieser ersten Zeit überwiegend in friedlichen Bahnen. Als Folge der Missionstätigkeit entstand unter den Timucua und Apalachee Nordfloridas ein synkretistisches Glaubenssystem, wie es auch in anderen spanischen Kolonialgebieten Amerikas vorkam. Weder die materielle Kultur noch die soziopolitische Organisation der Indianer wurden nachhaltig beeinflußt. Doch wurde schon zu dieser Zeit die indianische Bevölkerung durch eingeschleppte Krankheiten zum Teil erheblich dezimiert. Eine Ausnahme bildeten die Calusa in Südflorida. Sie gerieten nicht unter spanische Kontrolle; allerdings waren sie durch die Kette der spanischen Missionen und Garnisonen in Nordflorida von der Mehrzahl der Südoststämme abgeschnitten.

Das friedliche Nebeneinander von Spaniern und Indianern wurde durch den Vorstoß der Engländer bis zur Nordgrenze Floridas und die Gründung von Charleston in South Carolina im Jahre 1670 erstmals gestört. Die Engländer waren am Reisanbau interessiert, und niemand konnte ihnen hierbei geeigneter erscheinen als die Indianer, die sie als Sklavenarbeiter einsetzen konnten. Ein Mittel zu diesem Zweck war der Verkauf von Gewehren, durch den sie die intertribalen Streitigkeiten der Indianer unterstützten. Es gelang ihnen, die Creek und Yamasee gegen ihre Nachbarstämme aufzuwiegeln. Da die spanischen Stationen, wie gesagt, nur dürftig ausgestattet waren, konnten die Creek und Yamasee um 1680 praktisch ungehindert nach Florida eindringen. Der spanische Gouverneur von St. Augustine berichtete im Jahre 1708, daß er alle Vorhuten zurückgezogen habe und daß über 10 000 der im Schutze seiner Festung lebenden Indianer von den Creek und Yamasee versklavt worden seien.

Dagegen schlug im Jahr 1715 ein Versuch der Yamasee, die europäischen Kolonialmächte aus dem Südosten zu vertreiben, nach anfänglichen Erfolgen fehl, vor allem als es den Siedlern in South Carolina gelang, die Cherokee aus dem Kampf herauszuhalten. Als Resultat dieses Krieges und auch aus Unzufriedenheit über die Handelsbedingungen der Engländer zogen sich die Creek von der englischen Frontier weiter ins Innere zurück. Sie verstanden es, für den Rest des Jahrhunderts mit einer Politik der Neutralität von den Engländern und Spaniern unbehelligt zu bleiben. In dieser Zeit entwickelte sich unter den Creek ein proenglisches und prospanisches Lager; letzteres entstand durch den Versuch der Spanier, einen Teil der Creek in dem früher von den Apalachee bewohnten Gebiet anzusiedeln und damit eine Pufferzone gegenüber den Engländern zu bilden. Obwohl über diese spanischen Bemühungen aus den Jahren 1716 bis 1718 keine direkten Zeugnisse vorliegen, scheinen sie doch teilweise erfolgreich gewesen zu sein. Vorstöße der Cherokee und die Expansion der Engländer (Gründung der Kolonie Georgia) führten zu weiteren Abwanderungen von Creek-Gruppen in die Apalachee-Region. Diese ersten hier ansässig gewordenen Creek bildeten den Kern der späteren Seminolen, in denen außer den Creek selbst der Rest der überlebenden Apalachee und Timucua aufgingen. Die Proto-Seminolen waren prospanisch und antienglisch eingestellt. In ganz ähnlicher Weise ist wohl auch die Gruppe der östlichen Proto-Seminolen südlich von St. Augustine entstanden, unter denen die Hitchiti die dominierende Gruppe bildeten, während die Creek hier in der Minderheit waren. Ferner gesellten sich einige Alabama, Yuchi und andere Splittergruppen zu ihnen.

Die Entstehung der Seminolen hängt also mit der Südwanderung der Creek und anderer Gruppen in die Halbinsel Florida hinein zusammen, die dem Druck der aus Virginia und Georgia nach Süden vorstoßenden Engländer auswichen. Pelzhandel, Waffengeschäfte und das Anwachsen kriegerischer Konflikte trugen zur gesteigerten Mobilität und zum Zusammenbruch der alten Siedlungen sowie schließlich zum Verlust der traditionellen Kultur bei. Von 1763 bis 1783 stand Florida unter englischer Herrschaft. Die neuen Herren bauten vor allem die Handelskontakte mit den Indianern, in erster Linie den Creek, aus. Handelsgüter und diplomatische Geschenke gelangten über St. Augustine, St. Marks und Pensacola sowie über Händler aus Carolina und Georgia in großen Mengen in die Hände der Indianer. Die Expansion der Creek nach Süden verstärkte sich während dieser Zeit so sehr, daß 1783 bereits ganz Nord- und Zentralflorida von Creek-Gruppen besiedelt war. In ihren Beziehungen zu den Engländern verhielten sich die Creek keineswegs geschlossen, wie man aus dem Prädikat Konföderation schließen könnte, vielmehr handelten die Gruppen meist selbständig. In dieser Zeit taucht auch zum ersten Mal der Name Seminole auf, und zwar als Bezeichnung für eine Gruppe von Indianern, in der die Creek überwogen; aber schon bald zählte man zu den Seminolen auch alle übrigen Siedlungen der Apalachee-Region. Noch 1860 bezeichnete man mit diesem Namen alle Indianer Floridas, andererseits aber bezog man sich nur auf jene Gruppen, die von den Alachua-Siedlungen südlich des heutigen Gainesville abstammten. Das Wort kommt aus der Muskogee-Sprache, wo »simanoli« die Bedeutung von »wild, weggerannt«, im Sinne von Emigranten, Pioniere, hat.

Nach dem amerikanischen Unabhängigkeitskrieg wurde die Grenze, die sich zwischen den Oberen Creek und den Kolonisten gebildet hatte, niedergebrochen, so daß amerikanische Siedler und Händler in das Indianerland einzuströmen begannen. 1796 gibt es den ersten amerikanischen Indianeragenten bei den Creek. Dieser unterstützte den einsetzenden ökonomischen Wandel mit allen sich daraus ergebenden Konsequenzen für die traditionelle Sozialstruktur der Indianer und drängte nicht zuletzt auf die Schaffung einer zentralen politischen Instanz. Gegen diesen Plan erhob sich eine starke Opposition unter den Creek, die durch den Besuch des Shawnee-Führers Tecumseh im Jahre 1811 gestärkt wurde. Mehrere Propheten verkündeten die Rückkehr zur althergebrachten Lebensweise; 1813 wurde ein Fort der Amerikaner von Anhängern der konservativen Gruppen angegriffen und dabei eine Anzahl Weißer getötet. Daraufhin setzte die amerikanische Regierung Truppen gegen die Creek ein, die die Indianer vernichtend schlugen. Sie mußten ihre Siedlungen verlassen und flüchteten nach Florida. Viele verbanden sich hier mit den Florida-Creek (= Seminolen), andere zogen weiter und ließen sich im Raum südlich von Tampa nieder. Damit erhöhte sich die indianische Bevölkerung Floridas von 3500 um fast das Doppelte.

Die westlichen Seminolen, einschließlich einiger konservativer Creek-Gruppen und entlaufener Negersklaven, standen im Krieg von 1812 bis 1814 auf Seiten der Briten und Spanier. Aus diesem Grunde drangen die amerikanischen Kolonisten von Georgia in das bisher von ihnen nicht besetzte Indianergebiet ein. Sie stahlen dort Vieh und verschleppten Neger, die sie zu Sklaven machten. 1818 – während des sogenannten ersten Seminolenkrieges (1817–1818) – überquerte Andrew Jackson mit einer Truppe von 2000 Mann, darunter zahlreiche indianische

Hilfstrupps, die Grenze von Spanisch-Florida. Er zerstörte die befestigten Siedlungen der Seminolen und Neger am Apalachicola River und zog dann weiter nach Osten zum Suwannee River. Dort brannte er die Seminolendörfer in der alten Apalachee-Region und um das heutige Tallahassee nieder. Die Seminolen flohen daraufhin nach Osten in die Alachua-Region, viele aber zogen weiter südwärts in die Halbinsel hinein.

Der Zustrom konservativer Creek-Flüchtlinge, die Kollaboration proamerikanischer Creek mit den Truppen Andrew Jacksons im ersten Seminolen-Krieg und die Verlagerung der Seminolensiedlungen nach Osten und Süden in die Halbinsel Florida hinein trugen zur endgültigen Trennung der Seminolen von der Creek-Konföderation bei und führten zur völligen Selbständigkeit des neuen »Stammes«.

Das Resultat des ersten Seminolen-Krieges war die Eroberung Floridas, die formell 1819 bestätigt wurde. Die Amerikaner nahmen sofort Kontakte mit den Seminolen auf. Auf sie gehen die ersten Berichte über diesen neuen »Stamm« zurück. Sie bemühten sich, die Siedlungen der Indianer ausfindig zu machen. Dabei zählten sie siebzehn Siedlungen, acht Dörfer, drei von Negern bewohnte Dörfer und zwei mit unbekannter ethnischer Zugehörigkeit. Die Siedlungen waren über die ganze Halbinsel Florida verstreut. Nur die Sümpfe der Everglades und des Big Cypress Swamp in Südflorida waren noch nicht bewohnt; sie dienten lediglich als Jagd-, Fischfang- und Sammelgebiet. Um diese Sumpflandschaften mit ihrer subtropischen Vegetation zu erschließen, mußten erst neue ökologische Techniken entwickelt werden.

Die Indianer kannten keine zentrale politische Organisation. Beim Vertragsschluß von 1823 mußte beispielsweise einer der Dorfhäuptlinge eigens als Vertragspartner bestimmt werden. In diesem Vertrag gaben die Indianer alle Besitzrechte in Florida bis auf ein Reservatsgebiet, das in Zentralflorida angelegt werden sollte, auf. Eine erste Volkszählung ergab 4883 Köpfe; wahrscheinlich lag die tatsächliche Zahl um etwa 600 höher. Anfänglich bereitete es Schwierigkeiten, dieses Reservat anzulegen und die Indianer dorthin zu transportieren. Die Amerikaner nahmen schließlich ganz Florida in Besitz, wobei es zu zahlreichen Übergriffen kam, weil sie auch Teile des vorgesehenen Reservates für sich in Anspruch nahmen. Die freien Neger, die dort lebten, waren besonders gefährdet, da man sie als Sklaven brauchte.

1835 begann der zweite Seminolen-Krieg. Er dauerte sieben Jahre und endete mit einem Waffenstillstand. Er war wohl der kostspieligste und unpopulärste Indianerkrieg, den die amerikanische Armee jemals geführt hat. Tausende von Soldaten standen im Kampf, um die freien Seminolen aus den Wäldern und Sümpfen zu treiben. Durch den Krieg wurden große Teile der Indianer aufgerieben; 4420 Seminolen wurden gefangengenommen und nach Oklahoma deportiert. Die Zahl der Gefallenen ist unbekannt. Ebenso unbekannt ist auch die Zahl der Flüchtlinge, denen es gelang, sich in Florida zu verstecken und der Vertreibung zu entgehen. Man schätzt sie auf etwa 500. Nicht minder hoch waren die Verluste der amerikanischen Truppen in diesem ersten Guerillakrieg der modernen Geschichte. Das Ziel des Krieges war die Vertreibung der Indianer des Ostens jenseits des Mississippi in das sogenannte Indianer-Territorium. Eng verbunden mit diesem zweiten Seminolen-Krieg war das andere Ziel der Amerikaner: die zu den Indianern übergelaufenen Neger wieder festzunehmen. Es gelang jedoch nicht, alle Neger von den Indianern zu trennen. Die in Florida verbliebenen Indianer, unter denen sich nur wenige Neger aufhielten, entwickelten sich ab 1842 unabhängig von den Oklahoma-Seminolen, die sich schon bald nach ihrer Deportation mit den Creek und anderen Südoststämmen zu dem Bund der Fünf Zivilisierten Nationen zusammenschlossen. Wir wollen hier zunächst das Schicksal der Zurückgebliebenen weiter verfolgen.

Um 1850 brachen wiederum Streitigkeiten zwischen den Florida-Seminolen und den Amerikanern aus. 1855 begann der dritte Seminolen-Krieg. Er dauerte drei Jahre und endete mit der Deportation weiterer 240 Indianer. Es blieben nunmehr nur noch etwa 200 Seminolen in Florida. Da sich die Hitchiti (Mikasuki) als Umgangssprache des Muskogee bedienten, entstand der Eindruck, daß auch sie ursprünglich Muskogee waren. Durch die fortschreitende amerikanische Erschließung Floridas kamen alle Seminolen, sogar die in den Sümpfen fast völlig isolierten Gruppen, in Kontakt mit den Weißen. Trotzdem haben sich bis heute noch einige Züge der einstigen matrilokalen Familienorganisation erhalten, z.B. das alljährlich im Herbst stattfindende Buskfest, an dem sich die verschiedenen Gruppen, die um ein Medizinbündel herum organisiert waren, versammeln.

Mit dem Versuch der amerikanischen Regierung, eine endgültige Regelung für die Florida-Seminolen zu finden, d.h. sie ins

Indianerterritorium zu deportieren, setzte auch die Tätigkeit des Bureau of Indian Affairs ein. Erst 1891 entschloß man sich, die Indianer in Florida zu belassen und ihnen Reservate zur Verfügung zu stellen. Die Indianer kümmerten sich wenig um das Regierungsprogramm. Noch 1940 lebten 35 von 39 Seminolen-Gruppen außerhalb der Reservate, die in den dreißiger Jahren zu drei größeren Reservaten konsolidiert wurden: der Brighton-Reservation am Westufer von Lake Okeechobee, der Dania- (jetzt: Hollywood-) Reservation an der Ostküste nördlich von Miami und der Big Cypress-Reservation im Nordosten des Big Cypress Swamp.

In den Reservaten wurde langsam die Infrastruktur ausgebaut mit Straßen, Schulen, dem Wohlfahrtswesen und einem Tierzuchtprogramm. Aufgrund der Stellenangebote und des Wohlfahrtsdienstes zogen schließlich zahlreiche Indianer, die als Arbeitslose außerhalb der Reservate lebten, in diese hinüber. Der Schulbesuch nahm dagegen zunächst nur langsam zu. Als Symptom eines stärkeren Kulturwandels kann der plötzliche Erfolg der Mission gelten, der in erster Linie einem Baptistenprediger, einem Creek, zu verdanken war. Die Annahme des Christentums bedeutete nämlich die Trennung von der Buskorganisation und damit eine Lösung der Bindungen zur Mehrheit der Personen außerhalb der Reservate. Als die Zahl der Reservatsbewohner zunahm, wurde die Kulturdichotomie zwischen den außerhalb der Reservate wohnenden Traditionalisten und den auf den Reservaten lebenden Christen immer größer. Um 1950 waren die Buskgruppen stark dezimiert; die Hälfte der Indianer waren Christen.

In dieser Zeit des Umschwungs begann auch das Bureau of Indian Affairs mit Erfolg formale politische Organisationsformen einzurichten; so wurde eine repräsentative Ratsversammlung, die über den drei Reservaten stand, geschaffen. Auch der Staat Florida begann offiziell von den Seminolen Notiz zu nehmen. Selbst die Mehrheit der außerhalb der Reservate lebenden Seminolen fand schließlich neue Formen der Organisation. Sie nahmen die Verfassung und die Statuten des Indian Reorganization Act an, schlossen sich zum Miccosukee-Stamm zusammen und zogen in die ihnen zur Verfügung gestellten kleinen Schutzgebiete in verschiedenen Teilen Floridas. Von den Ende der sechziger Jahre in Florida lebenden Seminolen wohnten 860 Seminolen und 150 Miccosukee in und rund 340 außerhalb der Reservate. Inzwischen hat die durch die religiöse Glaubenszugehörigkeit bedingte Dichotomie an Bedeutung verloren. Ein Beweis dafür ist der starke Rückgang der Teilnahme am christlichen Gottesdienst, viele nominelle Christen besuchen demgegenüber wieder die Buskfeste.

Die Anpassung an die moderne Zeit geht unaufhaltsam weiter. Vor allem als Touristenattraktion sehen die Seminolen eine Möglichkeit, sich der heutigen Welt anzupassen. Der Weg dahin ist beschritten, und das Bureau of Indian Affairs leistet hier entsprechende Entwicklungshilfe. Da der Tourismus für den Staat Florida eine wichtige Einnahmequelle ist, vereinen sich hier einmal ausnahmsweise die Interessen der weißen Bevölkerung mit denen der Indianer.

Die Franzosen und das Schicksal der Natchez

Das Schicksal der Natchez, die hauptsächlich mit den Franzosen in Berührung kamen, verlief zunächst ähnlich wie das der Seminolen, im Laufe der Zeit führte es jedoch zur fast völligen Vernichtung und Auflösung des Stammes. Nachdem die Spanier unter Hernando de Soto im Jahre 1543 von den Natchez überfallen und verjagt worden waren, kamen erst 1682 wieder Weiße ins Land, und zwar mit dem französischen Reisenden und Forscher Sieur de la Salle. Durch ihn wurde die erste Phase der eigentlichen Kontaktgeschichte eingeleitet, die im Zeichen der Besuche von reisenden Forschern stand. Die Weißen wurden im allgemeinen von den Indianern freundlich aufgenommen und bewirtet, die Atmosphäre war freundschaftlich, und man respektierte sich gegenseitig. 1698 kamen die ersten Missionare aus Französisch-Kanada. Obgleich eine Anzahl von Indianerkindern getauft wurde, blieb den Missionaren ein wirklicher Erfolg versagt. Im Jahre 1700 nahm Pierre de Iberville, vom Süden her auf die Natchez stoßend, den Kontakt mit diesen auf. Damit begann die zweite Phase in der Kontaktgeschichte des Stammes: die Errichtung eines französischen Handelspostens. Aber der Handel florierte nicht. Als der Posten, vermutlich durch Intrigen der Engländer aus Carolina, von einigen Natchez angegriffen und zerstört wurde, befanden sich die Franzosen in einer äußerst prekären Lage. Um ihr Ansehen zu bewahren und ihre Macht zu halten, sahen sie sich gezwungen, die Natchez zu unterwerfen und militärisch unter Kontrolle zu bringen. 1716 gelang es einer kleinen Truppe unter Jean de

Bienville, viele Natchez gefangen zu nehmen und zu töten. Die Überlebenden erklärten sich bereit, mit den Franzosen Frieden zu schließen und halfen ihnen beim Aufbau von Fort Rosalie am Mississippi. 1717 erhielt die Western Company Erschließungsrechte, wodurch ein starker Zuzug französischer Adliger einsetzte, gefolgt von Bauern, Handwerkern und Sklaven. 1718 wurde das ganze Land um Fort Rosalie besiedelt, das die Indianer den Franzosen »verkauft« hatten. Die weißen Bauern begannen vor allem Tabak anzubauen, ihre Beziehungen zu den Indianern waren friedlich. Um diese Zeit ließ sich auch der französische Chronist Antoine S. Le Page du Pratz, dem wir die ersten ausführlichen Nachrichten über die Natchez verdanken, hier nieder. Er blieb bis 1734 in Louisiana. Die Franzosen tauschten Land und Lebensmittel von den Indianern gegen Gewehre, Pulver, Blei, Alkohol und Stoffe ein. Zu Konflikten kam es erst wieder, als 1723 ein Natchez von einem französischen Soldaten getötet wurde, und diese Tat ungesühnt blieb.

In dieser Zeit gespannter Beziehungen starben zwei führende Persönlichkeiten der Natchez, darunter die »Große Sonne«, dem 1728 eine sehr junge und unerfahrene »Sonne« folgte. Als die Streitigkeiten sich zuspitzten, beschlossen die Natchez, alle Franzosen zu vertreiben. In einem ersten Gefecht wurden über 200 französische Siedler und Soldaten getötet. Den Natchez schlossen sich nun die Yazoo an. Die Choctaw hingegen, die sich ursprünglich an einem Bündnis gegen die Franzosen beteiligen wollten, schlugen sich auf die Seite der Franzosen. Zwar gelang es den Natchez 1730, eine gemeinsame Truppe von Franzosen und Choctaw zurückzuschlagen, doch im folgenden Jahr verloren sie den ungleichen Kampf. Vierhundert von ihnen wurden gefangengenommen und als Sklaven nach Westindien verschleppt. Die wenigen Natchez, die entkommen konnten, schlossen sich den Chickasaw an, die damals mit den Engländern verbunden waren. Die Franzosen erreichten jedoch die Auslieferung eines Teiles der geflüchteten Natchez. Die übrigen Angehörigen der Natchez schlossen sich nun den Creek an und zogen mit diesen 1832 in das neue Indianerterritorium.

Zwischen 1700 und 1790 bildeten die Creek mit etwa 20 000 Köpfen den mächtigsten indianischen Stammesbund des Südostens. Sie lebten zur Zeit de Sotos von Georgia bis Alabama verstreut. 1715 waren die Creek erstmals als Verbündete der Yamasee mit den europäischen Kolonialmächten in Konflikt geraten. Sie verlagerten dann aber ihr Hauptsiedlungsgebiet bis zum Chattahoochee River und konnten sich dadurch zunächst der weiteren Konfrontation mit den Weißen entziehen. Einzelne Creek-Gruppen hatten sich bereits vor dem Yamasee-Krieg den Briten gegen die Spanier angeschlossen und waren nach Florida eingedrungen. Das Prinzip der völligen Nichteinmischung in die Auseinandersetzungen der Kolonialmächte wurde lange Zeit von den Creek konsequent verfolgt. Weder französische Missionare noch französische Truppen konnten sich in ihrem Siedlungsgebiet festsetzen. Andererseits hielten sie jedoch an den Handelsabmachungen fest, die sie mit den Engländern getroffen hatten. Im Krieg der Franzosen gegen die Natchez blieben sie trotz englischer Provokationen neutral. Als die Natchez von den französischen Truppen geschlagen wurden, nahmen sie die Flüchtlinge in ihre Konföderation auf. Diese Adoption war eine häufig geübte Maßnahme, die schon früher zur Ausbildung von Konföderationen beigetragen hatte. Im Verlaufe der Kriegshandlungen zwischen den europäischen Kolonialmächten und den darin verstrickten Stämmen stieg die Zahl der aufgenommenen indianischen Gruppen beträchtlich. Yamasee und Apalachicola, Alabama und Yuchi, auch einige Shawnee-Gruppen wurden integriert. Die meisten waren jedoch Angehörige der Muskogee-Sprachfamilie. Durch die Aufnahme dieser verschiedenen Gruppen wuchs die Zahl der Creek und damit ihr machtpolitisches Gewicht.

Die Beibehaltung der strikten Neutralität der Creek beruhte nicht zuletzt auf der Existenz von indianischen Pufferstaaten: Im Süden und Westen schützten sie die Choctaw vor den Franzosen und Spaniern der Golfküste, im Nordwesten die Chickasaw vor den Engländern und Franzosen, im Nordosten die Cherokee vor den englischen Siedlern am Cumberland River und vor den Virginiern. Nur im Osten gab es, nachdem die Yamasee geschlagen worden waren, keinen Stamm mehr, der zwischen ihnen und den vordringenden Weißen stand. Doch wußten die Creek an dieser offenen Grenze durch geschickte

Handelsvereinbarungen mit den Engländern und teilweise auch den Spaniern eine Zeitlang stabile Verhältnisse zu schaffen.

Die Neutralität der Creek wurde erstmals um 1733 erschüttert, als die rücksichtslosen Siedler Georgias, die sich wenig um die offizielle britische Politik kümmerten, in das Gebiet der Creek einfielen. Um 1780 war die Neutralität schließlich nicht mehr zu halten, um so weniger als sich die Machtkonstellation der Kolonialmächte erheblich verändert hatte. Im Westen waren die Franzosen eliminiert, und die Engländer lagen mit ihren Kolonisten in ernsthaftem Streit. Die Grenzer vom Cumberland River und aus Georgia wurden immer aggressiver. Als die Engländer den Unabhängigkeitskrieg der amerikanischen Kolonien 1783 verloren hatten, vermochte der Creek-Häuptling Alexander McGillivray als geschickter Diplomat – er hatte eine Schule in Charleston besucht und war als Handelsvertreter einer spanischen Gesellschaft tätig gewesen – mit der neuen Macht auf dem Kontinent, den Amerikanern, einen Vertrag zu schließen, in dem ihm von General Washington ein eigener Staat zugestanden wurde. Aber die Georgia-Siedler hielten sich nicht an diesen Vertrag, und auch die Mehrheit der Creek fühlte sich nicht an diese Abmachung McGillivrays gebunden. Unter dem Druck amerikanischer Siedler wurden die Grenzen niedergerissen, womit die allgemeine Auflösung der Creek-Konföderation begann.

Die Wiedergeburt der Cherokee

Um diese Zeit des Niederganges der Creek setzte die Stabilisierung der Cherokee-Konföderation ein. Sie kam zustande, als die Cherokee ihre politische Struktur nach dem Vorbild der Vereinigten Staaten aufzubauen begannen. Im Gegensatz zum Glauben an übernatürliche Offenbarungen, die sich bei den Irokesen und vielen Algonkinstämmen (Handsome Lake, Algonkin-Propheten) fand, versuchten die Cherokee, ein neues Wert- und Moralsystem auf rationaler Basis einzuführen. Sie bemühten sich, den Ruf eines friedlichen und fortschrittlichen Volkes zu erwerben, das sich des vollen Schutzes der amerikanischen Gesetze würdig erweisen sollte. Während die Creek-Konföderation sich in zahlreiche Siedlungszentren aufgesplittert hatte, stellten die Cherokee mit ihren 75 Dörfern um 1800 noch ein einheitliches politisches Gebilde dar. In fast allen Siedlungen gab es zahlreiche Mischlinge, die auf den Zuzug von Siedlern aus Virginia, britischen Tories und Wanderhändlern aus Deutschland zurückgingen. Zwischen 1800 und 1830 fand bei den Cherokee als Folge des Druckes von außen und als Antwort auf diesen eine Konsolidierung, verbunden mit einer völligen Neuorientierung und politischen Umstrukturierung, statt. Zunächst bestand die Notwendigkeit, einen Weg zu finden, die Gruppen ihrer eigenen Gesellschaft wieder unter Kontrolle zu bringen, da sie dem äußeren Druck, ihr Land abzutreten, nachgegeben hatten und bereit waren, in Gebiete westlich des Mississippi abzuwandern. Die führenden Häuptlinge wollten dagegen mit der Bildung einer neuen politischen Struktur den Cherokee ermöglichen, in ihrem alten Heimatland weiterzuleben. Eine Verfassung sollte geschaffen, Missionsschulen eingerichtet und eine fortschrittliche Gemeindeordnung entworfen werden. 1808 wurde ein gesetzgebender Nationalrat ins Leben gerufen und dessen Gesetze in einer eigenen Schrift niedergeschrieben (s. S. 134f.). Diese bestimmten unter anderem die Schaffung eines Polizeikorps (Light Horse Guards), das für Recht und Ordnung im gesamten Cherokee-Gebiet zu sorgen hatte. 1810 schaffte man die alte Tradition der Blutrache ab. 1817 wurde das Zweikammersystem, ein Nationalkomitee und der traditionelle Nationalrat eingeführt. Das neue Komitee übernahm die Verantwortung für die nationalen Angelegenheiten, das heißt alle Verträge auszuhandeln und die jährlichen Einkünfte aus früheren Landabtretungen zu regulieren. 1820 führte man weitere Maßnahmen ein, um die Gerichtsverwaltung zu organisieren. Das Cherokee-Gebiet wurde hierzu in acht Gerichtsdistrikte geteilt, die je vier Repräsentanten auf ein Jahr wählten und in den Nationalrat entsandten. 1822 errichtete der Rat einen nationalen obersten Gerichtshof und definierte die obersten Ämter der nationalen politischen Struktur: zwei »Beloved Men«, einen Präsidenten des Nationalkomitees und einen Ratssprecher. 1825 autorisierte der Nationalrat den Bau einer eigenen Hauptstadt in New Echota und die Einrichtung einer nationalen Druckerei. 1827 schließlich gründete er eine verfassunggebende Nationalversammlung (National Constitutional Convention); diese bestand aus elf Repräsentanten, die in einer verbindlichen Verfassung das bereits Erreichte formal legalisieren sollte. 1828 wurde die neue Verfassung gebilligt.

Ein weiteres wesentliches Programm der Cherokee-Führungsschicht bestand in der Ermutigung zur qualitativen Erziehung der Konföderationsmitglieder im Sinne der Amerikaner. Hier mußte der Nationalrat eng mit den Missionaren zusammenarbeiten, die nach 1800 in immer größerem Umfange die Indianer zu bekehren suchten. Der Nationalrat drängte darauf, Missionsschulen zu errichten und zugunsten dieser die freie Missionstätigkeit einzuschränken. 1825 gab es dreizehn Schulen. Der Schulbesuch war gut. Einige Schüler mit abgeschlossener Schulbildung wurden auf weiterführende Schulen geschickt, von denen sie nach Beendigung der Ausbildung in die Konföderation zurückkehrten. Hier bildeten sie den Kern der neuen Führungsschicht.

Die dritte bedeutende Leistung, die die Entwicklung des Stammesverbandes vorantrieb, kam ohne Planung des Nationalrates zustande. Zwischen 1809 und 1821 hatte ein Cherokee namens Sequoyah, der sich selbst Charles Gist nannte, unter Verwendung lateinischer Buchstaben und eigener erfundener Zeichen, eine Silbenschrift ausgearbeitet, nach der ein Lehrbuch, eine Zeitung und das Neue Testament gedruckt wurden. 1828 gründete man eine nationale Druckerei. In wenigen Jahren war das Interesse an der Erlernung der Schrift so groß geworden, daß nur noch wenige Cherokee Analphabeten waren. Oliver La Farge schreibt in seinem Buch ›Die große Jagd‹: »Das ganze Volk wollte lesen und schreiben lernen: Greise, junge Krieger, Hausfrauen, Großmütter am Spinnrocken, Knaben und Mädchen. Bauern prägten sich die Zeichen ein, wenn sie beim Pflügen eine Pause einschalteten. Und schon nach wenigen Monaten war jeder Cherokee, der nicht zu jung oder zu alt war, imstande, das neue Alphabet zu lesen und zu schreiben. Jünglinge begaben sich auf Reisen, nur um ihrer Liebsten einen Brief schreiben zu können.«

Diese umwälzenden Neuerungen machten die Cherokee zum einflußreichsten Indianerstamm im Südosten. Nach ihrem Vorbild schufen sich die Creek eine eigene Schrift. Fast alle der fünf großen Stämme schrieben nun ihre Gesetze nieder. Der eindrucksvolle Erfolg der eigenen Bemühungen dieser Indianer findet in den Worten La Farges berechtigte Anerkennung: »Auf diese Weise entwickelten sich diese Völker zu den ›fünf zivilisierten Stämmen‹. Sie luden Weiße ein, ihnen zu helfen, aber ihr Fortschritt war ihr eigenes Werk und die Frucht eigener Initiative. Sie förderten ihr Gewerbe und wurden ein friedliches Volk. Sie begannen ihre Äcker nach den Methoden des weißen Mannes zu bebauen und Vieh zu züchten. In den fruchtbaren

a	e	i	o	u	v
Ꭰ $_a$	Ꭱ $_e$	Ꭲ $_i$	Ꮈ $_o$	Ꭳ $_u$	Ꭵ $_v$
Ꭶ $_{ga}$ Ꭷ $_{ka}$	Ꭸ $_{ge}$	Ꭹ $_{gi}$	Ꭺ $_{go}$	Ꭻ $_{gu}$	Ꭼ $_{gv}$
Ꭽ $_{ha}$	Ꭾ $_{he}$	Ꭿ $_{hi}$	Ꮀ $_{ho}$	Ꮁ $_{hu}$	Ꮂ $_{hv}$
Ꮃ $_{la}$	Ꮄ $_{le}$	Ꮅ $_{li}$	Ꮆ $_{lo}$	Ꮇ $_{lu}$	Ꮈ $_{lv}$
Ꮉ $_{ma}$	Ꮊ $_{me}$	Ꮋ $_{mi}$	Ꮌ $_{mo}$	Ꮍ $_{mu}$	
Ꮎ $_{na}$ Ꮏ $_{hna}$ Ꮐ $_{nah}$	Ꮑ $_{ne}$	Ꮒ $_{ni}$	Ꮓ $_{no}$	Ꮔ $_{nu}$	Ꮕ $_{nv}$
Ꮖ $_{qua}$	Ꮗ $_{que}$	Ꮘ $_{qui}$	Ꮙ $_{quo}$	Ꮚ $_{quu}$	Ꮛ $_{quv}$
Ꮜ $_{sa}$ Ꮝ $_{s}$	Ꮞ $_{se}$	Ꮟ $_{si}$	Ꮠ $_{so}$	Ꮡ $_{su}$	Ꮢ $_{sv}$
Ꮣ $_{da}$ Ꮤ $_{ta}$	Ꮥ $_{de}$ Ꮦ $_{te}$	Ꮧ $_{di}$ Ꮨ $_{ti}$	Ꮩ $_{do}$	Ꮪ $_{du}$	Ꮫ $_{dv}$
Ꮬ $_{dla}$ Ꮭ $_{tla}$	Ꮮ $_{tle}$	Ꮯ $_{tli}$	Ꮰ $_{tlo}$	Ꮱ $_{tlu}$	Ꮲ $_{tlv}$
Ꮳ $_{tsa}$	Ꮴ $_{tse}$	Ꮵ $_{tsi}$	Ꮶ $_{tso}$	Ꮷ $_{tsu}$	Ꮸ $_{tsv}$
Ꮹ $_{wa}$	Ꮺ $_{we}$	Ꮻ $_{wi}$	Ꮼ $_{wo}$	Ꮽ $_{wu}$	Ꮾ $_{wv}$
Ꮿ $_{ya}$	Ᏸ $_{ye}$	Ᏹ $_{yi}$	Ᏺ $_{yo}$	Ᏻ $_{yu}$	Ᏼ $_{yv}$

Das Cherokee-Alphabet, das von Sequoyah, einem Cherokee-Halb-blut, 1821 in Anlehnung an lateinische Buchstaben geschaffen wurde und anfänglich eine weite Verbreitung fand. Die Zeichen stehen für Silben, nicht für einzelne Laute. Auch besteht keine Übereinstimmung zwischen den an lateinische Buchstaben erinnernden Zeichen und dem damit verbundenen Lautwert.

Tiefebenen des Südens entfalteten sich manche ihrer Höfe zu richtigen Plantagen, die mit (Neger)sklaven bearbeitet wurden. Unter Führung der Cherokee verwirklichten sie etwas, das in der ganzen Weltgeschichte nur selten vorgekommen ist. Sie lieferten den Beweis, daß es ein verhältnismäßig unkultiviertes Volk schon nach kurzer Zeit aus eigener Kraft mit den Europäern aufnehmen kann. Fortschritt solcher Art kann nicht von außen aufgezwungen werden, sondern muß von innen heraus wachsen.«

Die Weißen sahen mit Neid auf die Erfolge der Cherokee. Sie forderten das Land dieser Indianer für sich selbst, um dort eigene Höfe und (Baumwoll-)Plantagen anzulegen. Das Land erschien ihnen um so begehrenswerter, als dort Gold entdeckt wurde. Schließlich drangen sie von Georgia her mit Gewalt in das Cherokee-Gebiet ein. Obwohl die Indianer in einer Klage vor dem Obersten Gericht der Vereinigten Staaten gegen den Staat Georgia Recht bekamen, verfügte der amerikanische Präsident Jackson ihre Vertreibung aus dem Südosten. Durch Bestechung, Betrug und brutale Gewalt wurden 1832 die Cherokee und die anderen Indianer des Südostens aus ihrer Heimat vertrieben und in das damalige Indianerterritorium gebracht. Unter der Aufsicht der Armee zogen 16 000 Cherokee über den »Weg der Tränen« nach Oklahoma. Tausende von Indianern, Männer, Frauen und Kinder, starben an Hunger und Erschöpfung. Jeder, der versuchte, sein Heim zu verteidigen, wurde erschossen oder mit Bajonetten erstochen. Als die Indianer aus ihrer Heimat auszogen, mußten sie mit ansehen, wie die Weißen in ihre Häuser einzogen. Einer Minderheit von ihnen gelang es, sich in den Bergen zu verstecken. Mit eigenem Geld kauften sie sich schließlich ein Reservat in North Carolina. Auch einige Choctaw entkamen den amerikanischen Truppen. Ihre Nachkommen leben verstreut im Staate Mississippi.

Die »Fünf zivilisierten Nationen«

Die Geschichte der Fünf zivilisierten Nationen beginnt mit ihrer Vertreibung aus ihrer Heimat in das damalige Indianerterritorium. Zu ihnen gehörten die Stämme der Creek, Cherokee, Choctaw, Chickasaw und Seminolen; das Epitheton »zivilisiert« bezog sich auf den höheren Kulturstand dieser Stämme gegenüber dem der dort ansässigen indianischen Gruppen, besonders den Plainstämmen. Während die Fünf zivilisierten Nationen als seßhafte Bodenbauern mit zentraler politischer Autorität, gesellschaftlicher Stratifikation und von den Amerikanern übernommener Technologie sich im Äußeren nur wenig von den weißen Bauern unterschieden, hielten die westlichen Indianer noch an ihrer traditionellen schweifenden Lebensweise fest, – sie waren noch »Indianer«. Die öffentliche Meinung Amerikas ließ sich beeindrucken von dem ihrer eigenen Verfassung und Gesetzgebung angepaßten politischen System der Cherokee und der stabilen politischen Struktur der Südoststämme, die diese selbst nach ihrer Ankunft im Indianerterritorium bewahrten. Um 1850 hatten sich die fünf Stämme auch politisch zu einer Einheit mit zentraler politischer Instanz organisiert.

In der neuen Heimat brachen die alten Konflikte zwischen den »Mischlingen« und »Vollblütigen«, wie sie bereits in der alten Heimat besonders bei den Cherokee bestanden hatten, wieder auf. Die Unterscheidung von Mischlingen und Vollblütigen ist irreführend, denn in allen Stämmen war es zu mehr oder weniger starken Vermischungen mit Weißen und Negern gekommen. Der eigentliche Unterschied war nicht rassischer, sondern politischer Art: Er bestand zwischen Anpassungswilligen und Traditionalisten, die jeden Kontakt mit den Weißen ablehnten. Dieser Fraktionalismus beeinträchtigte allerdings die politische Solidarität nur zeitweilig.

Die erste gemeinsame Aufgabe der Fünf zivilisierten Nationen war die Fortentwicklung der bereits in der alten Heimat begonnenen Kodifizierung der Gesetze und der Verbesserung der politischen Organisation. Dies betraf vor allem die Creek, galt aber mutatis mutandis auch für die anderen Stämme. Entsprechend der traditionellen dualistischen Struktur der politischen Organisation fand bei den Creek das Zweikammersystem leichten Eingang: das Haus der Krieger entsprach den Roten, das Haus der Könige den Weißen. Außerdem behielten die Creek ihre alte Stadtverfassung bei. Nach dem Beispiel der Cherokee schufen sie eine Ordnungspolizei und setzten örtliche Gerichte ein. Diese Entfaltung und das Wachsen der neuen inneren Ordnung wurde durch den amerikanischen Bürgerkrieg unterbrochen, in dem sich die Mehrzahl der fünf Stämme auf die Seite der Südstaaten schlug. Als die Unionstruppen 1864 die Oberhand gewannen, bestraften sie die Creek mit dem Verlust der Hälfte ihres Landes. So kam es, daß erst 1875 die erste ordentliche Wahl stattfand und der erste Oberhäuptling für vier Jahre gewählt wurde. Die »Vollblut«-Fraktion versuchte geltend zu machen, der Union immer Treue gehalten zu haben und wehrte sich – ohne Erfolg – gegen jede Landabtretung. Daneben gab es einige kleinere Splittergruppen sowie die größere Fraktion der »Mischlinge«. Die politischen Meinungen, mit Ausnahme der grundsätzlichen über die Landabtretungen, schillerten stark, später bildeten sie die Kristallisationszentren für neue Interessengruppen.

Die zweite Aufgabe der Creek als der mächtigsten Gruppe war die Schaffung einer solidarischen Front aller Territorium-

Indianer. Bald nach ihrer Ankunft beriefen sie einen intertribalen Rat ein. Ihr dringlichstes Ziel war der Schutz vor den Pawnee und anderen Stämmen, die noch nicht in Reservaten lebten und die Neuankömmlinge im Westen überfielen. An der ersten gemeinsamen Ratsversammlung beteiligten sich siebzehn Stämme, darunter die Osage und die Kiowa. 1843 wurde eine feierliche Ratsversammlung einberufen und ein intertribaler Kodex niedergeschrieben; er basierte auf dem Gedanken, daß die Verschleppung die Situation aller Indianer grundlegend verändert habe und somit die alten Ordnungen überholt seien. Er enthielt eine Bestimmung über die Möglichkeit der Aufnahme fremder Zuwanderer in die Stämme und bestätigte das Landverkaufsverbot, das nur mit Zustimmung aller Stämme Ausnahmen erlaubte. Der Kodex blieb zwar nur ein Stück Papier, doch dokumentierte er den Führungsanspruch der fünf Stämme unter der Führung der Cherokee und Creek. Erst 1875 wurde eine allgemeine Verfassung verkündet, der sich 29 Stämme unterwarfen. 1880 beschlossen die amerikanischen Behörden das Verbot jeglicher gemeinsamer politischer Organisation. 1887 und 1888 traf sich der intertribale Stammesrat nochmals, um dem amerikanischen Kongreß eine Bittschrift zu überreichen, die sich gegen den General Allotment Act, der Aufteilung des Indianerlandes, wandte. Ferner wurde beschlossen, ein Komitee zu gründen mit dem Auftrag, einen Plan zu erarbeiten, demzufolge alle Stämme einer gemeinsamen Regierung unterstehen sollten. All dies war als Gegenmaßnahme zum Programm der amerikanischen Regierung gedacht.

Inzwischen verbreitete sich das Christentum im Indianerterritorium schnell. Doch bestanden die Creek, wie zuvor die Cherokee in der alten Heimat, darauf, daß die Geistlichen in erster Linie Schulunterricht leisten sollten. Mit Hilfe von finanziellen Abfindungen unterstützten die Creek, Cherokee und Choctaw den Bau und die Erhaltung von Schulen.

Die Creek hatten schon in den frühen siebziger Jahren das Wesen der amerikanischen politischen Struktur erkannt, dem sie ausgesetzt waren. Sie hatten zu ihrem Leidwesen feststellen müssen, daß das Bureau of Indian Affairs nicht immer ihre Interessen vertrat, und die eingesetzten Agenten, die ihnen helfen sollten, eigneten sich sehr unterschiedlich für ihre Aufgaben: Es gab ehrliche und unehrliche, geschäftstüchtige und verwaltungsmäßig unerfahrene Vertreter unter ihnen. Häufig geschah es, daß die Agenten vor allem gegen die Erhaltung des

Landanspruchs und die Beibehaltung ihrer eigenen Regierungs-
form auftraten. Die Indianer sahen sich deshalb genötigt, eigene
Repräsentanten nach Washington zu senden, um die laufende
Gesetzgebungsarbeit des Kongresses zu beobachten, damit sie
gegen sie gerichtete Gesetze rechtzeitig Einspruch erheben
konnten. Doch die amerikanische Regierung erwies sich in dieser Zeit als unfähig, Rechte der Indianer und die Vertretung
ihrer Interessen zu beachten; sie erlag vielmehr dem Druck von
Spekulanten und Siedlern, die das indianische Land beanspruchten.

Bis gegen Ende der achtziger Jahre hatten die fünf Stämme
gezeigt, daß sie sich trotz der schwierigen Situation in dem
fremden, neuen Land, das von Zeit zu Zeit von wilden Stämmen
und weißem Gesindel heimgesucht wurde, nicht entmutigen
ließen. Sie rodeten das Land, richteten ihre Höfe ein und begannen mit der Aufzucht von Vieh. Sie lebten ganz wie die bäuerliche Bevölkerung der Weißen. Das Schulsystem funktionierte, es
gab nur wenige Analphabeten. Die Selbstregierung und die eigene Polizeitruppe hielten Ruhe und Ordnung. Der Erfolg dieser Bemühungen wurde stillschweigend in den Verfügungen des
General Allotment Act von 1887 anerkannt. Dieses Gesetz sah
vor, daß mit Ausnahme des Landes der Fünf zivilisierten Nationen alles Stammesland aufgelöst und den Indianern individuell Land zugesprochen werden sollte. Nur bei Zustimmung der
fünf Stämme würde das Gesetz auch auf sie Anwendung finden
können. Als die Zuteilung voranschritt, beugten sich die Choctaw dem – wie sie meinten – Unausweichlichen; nur die Cherokee und Creek weigerten sich, ihr neues Siedlungsgebiet preis-
zugeben. 1898 wurde ein weiteres Gesetz vom amerikanischen
Kongreß verabschiedet, das alle indianischen Selbstregierungen
aufhob. Damit hörten auch die Fünf zivilisierten Stämme auf,
als politische Einheit zu existieren.

Nach dem Verlust ihrer politischen Autonomie wurden von
der Regierung in Washington Principal Chiefs ernannt, die die
Abwicklung der Angelegenheiten der Indianer in die Hand nahmen. Alle Versuche der Creek, sich der Ausführung des Allotment Act zu widersetzen, schlugen fehl. Es bildeten sich nun
vielerorts zeremonielle Gruppen mit nativistischem Charakter,
z. B. die Redbird Smith-Bewegung. Andere Gesellschaften, wie
die Cherokee-»Mischlinge«, begannen, sich an dem politischen
Leben des inzwischen als Staat anerkannten Oklahoma politisch
aktiv zu beteiligen. Die ersten Folgen des Allotment Act waren

die Einmischung von Regierungsangestellten in indianische Belange, die Infiltration von Weißen in indianische Gemeinden, die Entstehung einer Klasse relativ wohlhabender Mischlinge und der Rückzug der ärmeren Indianer in entlegene und unwirtliche Gebiete. In den ersten fünfzehn Jahren nach dem Allotment Act besaßen die Indianer nur noch ein Drittel ihres enstigen Landes; 35 Jahre später wurden die politischen Ämter in den Bezirken, die früher den Fünf zivilisierten Nationen gehört hatten, fast ausschließlich von Weißen eingenommen.

1924 wurde den Indianern das amerikanische Bürgerrecht zugesprochen. Die Mehrzahl der Indianer Oklahomas waren Abkömmlinge der fünf Stämme. Sie besaßen noch etwa 1 250 000 Morgen Land im östlichen Oklahoma, meist Böden minderer Güte. 1973 zählte man rund 57 000 Indianer, die von den fünf Stämmen des Südostens abstammen. Sie leben heute in kleinen ländlichen Siedlungen und unterscheiden sich äußerlich nur wenig von der ärmeren weißen Landbevölkerung. Aber im Gegensatz zu ihren Stammesgenossen im Osten haben sie ihre eigene Sprache bewahrt. Ihre soziale Organisation beruht nicht auf der Familie, sondern auf dem größeren Blutsverwandtschaftsverband. Durch die weniger engen Bindungen ist es psychologisch leichter, daß einzelne zeitweise das Land verlassen und gegen Entgelt arbeiten. Die Mehrheit sind Baptisten oder Methodisten, ihr Gemeinschaftsleben konzentriert sich um die örtliche Kirche. Nur unter den »Vollblut«-Indianern hat sich noch die traditionelle Cherokee-Religion erhalten, die sich von der Redbird Smith-Bewegung aus der Zeit um die Jahrhundertwende herleitet. Der »stomp ground« ist das Zentrum dieser Gruppen, er ersetzt die Kirche der »Mischlinge«.

8. Die Indianer der Prärien und Plains: Zwischen Krieg und Frieden

Lebensraum: Die großen Ebenen

Die Prärien und Plains, im amerikanischen Sprachgebrauch meist durch die Bezeichnung Great Plains zusammengefaßt, bilden ab Mitte des 18. Jahrhunderts eine eigene indianische Kulturprovinz. Bis zu diesem Zeitpunkt waren die (östlichen) Prärien von Völkern mit einer dem östlichen Waldland entsprechenden Kulturform besetzt, die (westlichen) Plains dagegen – von wenigen Ausnahmen abgesehen – nur im Süden ständig besiedelt; das zentrale und nördliche Plainsgebiet wurde allein von den Stämmen aus den Prärien und aus den Gebirgsbecken westlich des Felsengebirges aufgesucht, wenn sie zur Jagd auszogen. Erst als das Pferd aus den damaligen nördlichen spanischen Kolonien übernommen wurde, entstand ein neues ökologisches Kulturmuster, indem nun einige Stämme dazu übergingen, ausschließlich von der Bisonjagd zu leben und die Plains dauernd zu besetzen. Die neue Kulturkonfiguration strahlte dann schließlich auch auf den Prärieraum aus und rief dort Veränderungen bei den Bodenbau treibenden Prärie-Kulturen hervor. Das sogenannte Prärie-Indianertum – besser: Plains-Indianertum – ist also eine sehr junge Kulturerscheinung in Nordamerika, die zudem nicht lange Bestand hatte. Schon knapp hundert Jahre nach seiner Entstehung begann mit der Dezimierung der Bevölkerung durch eingeschleppte Krankheiten und der Ausrottung des Bisons sein Zusammenbruch; die (östlichen) Präriestämme waren um diese Zeit bereits voll in den Mahlstrom der amerikanischen Kolonisation geraten und drohten darin unterzugehen.

Wenn also der Bisonjäger-Kultur der Plains auch nur ein kurzes Dasein beschieden war, so ist sie doch wegen ihrer dynamischen Erscheinungsform in aller Welt zum Inbegriff des nordamerikanischen Indianertums schlechthin geworden. Hinzu kam, daß der zähe Widerstand der kriegerischen Plains-Indianer gegen die unaufhaltsam vordringenden Amerikaner, der mit dem blutigen Gemetzel am Wounded Knee (1890) endete, der Welt den erbarmungslosen Kampf der Weißen gegen den Roten Mann noch einmal in eindrucksvoller Weise vor Augen

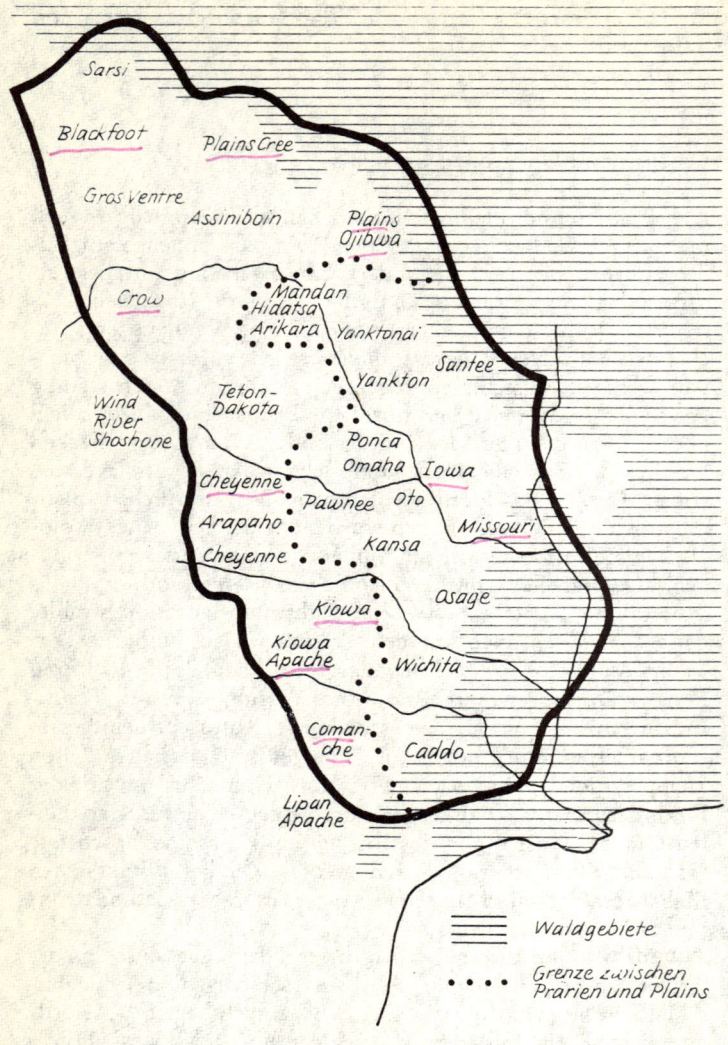

Sarsi

Blackfoot

Plains Cree

Gros Ventre

Assiniboin

Plains Ojibwa

Crow

Mandan
Hidatsa
Arikara

Yanktonai

Santee

Yankton

Wind River Shoshone

Teton-Dakota

Ponca

Cheyenne

Omaha

Iowa

Arapaho

Pawnee

Oto

Cheyenne

Kansa

Missouri

Kiowa

Osage

Kiowa Apache

Wichita

Coman-che

Caddo

Lipan Apache

——— Waldgebiete

· · · · Grenze zwischen
Prärien und Plains

Verbreitung der Prärie- und Plainsstämme

führte. Das Schicksal der Plains-Indianer steht symbolisch für dasjenige vieler durch die Geschichte weniger bekannter Stämme Nordamerikas.

Die Landschaft mit ihrem baumlosen großartigen Steppen- und Savannencharakter ist eines der größten Grasländer der Erde. Sie erstreckt sich vom Ostabhang des Felsengebirges bis an den Westrand des Mississippitales und von Zentralkanada bis zum Rio Grande in Texas. Eingebettet in diese riesige Offenlandschaft sind einige kleinere Berglandschaften mit Waldbewuchs: die Black Hills von South Dakota, die Ouachita Mountains und das Ozark-Plateau in Oklahoma und Arkansas. Die weiten sanft gewellten Ebenen werden von zahlreichen Flüssen durchschnitten, die das Land in starken Mäandern von West nach Ost durchfließen, um schließlich in den Missouri oder direkt in den Mississippi einzumünden. Die wichtigsten Flüsse sind – von Nord nach Süd –: der Missouri, der Niobrara River, der Platte River mit seinen beiden Quellflüssen, dem North Platte und dem South Platte, der Arkansas River, der Canadian River, der Brazos River und der Red River. In den mittleren und unteren Flußtälern dieser Ströme treten Galeriewälder auf, die sich teilweise weit ausdehnen und dann nach Westen zu, mit ansteigender Höhe, immer schmaler werden. Während der östliche Teil der großen Ebene, die Prärie, kräuter- und staudenreiche Schwarzerdeböden mit Langgrasbeständen aufweist, hat der westliche Teil, die Plains, nur eine steppenartige dünne Vegetation, die durch weitständig verteiltes niedriges Büschelgras und xerophytische Zwergsträucher, weiter im Westen dann auch durch Kakteen und Sagebrush (Artemisia) bestimmt wird. Ökologisch äußerst wichtig und folgenreich ist die Tatsache, daß die jährlichen Niederschläge in den Plains geringer sind als 500 mm und daß die Dauer der frostfreien Tage im Jahr unter 100 bzw. 120 Tagen liegt. Das bedeutet, daß in den Plains ein Bodenbau für die Indianer nicht möglich war. Die Voraussetzung für den Anbau von kultivierten Pflanzen war nur in den Prärien gegeben, und auch hier allein in den Alluvialböden der Flußauen, nicht auf der Prärietafel mit ihrem dichten Wurzelgeflecht. Erst der von den Weißen mitgebrachte Pflug vermochte den an sich fruchtbaren Prärieboden der Landwirtschaft zu erschließen.

Die Plains boten sich dagegen als bevorzugtes Jagdgebiet vieler Stämme an. Hier grasten riesige Bisonherden, so daß sich ein Nomadentum par excellence entwickeln konnte, sobald die Verwendung von Reittieren den Indianern eine größere Mobilität, d.h. schnellere Fortbewegungsmöglichkeiten gewährte. Ehe wir uns den beiden charakteristischen Ökosystemen zuwenden, durch die sich die Stämme der Prärien von denen der Plains unterscheiden, soll die Bevölkerung beider Zonen in ihrer Sprachzugehörigkeit und in ihrer Bevölkerungsdichte zur Zeit des ersten intensiven Kontaktes mit den Weißen, aber noch vor dem Zusammenbruch ihrer Kultur um 1850, betrachtet werden.

Die Mehrzahl der in der Prärie lebenden Stämme gehört zur großen Sprachfamilie der Sioux. Siouxstämme sind, von Nord nach Süd (in Klammern dahinter jeweils die für das Jahr 1800 geschätzte Zahl): Mandan (3600), Hidatsa (2500), Yanktonai-, Yankton- und Santee-Dakota (= Östliche Dakota, zusammen rund 15000), Ponca (800), Omaha (2800), Iowa (1200), Oto (900), Missouri (1000), Kansa (3000), Osage (6200), Quapaw (2500). Inmitten der nördlichen Siouxstämme hatten sich die caddosprechenden Arikara (3000) niedergelassen, während ihre nächsten Sprachverwandten, die Pawnee (10000), die Wichita (3200) und die Caddo im engeren Sinne (10200) weiter im Süden wohnten.

Es ist archäologisch nachzuweisen, daß der Bodenbau im östlichen Prärieraum bereits um Christi Geburt durch die aus dem Ohio- und Illinoisgebiet expandierende mittelwaldlandzeitliche Hopewell-Kultur eingeführt wurde. Ob die Träger dieser frühen Bodenbaukultur allerdings zu den Sioux gehörten, ist zweifelhaft. Mehrere Tatsachen sprechen dafür, daß die Siouxstämme erst vor einigen hundert Jahren aus dem östlichen Waldland, ihrer ursprünglichen Heimat, in diese Gebiete einwanderten. Auch archäologische Funde belegen eine solche späte(re) Einwanderung. Sicherer ist die Zugehörigkeit der südlichen Präriepflanzer zur Gruppe der caddosprechenden Stämme. Die Verbindung beider Gruppen zum östlichen Waldland riß jedoch ab, als das Bisonjägertum der Plains das Ökosystem der seßhaften Präriepflanzer veränderte, also um die Mitte des 19. Jahrhunderts.

Die Plains sind, wie bereits gesagt wurde, erst in relativ junger Zeit von Völkern aus dem Osten besetzt worden, und zwar im Norden von einigen Siouxstämmen, aber auch von Algonkin, die, wie die Sioux, aus dem östlichen Waldland hier tief nach Westen vorgedrungen waren. Weiter im Süden setzten sich außerdem Stämme anderer Sprachzugehörigkeit fest, die einst aus dem Westen und Norden des Kontinents kamen, nämlich die Comanche und die Athapasken.

Zu den Plains-Siouxstämmen zählen die Teton-Dakota (= Westl. Dakota oder Lakota zus. 10000), Crow (4000) und Assiniboin (10000), die einst Teile der Yanktonai waren, während die Blackfoot (15000), die Gros Ventre oder Atsina (3000), die Arapaho (3000) und die Cheyenne (3500), ferner die aus der Subarktis hier eingewanderten Plains Ojibwa (2000) und Plains Cree (3000) zu den Algonkin gehören. Den Blackfoot hatten sich die athapaskischsprechenden Sarsi (700) angeschlossen, die aus den Wäldern des kanadischen Felsengebirges nach Süden gezogen waren. Die südlichen Plains waren von den uto-aztekischen Comanche (7000) besetzt, die um 1700 aus dem östlichen Großen Becken abgezogen, die Rocky Mountains überquert und sich hier im Süden niedergelassen hatten. In ihrer Nachbarschaft fanden sich die Kiowa (2000), die eine isolierte Sprache sprechen, und die mit ihnen zusammenlebenden Kiowa-Apache (300), eine versprengte Gruppe der Süd-Athapasken. Es kann angenommen werden, daß früher noch weitere Süd-Athapasken in den Plains gelebt haben, etwa die Lipan-Apache, die Jicarilla und die Mescalero; sie wurden aber schon lange vor der europäischen Landnahme in den Südwesten abgedrängt.

Lebensunterhalt: Mais und Bison

In der Subsistenzwirtschaft heben sich deutlich die zwei Ökosysteme, die einerseits von den Plains und andererseits von der Prärie geprägt sind, voneinander ab, wenn auch die Bodenbau treibenden Stämme, nachdem sie in den Besitz des Pferdes gekommen waren, zeitweilig der Bisonjagd in verstärktem Maße nachgingen.

Die Maispflanzer der Prärie

Es wurde bereits erwähnt, daß der Anbau von kultivierten Pflanzen bereits zur Mittelwaldlandzeit im östlichen Präriegebiet, am Unterlauf des Missouri, nachgewiesen ist. Von dort aus verbreitete er sich dann in den folgenden Jahrhunderten weiter nach Westen bis an die Mittelläufe der Prärieströme. Aber erst in der Spätwaldlandzeit findet er sich auch an einigen Flußoberläufen. Insgesamt beschränkte sich der indianische Feldbau auf die Mittel- und Unterläufe der Flüsse. Er sah hier ähnlich wie in den östlichen Waldländern aus: Mit der Steinaxt wurde zunächst die vorgesehene Anbaufläche gerodet, dann mit der Hacke die Bodenkrume gelockert. Mit dem Grabstock stach man Löcher für Saatkörner aus, legte diese hinein und häufelte darüber Erde. In kleinen Beeten wurden auch Bohnen-, Kürbis- und Sonnenblumenkörner gesät. Der Pflanzstock, die Hacke, aus dem Schulterblatt eines Wapitis oder eines Bisons hergestellt, und ein einfacher Holz- oder Geweihrechen waren die einzigen Feldbaugeräte, die die Maispflanzer kannten. Die Anbauflächen waren in kleine Parzellen aufgeteilt, die den Familien eines Dorfes gehörten; sie waren selten größer als 100 Ar.

Die Felder wurden möglichst in der Nähe des Dorfes angelegt; doch konnte es vorkommen, daß sie auch bis zu zehn Kilometer entfernt waren, denn ein Dorf wurde nicht sofort verlegt, wenn der Boden in dessen unmittelbarer Umgebung erschöpft war. Dazu waren die Dörfer zu stabil errichtet; meist trugen sie Befestigungen. Die Felder befanden sich nicht nur wegen der leichten Bearbeitung des Bodens in den Flußauen, sondern auch wegen der besseren Schutzlage vor den heißen und trockenen Sommerwinden und wegen der in den Tälern etwas später einsetzenden Herbstfröste. Die Ergiebigkeit des Maisbaus war in den verschiedenen Teilen der Prärien recht unterschiedlich: Im Norden erbrachten die Maispflanzen meist nur Kolben von 10 cm Länge, während in der südlichen Prärie bei besseren Wachstumsbedingungen die Kolben bis zu 25 cm lang wurden. Doch waren die im Norden angebauten Arten frostresistenter, und sie benötigten nur eine Wachstumszeit von etwa 60 bis 70 Tagen bis zur Vollreife. Die Anpassung an die örtlichen klimatischen Bedingungen und die Herausbildung besonderer Arten sprechen für eine längere Siedlungszeit auch in den nördlichen Teilen der Prärie.

Bereits Anfang August wurden die ersten grünen Maiskolben geerntet. Doch ließ man den überwiegenden Teil der Pflanzen voll ausreifen, so daß die Haupternte erst ab Mitte September stattfand. Die getrockneten Kolben wurden mit einer Art Flegel ausgedroschen und die Maiskörner schließlich in große Lederbehälter gefüllt und in tiefen Vorratsgruben aufbewahrt. Die besten Körner behielt man als Saatgut für das nächste Jahr oder als Tauschware, insbesondere für die Plainsstämme.

Zur Weiterverarbeitung zerstampfte man den Mais in Holzmörsern zu Mehl, das in primitiven Tontöpfen zu einer Suppe
mit Fleisch und Gemüse gekocht wurde. Das recht eintönige
Essen wurde durch Wildfrüchte und Wildbret angereichert. Bisonfleisch war für die Präriestämme traditionellermaßen die
Hauptquelle zur notwendigen Deckung ihres Bedarfs an tieri-
schem Eiweiß. Der Fischfang wurde dagegen nur von einigen
Gruppen am oberen Missouri betrieben. Im allgemeinen spielte
er keine Rolle, da die Flüsse, mit Ausnahme des Missouri, sehr
flach und die Fischbestände dementsprechend gering waren.

Eine andere Kulturpflanze, die allerdings nur von den Präri-
edorfstämmen (Arikara, Mandan, Hidatsa) und einigen nördlichen Plainsstämmen (Blackfoot, Crow, Cheyenne) angebaut
wurde, war der Tabak. Er diente ausschließlich zeremoniellen
Zwecken und wurde in einigen Fällen nicht einmal geraucht,
sondern als Opfer dargeboten.

Die Bisonjäger der Plains

Die nomadischen Stämme der Plains lebten fast ausschließlich
von der Jagd auf den Bison, das größte nordamerikanische Her-
dentier. Die Hauptjagdzeit lag im Sommer. Dann verteilten sich
die Stämme auf kleine Jagdgruppen, wobei sie teilweise uralte
Methoden praktizierten wie z.B. das Kesseltreiben, bei dem sie
kleinere Bisonherden umzingelten, um sie dann leichter zu erlegen. Durch den Besitz von Pferden konnten sie später auch
Herden auf größere Entfernungen hin ausmachen, abgesehen
davon, daß sich die Mobilität der ganzen Gruppe vergrößerte,
so daß die Jagd des Bisons mit dem Pferd schließlich dominierte. Wohl ebenso alt wie das Kesseltreiben war die Treibjagd.
Dabei wurden die Tiere zwischen zwei konvergierenden Linien
aus Steinen, Strauchwerk oder schreienden, Felle schwenken-
den Menschen entweder in ein Gehege oder in einen Abgrund
getrieben. Eine dritte Methode schließlich war die Einkreisung
von Bisonherden durch das Anlegen von Grasbränden; das war
jedoch zumeist ein riskantes Unternehmen, denn es bestand
immer die Gefahr, daß der Wind sich drehte und das Feuer das
eigene Lager bedrohte; dabei war aber auch anderes Wild mit-
betroffen und wurde meist vernichtet. Deshalb wandte man
diese Methode, die bei den Stämmen der nördlichen Plains und
in den Prärien von Illinois bekannt war, nur in Notfällen an.

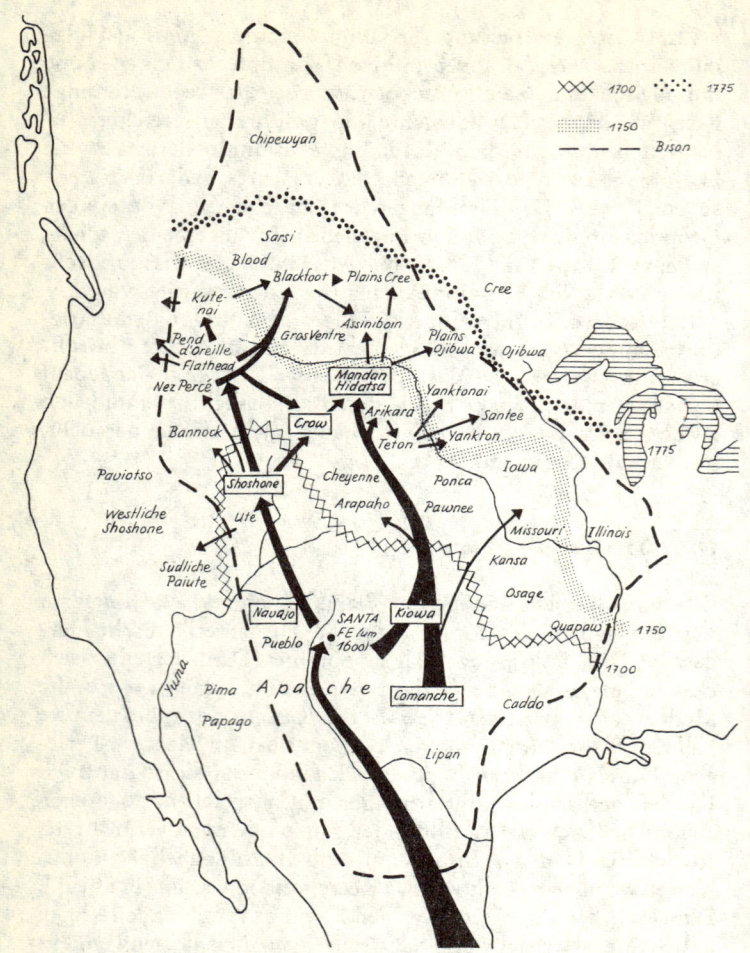

Verbreitung des Pferdes

Die verbreitetste Art, den Bison zu erlegen, war die, ihn zu umzingeln. Das begann damit, daß eine Gruppe von Spähern, die einem eigens für die Jagdzeit gewählten Jagdanführer unterstanden, auszog, um eine Herde aufzuspüren. Waren die Späher erfolgreich, so setzte sich die ganze Gruppe in Marsch und bewegte sich vorsichtig in Richtung auf die gemeldete Herde. Die Umzingelung wurde von einer Art Jagd»polizei«, die während der Jagdzeit erhebliche Befugnisse besaß und Unvorsichtige und Voreilige mit harten Mitteln (Auspeitschen) in Schach hielt, überwacht. Erst auf das Zeichen des Jagdanführers hin begannen dann die Männer die eingeschlossenen Tiere abzuschießen.

Die große Bedeutung des Pferdes für die Entstehung der Bisonjäger-Kultur ist schon mehrfach angedeutet worden. Wie kam es aber zu der weiten Verbreitung des Pferdes in den nordamerikanischen Plains und Prärien? Die Spanier hatten diese Tiere schon gleich zu Beginn ihrer Landnahme in Texas (San Antonio) und im heutigen New Mexico (Santa Fé) eingeführt und dort Gestüte eingerichtet. Bereits um 1630 kamen die ersten Pferde in den Besitz von Indianern, die bei den Spaniern als Hirten reiten und mit den Tieren umzugehen gelernt hatten. Meist stahlen sie die Pferde, nur selten wurden die Tiere – oft gegen Kinder – eingehandelt. Die südlichen Ute und die Comanche galten als die größten Pferdediebe. Sie vertauschten die Tiere an die Stämme weiter im Norden. Schon um 1750 waren die meisten Präriestämme im Besitz von Pferden, und um 1775 standen sie auch den nördlichsten Plainsstämmen in größeren Herden zur Verfügung. Der Besitz des Pferdes war – in der Regel – für sie eine wichtige Voraussetzung, um sich in diesen Gebieten niederzulassen.

Das Gewehr, dem in vielen populären Darstellungen der Plains-Indianer ebenfalls eine wichtige Rolle zugewiesen wird, hat für die Ausbildung der Bisonjagd-Kultur jedoch nur geringe Bedeutung gehabt, denn die Jagd erfolgte meist mit Bogen und Pfeil, deren Handhabung einfacher, billiger, rascher und treffsicherer war als das umständliche Schießen mit dem alten Vorderlader.

Im Sommer, wenn die Bisons gemeinsam in großen Herden weideten, war es üblich, kollektive Jagden durchzuführen, um größere Mengen an Fleisch zu beschaffen. Dieses Fleisch wurde zu Pemmikan verarbeitet, indem man es in lange schmale Streifen schnitt, trocknete, mit Steinhämmern zerstampfte und schließlich mit Knochenmark, Talg und getrockneten Beeren vermischte, als welches es zum Wintervorrat diente. Aber auch im Winter ging man auf die Jagd, und zwar einzeln oder gemeinsam mit einem Gefährten. Ziel war vor allem, die dicken warmen Winterpelze der Tiere zu erbeuten. Man versuchte, die

Tiere in tiefe Schneewehen zu treiben, wo sie leicht eingeholt und angegriffen werden konnten. Bei dieser winterlichen Verfolgungsjagd benutzte man auch Rahmenschneeschuhe. Die Anstrengungen waren groß, aber man konnte bzw. wollte auch im Winter nicht ganz auf frisches Fleisch verzichten, zumal das getrocknete Bisonfleisch wohl selbst für den anspruchslosesten Indianer nur eine Notlösung war.

Materieller Kulturbesitz: Erdhaus und Stangenzelt (Tipi)

Wie nicht anders zu erwarten, gibt es zwischen den beiden Kulturgebieten der Plains und der Prärie wesentliche Unterschiede auch im Bereich der materiellen Kultur, die sich vor allem an den Behausungsformen oder an einzelnen Objekten ablesen lassen, welch letztere in der einen Kultur vorhanden sein konnten und in der anderen nicht, wie etwa Tonwaren, die nur in der Prärie vorkamen. Im übrigen zeigen sich jedoch infolge der prägenden Kraft der Bisonjäger-Kultur so zahlreiche Übereinstimmungen, daß Ergologie und Technologie gemeinsam dargestellt werden können.

Bei den nördlichen und zentralen Präriestämmen findet sich das große, kuppelförmige und etwas in den Boden eingetiefte Erdhaus; an seiner Stelle stand im Süden die wie ein großer Heuhaufen aussehende Grashütte der Wichita und Caddo oder das mit Matten oder Fellen abgedeckte rechteckige Holzhaus der Osage. Das Erdhaus bestand aus einem zentralen Pfostengerüst von vier schweren Holzpfosten, die durch Querbalken miteinander verbunden waren. Eine Anzahl kleinerer Pfosten bildete den äußeren Pfostenkranz. Von ihm liefen leichte Balken radial auf das Zentralgerüst zu und bildeten so ein großes Gewölbegerüst, das mit Weidenzweigen, mit Gras und schließlich mit Grassoden und Erde abgedeckt war. Die ganze Holzkonstruktion wurde ohne Nägel oder Stifte zusammengefügt. Ein schräg nach unten verlaufender Eingangstunnel war ebenfalls aus Balken hergestellt und, wie das Gewölbegerüst, mit Erde bedeckt. In der Mitte hatte das Erdhaus ein großes Rauchabzugsloch, das bei Regen zugedeckt werden konnte. Die Erdhäuser variierten in der Größe etwas, doch kann man sagen, daß fünfzehn Meter Durchmesser die Norm darstellte. Sie konnten aufgrund ihrer stabilen Konstruktion und bei regelmäßiger Erneuerung der äußeren Abdeckung bis zu zehn Jahre bewohnt werden. Aber man verstand auch, große Häuser zu errichten, die als Versammlungshäuser dienten und bis zu vierzig Personen aufnehmen konnten.

Die Erdhausdörfer der Missouristämme waren an leicht zu verteidigenden Plätzen auf den Steilufern des Flusses angelegt und wurden meist mit Palisaden und breiten Gräben umgeben. Im allgemeinen waren die Häuser um einen großen Platz gruppiert, auf dem die religiösen Zeremonien abgehalten wurden. Einen festen Plan, wie er für zahlreiche prähistorische Dorfanlagen bezeugt ist, gab es in historischer Zeit offenbar nicht mehr.

Im Unterschied zu den seßhaften Präriestämmen wohnten die Reiternomaden der Plains das ganze Jahr über in großen Lederzelten, wie sie im übrigen auch im 19. Jahrhundert von den Dorfstämmen bei ihrer sommerlichen Bisonjagd verwendet wurden. Dem Typ nach handelte es sich hierbei um ein kegelförmiges Stangenzelt, das Tipi. Es bestand in der Regel aus einem Grundgerüst von drei oder vier schweren Zeltstangen, die, zusammen mit einer Anzahl weiterer leichter Stangen, kreisförmig aufgestellt und mit einer Plane aus Bisonhäuten bedeckt wurden. Ab Mitte des 19. Jahrhunderts begann sich die – von den Weißen eingetauschte – Leinwand den Häuten gegenüber durchzusetzen. Die Größe der Tipis variierte bei den einzelnen Stämmen beträchtlich: Ein Zelt der Santee-Dakota hatte bei einem Durchmesser von etwa 3,50 m eine Höhe von 3,50 m; die Lederplane bestand aus sieben bis acht Bisonfellen. Die Tipis der nördlichen Plainsstämme dagegen waren erheblich größer. Ihre Zeltstangen betrugen bis zu über 10 m Länge und ragten weit über die Plane hinaus, die sich aus 14 bis 18 Bisonfellen zusammensetzte. Früher, als allein der Hund als Zugtier zur Verfügung stand, konnten nur kleine Zeltstangen in Form der Tragschleife transportiert werden; erst das Pferd machte es möglich, auch große Zeltstangen und schwere Lederplanen zu befördern.

Das Mobiliar war bei den Prärie- und Plainsstämmen kärglich. Als einziges Möbelstück war eine Rückenstütze aus Holzstäben bekannt. Man schlief auf Bisonfellen, die bei den Arapaho auf einer niedrigen Plattform, sonst aber auf dem Boden ausgebreitet waren. Der Hausrat bestand bei den seßhaften Stämmen aus Tonwaren, Kalebassen und Holzgegenständen sowie Korbflechtwaren, bei den Nomaden dagegen ausschließlich

Zeltlager der Comanche (Catlin 1841)

aus Lederbehältern sowie Knochen- und Bisonhorngeräten. Holzgegenstände waren bei den Plainsstämmen, die in der baumlosen Steppe lebten, rar. Schon bald nach den ersten Kontakten mit europäischen Händlern, die zum Pelzeinkauf in den Westen kamen, und oft den ganzen Winter im Indianerlager verbrachten, wurden europäische Metallgegenstände, vor allem Kessel, Eimer, Messer und Trinkbecher, eingeführt.

Die traditionellen Waffen der Prärie- und Plains-Indianer waren Bogen und Pfeil, Lanze, Keule und Schild. Ab 1700 kam noch das von den weißen Händlern gegen Felle eingetauschte Gewehr dazu; doch konnte der Vorderlader Bogen und Pfeil nicht voll ersetzen. Der Bogen war im Präriegebiet als einfacher kurzer Flachbogen konstruiert, bei den Stämmen der Plains aus überwiegend einzelnen Knochen- und Hornstücken zusammengesetzt und mit Leder bezogen. Im allgemeinen wurde er mit Tiersehnen bespannt, während die Spitzen der Pfeile aus Stein, Knochen, Horn – und später – Eisen gefertigt wurden. Als Köcher für Bogen und Pfeile dienten Tierbälge oder Rohlederbehälter.

Im Kampf und zur Jagd verwendeten die Plains- ebenso wie

die Präriestämme Lanzen. Wenn man diese nur selten in den Amerika-Sammlungen der Museen findet, so hat das seinen Grund vor allem darin, daß sie gewöhnlich zugleich als Embleme von Kriegerbünden dienten und deshalb nur als solche in die Hände von Weißen gelangten. Auf diese Weise in ihrer ursprünglichen Funktion verändert, behielten sie auch dann noch eine Bedeutung, als sie durch das Gewehr ersetzt worden waren. Zum Schutze im Kampf benutzte man, solange noch die Lanze im Gebrauch war, runde bemalte Bisonlederschilde. Sie wurden auch später noch verwendet, da man sich Schutz vor allem von der Bemalung bzw. den Anhängseln versprach. Im Nahkampf wurden Hammer- und Totschlägerkeulen verwendet. Die Hammerkeule trug an einem biegsamen Stiel einen spitzeiförmigen Stein in einer Lederschlaufe, während die Totschlägerkeule aus einem in Leder eingenähten kugelförmigen Stein bestand, der beweglich mit dem oberen Ende des Schaftes verbunden war. Darüber hinaus gab es noch einen dritten Keulentyp, die Gewehrkolbenkeule, die sich aus der Säbelkeule, einer Art hölzernem Schwert, entwickelt hatte. Nach Einführung des Eisens wurde die Gewehrkolbenkeule auf der Schlagseite meist mit einer stählernen Klinge versehen. Der bekannte Name Tomahawk bezeichnet eine Stahlaxt mit verschiedenen Klingenformen. Diese Axt ist in der Kolonialzeit von den Europäern eingeführt worden.

Das Rauchen war als Kultakt in Nordamerika weit verbreitet, so daß die Tabakspfeife für jeden Indianer einen wichtigen Gegenstand des täglichen Lebens darstellte. Die Pfeifenköpfe der Prärie- und Plains-Indianer waren meist aus Catlinit hergestellt, dem rötlichen, feinkörnigen, durch Eisenoxyd gefärbten Aluminiumsilikat, das sich, frisch gebrochen, leicht schneiden ließ. Die Bezeichnung Catlinit leitet sich von dem amerikanischen Maler George Catlin her, der den Pfeifensteinbruch im südwestlichen Minnesota als erster Weißer besuchte und beschrieb. Der Pfeifenkopf war oft reich ornamentiert, aber ebenso erfuhr das hölzerne Pfeifenrohr häufig eine kunstvolle Ausgestaltung. Von der gewöhnlichen Tabakspfeife, die auch in Kombination mit dem Tomahawk auftreten konnte (Pfeifentomahawk), unterschied sich das Kalumet, das zwar vielfach als Pfeife diente, vor allem aber ein bemalter federgeschmückter Stab war und stets paarweise bei zeremoniellen Anlässen benutzt wurde. Das Kalumet war blau und grün bemalt und darin von symbolischer Bedeutung, als die beiden Farben Blau und Grün einen kosmischen Dualismus von Himmel–Erde, Krieg–Frieden, Tag–Nacht, Sonne–Mond, Süden–Norden, männlich–weiblich widerspiegelten.

Das Rauchen des Tabaks war eine wichtige soziale und religiöse Angelegenheit. Der Tabak wurde als heilige Pflanze betrachtet, deren Ursprung man in die mythische Zeit zurückverlegte. Man rauchte stets nur bei feierlichen Anlässen, bei Adoptionen, Festen, bei Beratungen und Verhandlungen von Bedeutung. Die Zeremonie verlangte, daß die Pfeife zuerst zur Sonne emporgehoben, daraufhin zur Erde gesenkt und dann ihr Rauch in alle vier Himmelsrichtungen geblasen wurde, bevor sie in der Runde der Teilnehmer zu kreisen begann. Mit den einheimischen Tabakarten wurden gewöhnlich noch andere Blätter vermischt. Der »kinnikinnik« bestand also nicht aus reinem Tabak.

Der Landtransport wurde, bevor das Pferd erschien, mit Hilfe des Hundes bewerkstelligt. Die Tiere trugen entweder die Lasten auf dem Rücken oder schleppten eine Stangenschleife, das Travois, hinter sich her. Die Schleife bestand aus zwei im spitzen Winkel miteinander verbundenen Stangen, auf denen entweder ein leiterartiges oder ein ovales Gestell aus Weidenruten angebracht war. Seitdem das Pferd zur Verfügung stand, konnten die Lasten erheblich schwerer sein; vor allem konnten nun längere Zeltstangen und größere Lederplanen, aber auch Kinder, Kranke und Alte leicht transportiert werden. Mit dem Pferd übernahmen die Indianer von den Spaniern auch Steigbügel, Satteltaschen, Zügel, Peitsche sowie Reit- und Packsättel, nicht dagegen die Sporen. Als Beförderungsmittel von freilich einem ganz anderen Charakter ist schließlich noch die Kindertrage zu erwähnen, die aus einem hölzernen Rahmen und einem Ledersack bestand, in dem der Säugling auf dem Rücken getragen wurde.

Eine echte Weberei war im ganzen Prärie- und Plainsgebiet unbekannt. Nur die Flecht- und gewisse Knüpftechniken wurden beherrscht. Jagdtaschen, Säcke, aber auch Gürtel, Halstücher und Stirnbinden verstand man aus Bisonwolle oder Baumbast zu flechten; Matten und Leichentücher knüpften die Indianerinnen aus Gras oder Binsen. Auch die Korbflechterei war wenig verbreitet; sie fand sich nur bei den Dorfstämmen am oberen Missouri. Weit wichtiger war die Fellbearbeitung bei den Nomaden. Sie lag ganz in den Händen der Frauen, die das Rohmaterial sehr sorgfältig bearbeiteten, gerbten und schließlich zu Kleidungsstücken zusammennähten. Als Material wur-

Schild aus Bisonleder mit Bemalung.
Blackfoot. (Wissler 1912)

den Felle von Antilopen, Bergschafen und Hirschen verwendet; für schwere Wintermäntel verarbeitete man Bisonhäute. Die Männer trugen Durchziehschurz, Mokassins und Fellmantel. Später traten Hemd und Leggings (Hose) hinzu. Hauptkleidungsstücke der Frauen waren ein langes Lederkleid und kurze Leggings sowie Mokassins.

Große Mühe gaben sich die Indianer mit der Ausschmückung ihrer ledernen Kleidungsstücke ebenso wie der Gebrauchsgegenstände aus Leder. Alle Arbeiten besetzten sie mit gemusterten Auflagen aus gefärbten und abgeplatteten Stachelschweinborsten (Quillwork), mit Fransen, Tierfellstreifen oder Haarbüscheln, während sie die aus Rohleder hergestellten Köcher, Mokassinsohlen und die »parfleche« genannten Falttaschen mit geometrischen Mustern bemalten. In späterer Zeit traten an die Stelle der Stachelschweinborstenapplikationen solche aus Perlen, die von europäischen Händlern eingetauscht wurden.

Von besonderem künstlerischen und kulturellen Interesse sind die großen Fellmäntel der Krieger und Häuptlinge. Man bezeichnet sie als Bisonroben. Sie waren sehr dekorativ entweder mit Figuren und ganzen Szenen oder mit geometrischen Symbolen bemalt. Die heute noch vorhandenen Bisonroben zählen zu den wertvollsten Gegenständen jeder indianischen Museumssammlung.

Schmuckgegenstände wurden meist aus Tiermaterialien gefertigt: Halsketten aus Grislybärenkrallen, Ohrringe und Anhänger aus eingehandelten Muschelstücken, Brustschmuck aus polierten Hirschknochen, Adlerfedern, kammartiger Hirschhaarkopfschmuck, Bisonhörner auf Lederkappen und die große Adlerfederhaube mit langer Schleppe. Körper- und Gesichtsbemalung waren weit verbreitet. Auch die Tatauierung kam im ganzen Gebiet, besonders aber im südlichen Prärieraum, vor.

Soziale Umwelt: Häuptling und Kriegerbund, Stammesrat und Geheimgesellschaft

In der gesellschaftlichen Organisation und in der politischen Struktur bestanden zwischen den seßhaften Präriestämmen und den nomadischen Bisonjägern zum Teil erhebliche Unterschiede. Sie hatten ihre Ursache in der Fortentwicklung von mehr statischen und kollektiven Organisationsformen, durch die sich die Seßhaften auszeichneten, gegenüber den dynamischen und individualistischen Wertvorstellungen und Verhaltensmustern, die für die Nomaden eigentümlich sind. Andererseits hat das neue Kulturmuster der Plainsstämme auch wieder auf die alten Prärieformen zurückgewirkt und dadurch Veränderungen, die zu einer gegenseitigen Anpassung der Strukturen führten, hervorgerufen.

Sehr unterschiedlich war die Wohnsitzregelung gestaltet. Bei einigen Stämmen herrschte die viri-patrilokale Form (Assiniboin, Blackfoot, Comanche, Crow, Dakota, Gros Ventre und bei den meisten südlichen Siouxstämmen), bei anderen die uxori-matrilokale (Arapaho, Cheyenne, Hidatsa, Mandan, Pawnee). In der Abstammungsberechnung machte sich jedoch die durch die nomadische Lebensweise bedingte Veränderung geltend: bei den seßhaften Stämmen der Prärie war sie im allgemeinen unilinear und entsprach der Wohnsitzregelung; die meisten Plainsstämme dagegen waren nicht (mehr?) unilinear organisiert, sondern besaßen eine bilaterale Deszendenzregelung, meist mit patrilinearer Tendenz. Ähnlich ist das Fehlen der Klanorganisation bei fast allen Plainsstämmen zu erklären, deren Ökosystem ein Zusammenleben in kleinen Lokalgruppen förderte und eine stark fluktuierende Zusammensetzung begün-

Bisonrobe mit szenischen Darstellungen (Krickeberg 1954)

stigte. Die seßhaften Präriestämme hingegen waren fast ausschließlich in Klane organisiert; entsprechend der jeweiligen
Deszendenzregelung waren es Matri- oder Patriklane. Die Zugehörigkeit zu einem bestimmten Klan zeigte sich in den besonderen Funktionen der Klane innerhalb des Stammes; sie manifestierte sich in der Körperbemalung (bei Festen) und in verschiedenen Abzeichen. Bei einigen Stämmen gab es auch eine bestimmte Rangfolge innerhalb der Klane, und bisweilen schlossen sich mehrere Klane zu Moieties oder Phratrien zusammen,
die allerdings häufig nur einen zeremoniellen Charakter trugen.
Das Moiety-System, das sich vor allem bei den Süd-Sioux, aber
auch bei den Pawnee fand, stammte vermutlich aus dem südöstlichen Waldland, wo es weit verbreitet und von großer Bedeutung im sozialen und religiösen Bereich war. Bei den Präriestämmen trat es vor allem in Wettkämpfen, in der Zeltaufstel-
lung während der Sommerjagd und bei zeremoniellen Veranstaltungen zutage.
    Neben den Sippen und Klanen hatten sich bei fast allen Stäm-

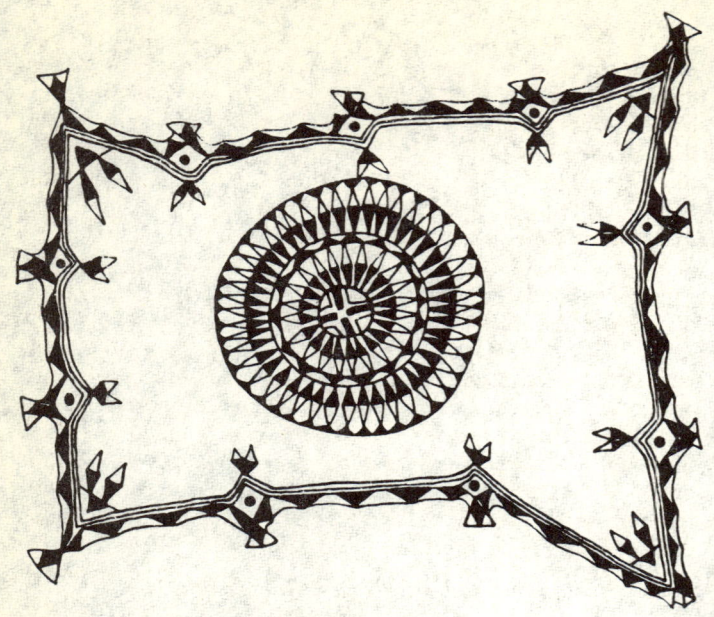

Bisonrobe mit Sonnenmotiv. Blackfoot (Krickeberg 1954)

men auch soziale Gruppierungen gebildet, die nicht auf der Basis der Blutsverwandtschaft organisiert waren: die Männer- und Geheimbünde. Die Männerbünde waren häufig in Altersstufen gestaffelt und hatten bestimmte Sozialisations- und judikative Funktionen. Die Geheimbünde dagegen griffen mehr in die Beziehungen des Menschen zur transzendenten Welt ein. Da die Männerbünde der Plainsstämme einen ausgesprochen kriegerischen Charakter besaßen, werden sie auch als Kriegerbünde oder Militärgesellschaften bezeichnet.

Männerbünde mit Altersstaffelung oder Altersklassen kamen vor allem bei den nördlichen Siouxstämmen der Prärie vor, aber auch im Plainsgebiet, z. B. bei den Blackfoot, den Arapaho und den Gros Ventre. Jeder Erwachsene der Gemeinschaft rückte der Reihe nach in die verschiedenen Altersklassen (= Grade) ein, d. h. die Mitglieder einzelner Grade waren (theoretisch) im gleichen Alter. In den meisten Stämmen wurde man jedoch bei Erreichung eines bestimmten Alters nicht automatisch Mitglied der betreffenden Altersklasse, sondern mußte sich jeweils einkaufen. Da mit zunehmendem Alter immer höhere Zahlungen, die in Pferden, Decken, Gewehren usw. zu leisten waren, verlangt wurden, gelang es in der Regel nur wenigen Personen, in die höchsten Grade aufzusteigen. Ein einzelner konnte ohnehin die Eintrittspreise nicht allein aufbringen, er war in diesem Falle auf die Hilfe der ganzen Verwandtschaft angewiesen, die dazu um so eher bereit war, als die Aufnahme eines Blutsverwandten in eine höhere Klasse auch das Prestige der Gruppe erhöhte. Eine ganz ähnliche Altersstaffelung war auch bei den Frauenbünden der Mandan üblich.

Zur Gruppe der ungestaffelten Männerbünde gehörten die Kriegerbünde der Teton-Dakota, Assiniboin, Cheyenne, Crow, aber auch die Männerbünde der südlichen Siouxstämme der Prärie sowie der Pawnee und Arikara. Die Mitgliedschaft war hier nicht an eine bestimmte Altersstufe gebunden und konnte ohne Einkauf erfolgen; allerdings mußten gewisse Aufnahmeriten befolgt werden, die bei den Kriegerbünden darin bestanden, daß bestimmte kriegerische Leistungen vorgezeigt werden mußten. Das hatte zur Folge, daß sich jeder junge Mann bemühte, auf den Kriegspfad zu ziehen, um durch Einzeltaten Kriegsruhm zu erwerben. Daraus erwuchs eine ständige Gefahr für die Lagergemeinschaft, die sich auf diese Weise oft unversehens und ungewollt in einen Konflikt mit einer Nachbargruppe verwickelt sah.

Die Männerbünde hatten unter anderem eine ganze Reihe öffentlicher Aufgaben zu erfüllen. Eine wichtige bestand beispielsweise darin, die Polizeiaufsicht während der Bisonjagd oder beim Sonnentanz zu stellen. Nicht selten entwickelten sich Rivalitäten über der Entscheidung, wem die Ehre zuteil würde, die Aufgabe der Lagerpolizei zu übernehmen. Nur in wenigen Stämmen wurden stets dieselben Bünde mit dieser Aufgabe betraut, bei den Mandan die »Soldaten« oder »Schwarzmäuler«, bei den Teton-Dakota die »akicita«. Die wesentlichste Aufgabe der Männerbünde aber lag darin, die heranwachsende Generation im Rahmen der gesellschaftlichen Formen zu erziehen. Ein junger Mann, der in einen Bund eingetreten war, lebte praktisch voll und ganz dort; er schlief, aß, tanzte und sang mit seinen älteren Genossen und lernte auf diese Weise die Wertvorstellungen und Verhaltensnormen kennen. In den Kriegerbünden wurde ihm vor allem kriegerischer Geist, vorbildhaftes Verhalten, Großzügigkeit und Tapferkeit beigebracht. Nach vollende-

Muster auf einer bemalten Ledertasche. Sauk (Boas 1927)

ten Kriegstaten durfte der junge Mann besondere Embleme tragen: Federschmuck, Rasseln, Bemalung usw. Bei öffentlichen Festen paradierten die Krieger im Schmuck ihrer Abzeichen vor den Angehörigen des Lagers. Für die Plainsstämme sind die Zurschaustellung solcher erworbenen Ehrenzeichen und das prahlerische Vortragen der vollbrachten Taten überaus charakteristisch.

In manchen Fällen wiesen die Männerbünde eine religiöse Bindung auf, indem die Riten mit sogenannten Heiligen Bündeln verknüpft waren (Pawnee). Der Inhalt dieser Bündel bestand aus Teilen von Tieren (Vogelfedern oder -bälgen, Krallen, Fellteilen) und verschiedenen Gegenständen wie Flöten, Rasseln, Feuerzeugen. Meist ging der Inhalt der Bündel auf die Träume oder die Visionen einzelner Bundmitglieder zurück.

Damit stehen die Männerbünde bereits den esoterischen Gesellschaften nahe, den Geheimbünden. Die Funktion dieser Geheimbünde bestand darin, mit Hilfe bestimmter, in Visionen gewonnener Tierschutzgeister eine Verbindung mit der jenseitigen Welt herzustellen, um von dort Rat, Schutz und Hilfe in kritischen Lebenssituationen zu erlangen. Die Geheimbünde traten vor allem bei der Krankenheilung in Erscheinung. Man muß sich vor Augen halten, daß die Heilung von Krankheiten ein außerordentlich wichtiges Anliegen aller dieser Menschen war, die, bei geringer Lebenserwartung, den Unbilden und Gefahren von Wind und Wetter in heute nur mehr schwer vorstellbarem Maße ausgesetzt waren. Die natürliche Widerstandsfähigkeit und robuste Gesundheit, die den sogenannten Naturvölkern nachgesagt wird, ist eine aus Unkenntnis der damaligen Lebensumstände genährte Verfälschung unserer Tage.

Die Geheimbünde, die offenbar den älteren Typ bündischen Zusammenschlusses darstellen, fanden sich fast ausschließlich bei den Präriestämmen. Die Voraussetzung zur Aufnahme in einen Geheimbund bildete die Visionserfahrung des Kandidaten. Durch bestimmte Praktiken wie Fasten, Kasteiungen und Einnahme von Drogen verstand man solche Visionen absichtlich herbeizuführen. Abgesehen von der Form des Kaufs einer Vision, die nur selten vorkam, wurden Praktiken der Visionsübertragung geübt, die darin bestanden, daß ein älterer Mann seine Vision seinem Sohn oder Schwiegersohn übertrug (Omaha). Die Mitgliedschaft in einem Geheimbund wurde dadurch innerhalb der Familie weitergegeben. Selbst bei einer persönlich erlebten Vision, die ja auch häufig genug vorkam, konnte sich der Betreffende nicht dem allgegenwärtigen Einfluß der Stammesüberlieferung entziehen. Denn was findet man bei der Überprüfung des scheinbar rein subjektiven Visionsinhaltes? Der Indianer bemühte sich, eine Offenbarung zu erlangen, da nur diese ihm die gewünschte gesellschaftliche Stellung verschaffen konnte: ein »Mann ohne Vision« galt nichts in seiner Gesellschaft. Um eine Vision herbeizurufen, bediente er sich der herkömmlichen Verfahren. Die Einzelheiten des mystischen Erlebnisses wuchsen somit keineswegs spontan aus der Psyche des Visionärs heraus, sondern waren nur neue Konfigurationen derselben alten Motive. Wie anders wäre es zu erklären, daß die Schutzgeister ihre Schützlinge immer als »Kinder« adoptierten, daß sie zumeist – bei den Sioux – nach viernächtiger Wartezeit erschienen, daß den verschiedenen Visionären ähnliche Gebote aufgetragen wurden? Kaum ein Visionär empfing eine nur ihm eigene Vision. Wie er sie erhielt und was er erschaute, bestimmten die herkömmlichen, im Umlauf stehenden Gedankengänge seiner Familie und seines Stammes, wenn diese auch von der individuellen Phantasie und der Forderung des Augenblicks abgewandelt wurden. Ruth Benedict, die die Visionssuche der Prärie- und Plainsstämme untersucht hat, spricht deshalb von stereotypen Visionen.

Die Besessenheit, von der in älteren Quellen berichtet wird, gehörte zur gleichen Kategorie psychosomatischer Phänomene. In moderner Zeit sind Bedingung und Voraussetzung des Eintritts stark modifiziert worden. So genügt oft das Auftreten einer bestimmten Krankheit, um in einen entsprechenden Bund aufgenommen zu werden.

Die Geheimbünde trugen meist den Namen ihres Schutzgeistes und lauteten entsprechend: Bisonbund, Bärenbund, Klapperschlangenbund, Pferdebund, Grislybärenbund, Wolfbund usw. Die wichtigste Funktion jedes Bundes war, wie bereits erwähnt, die Krankenheilung. Von ihren Schutzgeistern hatten die Mitglieder (= Medizinmänner) magische Kräfte und bestimmte medizinische Kenntnisse empfangen. Daß solche Kenntnisse von der Heilwirkung verschiedener Pflanzen nicht in Sekundenschnelle erschaut werden konnten, liegt auf der Hand. So war denn auch eine jahrelange »Lehre« notwendig, um die Fähigkeiten eines Krankenheilers zu erlernen und damit zu einem Vollmitglied eines Geheimbundes heranzuwachsen. Jeder Bund war für bestimmte Krankheiten zuständig; auch kleinere chirurgische Eingriffe wurden von Medizinmännern vorgenommen.

Die Kriegführung der Plains-Indianer mit ihrem ausgeprägt individualistischen Verhaltensmuster war determiniert durch ihre Zielsetzung: man führte Krieg, um Rache zu nehmen, kriegerischen Ruhm zu erlangen oder Pferde zu stehlen. Rein ökonomische Motive waren von untergeordneter Bedeutung; auch der Pferdediebstahl diente mehr zur Gewinnung persönlichen Prestiges, denn das Pferd wurde weder als Nahrungsmittel verwendet noch bestand die Möglichkeit, größere Pferdeherden über den Winter zu bringen. An einem Kriegszug waren meist nur wenige Personen beteiligt. Er entstand gewöhnlich aus persönlichen Motiven: ein Heißsporn wollte zu Kriegsehren kommen, um in einen Bund aufgenommen zu werden, oder ein bereits erfahrener Krieger wollte einen höheren Grad in seinem Bund erlangen. In solchen Fällen versuchte man einige Gleichgesinnte zu gewinnen, um mit ihnen den Plan zu verwirklichen. Oft entsprang auch ein Kriegszug dem Traum eines jungen Mannes, in dem ein übernatürliches Wesen ihm das Ziel des Kriegszuges angab. Es ging ja bei einem solchen »Krieg« nur darum, die Tapferkeit unter Beweis zu stellen. Dabei spielte stets die Erlangung eines Coup (frz. Schlag) eine größere Rolle als die Erbeutung eines Skalpes oder die Tötung des Gegners. Unter dem Coup versteht man das Berühren eines unverwundeten Feindes im Gefecht mit der Hand oder mit einem besonderen Stab (Cheyenne). Eine ähnlich hohe Ehre bedeutete es, wenn es einem Krieger gelang, einen gefangenen Stammesgenossen aus Feindeshand zu befreien. Ein komplexes System regulierte bei den verschiedenen Stämmen den Wert der einzelnen Kriegstaten.

Entsprechend den beiden Ökosystemen gab es nicht nur in der Gesellschaftsstruktur, sondern auch in der politisch-territorialen Organisation erhebliche Unterschiede. Die Präriestämme lebten in festen Winterdörfern eng beieinander, und im Sommer zogen sie gemeinsam zur großen Bisonjagd auf die Prärie hinaus. Es gab also einen ständigen Zusammenhalt, der sich schließlich auch in einem stabilen Häuptlingstum mit erblichen Zügen äußerte. Die Plainsstämme fanden sich dagegen oft nur während der Hauptjagdzeit zu großen Verbänden zusammen; den größten Teil des Jahres verbrachten sie in locker organisierten Lokalgruppen, die in ihrer Zusammensetzung und Führung nicht sehr stabil waren. Es kam häufig vor, daß eine Familie die Gruppe verließ, wenn sie mit dieser in Streit geriet oder wenn sie mit dem Anführer unzufrieden war. Von letzterem, von dessen Prestige und Erfolg hingen ganz wesentlich die Größe und Bedeutung der einzelnen Lokalgruppen ab. Ein Häuptling mußte sich durch Erfolg bei der Jagd, durch Tapferkeit und Klugheit, durch Großzügigkeit und Rednergabe stets neu als Führer erweisen. Im übrigen war es mit der Autorität indianischer Häuptlinge im allgemeinen wie mit derjenigen bei den meisten Prärie- und Plainsstämmen im besonderen nicht weit her. Ein Häuptling war in keiner Weise Autokrat, er hatte in erster Linie die Pflicht, in seiner Gruppe den Frieden zu erhalten, Wohltäter der Armen zu sein und für die Existenz seiner Leute zu sorgen. Natürlich konnte eine starke Persönlichkeit im Laufe ihres Lebens ein besonderes Prestige erwerben und ihre Stellung infolgedessen ausbauen. Besonders aus der Zeit der großen Konflikte mit den Weißen sind solche Häuptlingsgestalten, wie Sitting Bull, Red Cloud, Crazy Horse, weit über die Grenzen ihrer Lokalgruppe, ja ihres Stammes hinaus, bekannt geworden. Im allgemeinen aber lag die Macht des Stammes in den Händen eines Stammesrates, der aus bewährten Männern bestand, die sich im Krieg und im Frieden ausgezeichnet hatten und hohes Ansehen genossen.

Die traditionellen Machtorgane unterlagen bei den Plainsstämmen einem Wandel, der nur unter den folgenden historischen Bedingungen zu verstehen ist. Die Anpassung an die neuen ökologischen Verhältnisse in den Plains erforderte eine Stabilisierung der zentripetalen Kräfte, die ihr institutionelles Äquivalent in der Ratsversammlung fand. Das Ökosystem erzwang jedoch jahreszeitlich die Bildung von Lokalgruppen. Seit der Herausbildung des Reiternomadentums war es zu erheblichen Eigentumsunterschieden und zur Entstehung einer sozialen Schichtung gekommen. In der ersten Zeit des direkten Konfliktes mit den Weißen begannen sich politische Fraktionen zu bilden: einerseits durch die Aufwertung des Kriegsanführers und die Ausbildung einer straffen militärischen Organisation der Bünde (s. oben), andererseits durch den Autoritätsanspruch der Stammesleitung und damit der Friedenspartei. Nachdem der Widerstand der aktiven Gruppen endgültig gebrochen worden war und die Indianer unter Aufgabe ihres traditionellen Wirtschaftsystems in Reservate gebracht wurden, begannen die amerikanischen Behörden, die konservativen Häuptlinge durch sogenannte progressive Häuptlinge zu ersetzen. Damit sollte die Auflösung des Stammesbewußtseins und die weitere Zersplitterung der Stammesgruppen beschleunigt werden. Mit der Aufteilung von Reservatsländereien 1887 und der Auflösung der traditionellen Organisationsform war auch die Entmachtung der alten Stammesführer einhergegangen. Der im Zuge der Allotment-Politik durchgeführten Abschaffung des kollektiven Landbesitzes zugunsten des Privateigentums konnten die Indianer keinen Widerstand entgegensetzen, denn durch Erpressung, Absetzung und Bestechung ihrer politischen Führer sowie durch Förderung kollaborationswilliger Häuptlinge und Schaffung neuer Organisationen wie der Indianerpolizei und der Indianergerichte konnten die amerikanischen Behörden ihren direkten Einfluß ausspielen. Die durch das Parzellierungssystem hervorgerufene Entmündigung und Vereinzelung der Indianer und ihre Unterstellung unter die amerikanische Verwaltung und Gerichtsbarkeit machten ein gemeinsames politisches Handeln unmöglich. So waren die Indianer zu Beginn des 20. Jahrhunderts faktisch zu politisch unmündigen Minoritäten herabgesunken, und es kam häufig vor, daß die Angehörigen eines Stammes über mehrere Reservatsgebiete verteilt lebten, – eine wohl von der amerikanischen Regierung bewußt betriebene Aufsplitterung der alten politischen Einheiten. Diese neuen »Stämme« wurden dann durch den Indian Reorganization Act von 1934 fixiert. Die neu gebildeten Stammesräte haben nichts mehr mit der alten Ratsversammlung zu tun; sie bestehen aus gewählten Personen und sind in erster Linie für den Kontakt mit den amerikanischen Behörden zuständig. Nachdem man den Indianern erlaubt hatte, ihre traditionellen religiösen Zeremonien wieder aufzunehmen, bildeten sich neben den neuen politischen Organen auch Institutionen heraus, die auf die alten traditionellen Muster zurückgingen, allerdings handelt es sich hierbei ausschließlich um religiöse und zeremonielle Funktionen. Die Wiederaufnahme von kollektiven Zeremonien, wie etwa des Sonnentanzes, hat zu einer gewissen Neubelebung des alten Stammesbewußtseins geführt. Es bleibt jedoch abzuwarten, ob durch die »Machtübernahme« der jüngeren Generation, die die politische Führung und die Verwaltung im neuen Stammesrat übernommen hat, und durch die Abwanderung aus den indianischen Siedlungsgebieten in die Städte und Industriezentren nicht doch die Stammesideologie durch das Bewußtsein, Indianer zu sein, verdrängt wird.

Religion: Visionssuche, Sonnentanz und Geistertanzbewegung

Den Algonkin der Subarktis, den Stämmen des nordöstlichen Waldlandes und den Prärie- und Plains-Indianern war die Vorstellung gemeinsam, daß Tiere, Pflanzen und alle Naturgegenstände und -phänomene von einer übernatürlichen, magischen Lebenspotenz durchdrungen waren, die von den Algonkin »Manitu«, von den Dakota »Wakan Tanka«, von den Crow »Maxpe« genannt wurde. Sie konnte in bestimmten Riten und durch besondere Gegenstände (Muschel, Kieselstein) oder aber in Träumen und Visionen durch mythische Tiere auch auf den Menschen übertragen werden, der ohne sie praktisch nicht leben konnte. Aus diesem Grund war die Visionssuche nachgerade zu einer religiösen Institution geworden. Um von einem – meist tierischen – Schutzgeist diese lebenswichtige Potenz kennenzulernen und an ihr teilzuhaben, unterzog man sich im Jünglingsalter den härtesten Kasteiungen. Oft wurde das Verhältnis zwischen Schutzgeist und einem Menschen wie das zwischen Vater und Sohn empfunden; man sprach deshalb von einer »Adoption«. Wichtig war das Erlernen eines Rufes oder einer Melodie, mit der dieser Geist herbeigerufen werden konnte, wenn man seiner bedurfte. Der Schutzgeist gab dem

Medizinmann der Blackfoot, mit einem Bärenfell bekleidet (Catlin 1841)

Visionär unter anderem Anweisungen, wie er sich im Kampfe verhalten sollte und welche Medizinen er erwerben mußte, um sich seines, des Geistes, Macht und Schutz zu sichern. Ein Mann trug häufig das Zeichen seiner Vision auf der Kleidung oder auf seinem Schild, er besaß auch meist ein Medizinbündel, das die Dinge enthielt, die er nach Anweisung seines Schutzgeistes gesammelt und zusammengestellt hatte. Da diese Potenz als Lebenskraft aufgefaßt wurde, durfte kein Fremder das Bündel an sich nehmen oder öffnen. Dem Bündelbesitzer drohte in diesem Falle Gefahr, denn eine solche gefährliche Potenz konnte auch ins Negative umschlagen. Personen, die einen besonders mächtigen Schutzgeist oder gar mehrere überirdische Helfer besaßen, mit deren Hilfe sie besondere Taten vollbringen konnten, wurden als Schamanen oder Medizinmänner bezeichnet. Zu ihnen kam man, wenn der eigene Schutzgeist nicht helfen konnte. Die Medizinmänner wandten sich dann an ihre Geister. In öffentlichen Zeremonien führten sie die ihnen zur Verfügung stehenden übernatürlichen Kräfte vor: Sie ließen Gegenstände verschwinden, zauberten Tiere und Pflanzen aus ihrem Körper hervor und faßten glühende Steine an, ohne sich zu verbrennen. Bei ihren Séancen schlugen sie die Trommel, bis sie in Trance versanken und ihr Geist sich vom Körper lösen und mit den Geistern sprechen konnte. In Krankheitsfällen war es üblich, ein die Krankheit verursachendes Objekt aus dem Körper des Kranken herauszusaugen. Sie zeigten dann, was sie vermeintlich extrahiert hatten: einen Dorn, einen Holzsplitter, einen Käfer oder einen Stein. Aber nicht nur mit Zaubertricks und Suggestion vermochten die Medizinmänner kranken Menschen zu helfen, sie kannten auch ein ganzes Repertoire von medizinisch-therapeutischen Praktiken: Massage, Aderlaß, Schwitzbad, Einatmen von Dämpfen des Sagebrush oder Sweetgrass. Außerdem wurden Heilkräuter verabreicht, deren Kenntnis man seit Generationen weiterreichte.

Außer den individuellen Bündeln gab es auch kollektive Bündel, die dem ganzen Stamm gehörten. Die bekannteste Zeremonie um ein solches Bündel war die Okipa-Zeremonie der Mandan. Ich habe an anderer Stelle das Okipa-Ritualdrama einmal zusammenfassend dargestellt und beziehe mich im folgenden auf die dort gegebene Schilderung.

Die Okipa-Zeremonie wurde zum Wohle des gesamten Stammes abgehalten; Pubertätsriten, Kriegerinitiationen, schamanistische Praktiken, Bundeinweihungsriten sowie dramatische

Okipa-Zeremonie der Mandan (Catlin 1841)

Darstellungen über die Entstehung der Erde, ihrer Bewohner und der Geschichte des Stammes waren ihre wichtigsten Bestandteile. Die Gesänge und Riten durften nur von Personen dargeboten werden, die das Recht hierzu ererbt oder käuflich erworben hatten. Die Texte der Lieder und mythischen Erzählungen wurden teilweise in einer archaischen Sprache vorgetragen, die nur von Eingeweihten verstanden wurde. Die Okipa-Zeremonie wurde stets von einem Manne ausgerichtet, dem in einer Vision der Auftrag dazu erteilt worden war, und fand meist vor oder nach der sommerlichen Bisonjagd, wenn der Stamm wieder im Dorf versammelt war, statt. Sie wurde im Zeremonialhaus, das auf dem großen Zentralplatz des Dorfes stand, abgehalten, wo auch das heilige Okipabündel aufbewahrt wurde. Der das Fest veranstaltende Okipamacher hatte mindestens hundert verschiedene Gegenstände (Bisonroben, Kleidungsstücke, Decken, Waffen) als Geschenke zu beschaffen, die an die Teilnehmer verteilt wurden. Ein Mann, der eine Okipa-Zeremonie ausgerichtet hatte, erwarb sich hohes Ansehen und das Recht, an allen späteren Okipa-Zeremonien teilzunehmen: Er gehörte von nun an zum Okipa-Klub. Die Tänzer, Mitglieder des Bisonbundes, trugen Masken oder Bemalung und stellten mythische Wesen dar. Die Tänze wurden von Trommelschlag, Rasseln und Gesang begleitet. Der Okipamacher und die aktiven Teilnehmer (meist Kandidaten des Bisonbundes) unterwarfen sich Marterungen, die darin gipfelten, daß auf Brust oder Rücken Holzspeile durch das Fleisch gestoßen und daran Riemen geknüpft wurden, die an dem vierpfostigen Zentralgerüst des Hauses befestigt waren. Sie mußten nun versuchen, die Holzpflöcke aus dem Fleisch zu reißen. Bisweilen wurden die blutüberströmten Körper auch an den Riemen am Pfostengerüst hochgezogen, an Beinen und Oberkörper beschwert mit Bisonschädeln. Mit Sonnenuntergang des vierten Tages endete die Okipa-Feier.

Eine weitere wichtige Kollektivzeremonie war der Sonnentanz, der bei den meisten Prärie- und fast allen Plainsstämmen verbreitet war. Auch der Sonnentanz wurde, wie die Okipa-Feier, von einem Mann oder einer Frau in Erfüllung eines Gelübdes ausgerichtet, das sie während einer schweren Krankheit, in Hungersnot oder in Lebensgefahr als Dank für übernatürliche Hilfe abgelegt hatten. Das Zeremoniell wurde von einem Sonnentanzleiter und seinen Gehilfen in genau festgelegtem Ablauf überwacht und geleitet. Die Tanzhütte war eine kreisrunde Einzäunung, deren äußerer Pfostenkranz durch Querbalken mit einem Zentralpfosten verbunden war. Dieser Zentralpfosten bildete den Mittelpunkt; in seine Gabelung wurden Zweige, eine Bisonhaut und verschiedene Opfergaben gesteckt, die das Nest des Adlers – des Wanbli Tanka – symbolisierten. Die Seiten der Tanzhütte wurden im Laufe der Feier mit Zweigen und Strauchwerk abgedeckt, nur nach Osten zu blieb ein Eingang offen, so daß die aufgehende Sonne hineinscheinen und die Tänzer begrüßen konnte. Ein freier Platz vor dem zentralen Pfosten bildete den Altar; am Pfosten hing ein Bisonschädel. Der Tanz dauerte im allgemeinen vier Tage und vier Nächte, in denen die Tänzer nichts zu sich nahmen. Während der ganzen Zeit schlug eine kleine Gruppe auf eine riesige Trommel, die weit über das Land hallte. In ihrem Rhythmus tanzten die Teilnehmer der Zeremonie in kleinen Schritten vor- und rückwärts. Wenn ein Tänzer infolge von Hunger, Durst und Hitze – das Fest fand stets im Hochsommer statt – ohnmächtig wurde, glaubte er den Kontakt zu den übernatürlichen Mächten gefunden zu haben (Visionssuche!). Schamanen traten in Aktion, wenn der Staub zu Füßen des Zentralpfostens durch die Tänzer

geweiht worden war, um Kranke zu heilen, die herbeikamen
oder -gebracht wurden. – Auch der Sonnentanz besitzt viele
traditionelle Elemente verschiedener Stämme. Gegen Ende des
19. Jahrhunderts hat er sich auch über die Rocky Mountains
nach Westen zu den nördlichen Shoshone und den Ute-India-
nern verbreitet und wird dort bis heute abgehalten.

Geschichte: Der Kampf der Reiterkrieger. Wounded Knee
(1973) und das American Indian Movement

Die erste Phase der Kontaktgeschichte der Prärie- und Plainsstämme steht im Zeichen der Verbreitung des Pferdes, das von
den Spaniern in Nordamerika eingeführt wurde. Die Weißen
selbst traten nur vereinzelt als Händler in Erscheinung; ihr Einfluß blieb im wesentlichen auf die Präriestämme beschränkt.
Bereits um die Mitte des 17. Jahrhunderts waren die Süd-Athapasken, die als Nomaden in den südlichen Plains lebten, mit
Pferden ausgerüstet. Mit Hilfe dieses neuen Transportmittels,
das ihnen eine größere Mobilität und einen weiteren Aktionsradius erlaubte, belästigten sie die seßhaften Caddostämme der
zentralen und südlichen Prärie, die noch nicht im Besitz von
Pferden waren, in zunehmendem Maße. Erst als 1690 auch diese
Gruppen sich durch Handel mit Pferden versorgten, konnten
sie der taktischen Übermacht der Athapasken Herr werden.
Schon früh waren auch die Ute-Indianer aus dem östlichen
großen Becken und den südlichen Rocky Mountains nach Südosten vorgedrungen und hatten sich in der Nähe der Pueblo-
Siedlungen am oberen Rio Grande niedergelassen. Hier gelangten sie im Laufe von wenigen Jahrzehnten durch Handel und
Diebstahl in den Besitz von Pferden und waren bald zu gefürch-
teten Gegnern der Apache und Pueblo-Indianer geworden. Die
Comanche, die ebenfalls aus den Rocky Mountains kamen und
sich in den südlichen Plains niederließen, wußten sich als Pfer-
dehändler und Krieger bald großen Respekt unter den anderen
Stämmen zu verschaffen: sie wurden die Herren der südlichen
Plains. Zu Beginn des 18. Jahrhunderts kamen auch große Teile
der nördlichen Shoshone in den Besitz von Pferden, und zwischen 1750 und 1770 begannen schließlich die Arikara Pferde an
die nördlichen Siouxstämme, die bereits seit etwa 1680 im Besitz einer beträchtlichen Anzahl von Gewehren waren, zu ver-

handeln. Die Sioux konnten sich zunächst mit Hilfe der stärkeren Feuerkraft ihrer Gewehre gegenüber den berittenen Missouristämmen halten. Als sie sich dann durch Tausch und Raub ebenfalls des Pferdes bemächtigt hatten, gelang es ihnen binnen kurzer Zeit, das ganze nördliche und zentrale Plainsgebiet zu kontrollieren und eine der effektivsten indianischen Kavallerietruppen aufzustellen.

Die erste offizielle Begegnung der Prärie- und Plains-Indianer mit Vertretern der amerikanischen Regierung erfolgte nach dem Kauf Louisianas im Verlauf der großen Expedition von Captain Meriwether Lewis und Captain William Clark in den Jahren 1804 bis 1806 nach Westen. Die Expedition hatte den Zweck, den Missouri aufwärts zu ziehen und von dort einen Wasserweg zum Pazifischen Ozean zu erkunden. In der folgenden Zeit wurden zahlreiche Verträge zwischen den Indianern und den Regierungsvertretern abgeschlossen, um den Handel zu sichern. Im Rahmen des Planes von Andrew Jackson, der alle Gebiete östlich des Mississippi den Weißen und die Länder westlich des großen Stromes den Indianern zusprechen wollte, verliefen die Beziehungen zwischen beiden Gruppen relativ friedlich. Zahlreiche Forscher, darunter Prinz Maximilian zu Wied und George Catlin, denen wir die ersten authentischen Bilddokumente über Indianer verdanken, bereisten ungefährdet die weiten Ebenen bis zum Felsengebirge. Obwohl die erste große Pockenepidemie um 1830 die Indianer in den nördlichen Gebieten stark dezimiert hatte, stand die Prärie- und Plainskultur noch auf dem Höhepunkt ihrer Entwicklung.

Der Kampf der Reiterkrieger

Der Damm im Osten brach, als die ersten Kolonisten über den Mississippi in das Präriegebiet eindrangen. Zur Verschärfung der Lage trug bei, daß ständig Siedlerzüge, die in die sich entwickelnden Ortschaften an der pazifischen Küste strebten, das Indianerland durchzogen. Schließlich lockten die Goldfunde in Kalifornien viele weitere tausend Menschen nach Westen. Die durchziehenden Wagenkolonnen wurden daraufhin von den kriegerischen Plains-Indianern, vor allem von den Gruppen der Teton-Dakota, überfallen. Die Amerikaner, die um diese Zeit die europäischen Kolonialmächte im Osten ausgeschaltet hatten, vermochten nun größere Truppenverbände in den Westen zu verlegen und dort zahlreiche Forts zu errichten. Sie bewogen die westlichen Dakota, auf »Ratsversammlungen« Verträge, wie den von Fort Laramie 1851, zu unterschreiben. Irrtümlicherweise glaubten sie, die Verträge gälten für alle Sioux-Gruppen; sie wußten nicht, daß die Plains-Dakota im Gegensatz zu den straff organisierten östlichen Stämmen keine zentrale Stammesleitung besaßen. Die »Sieben Ratsfeuer« hatten eher den Charakter einer symbolischen Vereinigung, deren politischer Wert gering war. Die Vertreter der verschiedenen Stammesabteilungen versammelten sich zwar zu Beratungen, doch trennten sie sich gewöhnlich, ohne gemeinsame Beschlüsse gefaßt zu haben, und handelten auf eigene Faust. Nach 1854 verstärkten die Amerikaner ihre Bemühungen, die Indianer zu pazifizieren und sie militärisch auszuschalten. Ein allgemeiner Waffenstillstand schien 1868 erreicht zu sein, als in Fort Laramie die Sioux unter der Führung ihres mächtigsten Häuptlings, Red Cloud, einen Vertrag mit den amerikanischen Truppen schlossen, der ihnen zusicherte, daß, wenn sie ihre Überfälle auf die weißen Siedler einstellten, diese das indianische Land nur noch mit ihrer Zustimmung betreten durften. Doch bald sollte auch dieser Vertrag gebrochen werden. Die erste Störung entstand durch den Plan, die nördliche Pazifik-Bahn auszubauen und zu ihrem Schutz entlang der Strecke Forts anzulegen. Bei der Erkundung fanden Geologen Gold, das zwar nicht in großen Mengen vorkam, aber die Gerüchte verbreiteten sich rasch, und die ersten Prospektoren strömten herbei. Die Indianer beriefen sich auf den Vertrag von Laramie, doch vergebens. Die Regierung zeigte sich außerstande, ihre eigenen Bürger zur Einhaltung der vertraglich vereinbarten Bedingungen zu zwingen. 1875 wurde beschlossen, die Indianer aus den Black Hills auszusiedeln und das Land für die Goldsucher zu öffnen. Bis zum 31. Januar 1876 sollten sich alle Indianer bei ihren Agenturen melden. Dort hatte man die Absicht, ihnen die Waffen und Pferde abzunehmen, was den Hungertod vieler Indianer zur Folge gehabt hätte, denn auf den Agenturen gab es nicht genügend Lebensmittel für alle, die sich jetzt nicht mehr hätten selbst versorgen können. Praktisch war dieses Ultimatum, das eine flagrante Verletzung des Vertrages von 1868 bedeutete, für die Indianer, die im Winter über ein weites Gebiet verstreut lebten, unannehmbar. Nur eine kleine Gruppe fand sich zum festgesetzten Termin bei den Agenturen ein; die Abteilungen unter Sitting Bull und Crazy Horse waren nicht gekommen. Im

Kampf mit den geschickt operierenden Indianern erlitt 1876 die Kavallerieabteilung unter Oberst Custer am Little Big Horn eine vernichtende Niederlage. Aber dann wurde eine Indianergruppe nach der anderen geschlagen. Sitting Bull floh nach Kanada, wo er Asyl erhielt; Crazy Horse, der Sieger von Little Big Horn, wurde heimtückisch ermordet, als er sich 1877 zu einer Unterredung mit General Crook einfand. Nachdem sich die letzten kämpfenden Sioux ergeben hatten, wurden sie bei verschiedenen Agenturen angesiedelt, aus denen später die einzelnen Reservationen entstanden, z. B. Pine Ridge und Rosebud.

1878 gab es im ganzen Prärie- und Plainsbereich keine freien Indianer mehr. Mit der Abschlachtung der letzten Bisonherden war auch die Quelle versiegt, die die Grundlage und Voraussetzung der eigenständigen Kultur der Plains-Indianer bedeutete.

Verfolgen wir nun das Schicksal der westlichen Dakota weiter bis zum letzten Kampf am Wounded Knee. Red Cloud war neben Sitting Bull und Crazy Horse der bekannteste Anführer der Teton-Dakota. Er versuchte, seine Leute zu einem friedlichen Leben in den Reservaten zu bewegen, wo sie auf die Rationen, die ihnen die amerikanische Regierung zur Verfügung stellte, angewiesen waren. Auch Kleidung erhielten sie, und einige Häuser wurden errichtet. Der Superintendent formierte gegen den Willen von Red Cloud und seinen Anhängern eine eigene Indianerpolizei. Um 1889 wurden die Rationen gekürzt. In Folge davon litten viele Indianer an Hunger, und Infektionskrankheiten forderten große Opfer, so daß sich allmählich die Spannungen verschärften. Die jungen Männer verließen die Reservate, um für ihren Unterhalt selbst zu sorgen. Doch die Jagd brachte nichts mehr ein, der Bison war ausgerottet. Red Cloud besaß wie Sitting Bull, der 1881 aus Kanada zurückgekehrt war, Ansehen und Achtung als Häuptling; aber beide wußten sich keinen Rat, was zu tun sei. Hoffnungslosigkeit und Verzweiflung erfüllte die Dakota. In dieser Situation zog eine mystische Bewegung, die unter dem Namen »Geistertanz« bekannt geworden ist, zahlreiche Anhänger in ihren Bann. Der Geistertanz wurde erstmals im Jahre 1870 von Tävibo, einem Paviotso-Indianer in Nevada, auf Grund einer Vision verkündet und von einigen Stämmen des westlichen Nevada und Zentralkaliforniens übernommen. Die Toten, so lautete auch die Botschaft des späteren Propheten Wovoka, würden zur Erde zurückkehren, und alles würde wieder so werden, wie es war, bevor der weiße Mann gekommen war. Die Jagdtiere würden wieder da

*Das Massaker von Wounded Knee (1890) ist zum Symbol der Unter-
drückung der Indianer geworden. Von dieser Abbildung gibt es mehrere Versionen. Auf der vorliegenden, die ausschließlich veröffentlicht
wurde, hat man die getöteten Frauen und Kinder weggelassen. (Nach
einer Photographie von Mooney 1896)*

sein, und Friede würde herrschen unter den Indianern und zwischen den Indianern und den Weißen. In einem Rundtanz und
zum Gesang besonderer Lieder sollte dieser Zustand erreicht
werden. Alkohol sollte nicht getrunken und jeder Mensch sollte
freundschaftlich behandelt werden.

Die Heilslehre fand 1889 besonders unter den hungernden
und verzweifelten nördlichen Plainsstämmen (Teton-Dakota,
Arapaho, Cheyenne) großen Anklang. Durch die Fertigstellung
der transkontinentalen Eisenbahn und der Telegraphenlinie war
die Kommunikation besser geworden, so daß indianische Ab-
ordnungen auch aus entfernten Gebieten den neuen Messias
aufsuchen und die Botschaft und den Tanz persönlich kennen-
lernen konnten. Doch als sie in ihre Reservate zurückgekehrt
waren, verstärkten sich ihre Bedenken zur Überzeugung, daß
die Botschaft nicht den Frieden mit dem weißen Mann, der sie
so schmählich behandelte, bringen könne. So wurde der Kampf

um die alten Jagdgründe zum Kern der neuen Heilslehre. Visionen kündeten vom heiligen Krieg gegen die weißen Unterdrükker, deren Kleidung und Lebensgewohnheiten tabuisiert wurden. Die alten traditionellen Lebensgewohnheiten wurden wieder eingeführt und eifrig gepflegt. In Massentreffen steigerten sich die gläubigen Anhänger der neuen Lehre in hypnotische Trance. Nach dem Erwachen berichteten sie von ihren Visionen: vom Treffen mit ihren toten Verwandten, von riesigen Bisonherden und von der alten Freiheit des Lebens ohne Weiße. Man ersann Lederhemden, die, symbolisch bemalt, ihre Träger kugelsicher machen sollten, und hielt regelmäßig Sitzungen und Tänze ab. Als einer ihrer berühmtesten Anführer, Sitting Bull, Ende 1890 getötet wurde, weil er sich der Festnahme durch indianische Lagerpolizei widersetzte, wehrten sich die Teton-Dakota. Sobald amerikanische Truppen anrückten, zogen sich die Indianer nach vergeblichen Scharmützeln in die Berge der Badlands am Wounded Knee zurück. Hier richteten amerikanische Truppen unter Oberst Forsyth unter den schlechtbewaffneten Indianern, die von ihren Frauen und Kindern begleitet waren, ein schreckliches Blutbad an, das zum Symbol für den letzten Freiheitskampf der Indianer gegen ihre weißen Unterdrücker werden sollte.

Das südliche Plainsgebiet wurde ab 1750 in zunehmendem Maße von den Comanche beherrscht. Sie waren schon zu dieser Zeit im Besitz von Pferden und dehnten ihre Raubzüge bis nach New Mexico aus. Die zahlreichen Gruppen der östlichen Apache trieben sie aus den Plains hinweg in den Südwesten. Zu den caddosprachigen Pawnee dagegen bewahrten die Comanche meist ein freundschaftliches Verhältnis. Um 1830 beherrschten sie das gesamte südliche Plainsgebiet zwischen dem Arkansas River und Nordmexiko und von Taos bis zum Indianerterritorium im heutigen Ostoklahoma. Mit der Schaffung dieses Territoriums wurde ihre Ostgrenze bedroht, im Südwesten ihres Schweifgebietes gerieten sie mit den Texas-Siedlern in Konflikt. 1835 stimmten die Comanche zu, Teile ihres Jagdgebietes auch den Stämmen des südöstlichen Waldlandes, die dorthin zwangsumgesiedelt worden waren, zur Nutzung zur Verfügung zu stellen. Die Texas-Siedler dagegen sträubten sich stets, das Gebiet der Comanche anzuerkennen. 1853 versuchten die Comanche vergeblich mit Hilfe einiger Apache-Gruppen, die Stämme des Indianerterritoriums zu vertreiben. 1858 drangen amerikanische Truppen im Gefolge dieses Kampfes in das Comanche-Gebiet ein, unterwarfen sie und bestimmten für sie den westlichen Abschnitt ihres ehemaligen Territoriums. Aber die meisten der Comanche zogen sich nicht dorthin zurück, sondern gingen nach wie vor der Bisonjagd nach; ihr letzter Überfall fand 1879 statt. 1873 verkündete ein Prophet unter ihnen, daß ein Komet erscheinen und eine Dürre kommen würde. Als beide Ereignisse eintraten, entstand unter seinem Einfluß eine religiöse Bewegung. Ishatai, der Prophet, lehnte ein seßhaftes Leben für seinen Stamm ab und drängte zu einem Krieg, in dem die Weißen ausgerottet werden sollten. Durch mit magischen Zeichen bemalte Lederhemden glaubten sie sich vor den Kugeln der Weißen gefeit. Eine größere Zahl von Comanche, die Ishatai nicht folgen wollte, wanderte nach Texas ab. Seine Anhänger, zusammen mit den Kiowa, Arapaho und Cheyenne, die inzwischen in das Indianerterritorium gebracht waren, wurden, als es zum Kampf kam, bei Adobe Walls geschlagen.

Trotz aller Versuche der Amerikaner, die indianischen Stammeskulturen aufzulösen und auszulöschen, ist ihnen dies bis heute nur teilweise gelungen. Wiederholt kam es dabei zu Vermischungsprozessen von westlicher mit indianischer Tradition. Das Resultat eines solchen Prozesses ist der heute bei vielen indianischen Gruppen verbreitete Peyote-Kult. Gegenüber den mehr lokalen Fusionsprozessen, wie etwa der Langhaus-Religion des irokesischen Religionsstifters Handsome Lake oder der kurzlebigen regionalen Sekten in der Zeit des ersten Zusammenbruchs der alten Kulturen, ist der Peyote-Kult, der gegen Ende des vorigen Jahrhunderts zahlreiche Plainsstämme erfaßte und sich rasch nach Westen ausbreitete, eine intertribale, ja beinahe panindianische Erscheinung. Er ist eine echte Synthese von christlichen und altindianischen Glaubensvorstellungen. Seine Wurzeln gehen auf eine ursprünglich im nordwestlichen Mexiko beheimatete Kultzeremonie zurück, die erst als Folge des ihr innewohnenden nativistischen Aspekts aus einer individuellen Visionssuche zu einem kollektiven Ritus abgewandelt wurde. Im Verlauf ihrer Verbreitung kam es zu zahlreichen Varianten im Ritual; kein bestimmter indianischer Glaubenskanon wurde verbindlich. Die Religion ruht also nicht auf einem spezifischen theologischen Glaubenssystem, sondern auf verschiedenen Gruppenzeremonien. Das wichtigste allgemeine Element liegt wohl in dem Glauben an einen Großen Geist, der oft mit Gott oder Jesus gleichgesetzt wird; auch die während der Zeremonie erlangten Visionen werden häufig als von Jesus kommend interpretiert. Wegen der angeblich Sucht erzeugenden Wirkung von Peyote, einer Behauptung, die unbewiesen ist, wurde der Peyote-Kult eine Zeitlang von protestantischen Kirchen und Missionaren heftig attackiert und schließlich von der amerikanischen Regierung verboten. Unter der Bezeichnung Native American Church, ab 1944 unter dem Namen Native American Church of North America, hat sie sich jedoch gegen ihre Verleumder durchgesetzt und als christlich-indianische Kirche mit einem gewählten Präsidenten institutionalisiert.

Das Peyote-Zeremoniell besteht im wesentlichen in der Einnahme des Peyote-Kaktus (Lophophora Williamsii), eines kleinen stachellosen Kaktusses, dessen dicke Wurzel in getrocknetem oder zerriebenem Zustand gegessen oder, zu einem Aufguß bereitet, getrunken wird. Die besondere Wirkung des Peyote-Kaktus liegt in seiner chemischen Zusammensetzung von neun Alkaloiden, deren wichtigstes Mescalin ist, das visuelle Halluzinationen und gewisse physiologische Störungen des menschlichen Bewußtseins hervorruft. Die ersten Wirkungen zeigen sich in Form von Übelkeit und Depressionen, denen eine Phase der Euphorie folgt. Meist hat der Peyote-Esser auch einen Farbenrausch und, damit verbunden, eine Vision. In diesem Punkt trifft sich die altindianische Visionssuche mit dem Offenbarungsglauben des Christentums.

Ein Peyote-Meeting wird gewöhnlich abgehalten, wenn sich jemand durch ein Gelübde dazu verpflichtet hat; meist wird es aber heute in regelmäßigen Abständen, etwa einmal in der Woche, durchgeführt. In der ursprünglichen Form war zuerst ein reinigendes Schwitzbad vorgeschrieben – auch dies ein altindianischer Brauch. Der Stifter der Zeremonie muß vor der Sitzung nicht nur genügend Peyote-»Knöpfe« besorgen, die er durch Tausch oder Kauf aus Südtexas oder aus dem nördlichen Mexiko erwirbt, er hat auch für alle weiteren Kosten aufzukommen, z.B. für den Zeremonialleiter und dessen Helfer. Das rituelle Zubehör, das die Zeremonie erfordert, besteht aus einem Stab, einer kleinen Kürbisrassel, einer Pfeife aus Adlerflügelknochen, einem Fächer aus Vogelfedern, einer halb mit Wasser gefüllten Trommel und einem Vorrat an Zedernholz zur Erzeugung von würzigem Rauch. Die Zeremonie selbst verläuft folgendermaßen: Auf einem kleinen halbmondförmigen Altar aus Erde wird eine Peyote-Scheibe gelegt, der Great Peyote. Nahebei wird ein Feuer angezündet. Die Teilnehmer sitzen kreisförmig um Altar und Feuerstelle herum. Das Treffen wird nach

Möglichkeit in einem Tipi abgehalten, das in vielen Reservaten speziell zu diesem Zweck beibehalten worden ist. Zu Beginn der eigentlichen Zeremonie erhält jeder nun reihum eine Peyote-Scheibe oder einen Schluck des Peyote-Suds. Jeder Teilnehmer singt Peyote-Lieder und wird dabei von seinem Nachbarn auf der Trommel und von einer Rassel begleitet. Dann wird wieder Peyote zu sich genommen, der Zedernwart fächelt den Rauch in die Gesichter der Teilnehmer. Jeder starrt in die Flamme des Feuers und überläßt sich ganz der vom Peyote erzeugten Wirkung und dem Rhythmus des Trommelschlages. Während der Andacht werden Zigaretten aus einem besonderen Tabak gefertigt und geraucht; die Zigarettenenden werden als Opfergaben an den kleinen halbmondförmigen Altar gelegt. Ein strenger Peyotist raucht niemals außerhalb des Peyote-Rituals. Man beginnt meist gegen Abend, um Mitternacht wird eine kleine Pause eingelegt, in der jeder Teilnehmer einen Schluck Wasser erhält, und im Morgengrauen endet die Zeremonie mit einem feierlichen gemeinsamen Mahl (Kommunion), dem Peyote-Frühstück aus Obst, Mais und Wildbret.

Diese Synthese von indianischer und christlicher Glaubenslehre übte besonders auf jene jungen Menschen eine Anziehungskraft aus, die bereits mit den Weißen in längerem Kontakt gestanden hatten und die das Bedürfnis empfanden, eine Brücke zwischen ihrem indianischen und dem weißen Lebensweg zu finden. Die Native American Church entwickelte dabei eine neue (alte) Morallehre, die z. B. die Meidung von Alkohol und Tabakgenuß enthält. Sie betonte die brüderliche Liebe untereinander und die Fürsorge für die Familie sowie ein fast puritanisches Arbeitsethos. Sie ist intertribal ausgerichtet und erfüllt ganz offensichtlich das dringende Bedürfnis nach einem ebenso gemeinsamen wie eigenen indianischen Glaubensbekenntnis.

Wounded Knee (1973) und das American Indian Movement

Der in jüngster Zeit von Mitgliedern einiger indianischer Gruppen gegen die amerikanischen Bundesbehörden vorgetragene scharfe Protest und die Gründung des American Indian Movement (AIM) ging von den in den Großstädten lebenden Indianern aus, weil ihnen hier die auf den Reservaten gewährten kostenlosen Dienste (Krankenversorgung usw.) nicht zur Verfügung standen. Ausgangspunkt dieser städtischen indianischen

Protestwelle war Minneapolis, wo im Jahre 1968 das American Indian Movement ins Leben gerufen wurde. Minneapolis war das Ziel von Indianern aus rund zwanzig Reservaten in Wisconsin, Minnesota, North und South Dakota, die besonders kraß unter den schwierigen ökonomischen Verhältnissen zu leiden hatten. Die Zuwanderer waren meist Angehörige der verschiedenen Dakotasstämme (Sioux) oder Ojibwa (Chippewa). Nach dem Vorbild schwarzer Bürgerrechtskämpfer forderten sie von dem 1968 in Detroit tagenden National Council of Churches einen Betrag in Höhe von 750 Millionen Dollar für den Verlust indianischen Landes, ein Betrag, der sich mehr an die damalige Forderung der militanten Negerführer orientierte als an die ihnen wirklich entstandenen Gebietsverluste.

Der kirchliche Krisenfond, der die ethnischen Minoritäten des Landes schon mehrfach finanziell unterstützt hatte, bewilligte einen Betrag, der jedoch weit unter den Forderungen der Neger, Mexiko-Amerikaner und Indianer lag. Angespornt von diesem Anfangserfolg einer ersten gemeinsam auftretenden indianischen Organisation, stellte das AIM weitere Forderungen zunächst an Kirchenorganisationen, dann an verschiedene Bundesbehörden und schließlich an die eigenen Stammesräte, die von ihnen nicht als die legitimen Führer der Stämme anerkannt wurden, weil sie auf Geheiß Washingtons gewählt und nicht von den traditionellen Führern gestellt waren. Das AIM fand hauptsächlich in den Reservaten der genannten Gruppen starken Widerhall, denn die Konfrontationstaktik dieser Organisation zeigte sich bei der Aufdeckung von Unzulänglichkeiten und Ungerechtigkeiten seitens amerikanischer Behörden gegenüber den Indianern als erfolgreich. Die wachsende Anhängerschaft des AIM hatte zur Folge, daß die sich mit indianischen Angelegenheiten befassenden Behörden und Organisationen unter Umgehung der gemäßigten Stammesräte direkt mit den Führern des AIM-Zirkels verhandelten.

Aufgrund des Verhaltens und gewisser Verhandlungserfolge der militanten Indianer verbanden sich nun die Stammesräte in den Reservaten stärker mit dem auch von ihnen früher scharf kritisierten Bureau of Indian Affairs (BIA). Dies wiederum wurde von den Militanten zum Anlaß genommen, die Stammesräte des Verrats an der indianischen Sache zu bezichtigen und ihnen vorzuwerfen, daß sie in ihre eigene Tasche arbeiteten. Das BIA unterstützte seinerseits die Stammesräte, indem es ihnen 1971 einen eigenen Fond für eine National Tribal Chairmen's

Association zur Verfügung stellte. Erneute Angriffe des AIM wurden mit dem formal sicher korrekten Argument zurückgewiesen, daß sie nicht die gewählten Vertreter ihrer Stämme seien. Hier zeigte sich wieder einmal in aller Deutlichkeit der Konflikt zwischen dem Block der traditionellen Führer und den auf Oktroi des BIA gewählten Vertretern.

Neben diesen beiden Kontrahenten gab es noch eine dritte Gruppe, die in gewisser Weise eine Mittelstellung zwischen den extremen Flügeln einnahm: Es waren Indianer mit einer abgeschlossenen Schul- oder Hochschulbildung, die einerseits prinzipiell die gewaltsame Konfrontationstaktik des AIM ablehnten, andererseits aber auch gegen die konservative und passive Haltung der Stammesräte und deren Verbindung mit dem BIA eingestellt waren. Sie unterstützten zwar im Prinzip die Legalität der gewählten Führer, versagten aber im Einzelfall ihre Unterstützung solchen Stammesführern, die sich ihrer Meinung nach zu wenig für die Nöte ihrer Stammesgenossen einsetzten. In vielen Punkten traten sie für die Forderungen des AIM ein, lehnten aber stets Gewaltmaßnahmen als sinnlos ab.

Im Sommer 1972 wollte das AIM mit einem Marsch auf Washington bei den bevorstehenden Präsidentschaftswahlen die Bundesregierung zu einer schnellen Erfüllung ihrer Forderungen zwingen. Als Präsidentschaftskandidat und dann auch als gewählter Präsident unterstützte Richard Nixon ihre Forderungen. So war eine seiner ersten Amtshandlungen die Rückgabe von Bundesland an Taos Pueblo und an die Warm Springs Band. Auch den Anspruch auf unrechtmäßig abgenommenes Land in Alaska bestätigte er. Die Leitung des Marsches auf Washington forderte nun die neue Regierung auf, alle gebrochenen Verträge zu annullieren und stellte sich unter das Motto »The Trail of Broken Treaties«. Ein 20-Punkte-Programm wurde aufgestellt, in dem u. a. gefordert wurde, daß die Indianer wieder das Recht erhielten, selbst Verträge abzuschließen (was ihnen seit 1871 verboten worden war) sowie die unter Zwang geschlossenen Verträge neu auszuhandeln. Alle individuellen Pacht- und Verkaufsverträge sollten eingeschränkt werden, das Land sollte wieder dem gesamten betreffenden Stamm gehören. Damit würde die Selbstverwaltung der Stämme im Sinne einer Wiederherstellung alter traditioneller Führungsorganisationen gestärkt und müßten die finanziellen Unterstützungshilfen des Bundes beträchtlich erhöht werden.

Diese von der Mehrzahl der weißen Amerikaner als berechtigt angesehenen Forderungen der »Karawane« wurden durch unglückselige, aber doch wohl vermeidbare Mißverständnisse erschüttert, die sich nach der Ankunft der Indianer in Washington ergaben. Man hatte keine Unterkunft besorgt, so daß sie vorläufig im Auditorium des Bureau of Indian Affairs untergebracht wurden. Als eine Gruppe von Bundesbeamten, denen offenbar nicht bekannt war, daß die Indianer in dem Gebäude nächtigen durften, sie zu vertreiben versuchte, besetzten die Mitglieder des Protestmarsches den gesamten Gebäudekomplex. Da die Verhandlungen nach einer Woche scheiterten, richteten sich die Indianer auf eine Verteidigung ein; sie zertrümmerten die Einrichtungsgegenstände und bauten Barrikaden. Doch entschlossen sie sich schließlich, das Haus ohne Kampf zu räumen und zogen sich unter Mitnahme wichtiger Dokumente aus den Archiven aus Washington zurück. Die Bundesregierung, die zwar die Gewaltsamkeiten während der Besetzung des BIA verurteilte und strafrechtliche Maßnahmen ankündigte, jedoch schließlich von einer Strafverfolgung Abstand nahm, behandelte kurzsichtigerweise das 20-Punkte-Programm des AIM sehr dilatorisch und ging nicht auf die einzelnen konkreten Forderungen ein. Daraufhin schlossen sich weitere Indianer der Protestbewegung an, die durch ihren Marsch auf Washington und ihre alle Indianer bewegenden Forderungen Prestige und Ansehen gewonnen hatte.

Die Reaktion der Stammesräte auf die gewalttätigen Maßnahmen des AIM war scharf ablehnend. Sie forderten sogar eine Bestrafung der Schuldigen. Was sie aber weit mehr in Gegensatz zu vielen ihrer Stammesgenossen brachte, war die unbegreifliche Ablehnung des 20-Punkte-Programmes, mit dem sich inzwischen die Mehrzahl aller Indianer identifiziert hatte.

Der Höhepunkt der Konfrontation zwischen dem AIM und den Stammesräten führte im Februar 1973 zu der Besetzung der kleinen Ortschaft Wounded Knee in South Dakota, die in der Geschichte der Teton-Dakota durch das 1890 von amerikanischen Truppen angerichtete Massaker eine schreckliche Berühmtheit erlangt hatte. Der Vorsitzende des Stammesrates der Oglala, eines Unterstammes der Teton-Dakota, Richard Wilson, verkündete öffentlich, daß er alle Anhänger des AIM von der Reservation ausweisen wolle. Als Russell Means, Führer der Opposition gegen Wilson und einer der führenden Persönlichkeiten der AIM-Bewegung, von Wilsons Anhängern angegriffen und zusammengeschlagen wurde, besetzte das AIM die

Ortschaft Wounded Knee. Sie forderte die Absetzung von Wilson und die Erfüllung des 20-Punkte-Programms. Ihre drei Hauptforderungen seien hier zitiert:

»1. Die Ernennung einer Präsidialkommission durch das Weiße Haus, die in das Reservat kommen und direkt mit den traditionellen Häuptlingen und Führern des Stammes verhandeln sollte.

2. Einhaltung des Vertrages von 1868 und die Abberufung der von der Regierung eingesetzten Marionettenführungen der Pine Ridge und anderer Reservationen, die seit 1934 als ein Instrument zur systematischen Unterdrückung der Indianer benutzt wurden.

3. Eine Prüfung der Geschäftsbücher des Stammes, um die gegen den von der Regierung eingesetzten Stammesvorsitzenden in Pine Ridge, Richard Wilson, erhobenen Anschuldigungen der Korruption und einer mit seiner treuhänderischen Pflichten unvereinbaren Geschäftsführung zu enthüllen.«

Während der beiden Monate März und April 1973 war die Situation ziemlich verworren: Wilson, als legal gewählter Stammesratsvorsitzender und Means als bekanntester und talentiertester Sprecher der militanten Gruppe zählten beide eine große Zahl von Anhängern im Pine Ridge-Reservat und außerhalb desselben. Da eine der Forderungen des AIM auf die Einhaltung des Vertrages von 1868 (Vertrag von Laramie), der von den Amerikanern gebrochen worden war, zielte, fand das AIM zwar viele Mitstreiter, denen aber andererseits von einer fast ebenso starken Gruppe Widerstand entgegengesetzt wurde, die eine Stärkung des Stammesratsystems forderten und Wilson als ihren legitimen Führer ansahen, wobei es fragwürdig ist, ob das Demokratieverständnis der US-Amerikaner für die Indianer angemessen ist.

Die Bundesregierung, die von den konservativen Angehörigen des Stammesrates zum Sturm auf Wounded Knee aufgefordert wurde, entschloß sich nach einigen halbherzigen Versuchen, bei denen zwei Männer getötet und ein Dutzend verwundet wurden, zu verhandeln. Sie stimmte schließlich auch der Ernennung einer Präsidialkommission zu, die direkt mit den traditionellen Häuptlingen über den Vertrag von 1868 verhandeln sollte. Nach der Unterzeichnung der Vereinbarung durch Vertreter des Weißen Hauses beendete das AIM die Besetzung von Wounded Knee. Diese nachgebende Haltung brachte der Bundesregierung die Sympathien aller jener Indianer ein, die ein

Blutvergießen scheuten. Als die Belagerung jedoch aufgehoben wurde, verhaftete man die AIM-Anführer und stellte sie vor Gericht, mit der Erklärung, »man habe entdeckt, daß das Weiße Haus nicht berechtigt sei, direkt mit den traditionellen Häuptlingen über den Vertrag von 1868 zu verhandeln. Es sei Sache des Kongresses, sich mit diesen Problemen zu befassen«. (Zitat nach AIM-Quelle.) Im September 1974 wurden sie in erster Instanz freigesprochen. Die weltweite Publizität, die die Ereignisse von Washington und Wounded Knee erlangten, wird hoffentlich die Bundesregierung zwingen, alle Verträge, die mit den Indianern abgeschlossen worden waren, zu überprüfen, zu revidieren oder Ersatzlösungen anzubieten. Andererseits hat sich für die Indianer gezeigt – so meint Vine Deloria, ein Vertreter der gemäßigten Gruppe und Autor des Buches ›Custer died for your sins‹ –, daß sie sich eine gutorganisierte, stabile und moderne Selbstverwaltung schaffen müssen, um ihre Rechte auf juristischem Wege durchzusetzen, denn konkrete Entscheidungen können nur vom amerikanischen Kongreß, nicht vom Präsidenten gefällt werden.

9. Die Indianer des Südwestens: Auf dem Wege zur Hochkultur

Lebensraum: Die Trockensteppe

Die weiten Trockensteppen des Südwestens bildeten den Lebensraum einer Anzahl von indianischen Gruppen, die sich in ihrer Mehrheit von den sie umgebenden Stämmen im Westen (Kalifornien), Norden (Großes Becken) und Osten (Südliche Plains) dadurch unterschieden, daß sie intensiven Bodenbau betrieben. Das Kerngebiet des Südwestens erstreckt sich über die beiden heutigen amerikanischen Bundesstaaten Arizona und New Mexico sowie den Nordwesten Mexikos (Sonora, Sinaloa).

Topographisch wird der Südwesten in seinem nördlichen Teil vom südlichen Ausläufer des Colorado-Plateaus geprägt, einem flachen, von tief erodierten Flußläufen zerschnittenen Tafelland, aus dem nur gelegentlich isolierte Bergmassive aufsteigen; es wird im Westen vom Colorado River und seinen Nebenflüssen (San Juan River, Little Colorado River, Gila River), im Osten vom Rio Grande (del Norte) und dessen Zuflüssen entwässert. Nur die Hauptströme führen das ganze Jahr über Wasser; die Zuflüsse aus dem südlichen Colorado-Plateau sind Trockenflüsse, die nur bei starken Niederschlägen Wasser führen. Das Land liegt im Durchschnitt über 2000 Meter hoch und empfängt, bei ausgeprägt kontinentalem Klima (heiße Sommer und kalte Winter), etwa 200 mm Niederschlag im Jahresdurchschnitt. In der Vegetation herrscht die Trockenbuschsteppe oder Halbwüste vor, die von locker gestellten Büschen, Gräsern und Sukkulenten geprägt wird. In den höheren Lagen finden sich Juniperus-Arten, an den Westhängen der Berge auch größere Bestände von Kiefern; völlig vegetationslose Strecken kommen in größerer Ausdehnung nur selten vor.

In seinem mittleren und südlichen Teil bildet der Südwesten eine etwas tiefer gelegene Zone mit zahlreichen, meist abflußlosen Beckenlandschaften und Zeugenbergen, der sogenannten Basin-and-Range-Provinz, aus der im östlichen Arizona und in Nordwestmexiko größere Bergketten emporragen. Die Sierra Madre Occidental, die sich von Norden nach Süden quer durch den mittleren Teil Sonoras zieht und die inneren Hochebenen

Nordmexikos vom Pazifik abschirmt, hebt sich am deutlichsten von der Tieflandzone ab. Hier liegen die Niederschläge, vor allem an den Westhängen, erheblich über dem Durchschnitt, so daß die Vegetation durchweg dichter ist und größere geschlossene Waldbestände aufweist. Die amerikanische »Desert« des Tieflandes (1000–1500 m Höhe) hat eine ähnliche Vegetation wie das Colorado-Plateau, wenn auch die Charakterpflanzen hier dem südlichen Breitengrad entsprechen: neben locker gestellten Büschen und Krüppelbäumen (z. B. Mesquite) überwiegen Yuccas und zahllose Kakteenarten, darunter Riesenkakteen, wie der über zehn Meter hohe Sahuaro (Carnegiea gigantea), der vor allem an den Südhängen der Berge verbreitet ist. Die Desert hat ausgesprochen milde Winter und trockenheiße Sommer mit Temperaturen von über 40 Grad Celsius. Bis auf den Gila River, der Zentralarizona von Ost nach West durchquert, sind alle Flüsse der sonorischen Wüste Trockenflüsse, die nur gelegentlich Wasser führen. Das gilt auch für die vom Westhang der Sierra Madre Occidental herabkommenden kurzen Küstenflüsse, die meist schon vor ihrer Einmündung in den Pazifik versickern (Rio Sonora, Rio Fuerte, Rio Yaqui). Die Niederschläge, die hier in Form von kurzen heftigen Gewitterregen auftreten, liegen in der Desert teilweise weit unter 200 mm im Jahr. Ähnliche Verhältnisse herrschen auf der Mesa del Norte vor, dem riesigen Steppenraum östlich der Sierra Madre Occidental (Chihuahua).

Im Gegensatz zu den anderen Kulturarealen Nordamerikas zeigt der Südwesten ein außerordentlich breites Spektrum indianischer Kulturentwicklung, das von einfachen halbnomadischen Sammlern und Jägern bis zu hochentwickelten seßhaften Bodenbauern mit differenzierter Bewässerungswirtschaft und komplexen Sozialstrukturen reicht. Unter kombinierender Berücksichtigung von ökonomischen und historischen Faktoren läßt sich ein grobes Raster von drei dominierenden Kulturtypen erkennen:

1. ein autochthones Wildbeutersubstrat,

2. eine aus diesem Wildbeutertum hervorgegangene und gegen Ende des ersten Jahrtausends v. Chr. durch Stimuli von außen entstandene Bodenbauerschicht und

3. eine junge, ab 1300 n. Chr. aus den Plains in den Südwesten eingewanderte Jäger- und Sammlerbevölkerung, die dann in frühkolonialer Zeit durch die Übernahme europäischer Haustiere (Ziege, Schaf, Rind, Pferd) zur Viehzucht überging.

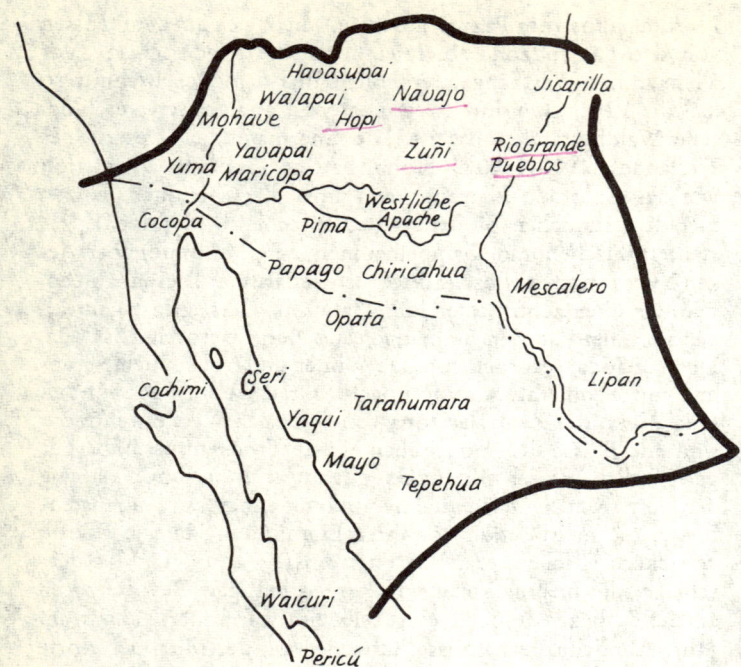

Verbreitung der Stämme des Südwestens, einschließlich Nordwest-Mexikos

Sehen wir zunächst von dem seit der europäischen Kolonial-zeit und insbesondere seit der anglo-amerikanischen Land-nahme beginnenden Nivellierungsprozeß ab. Die in Resten sich behauptenden Vertreter des Wildbeutersubstrats stellen die Nachkommen eines alten Steppensammlervolkes dar, das über die riesigen Trockensteppenräume vom Großen Becken bis tief nach Mexiko verbreitet war und kulturgenetisch mit der prä-historischen Desert Culture (Wüstenkultur) zusammenhängt. Dieses alte Steppensammlertum hat sich bis zur Ankunft der Europäer in einem westlichen und einem östlichen Flügel erhal-ten. Uns interessiert hier nur der Westflügel, denn der östliche Wildbeuterkomplex, der den südlichen Teil von Texas und ganz Nordostmexiko einnahm, ist wissenschaftlich kaum erforscht, die Bevölkerung heute ausgestorben.

Zwischen diesen zahlenmäßig kleinen und weit verstreut lebenden Wildbeuterverbänden, vor allem aber in den Flußniederungen und in klimatisch günstigen Landschaften lebten wie in Oasen inmitten einer Wüste größere Gruppen von Bodenbauern. Im Unterschied zu den Wildbeutern, die alle der Hoka-Sprachfamilie angehören, zählen diese Bodenbauer zu ganz verschiedenen Sprachfamilien; auch kulturell unterscheiden sie sich trotz mancher Gemeinsamkeiten deutlich voneinander.

Die bekannteste und bevölkerungsmäßig größte Gruppe der Bodenbauer stellen die in zahlreichen größeren Dörfern lebenden Pueblo-Indianer (spanisch: pueblo = Dorf) dar, zu denen heute etwa 32000 Menschen rechnen. Sie wohnen zum großen Teil auch jetzt noch in den Dörfern, die denen der voreuropäischen Zeit ähneln. Sie sind die Nachkommen der prähistorischen Pueblo-Indianer, die etwa ab Christi Geburt eine eigene spezifische Kulturtradition (Anasazi) ausgebildet hatten und schon vor knapp 1500 Jahren, wahrscheinlich unter dem Stimulus altmexikanischer Kulturen, zur Kultivierung von Pflanzen und damit zur Seßhaftigkeit übergegangen waren. Ihren Höhepunkt erreichte die Anasazi-Kultur zwischen 1100 und 1300 n. Chr., als die großen Klippensiedlungen des Mesa-Verde-Gebietes und die Großbauten im Chaco Canyon (Pueblo Bonito u. a.) entstanden. Gegen Ende dieser Blütezeit wanderten Teile der Anasazi nach Süden und Osten ab, wo sie im oberen Rio-Grande-Tal neue Siedlungen errichteten.

Man teilt die heutigen Pueblo-Indianer (kurz: Pueblo) in eine westliche und eine östliche Gruppe, wobei die Unterschiede zwischen beiden Gruppen zum Teil auf ökologische Anpassungsprozesse, zum Teil aber auch auf kolonialzeitliche Einflüsse zurückzuführen sind. Zu den westlichen Pueblo zählen die Hopi, die einen Shoshone-Dialekt, also eine uto-aztekische Sprache, besitzen. Sie leben heute inmitten des riesigen Navajo-Reservates auf einem eigenen Territorium. Unter ihnen hat sich seit etwa 250 Jahren eine kleine Gruppe von Tewa-Indianern gehalten, die vor den Spaniern aus dem Rio-Grande-Tal geflüchtet waren. Zur Gruppe der westlichen Pueblo-Indianer rechnet man auch die Zuni (Zuñi), die etwa 60 Meilen südlich von Gallup im westlichen Zentral-New Mexico in einem isolierten Dorf (früher gab es mehrere Zuni-Dörfer) wohnen. Die Sprache der Zuni kann keiner der großen indianischen Sprachfamilien zugerechnet werden, doch scheint eine Affinität zur Penuti-Sprachfamilie Kaliforniens zu bestehen.

Die acht Hopi-Dörfer, die auf den Zipfeln eines sich zungenartig nach Süden ausstreckenden Plateaus, den sogenannten drei Mesas, angelegt sind, zählen heute rund 6000 Menschen. In neuerer Zeit werden die einst zum Schutz vor Feinden auf den Mesas angelegten Dörfer immer mehr aufgegeben, um neue, bequemer gelegene Siedlungen in der Nähe der Felder im Tal zu errichten. Einige solcher Siedlungen wurden sogar auf Grund von internen Streitigkeiten weit entfernt vom Kerngebiet der Hopi angelegt.

Die westlichsten Dörfer der östlichen oder Rio-Grande-Gruppe der Pueblo sind Laguna und Acoma. Die hier gesprochene Sprache gehört zur Keres-Familie, die im Rio-Grande-Gebiet verbreitet ist. Laguna ist mit knapp 5000 Einwohnern die größte östliche Pueblo-Siedlung, Acoma hat heute hingegen nur mehr halb so viele Einwohner, weil ein Teil abgewandert ist.

Die meisten Dörfer der Pueblo-Indianer liegen im Tal des oberen und mittleren Rio Grande und am Jemez River. Sprachlich unterscheiden sie sich nach den Keres- und Tano-Dialekten. Zu den keressprechenden Pueblos gehören Zia, Santa Ana, San Felipe, Santo Domingo und Cochiti, zu den tanosprechenden (mit den Tewa-, Tiwa- und Towa-Dialekten) Nambé, Tesuque, San Juan, Santa Clara, San Ildefonso (Tewa), Taos, Picuris, Sandia und Isleta (Tiwa) und Jemez (Towa). Am bekanntesten ist wohl das Pueblo von Taos, die nördlichste Siedlung. Es hat bis heute seinen ursprünglichen kompakten Baustil mit bis zu fünf Stockwerken bewahrt. Die meisten anderen Pueblos haben selten mehr als zwei Stockwerke; die Regel sind einstöckige »Reihenhäuser«, die neuerdings jedoch immer stärker von einzelstehenden Gehöften verdrängt werden.

Die zweite große Gruppe der Bodenbauer des Südwestens wird von den Stämmen des unteren Colorado-Tales, unterhalb des heutigen Hoover-Dammes, gebildet. Ihre Sprache ist das Yuma – daher die Bezeichnung River Yumans. Ihnen gehören die Mohave (1600), Yuma (1150), Maricopa und Cocopa (2000) an. Weitere kleine Gruppen, die einmal zu ihnen zählten, sind heute ausgestorben oder in den größeren Stämmen aufgegangen. Sie alle sind die Nachkommen der Träger der prähistorischen Patayan-Tradition. Die Yumastämme leben unmittelbar im schmalen Tal des Colorado River bzw. am Unterlauf des in diesen einmündenden Gila River.

Die dritte Gruppe der Bodenbauer stellen die Pima (6800)

und die Papago (16000 innerhalb der USA) von Zentral- und Südzentralarizona sowie Sonora (Mexiko). Sie sind die Nachkommen der Träger der prähistorischen Hohokam-Tradition, die schon in den letzten Jahrhunderten vor Christi Geburt im Gila-Becken eine intensive Bodenbewirtschaftung auf der Grundlage des Kanalbewässerungsbaus betrieben. Die Pima und Papago sind sprachlich eng miteinander verwandt, sie sprechen beide eine uto-aztekische Sprache. Die südlichen Papago (Desert Papago), die südwestlich von Tucson sowie in Sonora leben, unterscheiden sich in ihrer Subsistenzwirtschaft teilweise jedoch erheblich von den Pima, weil es hier keine perennierenden Flüsse gibt, die zur Bewässerung der Felder angezapft werden können. Die Desert-Papago sind nur Teilzeit-Feldbauern mit starker Sammelwirtschaftskomponente.

Den Pima und Papago steht sprachlich die vierte große Gruppe der Bodenbauer des Südwestens nahe: die ebenfalls uto-aztekisch sprechenden Stämme des nordwestmexikanischen Berglandes. Sie setzen sich zusammen aus den in den nördlichen Ketten der Sierra Madre Occidental lebenden Opata, Tarahumara (50000) und Tepehuan und den im heißen Küstenvorland von Sonora und Sinaloa siedelnden Cáhita (Yaqui [21000] und Mayo [30000]). Bis auf die Yaqui und Teile der Tarahumara haben die nordwestmexikanischen Stämme weitgehend ihre indianische Identität verloren und sind in der Masse der mexikanischen Mischlingsbevölkerung aufgegangen. Die Yaqui, die früher die zahlenmäßig größte Gruppe bildeten, sind vor allem nach der mexikanischen Revolution weit verstreut worden (nach Yucatán, Baja California, Arizona), so daß die heute in ihrem alten Stammesland noch lebenden 15000 Yaqui nur einen Rest der ursprünglichen Bevölkerung darstellen.

Die jüngste indianische Bevölkerungsschicht, die, ursprünglich aus dem Norden stammend, ab etwa 1300 n. Chr. in den Südwesten einwanderte und das weite Steppenland zwischen den seßhaften Bodenbauern einnahm, besteht aus (Süd-)Athapasken. Sie haben sich vor vielen hundert Jahren von ihren Sprachverwandten, den Nord-Athapasken im heutigen Nordwestkanada, getrennt und sind am Ostrand des Felsengebirges entlang nach Süden gewandert, wo sie archäologisch als Dismal River-Kultur im zentralen Plainsgebiet noch im 15. Jahrhundert nach Christi nachgewiesen worden sind. Man teilt die Süd-Athapasken in die Navajo (Navaho), die mit über 160000 Menschen heute die größte indianische Bevölkerung Nordamerikas stellen, und in die verschiedenen Apachestämme. Während einzelne Gruppen der Navajo, die in unabhängigen Lokalgruppen und nicht in einem integrierten Stamm lebten, schon in voreuropäischer Zeit von den Pueblo-Indianern den Bodenbau übernahmen und teilweise seßhaft wurden, später dann vor allem die von den Spaniern eingeführten europäischen Haustiere ihrer Wirtschaft eingliederten und bald als Viehzüchter Erfolge zu verzeichnen hatten, verharrten vor allem die westlichen Apache bis zu ihrer endgültigen militärischen Besiegung durch amerikanische Truppen im Jahre 1886 in ihrer alten Wildbeuterwirtschaft als Jäger und Sammler. Sie übernahmen zwar von den Spaniern das Pferd und konnten dadurch ihre Mobilität erhöhen und ihre Jagd- und Sammelgründe beträchtlich erweitern – auch konnten sie sich zu größeren Verbänden vereinigen und so die amerikanischen und mexikanischen Truppen über viele Jahrzehnte hinweg erfolgreich bekämpfen –, aber sie haben im Grunde nie ihr altes Wildbeutertum aufgegeben und eine andere Produktionsweise entwickelt oder übernommen. Zu den Westlichen Apache gehören die verschiedenen Banden der heutigen White Mountain- und San Carlos-Apache (Cibecue, Tonto u. a.); auch die Chiricahua, die noch etwa 10 000 Köpfe zählen, werden häufig zu den Westlichen Apache gerechnet. Die Östlichen Apache setzen sich aus den Jicarilla (2300), Mescalero (1500) und Lipan (500) zusammen, die in getrennten Reservaten in New Mexico und Texas untergebracht sind. Die Apache bewohnen die höher gelegenen Bergländer des Südwestens, wo sie gegenwärtig einen relativ ertragreichen Ackerbau mit Viehhaltung betreiben.

Alle Indianer des Südwestens, mit Ausnahme der in Mexiko lebenden Stämme, wohnen auf Reservaten, von den teilweise in die Städte abgewanderten bzw. auch weiterhin abwandernden natürlich abgesehen. Deren Zahl wächst ständig, so daß sie heute einen Großteil der indianischen Bevölkerung Nordamerikas bilden. Die auf den Reservaten lebenden Indianer sind, im Vergleich zu vielen anderen indianischen Gruppen Nordamerikas, sehr viel selbstbewußter und stolz auf ihre indianische Rassenzugehörigkeit. Dazu trägt nicht zuletzt mit bei, daß sie es verstanden haben, ihre traditionelle Kultur in größerem Umfange als in anderen Gebieten Nordamerikas – nicht zuletzt auch begünstigt durch ihren kargen Lebensraum, der den Weißen wirtschaftlich wenig ergiebig schien und ihnen deshalb gelassen wurde – zu erhalten und trotz mancher Fährnisse bis in die Gegenwart zu retten. In besonderem Maße trifft dies auf die Pueblo-Indianer zu, die immer schon ein höheres Kulturniveau als die Nichtseßhaften aufwiesen und offenbar auch die Kraft besitzen, dem ungeheuren Druck der anglo-amerikanischen Zivilisation besser standzuhalten.

Lebensunterhalt: Der Kampf ums Wasser

Im folgenden Abschnitt sollen die verschiedenen Formen der traditionellen Subsistenzwirtschaft, die bereits mehrfach erwähnt wurden, eingehender besprochen und typisiert werden. Auch hierbei gilt wieder, daß zunächst ausschließlich die traditionellen Produktionsweisen behandelt werden.

Die autochthonen Wildbeuter waren spezialisierte Sammler, die den Hauptteil ihrer Nahrung aus wild wachsenden Pflanzen gewannen. In der Desert standen an erster Stelle die Mesquite-Bohnen (Prosopis juliflora), wie die kleinen Körner der Schoten der Mesquite-Bäume genannt wurden. Nahrung boten auch die zahlreichen Kaktusfrüchte und Agavewurzeln. Von Bedeutung waren ferner die Samenkörner zahlreicher Wildgrasarten. Die Körner wurden mit Manos, d.h. Handreibsteinen, auf Felsplatten oder flachen Mahlsteinen (metates) zu Mehl zerrieben und dann zu Brei, Suppe oder »Brot« weiterverarbeitet. Die Agavewurzeln dünstete man in Erdöfen. Eine weitere wichtige Wildfrucht, die auch von den Mais anbauenden Pueblo-Indianern genutzt wurde, war die Pinyon-Nuß (Pinus edulis), die in den höheren Lagen des Colorado-Plateaus oft in großen Mengen zur Verfügung stand. Die seßhaften Bodenbauer wußten viele Wildfrüchte als Zusatzkost durchaus zu schätzen, so daß der Anteil der Wildpflanzennahrung bei den Bodenbauern nicht unbeträchtlich war. Bei den in der Desert lebenden Stämmen waren die in den heißen Sommermonaten reifenden Kaktusfrüchte sehr begehrt. Die Papago ziehen auch heute noch während der Hauptreifezeit dieser Kaktusfrüchte, insbesondere des Saguaro und des Pitahayo, für mehrere Wochen in die Kakteen-»wälder«. Hier schlagen sie ihr Lager auf, sammeln die süßen und saftigen Früchte, essen sie an Ort und Stelle oder verarbeiten sie zu Sirup oder Wein. Ihr hoher Zuckergehalt macht die Kaktusfrüchte für die Indianer zu einem begehrten Obst, und auch der frische Fruchtsaft ist in der heißen Jahreszeit ein über-

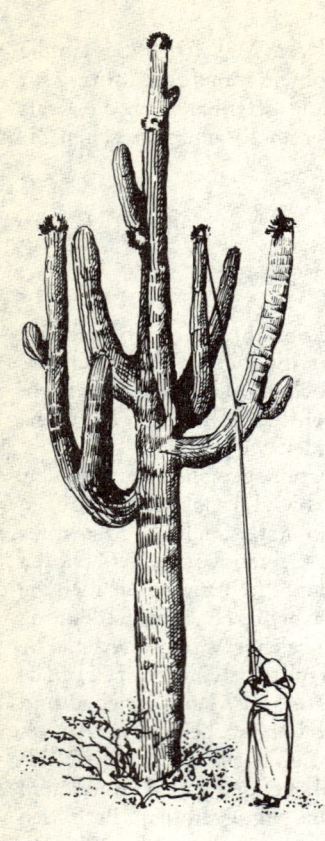

Papago bei der Saguaro-Ernte in Südwestarizona

aus angenehmes Getränk. Vor allem für die Wildbeuter Baja Californias, für die Wüsten-Papago Südarizonas und für die Seri Sonoras, die am Rande des Existenzminimums lebten, war die Kaktusfruchternte die schönste Zeit des Jahres, so daß man, wie Jacob Baegert, ein Missionar des 18. Jahrhunderts, berichtet, »nicht sagen konnte, wer dieser oder wer jener, den ich sonst wie meinen Bruder kannte; also war der ganze Leib, absonderlich das Angesicht von lauter Pitahajas aufgeschwollen.«

Eine lokale Besonderheit war der Seeschildkrötenfang bei den Seri. Auf großen, zu drei langen Wülsten verbundenen Schilfrohren fuhr man weit in den Golf von Kalifornien hinaus und erlegte mit einfachen Harpunen die bis zu 100 kg schweren

Schildkröten. Ihre großen Panzer dienten früher (auch) zum Abdecken der flachen runden Windschirme.

Die Jagd auf Landwild als die zweite Komponente des Wildbeuterlebens war vielfach nur von untergeordneter Bedeutung, weil jagdbares Wild in den Trockengebieten des Südwestens nicht in größeren Mengen vorkam. Man jagte in den Bergen vor allem den Hirsch, in der Steppe die Antilope und den großen amerikanischen Hasen (jack rabbit, Lepus-Arten). Bei den östlichen Stämmen, den Mescalero- und Lipan-Apache sowie bei den nördlichen Rio-Grande-Pueblo spielte früher die Bisonjagd auf den südlichen Plains eine große Rolle.

Wie in allen Trockengebieten der Erde ist auch im Südwesten die Frage der Wasserversorgung für die hier lebenden Menschen von größter Bedeutung. Während für die Wildbeuter lediglich Trinkwasser beschafft zu werden brauchte, das entweder an versteckten Wasserstellen oder an Wasserläufen zur Verfügung stand, benötigten die seßhaften Stämme für ihren Bodenbau größere Mengen des kostbaren Nasses, um die Felder nach der Aussaat mit der notwendigen Feuchtigkeit zu versorgen. Die Verfügbarkeit von Wasser ist also auf das engste mit dem Bodenbau verknüpft. Dieses Problem wurde von den prähistorischen Bewohnern des Südwestens bereits in vielfacher und hervorragender Weise gelöst, so daß bereits vor rund zweitausend Jahren im Südwesten ein intensiver Bodenbau betrieben werden konnte.

Die verschiedenen Bewässerungstechniken der vorgeschichtlichen Bewohner des Südwestens sind im wesentlichen bis in die Gegenwart die gleichen geblieben. Man kann drei Formen der Feldbewässerung unterscheiden, die natürlich auch kombiniert vorkommen und je nach den lokalen topographischen Verhältnissen angewendet werden:

1. Kanalbewässerung
2. Überschwemmung und
3. Sturzwasserfeldbau.

Der letztere tritt häufig kombiniert mit kleinen Reservoir- und Kanalsystemen auf.

Das ausgedehnteste Kanalbewässerungssystem besaßen die Pima von Zentralarizona. Es erstreckte sich über mehr als hundert Kilometer und bestand aus einigen Hauptkanälen sowie zahlreichen kleinen Nebenkanälen. Bereits in prähistorischer Zeit, wahrscheinlich schon lange vor Christi Geburt, wurden hier Kanäle zur Feldbewässerung angelegt. Das Kanalsystem von Snaketown, einer Siedlung der prähistorischen Hohokam in der Nähe des heutigen Phoenix, erreichte eine Gesamtlänge von 200 km. Die Hauptkanäle waren bis zu 10 Meter breit und bis zu 3 Meter tief. Da der Gila River und sein Nebenfluß, der Salt River, das ganze Jahr über Wasser führten, war hier also eine kontinuierliche Feldbewässerung größeren Umfanges möglich. Warum die historischen Pima im Niveau ihrer materiellen Kulturentwicklung nicht an ihre Vorfahren, die prähistorischen Hohokam, heranreichen, hat bisher noch keine einleuchtende Erklärung gefunden. Doch scheint es sich hierbei um ein allgemeines Phänomen zu handeln, das für zahlreiche prähistorische nordamerikanische Kulturen zutrifft, deren hoher Stand auf technologisch-handwerklichem Gebiet ab 1400, also schon vor Ankunft der europäischen Eroberer, deutliche Degenerationserscheinungen aufweist. Das trifft insbesondere auf die hochentwickelten Kulturen des unteren Mississippitales und auch auf die formativen Südwestkulturen der Anasazi und Hohokam zu.

Mit Hilfe der Kanalbewässerung gelang es den Pima am Gila River, sogar eine zweite Ernte einzubringen. Während für die Spätsommerernte die kurzen Sommerregen ausreichten, mußten die Felder im niederschlagsarmen Frühjahr aus den Kanälen bewässert werden. Trotz der insgesamt reichlichen Ernteerträge von kultivierten Pflanzen betrug bei den Pima der Anteil an Wildpflanzennahrung immerhin noch nahezu 40 Prozent der Gesamtnahrung, eine Tatsache, die durchaus nicht aus dem Rahmen der indianischen Bodenbaukulturen Nordamerikas fällt. Bei den in der sonorischen Wüste lebenden Papago, wo die Wasserverhältnisse noch wesentlich ungünstiger waren, weil hier eine Kanalbewässerung wegen des Fehlens perennierender Flüsse nur gelegentlich betrieben werden konnte, erreichte der Anteil der Wildpflanzennahrung sogar 75 Prozent.

Das zweite Gebiet, in dem die Kanalbewässerung eine entscheidende ökonomische Rolle spielte, ist das obere und mittlere Rio-Grande-Tal von New Mexico, das von den östlichen Pueblo-Indianern bewohnt wird. Auch hier wurde der Fluß zunächst durch Hauptkanäle angezapft und dann in Seitenkanälen auf die Felder geleitet, wobei ein eingespieltes Team die Verteilung der Wassermengen vornahm. Während in Zentralarizona diese Form des Bewässerungsfeldbaus von den Indianern kaum noch betrieben wird, existiert sie im Tal des Rio Grande noch heute. Einem »ditch boss« obliegt die Überwachung der Kanäle, die im Frühjahr, ehe das Schmelzwasser kommt, mühsam vom Schlamm gereinigt werden. Nach genau eingeteiltem Schema wird dann das Wasser den einzelnen Parzellen zugeleitet. Eine spezielle, mit der Kanalbewässerung beschäftigte Gruppe ist für alle Fragen der Organisation zuständig und trägt für die Instandhaltung des lebenswichtigen Wasserversorgungssystems die Verantwortung. Zwei Ernten sind allerdings hier auf dem über 2000 m hohen Land wegen der langen Frostperiode nicht möglich.

Wesentlich komplizierter und zugleich weniger effektiv war der Regenfeldbau, hier Sturzwasserfeldbau genannt, der von den westlichen Pueblo-Indianern des südlichen Colorado-Plateaus betrieben wurde. Zwar legte man, wo immer es möglich war, auch kleine Wasserreservoirs mit kurzen Kanälen an, aber die Frage der Wasserversorgung stellte hier Aufgaben, die nur auf eine ganz andere Art und Weise zu lösen waren. Zunächst muß festgehalten werden, daß das Wohngebiet auf dem Plateau nicht von perennierenden Flüssen durchzogen wird und daß die jährlichen Niederschlagsmengen nur selten 250 mm im Durchschnitt erreichen, so daß weder eine Kanalbewässerung noch ein einfacher Regenfeldbau möglich sind. Hinzu kommt, daß die Niederschläge meist in Form von kurzen heftigen Gewittergüssen auftreten, die der ausgedörrte Boden nicht so schnell absorbieren kann. Die Technik der westlichen Pueblo-Indianer bestand nun darin, kleine Regenrinnen, die heute den spanischen Namen Arroyo tragen, auszunutzen, die das abfließende Regenwasser über die leicht geneigte Plateaufläche, die Mesa genannt wird, in tiefer gelegene Täler leiten. An der Einmündung der Arroyos breitete sich das Wasser dann fächerförmig aus und versickerte rasch in dem lockeren Alluvialboden. Diese Teile des Talabschnittes empfingen somit eine größere Wassermenge, und hier legten die Indianer ihre kleinen Felder an. Um das herabschießende Regenwasser aufzuhalten und die jungen Pflanzen vor einer Verschlammung zu schützen, errichteten sie kleine Steinmauern, die die Wucht des Wassers auffingen und verteilten. Der Sturzwasserfeldbau (floodwater farming) wird in dieser Art noch heute von den Hopi und Navajo betrieben. Voraussetzung zu einem erfolgreichen Sturzwasserfeldbau war und ist eine genaue Kenntnis des Terrains und der örtlichen Niederschlagsverhältnisse. Etwa 75 Prozent aller Hopi-Felder wurden auf diese Weise mit Wasser versorgt. Der einfache Regenfeldbau ohne Zuhilfenahme irgendwelcher Techniken war nur in wenigen Landschaften des Südwestens möglich. Auf leicht geneigten Flächen behalf man sich dann mit kleinen Terrassen, um eine Bodenerosion zu verhindern.

Eine völlig andere Bewässerungstechnik hatten die Stämme am unteren Colorado entwickelt. Ähnlich wie im ägyptischen Niltal trägt der Colorado River im Frühjahr mit seinem Schmelzwasser große Mengen fruchtbaren Schlammes mit sich, der fast die gesamte schmale Talsohle bedeckt. Noch lange nach Abfluß des Wassers behält der Boden genügend Feuchtigkeit, um die gesäten Pflanzen zur Reife zu bringen, zumal auch der Grundwasserspiegel hier nicht stark absinkt. Da das Frühjahrshochwasser ziemlich regelmäßig einsetzt, konnte die Aussaat genau geplant werden.

Eine ähnliche Form des Überschwemmungsfeldbaus wurde an den Unterläufen des Rio Yaqui, Rio Fuerte und Rio Mayo von den Yaqui und Mayo in Nordwestmexiko betrieben. Erst der Bau von Staudämmen in moderner Zeit zerstörte ihre Feldbautechnik. Das fruchtbare Schlammwasser blieb aus, so daß die Indianer ihre Felder aufgeben mußten. Sie wanderten auf die Plantagen mexikanischer Großgrundbesitzer ab, die von dem Wasser der neuen Staudämme profitierten, und verdingten sich dort als billige Arbeitskräfte.

Die Hauptanbaupflanzen aller indianischen Feldbauern des Südwestens waren Mais, Bohne, Kürbis und Baumwolle; auch Tabak wurde hier schon in voreuropäischer Zeit angepflanzt. Von sämtlichen Kulturpflanzen, insbesondere vom Mais, hatten sie verschiedene Arten gezüchtet, die in jahrhundertelanger Auslese so entwickelt worden waren, daß sie mit wenig Feuchtigkeit auskamen und nur eine relativ kurze Wachstums- und Reifezeit brauchten. In Nordwestmexiko wurde auch Amaranth angebaut, und in den tiefen Schluchten der Sierra Madre Occidental gediehen subtropische Pflanzen wie Zitrusfrüchte, Bananen, Nüsse usw. Seit spanischer Zeit werden bei vielen Stämmen Weizen, Hafer, Kartoffeln und zahlreiche europäische Obstsorten angebaut. Die meisten Ethnien betrieben auch ein wenig Viehzucht; einige Stämme sind regelrechte Viehzüchter geworden (Navajo, Westliche Apache). Heute ist überall dort der Pflug verbreitet, wo der Boden eine starke Krümelung erlaubt, und selbst moderne agrarwissenschaftliche Methoden haben Eingang gefunden. In den Trockengebieten haben Brunnenbohrungen die Wasserversorgung für die anwachsende Bevölkerung einigermaßen gesichert (Papago).

Die indianischen Felder weichen in ihrem Aussehen nicht unbeträchtlich von unseren europäischen Anbauflächen ab, und zwar insofern, als die Pflanzen nicht dicht und in Reihen nebeneinander gesät, sondern in Abständen bis zu zwei Metern büschelweise angelegt werden. Mit einem Grabstock bohrt der Indianer mehrere kleine Löcher in den Boden, legt dann fünfzehn bis zwanzig Maiskörner hinein und häufelt etwas Erde darüber. Die jungen Pflanzen schützt er vor den trocken-heißen Westwinden, indem er Steine davorlegt oder die kleinen Felder ummauert. Bohnen und Kürbisse sind häufig direkt neben die Maispflanzen gesetzt. Durch das büschelweise Pflanzen wird der Boden nicht so stark ausgelaugt, und die Wurzeln der Pflanzen erhalten zugleich mehr Feuchtigkeit. Künstliche Düngung war in voreuropäischer Zeit nicht bekannt. In neuerer Zeit düngen die Tarahumara ihre Felder, indem sie sie vorher als Weideland benutzen.

Die Hauptnahrung der seßhaften Bodenbauer besteht aus Mais und Bohnen. Die Maiskörner werden mit Handreibsteinen (manos) auf steinernen Mahlplatten (metates) zu Mehl zerrieben und dann auf heißen Steinen zu papierdünnen tellergroßen Fladen (tortillas) gebacken. Dazu wird Wildbret und Gemüse gegessen. Aber auch Maisbrei ist bekannt. Brote werden erst seit der Einführung europäischer Getreidearten und des spanischen Backofens (estufa) gebacken.

Die von den Spaniern in die Neue Welt eingeführte Viehzucht hat vor allem für die Navajo eine große wirtschaftliche Bedeutung erlangt. Man kann sogar so weit gehen, die Navajo als (sekundäre) Viehzüchter zu klassifizieren, denn in keiner anderen indianischen Bevölkerung Nordamerikas spielte die Haltung und Züchtung europäischer Haustiere eine so beherrschende wirtschaftliche Rolle. An erster Stelle stand das genügsame Schaf. Aber auch Ziegen, Rinder und später Pferde gewannen für die Navajo in steigendem Maße Bedeutung. Die Tierhaltung wurde so wichtig, daß das gesamte Wertsystem der Navajo vom Tierbesitz mitbestimmt wurde und der soziale Status des einzelnen von der Größe seiner Herden abhing. Die dünne Grasnarbe in weiten Teilen des Navajolandes zwang die Indianer zu einer Art Wechselweidewirtschaft (Transhumanz): Im Winter lebten sie mit ihren Herden in den Tälern, die Schutz vor der Kälte boten, im Sommer zogen sie auf die höher gelegenen und meist auch saftigeren Weiden. Als zu Anfang dieses Jahrhunderts mit dem Anwachsen der Navajo-Bevölkerung auch der Viehbestand beträchtlich zunahm und riesige Mengen von Tieren gehalten wurden, die keinerlei ökonomischen Nutzen mehr besaßen, drohte die dünne Grasnarbe völlig zerstört zu werden. Die amerikanischen Behörden zwangen deshalb die Navajo, einen großen Teil ihrer Herden gegen Prämien zu schlachten oder zu verkaufen. Seither spielt die Viehzucht, auf diese Weise gezwungenermaßen reduziert, keine beherrschende Rolle im Leben der Navajo mehr, wie sie es zu Anfang des 20. Jahrhunderts noch tat.

Neben den Navajo waren es vor allem die Westlichen Apache sowie die Papago, die seit Anfang des 20. Jahrhunderts Rinder- und Pferdezucht betrieben. In den Bergen Ostarizonas gibt es gute Weidegründe, und um diese mußten die Apache hart kämpfen, ehe sie ihnen von den amerikanischen Ranchers zurückgegeben wurden. Auf der Papago-Reservation dagegen stellten sich andere Schwierigkeiten; hier waren erst Brunnen zu bohren, damit das Vieh in ausreichendem Maße getränkt werden konnte. Auch die meisten Pueblo-Indianer hielten Vieh, doch hat die Viehhaltung nur in Acoma und Laguna eine größere wirtschaftliche Bedeutung erlangt.

Vor allem die nordwestmexikanischen Stämme haben den europäischen Ackerbau mit Viehhaltung anstelle des traditionellen Bodenbaus mit Grabstock und Hacke übernommen. Während in den höheren Lagen der Sierra Madre Occidental nur auf kleinen Terrassen gearbeitet werden kann, sind die Felder in den tiefer gelegenen flachen Tälern ganz nach europäischer Art angelegt.

Materieller Kulturbesitz: Vom Windschirm zum mehrstöckigen Lehmziegelhaus

Im materiellen Kulturbesitz spiegelt sich der Unterschied zwischen den einfachen nomadischen Wildbeutern einerseits und den hochentwickelten Bodenbauern andererseits besonders wider. Jedoch ist in den vielen Jahrhunderten des Kontaktes zwischen den beiden Gruppen eine Reihe von Kulturelementen von der einen auf die andere übertragen worden, so daß das klare Bild, das zwei so unterschiedliche Kultursysteme – auch und vor allem im gesellschaftlichen und kultischen Bereich – an und für sich liefern, nicht unerheblich verwischt worden ist. So haben im Laufe der Zeit die Nomaden töpfern und andere handwerkliche Fertigkeiten erlernt, die sonst nur von den Seßhaften ausgeübt werden, wenn die Produkte dieser allmählich erworbenen Fertigkeiten in ihrer Qualität auch nicht mit jenen der höher entwickelten seßhaften Kulturen zu vergleichen sind. Die ökonomischen Grundlagen, die solche Übertragungsprozesse erforderten (wenigstens teilweise Seßhaftigkeit), waren insofern gegeben, als entweder in vorspanischer Zeit die Nomaden bereits einen marginalen Bodenbau betrieben, oder – in der frühen Kolonialzeit – von den Europäern bestimmte Techniken und Kenntnisse übernommen worden waren, die eben solche Verschiebungen an der Subsistenzbasis zur Folge hatten, z. B. Einführung von domestizierten Tieren.

Wenn wir jetzt zunächst einmal von diesen in der europäischen Kolonialzeit erfolgten Übertragungen absehen, so ergibt sich für die vorspanische Zeit in etwa das folgende Bild:

In allen Stämmen des Südwestens, bei Nomaden wie Bodenbauern, war die Korbflechtkunst hoch entwickelt; denn man brauchte Körbe von verschiedener Größe und Form zum Einsammeln und Aufbewahren von Wildfrüchten ebenso wie von angebauten Getreidefrüchten. Korbwaren wurden (wie in Kalifornien) auf zweierlei Art hergestellt: in Spiralwulsttechnik, die gleiche, in der man auch die meisten Tontöpfe fertigte, oder in der sogenannten Doppelfadentechnik, die im Prinzip der Weberei entspricht.

Als einziges Kulturareal kannte der Südwesten schon in vorspanischer Zeit die echte Weberei. Die Pueblo-Indianer bauten seit über tausend Jahren Baumwolle (Gossypium hopi) an. Nach der Einführung des Schafes durch die Spanier entwickelten dann die Navajo, die inzwischen die Technik des Webens von den Pueblo erlernt hatten, die Deckenweberei. Dieser Handwerkskunst sollen am Ende des Kapitels noch einige Worte gewidmet werden.

Die Töpferei, von jeher ein charakteristisches Merkmal fast aller seßhaften neolithischen Kulturen, ist schon seit dem ersten Jahrtausend v. Chr. im Südwesten bezeugt und tritt im Bereich der prähistorischen Pueblo-Kultur (Anasazi-Traditon) ab etwa Christi Geburt mit einer eigenständigen Keramik (schwarz auf weiß, dann auch polychrom) in Erscheinung. Man kann die Entwicklungsphasen dieser Töpferkunst – nicht nur bei den Anasazi, doch hier in absolut-chronologischer Datierung (Baumringdatierung von Holzbalken) – genau verfolgen und hat danach die gesamte Kulturgeschichte des Südwestens eingeteilt. Natürlich werden die einzelnen Entwicklungsstufen auch noch durch andere wichtige Erfindungen charakterisiert wie z. B. die oberirdische Architektur mit den wabenförmigen Häuserblöcken. Den offenbar höchsten Entwicklungsstand in prähistorischer Zeit weisen die Südwestkulturen, von denen die noch lebenden Kulturen der Gegenwart ganz unbestreitbar abstammen, zwischen 1100 und 1300 n. Chr. auf. Diese Zeitspanne gilt als ihr Klassikum. Gegenüber dem Klassikum der mesoamerikanischen Kulturen ergibt sich dadurch eine Zeitverschiebung von einigen hundert Jahren, denn die klassische Phase endet in Altmexiko bereits im 9. Jahrhundert n. Chr. Es ist gut, sich dieses chronologischen Problems bewußt zu werden, weil sich im Südwesten (vor allem in der prähistorischen Hohokam-Tradition Zentralarizonas) zahlreiche Kulturerscheinungen finden, die zweifellos ihren Ursprung im hochkulturellen Mesoamerika haben. Ich werde im folgenden gelegentlich auf solche Übereinstimmungen hinweisen.

Die Behausungen der schweifenden Wildbeuter waren einfache Windschirme (bei den Apache »wickiups« genannt), die gelegentlich auch mit Erde abgedeckt wurden. Neben diesem kleinen kegelförmigen Bau kannten die Navajo den geräumigeren Hogan, der achteckig und ähnlich wie ein Blockhaus konstruiert war, ein kuppelförmiges Dach besaß und ebenfalls mit Erde angeschüttet wurde.

Die seßhaften Pima und Papago errichteten sich dagegen kastenförmige Häuser, die aus Flechtwerk, das sie mit Lehm füllten, oder aus Trockenlehmziegeln (adobes) bestanden. Ähnliche Behausungen waren auch bei den Coloradotalstämmen üblich. In den heißen Sommermonaten hielt man sich in einfachen Laubhütten (ramadas) auf, die Schutz vor der glühenden Sonne boten.

Eine von den beschriebenen Beispielen völlig verschiedene Architektur trifft man bei den Pueblo-Indianern an. Sie fanden es, wohl primär aus Verteidigungsgründen, zweckmäßig, einzelne kastenförmige Hauseinheiten, die entweder aus Steinen mit Mörtelverputz oder (im Osten) aus Lehmziegeln bestanden, zu langen Häuserzeilen oder gar mehrstöckigen Häuserkomplexen zusammenzufügen. Diese neben- und übereinander gebauten Einhausdörfer, die terrassenförmig gelegentlich bis zu fünf Stockwerken ansteigen konnten (Taos-Pueblo), sind einzigartig im indianischen Nordamerika und bezeugen wiederum den ho-

Taos-Pueblo, Nordhälfte des Dorfes

hen technologischen Stand dieser Kultur. Der Einstieg in ein Pueblo-Haus erfolgte durch eine Dachluke, die über eine Leiter zu erreichen war. Bei einem Angriff zog man die Leitern (ursprünglich aus gekerbten Baumstämmen gefertigt) einfach hoch. Da die Häuser keine Fenster besaßen, glichen sie Festungen. Die Hauskomplexe waren früher um einen Versammlungsplatz (Plaza) angeordnet, der den Mittelpunkt des Dorfes bildete. Heute ist diese strenge Architektur aufgegeben. Die Siedlungen sind nicht viel mehr als Agglomerationen neben- und übereinander gebauter Räume, und das Einzelhaus amerikanischen Stils ist auch hier am Vordringen. An kultischen Bauten seien die Schwitzhütten der nomadischen Stämme und die Kivas, die runden oder rechteckigen Zeremonialkammern der Pueblo-Indianer, erwähnt. Tempelbezirke mit Pyramiden oder heilige Ballspielplätze sind aus der prähistorischen Hohokam-Tradition bekannt. In manchen Pueblos gibt es Großkivas, die den Moieties als Versammlungsorte dienen, andere Pueblos haben mehrere kleinere Kivas, in denen die Medizinbünde ihre Zeremonien abhalten.

Das Mobiliar bei den Seßhaften ist einfach: Aus Lehmplattformen wurden Bänke gebaut, die an den Wänden entlang liefen und mit Fellen und Decken gepolstert wurden. Die Pueblo kannten darüber hinaus kleine dreibeinige Hocker. Zum Haushalt gehörten Körbe, Tongefäße, Reibschalen (metates), Kürbisschalen, Holzlöffel. An Kleidung wurden im Sommer von den Männern Durchziehschurze, von den Frauen Hüftröcke getragen; bei den Wildbeutern bestanden diese aus Leder, bei den Seßhaften aus Baumwolle. Zu den Hüfttüchern trugen die Pueblo-Indianer häufig auch einen hemdartigen Poncho. In der kalten Jahreszeit wurde die Kleidung durch Fellmantel und Ledergamaschen ergänzt. Die Frauen trugen ein weites togaähnliches Gewand Lederponchos waren auch den Apache bekannt.

Eine Besonderheit war die Weberei von Decken, die vor allem im 19. Jahrhundert von den Navajo zu höchster Blüte entwikkelt wurde. Aus selbstgefärbter Schafwolle (die Farben wurden aus Vegetabilien oder Mineralien gewonnen) entstanden zwischen 1850 und 1875 überaus schöne Decken, die in billiger Ausführung und mit Anilinfarben gefärbt heute nachgeahmt werden und als Touristenware hoch begehrt sind.

Als Schmuck diente die Gesichtsbemalung (so bei den Yuma, Mohave, Seri, Navajo), daneben schätzte man Halsketten und Ohrschmuck, der aus Türkis, Muscheln und Jett hergestellt wurde. Seit der spanischen Zeit wurden auch mexikanische Silbermünzen verarbeitet, die man punzte, sägte oder goß.

Soziale Umwelt: Dorfgemeinschaft und Nomadenlager

Bei der folgenden Darstellung der sozialen Verhältnisse muß man sich bewußt sein, daß trotz der starken äußerlichen Kontinuität der traditionellen indianischen Kultur das heutige Bild in vieler Hinsicht von dem ursprünglichen abweicht. Zu stark sind durch den Kontakt der verschiedenen indianischen Bevölkerungen untereinander (Athapasken – Pueblo) und durch den Einfluß der spanischen Eroberer und der amerikanischen Administration die traditionellen Strukturen verändert und nivelliert worden. Das trifft insbesondere für die westlichen Süd-Athapasken zu, die durch die Symbiose mit den westlichen Pueblo-Gruppen einige wesentliche Züge, z. B. in der Ökonomie (Bodenbau) oder in der Verwandtschaftsrechnung, von ihren seßhaften Nachbarn übernommen haben. Offenbar setzte der Nivellierungsprozeß bereits mit der Ankunft der Athapasken ein; er verstärkte sich unter dem Druck spanisch-mexikanisch-angloamerikanischer Herrschaft und der damit einhergehenden langsamen, aber stetigen Veränderung der ursprünglichen ökonomischen Verhältnisse. Es soll dennoch der Versuch unternommen werden, die alten Strukturen, die während der ersten Kontaktzeit existierten und in manchen Gemeinschaften auch heute noch wenigstens teilweise lebendig sind, zu beschreiben.

Die gesellschaftlichen Verhältnisse der nicht-athapaskischen Wildbeuterbevölkerung dürfen als charakteristisch für alle Jäger und Sammler des Westens gelten. Die Verwandtschaftsrechnung war bilateral, mit leichter Präferenz der väterlichen Seite. Die Wohnsitzregelung war transitorisch, bis zur Geburt des ersten Kindes zunächst uxori-matrilokal, dann neolokal. Obwohl Polygynie und Polyandrie vorkamen, waren diese beiden Formen der Polygamie doch wegen der nomadischen Lebensweise selten. Bevorzugt war die Kreuzvetternbasenheirat (s. Glossar).

Die Athapasken, die wir als jüngere Wildbeuterschicht bezeichnet haben, zeigen in ihren östlichen Gruppen (Mescalero, Jicarilla, Lipan) ebenfalls ein bilaterales Verwandtschaftssystem mit Lokalgruppenorganisation. Die westlichen Süd-Athapasken dagegen (Westliche Apache, Chiricahua, Navajo) bevorzugten eine matrilineare Abstammungsrechnung, meist kombiniert mit uxori-matrilokaler Wohnsitzregelung, d. h. das junge Paar lebte bei der Mutter der Braut. Daraus ergibt sich eine Klanorganisation, die aus Matriklanen, die exogam waren, bestand. Oft schlossen sich auch mehrere Klane zu größeren Klanverbänden zusammen, die in der einschlägigen Literatur als Phratrien bezeichnet werden. Daß die Klanorganisation in diesen Gruppen noch recht jung war, dafür kann als Indiz ihre geographische Nomenklatur gelten. Denn hier scheint der alte Lokalgruppencharakter, wie er bei anderen Wildbeutern vorkommt, noch deutlich durch. Die Beantwortung der Frage nach der Herkunft der maternalen Klanstruktur ergibt sich aus der Betrachtung der sozialen Verhältnisse der westlichen Pueblo-Gruppen. Offenbar ist der Kontakt zwischen den Athapasken und den Pueblo-Indianern doch erheblich enger gewesen, als man das bisher angenommen hat, denn es ist nicht sehr wahrscheinlich, daß Navajo und westliche Apache von sich aus zu einer sozialen Gliederung übergegangen sind, die ihnen ursprünglich fremd gewesen ist. Allerdings muß bedacht werden, daß die Veränderung der Subsistenzwirtschaft, die eine seßhafte Lebensweise mit sich brachte, mit dazu beigetragen haben mag, die neuen Formen zu integrieren.

Wie sieht nun die Sozialstruktur der Pueblo-Indianer aus? Zunächst einmal muß festgestellt werden, daß sie keineswegs so einheitlich ist, wie sie auf den ersten Blick erscheinen mag. Die westlichen Pueblo besaßen eine andere gesellschaftliche Ordnung als die östlichen Gruppen im Rio-Grande-Gebiet. Auf die möglichen Ursachen dieses Unterschiedes wird noch zurückzukommen sein. Stellen wir zunächst die Tatsachen fest: die westlichen Pueblo waren in exogame Matriklane organisiert, d.h. man rechnete die Verwandtschaftsbeziehungen in matrilinearer Abstammung und lebte nach uxori-matrilokaler Wohnsitzregelung. Die Klane wurden nach Tieren, Pflanzen, Naturerscheinungen oder Gebrauchsgegenständen benannt. Obwohl sie als totemistisch gelten können, weil gewisse reverentielle Beziehungen zwischen den Klanangehörigen und ihren Totems bestanden, war ihr totemistischer Charakter doch ausgesprochen schwach ausgeprägt und spielte im kultischen Leben keine besondere Rolle; auch galten die Klantotems weder als Klanvorfahren noch wurden sie tabuiert.

Sehr viel differenzierter ist das Bild der gesellschaftlichen Verhältnisse bei den Rio Grande-Pueblo. Die Keres kannten zwar (noch?) Matriklane, doch besaßen hier die Klane nicht mehr ihre (alten?) politischen und zeremoniellen Funktionen; diese wurden vielmehr von den Medizinbünden wahrgenommen. So war der Dorfhäuptling auch nicht Mitglied eines bestimmten Klanes, sondern eines bestimmten Medizinbundes, deren Mitgliedschaft im allgemeinen freiwillig war. Auch die Tano (Tewa, Tiwa, Towa) hatten, wenn man der älteren Literatur folgt, Klane. Doch handelt es sich hier nicht (mehr?) um echte Verwandtschaftsgruppen, sondern nur um Zeremonialnamen, die vom Vater oder von der Mutter geerbt wurden. Man hat den Eindruck, daß bei den Tano eigentlich nur Klannamen existieren, weil bei den häufigen Besuchen von Pueblo-Familien untereinander die Klanbezeichnungen die Herstellung freundschaftlicher Beziehungen erleichterten. Die Tano lebten in bilateralen Großfamilien mit ambilokaler Wohnsitzregelung. Bei den Tiwa von Isleta werden häufig die Geheimbünde als Klane bezeichnet.

Die maternale Organisation der westlichen Pueblo, die offenbar alten Ursprungs ist, zeigt sich auch und vor allem im Eigentumsrecht der Frauen an den Häusern und Feldern. Hier war die Hausgemeinschaft praktisch identisch mit dem Matriklan. Gemeinsam bearbeiteten die Männer eines Klanes die Felder und brachten die Ernte ein. Umgekehrt war bei den Tano des Rio-Grande-Gebietes die Zugehörigkeit eines jungverheirateten Paares zu einem bestimmten Haushalt nicht vorgeschrieben; man zog in der Regel zu dem Elternpaar, das das bessere Angebot an Land und Hausbesitz machen konnte. Aber auch hier waren die Familien integriert und arbeiteten gemeinsam auf den Feldern und im Haushalt. In »Reihenhäusern« lebten die Familien nebeneinander; erst in jüngster Zeit ist eine aufgelockerte Bauweise zu beobachten, die den allgemeinen Trend zum Wohnen im einzelstehenden Haus, auch außerhalb des Dorfkerns, erkennen läßt. Ein Haushalt der Tano war, wie bei den Klanen des Westens üblich, stets exogam, denn alle Mitglieder – auch entferntere – betrachteten sich als Verwandte.

Weitere wichtige Gruppierungen, denen allerdings überwiegend zeremonielle Funktionen zukamen, waren die bei den Pueblo des Rio-Grande-Gebietes verbreiteten Moieties oder Stammeshälften. Jeder Angehörige eines Pueblos gehörte zu einer von zwei Moieties, entweder zur Winter- bzw. Türkis-Moiety oder zur Sommer- bzw. Kürbis-Hälfte. Jede Moiety besaß eine Kiva, d. h. eine halbunterirdische Versammlungsstätte, die meist mitten im Dorf lag und zu der der Zutritt für Fremde streng verboten war – und übrigens auch heute noch ist. Die Mitgliedschaft zu einer Moiety basierte nicht oder nicht immer auf verwandtschaftlicher Zugehörigkeit; eine Ausnahme davon machte Santa Ana, wo von neun Klanen sechs der Kürbis- und drei der Türkis-Hälfte angehörten. Wenn dennoch gelegentlich von einer patrilinearen Zugehörigkeit (Patri-Moieties) gesprochen werden kann, dann erklärt sich das daraus, daß im allgemeinen der Eintritt in eine Moiety bereits im Kindesalter – zwischen sechs und zehn Jahren – erfolgte und die Zugehörigkeit des Kindes vom Vater festgelegt wurde. Prinzipiell stand jedoch jedem die Moiety- oder Kiva-Zugehörigkeit frei, so daß es gelegentlich zu einem Wechsel der Mitgliedschaft kam, wenn die Betreffenden erwachsen waren und sich aus bestimmten persönlichen Gründen der anderen Dorfgruppe anschließen wollten. Dabei spielte die Zugehörigkeit zu einem von mehreren Geheimbünden, von denen noch zu sprechen sein wird, eine gewisse Rolle; doch wäre es zu viel zu sagen, daß die Moieties sich etwa aus Geheimbünden zusammensetzten.

Die wichtigsten Aufgaben der Moieties waren:

1. Die Beobachtung des Sonnen- und Mondstandes und damit die Fixierung bestimmter Zeremonien des agrarischen Kalenders.

2. Die Organisierung und Leitung großer kommunaler Tänze und Zeremonien.

3. Die Koordinierung der Reinigungsriten, denen sich einige Geheimbünde für das ganze Dorf unterwarfen.

4. Die Koordinierung von Gemeinschaftsjagden, die von den Mitgliedern der Jagdbünde durchgeführt wurden.

5. Die Koordinierung von Kriegszeremonien, die vom Kriegerbund abgehalten wurden.

6. Die Organisierung und Leitung der Aussaat und Ernte.

7. Die Konstruktion und Instandhaltung der Bewässerungskanäle.

8. Die Instandhaltung und Konstruktion der Kivas und die Säuberung der Plazas vor den Kivas vor Beginn der kommunalen Zeremonien.

9. Die Nominierung und Einsetzung von säkularen Amtsträgern.

Die beiden Moieties lösten sich in ihren Aufgaben einmal im Jahr ab: im Winter übernahm die Winter- oder Türkis-Moiety die Führung, im Sommer wurde sie von der Sommer- oder Kürbis-Moiety wahrgenommen (Tewa-Tiwa).

Die Führungsspitze eines Pueblos bestand aus dem obersten Kultpriester, dem »Kaziken«, – eine aruakische Bezeichnung, die von den Spaniern aus Westindien übertragen worden war und die sich in New Mexico bei den Weißen als Bezeichnung für den sakralen Oberhäuptling eingebürgert hatte. Dem Kaziken standen zwei Vertreter zur Seite, von denen der eine als designierter Nachfolger galt. Alle drei waren Mitglieder eines Geheimbundes; der Kazike stammte meist aus einem bestimmten Bund, und zwar aus dem Feuersteinbund.

Die Geheimgesellschaften hatten überwiegend den Charakter von Krankenheilungs- oder Medizinbünden. Durch Gelübde, im Krankheitsfall oder durch eine Teilnahme an einer Zeremonie, jedoch immer erst nach Ablegung einer Reihe von Prüfungen konnte man bzw. mußte man Mitglied eines Geheimbundes werden.

Die Anordnungen des sakralen Dorfhäuptlings, der auf Lebenszeit gewählt wurde, mußten stets befolgt werden. Bei Ungehorsam war im extremsten Falle mit einem Ausschluß aus dem Pueblo und der Konfiskation von Land, Haus und Besitz zu rechnen. Da die Pueblo-Indianer – von schweren Verbrechen abgesehen – nicht der Gerichtsbarkeit der amerikanischen Behörden unterstehen, hatten die Betroffenen keine Möglichkeit, sich gegen solche Sanktionen zur Wehr zu setzen. Daran hat sich bis zur Gegenwart nicht viel geändert. Die Macht der Kaziken trägt erheblich dazu bei, Widerstände gegen das intakte traditionelle System zu brechen oder auszuschalten, so daß heute noch in vielen Pueblos die alte Wertordnung fortbesteht. Das trifft insbesondere für die Pueblos der Keres zu. Da die Kaziken auch die zivilen Führer, deren Ämter von den Spaniern eingeführt wurden, ernennen, haben sie faktisch die alleinige politische Gewalt in Händen. Das wird oft von den Weißen übersehen, die sich in Verwaltungsangelegenheiten stets an die offiziellen zivilen Amtsträger wenden.

Damit kommen wir zur Behandlung der politischen Organisation der Pueblo-Indianer des Rio-Grande-Gebietes, die nominell von einer anderen Personengruppe, die nicht mit den Mitgliedern der Bünde oder Moieties identisch ist, getragen wird. Da es keine, allen Pueblos übergeordnete politische Zentralinstanz gibt, ist jedes Pueblo ein unabhängiger politischer Verband mit eigener Führungsspitze. Im Zuge ihrer Eroberung gründeten die Spanier in den meisten Pueblos Missionen. Seit Beginn des 17. Jahrhunderts schufen sie in allen Pueblos neue· politische Ämter, die sie mit ihnen genehmen Personen besetzen zu können glaubten. Dadurch sollten die politische Abhängigkeit der Indianer und der Erfolg der Christianisierung abgesichert werden. Das höchste zivile Führungsamt ist das des Gouverneurs (Gobernador). Seine Stellvertreter sind die Kriegshäuptlinge (Capitanes de la guerra). Zu den neuen Amtsträgern gehörten ferner ein Sakristan, die Mayordomos und die Fiscales. Der Gouverneur ist Repräsentant des Pueblos nach außen. Sein Stellvertreter (Lieutenant Governor, – wie er heute genannt wird), vertritt ihn bei Abwesenheit oder Krankheit und gilt als sein designierter Nachfolger. Die Kriegshäuptlinge hatten die Aufgabe, für Recht und Ordnung zu sorgen und die Anordnungen des Kaziken, also des traditionellen Dorfoberhauptes, auszuführen. Sie waren damit zugleich sowohl Vertreter des traditionellen Systems als auch der säkularen Gewalt. Wie ihre Amtsbezeichnung verrät, waren sie früher die Anführer der Krieger im Kampfe gegen feindliche Indianer. Der Sakristan war der Helfer des spanischen Priesters der Mission; die Fiscales trugen die Verantwortung für die Angelegenheiten der Mission. Die Mayordomos beaufsichtigten die Bewässerungsanlagen.

Diese Regierungsbeamten neuer Art wurden und werden auch heute noch jährlich vom traditionellen Dorfoberhaupt, dem Kaziken, ernannt. Im Falle der Kriegshäuptlinge handelt es sich lediglich um eine Bestätigung von Personen, die bereits im traditionellen politischen System ihre Aufgaben besaßen. Zu

Beginn ihrer Kolonialherrschaft hatten die Spanier dieses System auch bei den westlichen Pueblo-Indianern eingeführt; dort ist es jedoch inzwischen völlig verschwunden. In Zuni dagegen ist die Stellung des Gouverneurs und seines Stellvertreters im Stammesrat heute von großer Bedeutung. Solche Stammesräte, wie sie von den Anglo-Amerikanern bei vielen Stämmen eingeführt wurden und deren Vertreter man wählt, gibt es neuerdings vor allem im westlichen Pueblo-Gebiet: bei den Hopi, Zuni, aber auch in Laguna, Isleta und in Santa Clara. Sie gewinnen zusehends an Bedeutung und verdrängen langsam die traditionelle Führung aus der politischen Verantwortung. Überall, wo solche gewählten Amtsträger ihre Macht ausüben, hat eine Trennung von religiösen und säkularen Funktionen begonnen. Bei den Hopi, wo es sogar einen Stammesrat anstelle mehrerer Dorfräte gibt, sendet jedes Dorf seine Repräsentanten, je nach der Zahl der Dorfbewohner, in den gemeinsamen Rat; der Stammesvorsitzende wird als »Chairman« bezeichnet. Bei den Rio-Grande-Pueblo ist die Bezeichnung Governor beibehalten worden. Neu hinzugekommen sind Amtsbezeichnungen wie Sekretär und Schatzmeister, aufgegeben dagegen die des Fiscales, Sakristans und des Mayordomos, weil sie in die heutige säkulare Organisation nicht passen und im Falle der Mayordomos die mit dem Titel verbundene Aufgabe, die Überwachung der Bewässerungssysteme, weitgehend an Bedeutung verloren hat; ein »ditch boss«, der vom Stamm angestellt ist, versieht heute diese Arbeit. Es gibt außerdem eine Reihe von Komitees, die neue Funktionen übernommen haben, z.B. ein Erziehungskomitee.

Auch die nomadischen bzw. halbnomadischen Navajo und Apache kannten in vorspanischer Zeit in der Regel keine Zentralgewalt, sondern lebten in politisch autonomen Lokalgruppen. Erst nach ihrer Einweisung in Reservate durch die Amerikaner wurden Stammesräte gewählt, die ein Stammesratsvorsitzender leitete. Bei den schweren Kämpfen der Westlichen Apache, vor allem der Chiricahua, gegen Amerikaner und Mexikaner war es zeitweise zu größeren stammesartigen Zusammenschlüssen einzelner Lokalgruppen gekommen. Deren Führer sind nicht selten berühmt geworden, wie etwa Cochise und Geronimo. Doch war ihr Amt nicht erblich, sie galten als primus inter pares. Nach Auflösung der Kampfeinheiten waren sie nur noch Bandenführer, die allerdings zeitlebens ein hohes Prestige genossen. Auch mehrere Gruppen der östlichen Navajo schlossen sich zeitweise unter einem Führer zusammen; der bekannteste von ihnen war Manuelito.

Insgesamt gesehen waren die Machtbefugnisse der Anführer von Lokalgruppen der nicht-athapaskischen Wildbeuter (Yavapai, Walapai etc.) sehr gering. Sie konnten nach Belieben abgesetzt werden, oder man trennte sich von ihnen, wenn sie sich als unfähig erwiesen hatten. Sie waren keine Häuptlinge, sondern Sprecher von Kleingruppen. Die Lokalgruppenführer der meisten Athapasken dagegen waren als Klanälteste nicht absetzbar und besaßen ein höheres Maß an Autorität. Sie standen gelegentlich mehreren Horden als Häuptling vor. Auch heute noch spielt der Lokalgruppenführer bei den Navajo, der Natani, als religiöser Führer, der die Blessingway-Zeremonie, das wichtigste kollektive Ritual der Navajo leitet, eine von den Weißen meist unterschätzte Rolle.

Religion: Regenzauber und Krankenheilung

Es fällt auf, daß bei aller Vielfältigkeit der religiösen Vorstellungen der Völker des Südwestens der sonst unter nordamerikanischen Indianern so weit verbreitete Glaube an tierische Schutzgeister selten ist. Ein weiteres charakterisierendes Merkmal ist das breite Spektrum von Ritus und Kultus: Es liegen Welten zwischen den individuellen magisch-religiösen Praktiken der Wildbeuter Nordwestarizonas mit ihrer ausgesprochenen Ritualarmut einerseits und dem hochentwickelten, komplexen Zeremonialismus der Pueblo-Indianer andererseits. Wie in kaum einem anderen Bereich der Kultur wird der Grad der kulturellen Entwicklung so deutlich sichtbar wie in der Religion und den eng damit verbundenen Wertvorstellungen. Wenn gelegentlich auf die Nähe der mexikanischen Hochkulturen hingewiesen und damit impliziert wird, daß Einflüsse von außen eingewirkt haben, so zeigt sich doch bei eingehender Analyse immer wieder eine Entwicklung, die sich aus eigenen Wurzeln nährt. Sie gründet sich allem Anschein nach ursächlich auf der sehr prekären Form des Bodenbaues, aus der die Notwendigkeit starker gemeinschaftsbildender Kooperation der verschiedenen Gruppen, um sich gegenüber den Widrigkeiten der Umwelt zu behaupten, abgeleitet werden muß. Denn zur Existenzsicherung bedarf es nicht nur der gemeinsamen äußersten physischen

Anstrengung der Menschen im Kampf um das lebensnotwendige Wasser, sondern auch des Beistandes übernatürlicher Mächte. Ein Hopi oder Zuni verwendet mehr als die Hälfte seiner Arbeitszeit darauf, magische Zeremonien abzuhalten, die alle darum kreisen, den lebenspendenden Regen zu erbitten. Heute hat sich diese Situation geändert, da viele der jungen Indianer die Zusammenhänge von Naturgesetzen kennen. Als Folge davon haben die früher so wichtigen Regenzeremonien allgemein an Bedeutung verloren.

Der Zeremonialismus der Pueblo-Indianer kann nur unter dem Aspekt eines allgemeinen Konzeptes, das der Verbundenheit und des Zusammenwirkens aller Kräfte des Universums, verstanden werden. Denn jede zeremonielle Aktivität wird als Beitrag zur Erhaltung eines harmonischen Gleichgewichts zwischen den Kräften der Natur, von denen der Mensch ein Teil ist, betrachtet. Solange diese Zeremonien ständig und richtig durchgeführt werden, wird die Natur auch dafür sorgen, daß Mensch und Tier die lebensnotwendigen Dinge wie Nahrung und Wasser erhalten. Mensch und Natur arbeiten also gemeinsam, die universale Harmonie aufrechtzuerhalten. Und nur der Mensch kann diese Balance gefährden oder ins Ungleichgewicht bringen, indem er sich entweder nicht an den Zeremonien beteiligt, böse Gedanken hegt, Einzelheiten der zeremoniellen Kleidung vernachlässigt oder etwa ein Ritual nicht genau nach Vorschrift durchführt. Deshalb achtet man mit peinlicher Sorgfalt auf die genaue Einhaltung der jahrhundertealten Ritualvorschriften, insbesondere der Liturgie. Die Priester als Leiter der Zeremonien tragen die größte Verantwortung für Wohl und Wehe der Gemeinschaft. Wenn Trockenheit, Krankheit oder Unbilden ein Pueblo befallen, haben sie die Schuld daran zu tragen. Zugleich wird aber auch jeder Kultteilnehmer, der seinen Zeremonialanteil nicht voll geleistet hat, mit Kritik bedacht und nicht selten mit harten Sanktionen bestraft. Eine richtige Erfüllung der zeremoniellen Pflichten setzt den psychischen Zustand eines »guten Herzens« voraus, d. h. der Betreffende muß innerlich ruhig und guten Willens sein. Um diesen inneren Zustand zu erreichen, ist in der Regel eine meditative Vorbereitung erforderlich.

Hierzu gehören insbesondere Reinigungszeremonien und sexuelle Abstinenz. Neben Opfern und Gebeten einzelner stehen gemeinsame Tänze und dramatische Darstellungen mythischer Erzählungen. Hierbei überwiegen zeremonielle Handlungen magischer Art; sie prägen das Bild der Religion der Pueblo-Indianer.

Die Zeremonien werden in besonderen Kulträumen, den Kivas, vorbereitet. Letztere hat man sich als halbunterirdische, kreisrunde oder rechteckige Kammern von mitunter beträchtlicher Größe vorzustellen. Sie liegen isoliert im Zentrum des Dorfes an der Plaza. Ihr Zutritt oder besser Einstieg erfolgt von oben mit Hilfe von Leitern durch eine Dachluke. In den Kivas werden Reinigungs- und Fastenrituale abgehalten, Altäre präpariert und Gebetsstäbe geopfert, mitunter werden aber auch Tänze vor ihnen auf der Plaza aufgeführt. Bei diesen Tänzen treten zumeist maskierte Tänzer auf, die die regenbringenden Ahnengeister, die Kachinas, darstellen. In der Regel gehören die Tänzer einem bestimmten Geheimbund an. Die Mitglieder dieser Bünde oder Kultgemeinschaften setzen sich – mit Ausnahme von Zuni, wo die Mitgliedschaft in einigen Bünden in gewissen Klanen vererbt wird – nicht aus den Angehörigen bestimmter Verwandtschaftsgruppen zusammen, sondern bestehen aus Freiwilligen. Jeder konnte sich im allgemeinen seinen Bund aussuchen. War er allerdings durch eine Krankheit gezwungen, die Hilfe eines bestimmten Bundes anzunehmen, so mußte er Mitglied dieses Bundes werden; denn er hatte ja als Patient die an ihm geübten Heilpraktiken kennengelernt und durfte sie nun nicht weiter verbreiten. Außerdem mußte er an den regelmäßig stattfindenden Wiederholungsriten teilnehmen, um seine Gesundheit nicht zu gefährden. Es kam auch vor, daß jemand Mitglied mehrerer Bünde zugleich war. Generell herrscht also das gleiche Prinzip vor wie bei den Geheimbünden der Prärie-Indianer.

Die wichtigsten Aufgaben der Bünde bestehen in:

1. Krankenheilung; weshalb viele Bünde auch mit Recht Medizinbünde genannt werden.
2. Regenmagie
3. Fruchtbarkeitsmagie
4. Jagdmagie
5. Kriegsmagie
6. Clownerie

In einigen Pueblos war die Leitung bestimmter Bünde mit politischen Ämtern verknüpft, doch waren dies Ausnahmen. Bei den Hopi fehlen in jüngerer Zeit spezielle Krankenheilungs- oder Medizinbünde; vermutlich hat es sie früher aber auch bei ihnen gegeben. An ihre Stelle sind die Regenmagiebünde stärker in den Vordergrund getreten, was sich angesichts der hier vorherrschenden extrem niederschlagsarmen Verhältnisse sehr natürlich erklären läßt. Die Krankenheilungsbünde haben vor allem bei den östlichen Pueblo-Gruppen, und zwar den Keres-Pueblo, eine besondere Bedeutung. Für die nördlichen Tano waren dagegen Jagd- und Kriegsbünde wichtiger; hier an der Peripherie des südlichen Plainsgebietes gab es noch in spanischer Kolonialzeit häufig kriegerische Auseinandersetzungen mit den Bisonjägern, wenn es darum ging, zur Jagd auf die Plains zu ziehen. Schließlich noch ein Wort zu den Clownbünden. Die Clownerie war bei allen Bodenbauern des Südwestens verbreitet; sie galt als ein Mittel der sozialen Kontrolle. Unter dem Mantel tölpelhafter Kunststücke und derber Späße legten die Clowns, die ebenfalls einen Geheimbund bildeten, Verstöße gegen die öffentliche Ordnung bloß und machten die »Sünder« in aller Öffentlichkeit lächerlich.

Das Bundwesen der Pueblo-Indianer ist also – im Vergleich zu dem Bundwesen der Nordwestküsten-Indianer, der Irokesen oder der Prärie- und Plainsstämme – von erstaunlicher Komplexität. Ursache sind letztlich die lokalen ökologischen Bedingungen, unter denen sich die Pueblo behaupten mußten. Indessen läßt sich auch für den Südwesten festhalten, daß dort fast überall Krankenheilungsbünde vorkommen, die somit eine Art Basistyp aller Geheimbünde darstellen.

Jeder der zahlreichen Bünde hatte seine eigenen Rituale, besaß einen eigenen Zeremonialkalender, hatte seine eigene Priesterschaft und bewahrte in einem bestimmten Haus seine wichtigsten Paraphernalien, in einem »Bündel« zusammengeschnürt, auf. Die sogenannten Fetische bestanden aus besonderen Holz- oder Steinfiguren, in Federn gehüllten Maiskolben, bemalten Federn und ähnlichem. Die Zahl der Mitglieder eines Bundes war relativ klein und umfaßte meist nicht mehr als ein Dutzend Personen. Auch beim Medizinbundwesen trat das allgemeine Konzept der Kollektivverantwortung in Erscheinung: die Heilungsriten waren nicht, wie in anderen Gebieten Nordamerikas, individueller Natur, sondern betrafen stets die ganze Gesellschaft, die von bösem Zauber befreit oder durch prophylaktische Maßnahmen gegen Unglück und Krankheit gefeit wurde. Die Riten zielten, wie bereits eingangs vermerkt, darauf, einen die gesamte Natur umfassenden Harmonieausgleich zu bewahren: ein Teil der Natur, das in Ungleichgewicht geraten war, mußte sofort von allen Angehörigen der Gruppe wieder in die ursprüngliche Ordnung zurückgeführt werden, damit auch die Gesamtheit wieder in Harmonie, d.h. in Gesundheit und Zufriedenheit, leben konnte. Ein einzelner konnte nach dieser Vorstellung nur genesen, wenn die Allgemeinheit gesund war; und umgekehrt konnte die Allgemeinheit nur in Harmonie leben, wenn alle einzelnen Mitglieder gesund waren.

Wohl am höchsten, nicht nur im Südwesten, sondern in ganz Nordamerika, war das Kultwesen bei den Zuni entwickelt. Sie besaßen sechs esoterische Kultbünde, die mit einem Ahnenkult gekoppelt waren. Die Ahnen galten ihnen als wohlwollende Geistwesen, die die lebenden Nachkommen beschützten, ihre Ernährung sicherstellten und ihnen in allen kritischen Lebenslagen halfen. Sie kamen als regenbringende Wolken und wurden mit Gesundheit und Fruchtbarkeit identifiziert. Ihre Boten waren die sogenannten Regenmacher, die Shalako, die mit riesigen, bis zu drei Meter hohen Holzmasken ins Dorf einzogen und ihre Ankunft meldeten.

Einen etwas anderen Typus als die Geheimbünde verkörpern die Kachina-Bünde. Sie entsprechen in ihrer primären Funktion sowie in manch anderer Hinsicht dem Typ des Männerbundes, in den alle Knaben im Alter von zehn bis zwölf Jahren aufgenommen und dann zur Gemeinschaft der Erwachsenen gezählt werden. Da jeder Kachina-Bund eine eigene Kiva besitzt, in der die geheimen Initiationszeremonien abgehalten werden, ist die Anzahl der Kachina-Bünde durch die Zahl der Kivas in jedem Pueblo leicht erkennbar. Die Großkivas dagegen stellen die Versammlungsstätten von Moieties dar. Wo Frauen Mitglieder von Kachina-Bünden werden durften, waren sie von der aktiven Teilnahme an den Zeremonien ausgeschlossen (Ausnahme: Hopi); sie besorgten die Vorbereitungen.

Was aber sind nun Kachinas? Sie sind Ahnengeister, die auf den Regen und das Gedeihen der Pflanzen Einfluß ausüben. Bei den Zuni leben die Kachina auf dem Grunde des Heiligen Sees, zu dem die Zuni nach ihrem Tode gelangen. Einmal im Jahr kehren die Kachinas in ihr altes Dorf zurück und tanzen dort, indem sie als Masken ihre Träger in Ahnengeister verwandeln. Die Kachina-Tänze finden, nach geheimen Vorbereitungen in den Kivas, in einem vor der Öffentlichkeit abgeschlossenen und bewachten Gelände statt.

Im Gegensatz zu der Komplexität der magisch-religiösen und zeremoniellen Sphäre der Pueblo-Indianer, die hier nur angedeutet werden konnte, sind die Glaubensvorstellungen und der Ritualismus der Athapasken, denen wir uns jetzt zuwenden wollen, leichter überschaubar. Während sich bei den Westlichen Apache und den Chiricahua der ursprüngliche Typ athapaskischer Glaubensvorstellungen recht gut erhalten hat, sind vor allem bei den Navajo die Einflüsse aus der religiösen Welt der Pueblo-Indianer nicht zu übersehen.

Die meisten Zeremonien der Apache – und früher wohl auch der Navajo – waren der Krankenheilung gewidmet, die sich jedoch im Gegensatz zur Gemeinschaftsverantwortung der Pueblo-Indianer hier auf den einzelnen bezog. Die Riten wurden von Medizinmännern vollzogen, ähnlich wie es etwa bei den Stämmen des Großen Beckens oder in der westlichen Subarktis der Fall war. Es gab jedoch auch bei den Athapasken eine große religiöse Gemeinschaftsfeier, die Mädchenpubertätszeremonie, die in der Populärliteratur den Namen Teufelstanz trägt.

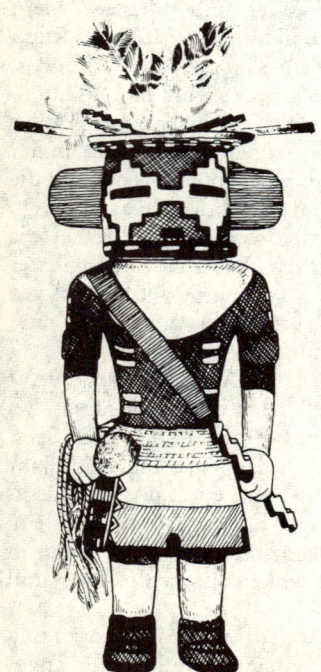

Hopi-Kachina (nach Wright 1965)

Mit diesem Initiationsritual, bei dem die Mädchen in die Gesellschaft der erwachsenen Frauen aufgenommen wurden, war gleichzeitig eine kollektive prophylaktische Zeremonie verbunden, durch die die gesamte Gemeinschaft vor dem Einfluß böser Geistmächte, die Krankheit und Unglück bringen konnten, bewahrt werden sollte. Von der langen Vorbereitungszeit abgesehen, dauerte die Zeremonie vier Tage und Nächte. Während dieser ganzen Zeit tanzten die Mimen der Berggeister, in schwarze Masken mit großen hölzernen Kopfaufsätzen gehüllt und das Schwirrholz schwingend, zu monotonem Trommelschlag. Bis heute hat sich das Ritual unverändert erhalten.

Etwas eingehender soll nun die Religion der Navajo, die bevölkerungsmäßig den stärksten Indianerstamm des Südwestens stellen, behandelt werden. Natürlich können aber auch hier nur die wesentlichen Züge hervorgehoben werden.

Wie die Pueblo-Indianer betrachten auch die Navajo das Universum als eine organische Ganzheit. Jede Störung der kosmischen Harmonie hat für sie Krankheit oder Unglück zur Folge, die nur durch bestimmte (magische) Riten abgewendet bzw. behoben werden kann. Allerdings beziehen sich bei den Navajo die Zeremonialakte nicht auf die Gemeinschaft, von der sie dann auf den einzelnen ausstrahlen, sondern sind direkt auf das Individuum ausgerichtet, dem sie Gesundheit, Glück und Erfolg verheißen. Der wohltuende und heilende Einfluß strahlt jedoch von diesem auch auf die Verwandten und die übrigen Anwesenden aus.

In der einschlägigen Literatur werden diese Riten meist als Gesänge (Chants) bezeichnet. Die Anstimmung eines Heilgesanges setzt die genaue Kenntnis der Ursache der Krankheit voraus, die zuvor ermittelt werden muß. Die Diagnose stellen Medizinmänner, die die Fähigkeit hierzu besitzen. Eine häufig angewandte Diagnosemethode besteht bei den Navajo im sogenannten Handzittern: zuerst werden auf den Körper des Patienten Maispollen gestäubt, dann auch auf den des Diagnostikers, der während dieses Vorganges bestimmte Geistwesen um Hilfe anruft. In der Folge der Sitzung beginnt die Hand des Medizinmannes willenlos zu zittern. Die Art der Bewegungen zeigt an, welcher Heilgesang angestimmt werden muß, um dem Kranken zu helfen.

Die Navajo-Chants bestehen aus Hunderten von Liedern, die voller mythischer Bezüge sind. Sie müssen wortwörtlich von einem Ritualleiter vorgetragen werden. Wichtiger Bestandteil

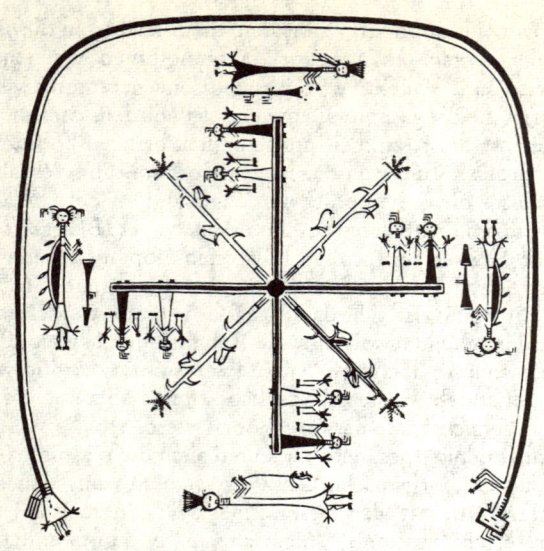

Sandbild der Navajo (Tschopik 1958)

einer Krankenheilung ist neben der Liturgie die Anfertigung
eines Sandbildes, auf das der Kranke gesetzt wird, um einen
direkten Kontakt zwischen ihm und den dargestellten mythischen Wesen, den »Heiligen Leuten« herzustellen. Jedes Zeremoniell hat ein eigenes, ihm zugeordnetes Sandbild, das in seinen wesentlichen Bestandteilen einem festen Muster entspricht.
Man kennt heute über 500 solcher Sandbilder, die ursprünglich
von den Pueblo-Indianern übernommen und bei den Navajo zu
besonderer Großartigkeit entwickelt worden sind. Auf einem
geglätteten Boden werden mit farbigem Sand stark schemati-
sierte Darstellungen von Wolken, Blitzen, Bergen und Regen-
bogen sowie langgezogene menschenähnliche Wesen, die »Heiligen Leute«, und die vier heiligen Pflanzen (Mais, Bohne, Kürbis, Tabak) »gemalt«. Ein solches Sandgemälde kann sehr klein
sein (etwa 30 cm Durchmesser), aber auch bis zu fünf Meter
Durchmesser erreichen. Es muß an einem einzigen Tag hergestellt und vor Sonnenuntergang wieder gelöscht werden.

Die »Heiligen Leute« sind die Zentralgestalten der Navajo-
Mythologie. Sie verkörpern die mächtigen und mystischen

Kräfte, welche in früher Urzeit die Menschen schufen und ihnen alle Dinge des Lebens schenkten. Ihre letzte große Zusammenkunft wird im »Segensweg« geschildert, dem wohl wichtigsten Zeremoniell der Navajo. Bei ihrer Aktualisierung wird an die »Heiligen Leute« appelliert, Gesundheit und Wohlergehen für sich und die Gemeinschaft zu erbitten.

Geschichte: Spanische Konquistadoren. Die Verbannung der Navajo. Der lange Kampf der Apache

Unter der Führung des Konquistadors Francisco Vazquez Coronado drangen die ersten spanischen Soldaten, begleitet von Missionaren, 1540 in den Südwesten ein. Opfer dieser Begegnung waren die im Rio-Grande-Tal von El Paso bis Santa Fe lebenden Pueblo-Indianer. 1598 wurde die erste spanische Dauersiedlung im heutigen Santa Fe, New Mexico, eingerichtet. Die Pueblo-Indianer, die in politisch voneinander unabhängigen Dörfern lebten, leisteten kaum militärischen Widerstand. Sie unterwarfen sich der politischen und kirchlichen Kontrolle der Spanier, zahlten Tribut (vor allem in Form von Decken) und ließen sich taufen. Nahezu hundert Jahre vergingen, bis sich die Pueblo zu einem gemeinsamen Kampf gegen die spanischen Unterdrücker zusammenfanden. Der nominelle Anspruch der Spanier auf das Land (da es nur wenige spanische Siedler gab, kam es zu keinen Landstreitigkeiten) und die Einführung des spanischen Verwaltungssystems waren von den Indianern ohne Murren hingenommen worden, weil mit der spanischen Herrschaft zugleich eine Sicherung ihrer Dörfer gegen die häufigen Überfälle feindlicher Stämme verbunden war.

Während sich die Indianer der politischen Kontrolle wegen des militärischen Schutzes beugten, begannen sie im Laufe der Zeit den Missionaren, die mit fanatischem Eifer und mit Gewalt daran gegangen waren, die alten Glaubensvorstellungen und religiösen Praktiken ihrer »Schützlinge« auszurotten, heftigen Widerstand entgegenzusetzen. Die bigotten Priester wandten sich vor allem gegen das Maskenwesen, das sie als Teufelswerk betrachteten. Sie drangen in die heiligen Versammlungsstätten der Indianer ein, erbeuteten die Masken und andere Kultgegenstände und verbrannten sie öffentlich.

Der Aufstand von 1680 richtete sich also vor allem gegen die religiöse Unterdrückung. Unter der Führung von Popé, einem Indianer aus dem Pueblo von San Juan bei Santa Fe, erhoben sich alle Pueblo-Indianer vom Rio Grande im Osten bis zu den entfernten Hopi-Dörfern im Westen. Sie töteten mehr als tausend Spanier, die übrigen flohen nach Süden. Damit war das Ziel ihres Aufstandes erreicht, und die mühselig geschaffene Allianz zerfiel wieder. Dies sollte die einzige gemeinsame Aktion *aller* Pueblo-Indianer bleiben.

Schon nach wenigen Jahren begannen die Spanier von El Paso aus erneut nach Norden vorzurücken und ein Indianerdorf nach dem anderen zu besetzen. Um 1696 waren die meisten Pueblos am Rio Grande wieder in spanischer Hand; nur die weit entfernten Hopi-Dörfer wurden nicht ständig besetzt. Die Indianer der Rio-Grande-Dörfer beugten sich nun endgültig dem spanischen Joch, doch gelang es ihnen unter dem Deckmantel der oberflächlich angenommenen spanischen Kultur, zahlreiche Elemente ihrer eigenen Tradition bis auf die heutige Zeit zu bewahren. Wir werden über das weitere Schicksal der Pueblo-Indianer später noch berichten und wollen uns zunächst den Geschicken der anderen indianischen Völker des Südwestens in dieser ersten Phase der spanischen Kolonialherrschaft zuwenden.

Während die Pueblo-Indianer es schon während der ersten Phase des Kontaktes mit den Spaniern verstanden hatten, die europäischen Einbrüche in ihre traditionelle Kultur in Schranken zu halten und ihnen gleichzeitig eine maßvolle Anpassung (im Rahmen ihrer eigenen Kultur) zu gelingen begann, wurden die Kulturen anderer Völker des Südwestens tiefgreifenden Veränderungen unterworfen. Paradoxerweise betraf dies gerade jene Gruppen, die außerhalb der direkten politischen Kontrolle der Spanier lebten: die nomadischen Sammler und Jäger, die überwiegend der athapaskischen Sprachfamilie angehörten. Mit der Übernahme des von den Spaniern eingeführten Pferdes gaben sie die ohnehin nicht sehr erfolgreiche Sammelwirtschaft und Kleinwildjagd auf und gingen zur Bildung größerer berittener Verbände über, mit denen sie die spanischen Siedlungen überfielen, ausplünderten und die Bewohner erschlugen. Der Aktionsradius dieser vor allem von den Apache gestellten Banden breitete sich bald über den ganzen Südwesten aus. Nicht nur die Minenstädte und Poststationen, Missionen und kleinen Garnisonen der Weißen, sondern auch die Dörfer der seßhaften Indianer waren ständig bedroht. Es entstanden völlig neue

Machtverhältnisse, die die spanische Herrschaft in diesem Bereich ernsthaft gefährdeten.

Erschwerend kamen für die Spanier die gegen Ende des 17. Jahrhunderts im europäischen Mutterland auftretenden politischen Wirren hinzu. Sie führten zu einem Mangel an Nachschub, so daß die Missionare keine neuen Mitarbeiter mehr fanden und die Geldmittel zur Aufrechterhaltung der militärischen Außenposten beschnitten wurden. Außerdem stellte sich heraus, daß die Bodenschätze, nach denen man im Gebiet nördlich der heutigen mexikanischen Grenze schürfte, immer minderwertiger wurden, so daß sich ihr Abbau kaum noch lohnte. Das politische Interesse der Spanier an Nordmexiko und dem Südwesten schwand zusehends, und damit ging die Stärke ihrer militärischen Präsenz zurück. Der Spielraum der noch unter spanischer Kontrolle stehenden seßhaften Stämme – der Pueblo-Indianer des Rio-Grande-Tales und der Pima und Papago in Südarizona – wurde mithin immer größer. Ungestört konnten europäische Technologien in die indianische Kultur integriert und neue Produktionstechniken entwickelt werden, wie z. B. die Viehhaltung, die Deckenweberei und die Silberschmiedekunst.

Während im Osten Nordamerikas die Indianer immer mehr unter die Kontrolle und den Druck der europäischen Kolonialmächte gerieten, gewannen die Stämme des Südwestens in der ersten Hälfte des 18. Jahrhunderts durch den Rückzug der Spanier ihre Freiheit zurück.

In New Mexico entwickelte sich nach dem Abzug der spanischen Truppen und Verwaltungsbeamten ein von den im Lande zurückbleibenden spanischen Kleinbauern gebildetes neues Volkstum, das von den Pueblo-Indianern unbehelligt gelassen wurde. Mit dem Verlust des Mutterlandes wuchs die Bindung dieser Siedler zur neuen Heimat. Verschiedentlich kam es zu Mischehen mit Indianern und damit zu einer Verbreitung zahlreicher Kulturelemente in beiden Richtungen, die um so eher möglich war, als es sich bei beiden Gruppen um seßhafte Ackerbauern handelte. Gegen die Angriffe nomadischer Indianer setzten sich beide gemeinsam zur Wehr. Bis zur Mitte des 19. Jahrhunderts blieben die Beziehungen zwischen spanischen Siedlern (Hispanos), Mischlingen und Indianern friedlich, ein Umstand, der dadurch begünstigt wurde, daß keine neuen Siedler mehr ins Land kamen und Landbesitz oder politische Herrschaft nicht Anlaß zu Streitigkeiten wurden. Jeder konnte genügend Land bewirtschaften, um davon leben zu können. Es war eine Zeit des kulturellen Pluralismus, aber auch einer sich immer mehr angleichenden bäuerlichen Kultur, die sich durch das Fehlen äußeren politischen Druckes auszeichnete. Diese Lage änderte sich erst mit der Ankunft der Anglo-Amerikaner in diesem Raum um 1848.

Der Friedensschluß von Guadalupe Hidalgo zwischen Mexiko und den Vereinigten Staaten brachte die indianischen Stämme des Südwestens mit einer neuen Kolonialmacht ganz anderen Gepräges in Berührung, den Amerikanern. Als erste wurden die Apache betroffen. Sie waren zu dieser Zeit praktisch die Herren des Südwestens. Da ihr Machtbereich von den Spaniern und später von den Mexikanern nie ernsthaft infrage gestellt worden war, glaubten sie, daß sie unter den neuen amerikanischen Herren ihr angestammtes Territorium weiterhin unbeschadet behalten könnten, ja daß sie nun ungestörter als zuvor Raubzüge auf mexikanisches Gebiet durchführen konnten. Es überraschte sie daher, daß ihnen die Amerikaner bereits in den ersten Verhandlungen zu erkennen gaben, daß diese selbst sich nun als verantwortlich für alle Indianer des Südwestens betrachteten und daß Überfälle auf mexikanische Siedlungen mit aller Strenge geahndet würden. Der volle Einfluß der Amerikaner machte sich allerdings erst gegen Ende des amerikanischen Bürgerkrieges (1865) bemerkbar, als die ersten stärkeren Truppenverbände zu Abmachungen mit den Indianern zusammentrafen. Erschwert wurden die Verhandlungen dadurch, daß die nomadischen Stämme (Navajo, Apache) keine zentrale politische Instanz besaßen, die für alle Indianer bindende Zusagen machen konnte. Nur selten unterstellten sich mehrere Gruppen einem gemeinsamen Anführer.

Der bekannteste Navajo-Häuptling jener Zeit war Manuelito. Ihm hatten sich mehrere Lokalgruppen aus dem Südosten des Navajolandes angeschlossen. Sein Kampf gegen die amerikanischen Truppen unter der Führung von General Carleton und dessen Scout Kit Carson war von Anfang an hoffnungslos. Mit brutaler Härte zerstörten die Amerikaner alles, was sie vorfanden: Vieh, Felder, Gehöfte. 1864 waren die Navajo am Ende ihrer Kraft; ihrer letzten Lebensmittel beraubt, ergaben sie sich den amerikanischen Soldaten. Nur wenigen Hundert gelang es zu fliehen und sich in den weiten Steppen und Bergen des Westens zu verstecken. Die gefangenen Navajo wurden 400 km weit nach Osten zum Fort Sumner verschleppt. Hier sollten sie, zusammen mit Apache (vor allem Mescalero), zu Ackerbauern umgeschult werden. Hunderte von Indianern starben auf dem Marsch und im Lager von Bosque Redondo, wo sie unter unerträglichen Bedingungen leben mußten. Schließlich brachen die Amerikaner den hoffnungslosen Versuch ab und ließen die Navajo wieder in ihr altes Stammland zurückkehren (1868). Man gab ihnen ein Reservat, stellte ihnen Zuchtschafe zur Verfügung und richtete einige Schulen ein. Weißen war der Zutritt zum Reservat verboten. Noch heute lebt die Erinnerung an die furchtbaren Jahre der Gefangenschaft bei vielen Navajo fort. Trotz weiterer Rückschläge (Dürrekatastrophen, Wegnahme der besten Winterweiden und wichtigsten Viehtränken, für die man ihnen unbrauchbare Wüstenstriche gab) entwickelten die Navajo in ihrem Reservat, das im Laufe der Zeit noch etwas vergrößert wurde, eine marginale bäuerliche Mischwirtschaft von Bodenbau und Viehhaltung. Auch alte Handwerkstraditionen lebten wieder auf, so vor allem die Deckenweberei und die Silberschmiedekunst. Die Bevölkerung nahm stetig zu. Der Einfluß der Amerikaner blieb gering, denn das Reservat war sehr groß und bot den nun in Scharen in den Südwesten einströmenden Weißen keine besonders attraktiven Böden; Bodenschätze wurden erst in jüngster Zeit entdeckt. Wirtschaftlich ging es den Navajo in den neunziger Jahren des vorigen Jahrhunderts besser als den meisten anderen Reservatsindianern Nordamerikas, so daß sie sich der Ende 1890 aufflammenden Geistertanzbewegung, an der sich fast alle Stämme des Westens (außer Kaliforniens) sowie der Prärie und Plains beteiligten, nicht anschlossen. Dabei mag allerdings auch die grundsätzlich andere Einstellung der Navajo ihren Verstorbenen gegenüber mitgewirkt haben (Angst vor Totengeistern).

Ganz anders als den Navajo erging es den meisten Apache. Ihre Jagd- und Sammelgebiete wurden zu bevorzugten Weideflächen der neuen Herren des Landes, und in den Bergen Ostarizonas kam es zu einem boomartigen Abbau von Bodenschätzen. Die Jicarilla brachte man in einem kleinen Reservat im nördlichen New Mexico unter. Die Chiricahua und die Westliche Apache fochten einen erbitterten Kampf gegen einströmende Siedler, Minenarbeiter und Glücksritter. Die heftigen Kämpfe währten über fünfzehn Jahre lang, wobei die Apache oft siegreich blieben. Doch wurden im Laufe der Zeit ihre kampffähigen Mannschaften unter so bekannten Führern wie Cochise und Geronimo durch die Vernichtung ganzer Lokal-

gruppen immer mehr reduziert. Von befestigten Forts aus, die
die Weißen mitten im Apache-Gebiet errichtet hatten, verfolgten Kavallerietruppen die meist einzeln operierenden Apache-
gruppen. Trotz ihrer militärischen Überlegenheit gelang es den
zahlenmäßig weit stärkeren Amerikanern erst 1887, die Indianer einzukesseln und endgültig zu besiegen. In der Folge wurden diese in den drei Reservaten von San Carlos, Fort Apache
und Camp Verde in Arizona untergebracht, wo sie unter der
Aufsicht des Militärs Decken und Lebensmittelrationen erhielten. Über ihr weiteres Schicksal wird später noch zu berichten
sein. Zunächst wollen wir uns wieder den seßhaften Indianern
des Rio-Grande-Tales zuwenden.

Bei den Pueblo-Indianern begann sich der Einfluß der Anglo-
Amerikaner ab 1850 bemerkbar zu machen. 1851 richteten die
Weißen in Santa Fe eine Erzdiözese ein, von der neue Impulse
auf die Hispanos und Indianer ausgingen. Mit missionarischem
Eifer wurden die Indianer angehalten, ihre heidnischen Praktiken aufzugeben, und verschiedene Erziehungsprogramme wurden eingeleitet. Diese neue kirchliche Aktivität blieb allerdings
auf die östlichen Pueblo beschränkt. Erst gegen Ende des Jahrhunderts ließen sich auch bei den Hopi protestantische Missionare nieder.

In New Mexico hatten die Anstrengungen der katholischen
Kirche vor allem bei der nicht-indianischen Bevölkerung, den
Hispanos und den Mischlingen, Erfolg. Längst zerfallene Missionen wurden wieder aufgebaut und neue mit dazugehörigen
Schulen und Konventen errichtet. Mit dem Zustrom anglo-
amerikanischer Siedler (Errichtung einer Bahnlinie) begannen
sich auch die zivilen Autoritäten wieder stärker um die Indianer
zu kümmern. Die Zahl der Hispanos war inzwischen stark an-
gewachsen; sie bildeten neben den Indianern und Anglos eine
eigene ethnische Gruppe, die für die Zeit der mexikanischen
Unabhängigkeit auf 40000 geschätzt wird, während die Zahl
der Pueblo-Indianer zur gleichen Zeit auf 10000 Personen gesunken war. Bis 1880 hatte sich die Bevölkerungsgruppe der
Hispanos sogar verdoppelt, während die der Indianer konstant
geblieben war.

Unter den Anglo-Amerikanern gingen die Pueblo immer
mehr aus ihrer selbst gewählten Isolierung heraus. Denn die
neuen Herren des Landes beanspruchten weder Indianerland
noch beuteten sie indianische Arbeitskräfte aus, und sie verlang-
ten auch keine Tributleistungen wie die Spanier. Zudem war der

Schutz vor den nomadischen Nachbarn nun wirkungsvoller als in mexikanischer Zeit, denn nachdem die amerikanischen Truppen die Navajo unterjocht hatten, wandten sie sich gegen die Comanche, deren letzten Widerstand sie 1880 brachen. Unter diesen Umständen ist die damalige positive Einstellung der Pueblo-Indianer gegenüber den Anglos, wie sie die Amerikaner nannten, verständlich. Sie wurden, nachdem ihnen die Bürgerrechte als ehemalige mexikanische Bürger abgesprochen worden waren, den anderen indianischen Stämmen der USA gleichgesetzt. Man schaffte für sie Reservate, die recht großzügig bemessen waren und ihr altes Siedlungsland sowie angrenzende Jagdgebiete umschlossen. Um 1890 wurden auch für die westlichen Pueblo-Indianer Reservate eingerichtet und Indianeragenten als Kontaktleute angestellt. Mit Hilfe moderner landwirtschaftlicher Geräte und durch den Bau von Staudämmen und Bewässerungskanälen wurden in New Mexico die Anbauflächen vergrößert und die Produktion der Nahrungsmittel erhöht. Im Zuge dieser Entwicklung ging die Bedeutung der alten Handwerkstechniken wie das Deckenweben, deren Ergebnisse der Hauptanteil der Tributlast an die Spanier und Mexikaner ausgemacht hatten, zurück. Die Hopi dagegen, bei denen die Herstellung von Decken keine kolonialistischen Reminiszenzen hervorruft, üben auch heute noch das Handwerk des Webens aus. Andererseits behielt im Osten die Töpferei ihre Bedeutung, während sie im Westen fast völlig eingestellt wurde. Man kann allgemein sagen, daß während der ersten Phase der amerikanischen Herrschaft die traditionelle Pueblo-Kultur mit ihrem zeremoniellen Apparat weitgehend unberührt blieb. Auch die bald einsetzende protestantische Missionierung vermochte keine wesentlichen Einbrüche in das alte Wertsystem und die religiöse Ideologie zu erzielen. Diese sind erst im 20. Jahrhundert festzustellen, als den Indianern alle eigenen Zeremonien verboten und ihnen Anpassungsprogramme aufgezwungen wurden.

Die ersten Kontaktpersonen zwischen Indianern und Anglos waren Regierungsbeamte sowie katholische und später protestantische Missionare. Nach der Errichtung der Reservate und mit der Einführung der Schulpflicht setzte die systematische Ausrottung »unamerikanischer« (welch ein Hohn!) indianischer Sitten und Gebräuche ein. Sogenannte unmoralische und antichristliche Praktiken wurden angezeigt, und die Beamten des Indianerdienstes waren angewiesen, die indianischen Zeremonien zu unterbinden und die Veranstalter zu bestrafen. In den Internatsschulen, die mit voller Absicht weit außerhalb der Reservate errichtet wurden, sollten die indianischen Kinder ihr traditionelles Kulturerbe vergessen. Nicht selten wurden Kinder ohne Zustimmung der Eltern oder Verwandten in die Schulen eingewiesen, wo die indianischen Sprachen verboten waren und jede Überschreitung der vorgeschriebenen Richtlinien hart bestraft wurde.

Die Reaktion der Pueblo-Indianer auf diese Unterdrückungspolitik der Regierung und auf das Verhalten der Missionare, die dieses Programm unterstützten, bestand darin, die religiösen Zeremonien wie zur Zeit der spanischen Kolonialherrschaft, in den Untergrund zu verlegen. Ähnlich verhielten sich die bisher kaum betroffenen Zuni und Hopi. Obwohl inzwischen die Verbote von den Amerikanern längst aufgehoben worden sind, hat sich bis heute als die charakteristische Anpassungsform der Pueblo-Indianer die »Compartmentalization« erhalten, wie man die Zweigleisigkeit des kulturellen Lebens in der einschlägigen Literatur bezeichnet: Nominell sind sie Christen und beachten die von der Regierung verhängten Gesetze, gleichzeitig aber halten sie unter strenger Geheimhaltung ihre alten religiösen Zeremonien ab und unterwerfen sich der traditionell-sakralen Führungsspitze sowie den alten Normen religiös-politischen Verhaltens. Diese für Nordamerika wohl einzigartige und erstaunlicherweise auch heute noch hervorragend funktionierende Form der Anpassung an eine dominierende andere Gesellschaft findet sich jedoch nur bei den östlichen Pueblo-Indianern. Die Hopi und Zuni lehnten demgegenüber von Anfang an strikt alle ihnen von außen aufgezwungenen Formen ab, mußten sich aber schließlich dem Druck der Anglo-Amerikaner beugen und besitzen heute sogar den von Washington geschaffenen, alle Dörfer vereinenden zentralen politischen Stammesrat.

Die entscheidenden Veränderungen bei fast allen indianischen Gruppen setzten ab etwa 1900 ein. Die amerikanische Bevölkerung nahm beträchtlich zu, wenn sie sich auch – mit Ausnahme des östlichen New Mexico und Albuquerque – auf Arizona konzentrierte, wo die ersten Städte entstanden. In dieser Zeit wuchs erstmals auch die Zahl der Pueblo-Indianer. Immer mehr Indianer, die trotz ausreichender Versorgung den alten Lebensstil nicht mehr als befriedigend empfanden, wanderten in amerikanische Großstädte ab, vor allem nach Denver, Albuquerque,

Los Angeles und San Francisco. Hier waren die Arbeitsmöglichkeiten vielfältiger und das Angebot an Unterhaltung attraktiver, besonders wenn die jungen Indianer den Lebensstandard der unteren Mittelklasse erreicht hatten. Viele kehrten jedoch später wieder in ihr Dorf zurück oder hielten doch die Verbindung zu ihren nächsten Verwandten durch Besuche aufrecht. Im großen und ganzen ist die Anpassungsquote unter den Pueblo wesentlich höher als bei anderen Gruppen.

Als die Vereinigten Staaten die Herrschaft in New Mexico übernahmen, sahen sie sich den Indianern gegenüber in einer schwierigen Position, denn sie hatten ihnen als einstigen mexikanischen Staatsbürgern ihre Rechte garantiert. Die Indianer konnten also Grund und Boden erwerben und besitzen. Die volle Verfügungsgewalt über ihr Land wurde ihnen jedoch schon lange vor 1913 genommen, als auch sie de jure dem Innenministerium unterstellt wurden (s. oben). Der Verkauf von Grund und Boden wurde ihnen untersagt. Die Hispanos und Anglos, die Land von ihnen erworben hatten, mußten dieses zurückgeben, ohne dafür entschädigt zu werden. Es handelte sich dabei in erster Linie um Weideland. Als Staatsmündeln wurde den Indianern kostenlose Schulerziehung, ärztliche Betreuung und Unterstützung beim Ackerbau geboten, während die Hispanos von diesen Hilfen ausgeschlossen wurden. Heute, da die Indianer wieder freie Bürger sind, stehen sie sich oft besser als jene. Langsam beginnen sie auch ihre spanische Vergangenheit abzulegen: Sie übernehmen in immer stärkerem Maße die englische Sprache und sind Mitglieder verschiedener protestantischer Kirchen.

Die Spannungen zwischen Amerikanern und Pueblo-Indianern haben sich seit 1928, als der Meriam-Report die Unterdrückungspraktiken der Regierung aufdeckte, insbesondere aber seit 1934, als der Indian Reorganization Act den Indianern wieder eine entscheidende Mitsprache und Mitwirkung bei der Regelung ihrer eigenen Angelegenheiten zubilligte, stark reduziert. Wenn dennoch ein Pueblo-Indianer heute nicht jene vollen persönlichen Entscheidungsfreiheiten wie sein weißer amerikanischer Mitbürger besitzt, so liegt das an der strengen konservativen Grundhaltung seines »Dorfrates«, der alle Nonkonformisten nach einem abgestuften Sanktionskatalog bestraft oder gar aus der Gemeinschaft ausschließt. Edward P. Dozier, selbst ein Pueblo-Indianer, beschreibt die gegenwärtige Situation wie folgt: »Nativistische und revivalistische Reaktionen sind in den Pueblos nicht entstanden. Diese Gemeinschaften haben nicht den schweren kulturellen Verlust erlitten, der die Basis für solche Reaktionen zu sein scheint, noch haben sie schwere ökonomische Entbehrungen erfahren. Die sozialen und religiösen organisatorischen Aspekte ihrer Kultur sind noch intakt. Sie sind allmählich von einer primären Abhängigkeit von der Ackerbauwirtschaft zu einem Kredit- und dann zu einem Cash-System übergegangen. Der Wandel war nicht abrupt, und die Pueblos haben nicht jene soziale Desorganisation und Demoralisierung durchgemacht, die gewöhnlich solche Veränderungen hervorrufen. Die Pueblos gründen immer noch auf den traditionellen Institutionen, die modifiziert, aber nicht verdrängt und durch andere ersetzt wurden. Die alten Institutionen und die Techniken des Angst-Abbaus der traditionellen Kultur sind daher noch in Ordnung und effektiv. Da sie durch den anglo-amerikanischen Kontakt nicht ernsthaft in ihrer Existenz gefährdet worden sind, waren die Pueblos nicht gezwungen, die grundsätzliche Angemessenheit oder den Wert ihrer Kultur infrage zu stellen. Es ist tatsächlich so, daß die besondere Anziehungskraft, die ihre Zeremonien heute auf die Weißen haben, sie in ihrer Ansicht bestärkt, daß ihre Lebensweise noch immer die richtige ist.«

Das Reservationssystem, unter dem alle Indianer in den Vereinigten Staaten leben mußten und noch müssen, beeinflußte fast alle Aspekte ihres Lebens; am stärksten machte es sich in der Sozialstruktur und der politischen Organisation bemerkbar. Nur die Pueblo-Indianer, die in autonom organisierten Dörfern lebten, unterlagen nicht den besonderen Bedingungen des Reservatssystems und dessen Veränderungen, und die Papago wurden erst 1917 dem allgemeinen Reservatssystem unterstellt. In anderer Weise fühlten auch die Navajo, die in stark isolierten Siedlungen über ein weit verstreutes Gebiet lebten, nicht unmittelbar den Zwang des Reservatslebens. Alle drei Gruppen hatten weitgehend ihre traditionelle Produktionsweise beibehalten können bzw. waren – wie die Navajo – mit Erfolg zu einer neuen Produktionsform übergegangen. Bei anderen Stämmen des Südwestens entstand indes eine Verwaltungsdominanz mit entsprechender Lähmung der lokalen politischen Organisation. Edward Spicer beschreibt diesen Prozeß am Beispiel der San Carlos Apache:

Als die San Carlos-Reservation in den achtziger Jahren des vorigen Jahrhunderts eingerichtet wurde, trafen dort etwa 3000

Indianer, die verschiedenen Lokalgruppen angehörten, zusammen, darunter auch die sogenannten Mohave-Apache (d.i. Yavapai). Diese Indianer wohnten in einer einzigen Siedlung in der Nähe des Forts. Sie erhielten von der amerikanischen Armee täglich Rationen und durften nicht auf die Jagd oder zum Sammeln von Wildpflanzen in die Berge ziehen. Bis 1904 lebten sie allein von den ihnen zugeteilten Lebensmitteln. Dann wurde die Armeekontrolle durch eine Verwaltung des Bureau of Indian Affairs ersetzt. Damals war es das Ziel der Amerikaner, die Apache zu seßhaften Ackerbauern umzuschulen. Dieses Vorhaben gelang sogar zum Teil, denn die Apache hatten früher selbst in kleinen Parzellen Mais und Kürbis angebaut. Die Amerikaner planten jedoch größere Anbauflächen mit Hilfe künstlicher Bewässerung zu schaffen. Dabei ging der Verwaltungsbeamte des BIA zu Werke, ohne die bestehenden politischen Instanzen der Indianer zu beachten. Er ernannte solche Personen, die er kannte und vorzog, zu Polizisten, bestimmte einige ältere Männer zu Schiedsrichtern, die in einem Gericht Fälle von Streitigkeiten schlichten sollten, wählte die Saatfrüchte aus, plante die Aussaat und überwachte den Anbau. Er ging sogar so weit, ohne die Indianer überhaupt zu befragen, deren gutes Weideland an amerikanische Viehzüchter zu verpachten. Im Laufe der Zeit wurden immer größere Teile des Reservates verpachtet, die Einkünfte daraus wurden an die Treuhandschaftsverwaltung des Innenministeriums abgeführt, während die tatsächlichen Besitzer praktisch keine Verfügungsgewalt über ihr eigenes Geld hatten. Im Laufe der Jahre wurde die Reservatsverwaltung noch diktatorischer ausgeübt. Der Superintendent verfügte eigenmächtig mit einem Stab von bezahlten Angestellten über die Ressourcen des Reservates. Nirgends gab es eine lokale Regierungsinstitution, die seine Entscheidungen überprüft oder gar die Teilnahme von Indianern an diesen Entscheidungen gefordert hätte. 1922 waren die Apache praktisch Entrechtete auf ihrem eigenen Land, das zu großen Teilen an weiße Rancher verpachtet war und wo sie mitunter als Cowboys Beschäftigung fanden. Andere Apache hatten das Reservat verlassen und arbeiteten als Bauarbeiter bei verschiedenen Wasserprojekten der Amerikaner. Als die amerikanische Regierung beschloß, in der Nähe der größten Apache-Siedlung des Reservats einen Staudamm zu bauen und ein großes Speicherbecken aufzufüllen, das die alte Siedlung unter Wasser setzte, mußten die Indianer in zwei neu eingerichtete Siedlungen umziehen, die vom Superintendenten geplant worden waren. Das Bureau of Indian Affairs entschied in diesem Zusammenhang nun, daß die Apache zu Viehhaltern ausgebildet werden sollten. Die alten Pachtverträge mit den amerikanischen Ranchern wurden nicht mehr erneuert, und die Apache erhielten ihr gesamtes Weideland zur eigenen Verfügung zurück. Fachleute des BIA begannen mit der Entwicklung einer Apache-eigenen Viehzucht. Auch der Ausbau neuer Farmen in der Nähe der beiden Siedlungen wurde geplant. Als jedoch das Ackerland zum Anbau bereit stand, wußten die Apache nicht, wem dieses Land nun eigentlich gehörte, denn sie selbst waren bei der Planung nicht gefragt worden. Die alten traditionellen Strukturen, ihre Lokalgruppen, hatten sich aufgelöst, und neue Organisationen, die an ihre Stelle hätten treten können, vermochten sich nicht herauszubilden. Fünfzig Jahre der »Verplanung« durch Regierungsbeamte hatten ein Vakuum in ihrer Gesellschaftsstruktur hinterlassen. Wo früher ein dynamischer Organismus mit politisch unabhängigen Lokalgruppen herrschte, fand man jetzt nur noch eine Ansammlung mehr oder weniger apathischer Indianer vor. Die alte Apache-Gesellschaft war infolge der Überwachung und Verplanung durch die Superintendenten des BIA restlos zerstört.

Wie die meisten Südweststämme waren die Apache dem Allotment Act, d. h. der Aufteilung des Landes in Privatparzellen, entgangen. Was man ihnen aber zunächst in den achtziger Jahren als Reservatsland gegeben hatte, wurde um nahezu Dreiviertel seiner ursprünglichen Ausdehnung reduziert, als man dort reiche Kupfervorkommen entdeckte. Trotz allem war ihnen mit den restlichen 1 500 000 Morgen das reichste Weideland von Arizona verblieben.

Am Beispiel der Navajo kann ein anderer Prozeß indianischen Kulturwandels aufgezeigt werden. 1960 stellten die Navajo den größten Stamm innerhalb der Indianer in den USA. Von den 8000 Navajo, die 1864 in Bosque Redondo bei Fort Sumner gefangen worden waren, stieg die Bevölkerungszahl in den folgenden hundert Jahren auf mindestens 100 000 Personen an. Seit ihrer Rückkehr von Fort Sumner hatten sie einen gewissen Grad von Stammessolidarität entwickelt. Ihr riesiges Reservat von 15 Millionen Morgen machte eine lückenlose Überwachung durch amerikanisches Verwaltungspersonal unmöglich. Die Entwicklung der Schafzucht erlaubte ihnen zugleich eine marginale Subsistenz, die sie von der amerikanischen Regierung wirtschaftlich weitgehend unabhängig machte. In den zwanzi-

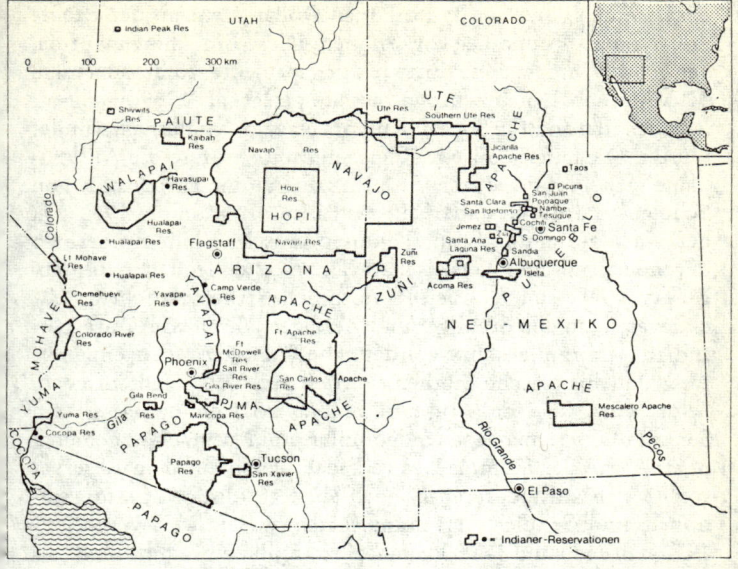

Verbreitung der Indianer des Südwestens der USA und ihre heutigen Reservate

ger und dreißiger Jahren wurden die Navajo dazu ermutigt, neue Formen interner Organisation zu entwickeln. Man nannte diese ersten lokalen Verwaltungseinheiten Kapitel (Chapter). Später bildete sich eine übergreifende Organisation heraus, das Business Committee, das die Beziehungen aller Gruppen zu den Weißen regelte. Ab 1930 wurde dieses Komitee zu einer effektiven Verwaltungsorganisation auf repräsentativer Basis, die den von der Regierung in anderen Stämmen geschaffenen Stammesräten entsprach, ausgebaut. Ohne eine formale Konstituierung arbeitete diese Organisation bis in die sechziger Jahre hinein recht erfolgreich. Mit Hilfe eines eigenen Rechtsanwaltes schuf das Komitee während und nach der Zeit der großen Viehreduktion ein eigenes Weiderecht und organisierte die Entwicklung der Ressourcen. Hierzu gehörten die Einrichtung eines Sägewerkes und die Entwicklung von Öl- und Gasvorkommen sowie anderer Bodenschätze. 1957 hatte der Navajo-Stamm, inzwischen als Business Corporation organisiert, ein jährliches

Einkommen von etwa 35 Millionen Dollar allein aus den Pacht-
erlösen der Öl- und Gasvorkommen. Diese Einnahmen wurden
verwendet, um weitere Entwicklungsprojekte voranzutreiben.
10 Millionen Dollar wurden beiseite gelegt, als 1959 ein Treu-
handschaftsfond für Stipendien von Navajo-Kindern gegründet
wurde. Die amerikanische Regierung unterstützte die Aufbau-
pläne der Navajo durch Straßenbauten, die Errichtung von
Schulen und durch andere Infrastrukturprogramme. 1960 galt
der Navajo-Stamm als anerkannte politische Einheit innerhalb
der amerikanischen Gesellschaft. Die meisten Indianer auf dem
Reservat verwendeten die Navajosprache. Auch als Schriftsprache war sie in den dreißiger und vierziger Jahren vom Bureau of
Indian Affairs anerkannt worden. Die Wahlsatzungen, eine Zeitung und historische Studien wurden auf Navajo geschrieben.
Selbst ein Museum (Museum of Navajo Ceremonial Art in
Santa Fe) und einen eigenen Komplex von Naturschutzgebieten
organisierte der Stamm. Das religiöse Leben auf dem Reservat
spielte sich auf mehreren Ebenen ab. Katholische Missionsstationen und Schulen der Franziskaner waren weit verbreitet.
1950 wurden rund 12000 getaufte Katholiken gezählt. Mehr als
fünfzehn aktive Protestantengruppen unterhielten Missionspro-
gramme. 14 Prozent der Navajo waren Mitglieder der Native
American Church, die seit 1940 schnell eine große Anhängerschaft gefunden hatte. Ungeachtet der vielfältigen kirchlichen
Aktivitäten hielten die Indianer jedoch nach wie vor an ihren
alten Zeremonien fest. Unter ihnen war vor allem die Blessingway-Zeremonie nicht nur von religiöser Bedeutung, sondern
besaß auch einen hohen psychotherapeutischen Wert, so daß sie
selbst von den weißen Reservatsärzten gefördert wurde.

Durch den starken Bevölkerungszuwachs ist die wirtschaftliche Situation der Navajo in neuester Zeit jedoch immer prekä-
rer geworden. Das Land kann seine Bewohner nicht mehr von
den eigenen Erträgen ernähren. Auch der Abbau von Bodenschätzen, weitgehend automatisiert, beschäftigt nur noch eine
kleine Zahl von Personen. So ist heute das Durchschnittsein-
kommen der Navajo wieder gesunken, die Hoffnungslosigkeit
ist weit verbreitet, und der Alkoholismus findet wieder seine
Opfer. Ob ein neues großes Abbauprogramm von Kohle diese
Situation wesentlich bessern wird, bleibt abzuwarten. Von
größerer Bedeutung wird das vorgesehene und bereits begon-
nene Bewässerungsvorhaben im Norden des Reservates sein.

10. Die Indianer Zentralmexikos: Die bäuerliche Welt der alten Hochkulturen

Das Kulturareal von Zentralmexiko (= nördliches Mesoamerika) erstreckt sich vom nördlichen Wendekreis bis zum Isthmus von Tehuantepec. Es umfaßt noch heute eine Vielzahl von indianischen Bevölkerungsgruppen. Ihre kulturmorphologischen Gemeinsamkeiten kann man in einem Überblick folgendermaßen zusammenfassen:

Der Maisbau stellt die Subsistenzgrundlage dar;

im Wirtschaftsleben bilden Märkte einen wichtigen Faktor;

die Gehöfte sind in Streulage um ein Dorfzentrum mit einem Schutzheiligen angeordnet;

die Arbeitsteilung erfolgt nach Geschlechtern: Männer übernehmen schwere Arbeiten und sind Leiter der traditionellen Kulte, Frauen führen häusliche Arbeiten aus und sind stärker an den von Spaniern eingeführten christlichen Riten beteiligt;

die Familien sind innerhalb größerer Verbände selbständig (ohne Sippen- oder Klanoligarchie), nur in größeren Gemeinden existieren territoriale Gliederungen zwischen den Familien und der Gemeindespitze; in sich sind die Familien hierarchisch gegliedert, mit patrifokaler Dominanz;

die Verwandtschaftsrechnung ist bilateral mit leicht patrilinearer Tendenz bei Namensgebung und Erbgang;

Heiraten werden von den Älteren vermittelt (rituelle Besuche, Geschenkaustausch), Brautdienst oder temporäre Uxorilokalität kommen gelegentlich vor;

die politische Organisation der indianischen Dörfer ist als unterste Stufe in die von den Spaniern bzw. Mexikanern eingeführte staatliche und kirchliche Verwaltung eingebettet;

eine eigene soziale Klassenstruktur ist zwar nicht (mehr) vorhanden – soweit man die Indianer nicht als unterstes Glied der mexikanischen Gesellschaft betrachten will –, aber Prestige, Reichtum, Macht und persönliche Leistungen des einzelnen haben ein beträchtliches soziales Gefälle verursacht;

eine Altershierarchie, vor allem unter Männern, ist ausgeprägt und mit der Ausübung von Ämtern in der politisch-religiösen Hierarchie verknüpft;

wichtigste Stationen des Lebens sind die Taufe und die Heirat, Pubertätsriten fehlen, der Tod wird als natürliches Ereignis angesehen;

Krankheiten werden häufig Substanzen zugeschrieben, die auf verschiedene Weise – zumeist durch die Luft – in den Körper gelangen können;

Krankenheiler sind Spezialisten, die mit den *heilenden* oft zugleich über schädliche magische Kräfte verfügen;

die übernatürliche Welt besteht aus Geistwesen, sie sind eingeordnet in eine vage Hierarchie von Gottheiten mit einem obersten Gott und verschiedenen Heiligen der katholischen Kirche, die häufig heidnische Attribute und Machtbefugnisse besitzen;

die heidnischen Mächte werden mit Naturkräften identifiziert (Wind, Regen, Blitz);

der Heiligenkult ist stark ausgeprägt und um ein Kultzentrum mit Heiligendarstellungen in Form von Hausaltären oder in speziellen Tempeln organisiert;

der Jahresablauf wird nach dem europäischen Kalender reguliert und von verschiedenen Festen begleitet, das Ritual des örtlichen Schutzpatrons ist wichtigstes Ereignis des Jahres;

daneben steht ein heidnischer Kalender, der hauptsächlich divinatorischen Charakter hat und mit den Ackerbauriten verbunden ist;

das Weltbild ist animistisch in dem Sinne, daß man glaubt, die Welt sei von Geistern, Totenseelen, Zauberern und Naturkräften bevölkert;

Vorzeichen, Träume und Talismane sind von Bedeutung;

rituelle Konformität ist wichtiger als innere Frömmigkeit.

Aus den uns archäologisch gut bekannten altindianischen Reichen der Azteken, Zapoteken, Mixteken, Tarasken und Totonaken ist nur die bäuerliche Grundbevölkerung übriggeblieben. Die sakrale und profane Führungsschicht, die von der obersten Klasse einer streng hierarchisch gegliederten Gesellschaft gestellt wurde, ist von den Spaniern schon in der frühen Kolonialzeit restlos zerstört worden. Die heutige bäuerliche Bevölkerung geht auf die alte Basis jener Superstrukturen zurück; sie lebt noch in teils geschlossenen, teils aber regional stark zersplitterten Restgruppen inmitten einer ziemlich homogenen Mischlingskultur spanischen Gepräges fort. Als indianisch gelten nur jene Bevölkerungsgruppen, die ihre ursprüngliche indianische Kultur noch relativ gut erhalten haben, indem sie sich – mono- oder bilingual – ihrer eigenen Sprache bedienen und ihr eigenes Wertsystem bewahrt haben. Man schätzt ihre Zahl im gesamten heutigen Mexiko auf zwei bis drei Millionen.

Lebensraum: Das zentrale Hochland und das südliche Bergland

Zentralmexiko setzt sich aus einer Reihe von Hochebenen und Beckenlandschaften zusammen, die, parallel zur pazifischen und atlantischen Küste, von hohen Gebirgszügen begrenzt werden. Die westliche pazifische Küstenzone besteht nur aus einem schmalen Streifen von wenigen Kilometern Tiefe, weil hier das südliche Sierra Madre Occidental-Massiv bis fast zur Küste vorstößt. Östlich dieser Gebirgskette erhebt sich eine weite innere Hochebene, die Mesa Central, mit dem Valle de México und weiteren großen Talbecken. Die Mesa Central, die eine durchschnittliche Meereshöhe von 2200 m aufweist, wird im Süden von der neovulkanischen Gebirgszone, die von West nach Ost durch ganz Zentralmexiko verläuft, abgeschlossen. Die bekanntesten Vulkankegel sind der Popocatépetl (5452 m) und der Iztaccihuatl (5286 m) am Ostrand des Beckens von México, ferner der weiter östlich gelegene Malinche (4461 m) und der noch weiter östlich von diesem aufragende Pik von Orizaba oder Citlaltépetl, der mit 5700 m der höchste Berg Mexikos ist. Im Osten wird die Hochebene mit ihren Beckenlandschaften von der Sierra Madre Oriental abgeschlossen. Jenseits fällt das Land allmählich bis auf das atlantische Küstenvorland ab, das hier eine breite Zone bildet. Südlich der neovulkanischen Gebirgszone liegt das südmexikanische Gebirgsland, ein stark zerklüftetes Gebiet, das von der Sierra Madre del Sur und der Sierra Madre de Oaxaca beherrscht wird. Es erstreckt sich bis zum 215 Kilometer breiten Isthmus von Tehuantepec im Süden, der die Grenze des von uns hier behandelten Kulturraumes bildet. Entsprechend der beschriebenen geographischen Verhältnisse unterscheidet man verschiedene Landschafts- und Klimazonen, auf die vor allem die Meereshöhe einen bestimmenden Einfluß ausübt:

1. Die Tierra Caliente, die feucht-heiße Küstenzone beiderseits der hohen Gebirgsketten, die die innermexikanische Hochebene von den beiden Ozeanen abschirmt; sie reicht bis

zu 800 m Seehöhe und besitzt vor allem am Golf von Mexiko eine größere Ausdehnung;

2. die Tierra Templada mit gemäßigt-heißem Klima und einer Seehöhe bis zu 1700 m (Obergrenze des Reis-, Baumwoll- und Zuckerrohranbaus);

3. die Tierra Fría, das »Kalte Land«, das die höher gelegenen Berg- und Beckenregionen kennzeichnet. Die Maisanbaugrenze reicht in einzelnen Lagen bis weit in diese Zone – bis zu einer Höhe von 3000 m – hinein.

Das Klima der Tierra Caliente ist tropisch bis subtropisch, mit sehr feuchten und heißen Sommern, die Vegetation ist hier, bedingt durch die hohen Niederschläge und die Wärme, sehr reich und üppig. Die Tierra Templada, die gemäßigte Zone, variiert in Niederschlagsmenge und Vegetationsdecke; sie ist im allgemeinen im Osten feuchter als im Westen. Hauptanbaupflanzen sind hier neben Mais und Bohnen, die die Grundlage der indianischen Ernährung bilden, namentlich Kaffee, Zitrusfrüchte und Zuckerrohr. Die Tierra Fría, das Hochland, ist eine vegetationsarme Trockensteppe, die von Sukkulenten, verschiedenen Kaktusarten und anderen Trockengewächsen beherrscht wird. Nur mit künstlicher Bewässerung können hier Kulturpflanzen gedeihen. Die in dieser Zone liegende Mesa Central ist abflußlos.

Die Bergketten der Sierra Madre Occidental und der anderen Gebirgsmassive sind durch tiefe Einschnitte und Becken stark gekammert. Sie erhalten teilweise ausreichende Niederschläge aus beiden Himmelsrichtungen. Ein Bodenbau ist hier also möglich, doch müssen oftmals erst Terrassen angelegt werden, um größere Nutzflächen zu schaffen. In der Sierra Madre del Sur bildet das Tal von Oaxaca die einzige natürliche Talландschaft. Es sind also namentlich die Täler der großen Gebirgsmassive Zentralmexikos – und nicht die Mesa Central –, die genügend Niederschläge empfangen und somit einen Bodenbau gestatten. Hier lebte die Mehrzahl der indianischen Bevölkerung.

Verbreitung der ethnischen Gruppen: Für eine Grobgliederung der Bevölkerungsgruppen nach Kulturräumen bietet sich die Aufteilung in (A) das zentralmexikanische Hochland und (B) das südmexikanische Gebirgsland an. Die atlantische Küstenzone, die von den Huaxteken, einem Maya sprechenden Stamm, be-

wohnt wird, klammern wir aus, weil dieser Kulturtyp im Kapitel
›Südliches Mesoamerika‹ besprochen wird.

A. Die im zentralmexikanischen Hochland lebenden indianischen Bevölkerungsgruppen gehören überwiegend vier Sprachfamilien bzw. Stämmen an:

1. Die Nahua stellen mit rund 650 000 Menschen den größten
Anteil an der heutigen indianischen Bevölkerung ganz Mexikos.* Sie sind die Reste eines Stammes, der zur Sprachfamilie
des Nahuatl zählte und früher über den ganzen Zentralteil des
Hochlandes verbreitet war. Die noch Nahuatl sprechenden Nahua leben namentlich im Staate Puebla. Kleinere Gruppen finden sich aber auch in den Staaten Hidalgo, México, Tlaxcala
und Morelos sowie im Distrito Federal der Hauptstadt México-
Stadt.

2. Eine weitere Gruppe bilden die Otomí (270 000). Sprachlich rechnet man zu dieser früher ebenfalls weit verbreiteten
Sprachfamilie die eigentlichen Otomí, ferner die Mazahua, die
Ocuiltec, die Pame und die Matlatzinca. Sie bewohnen heute
vor allem die innere Hochebene, die Mesa Central, wo sie nördlich und westlich des Staates México unmittelbar an die Nahua
angrenzen. In vorspanischer Zeit schirmten sie die seßhaften
und kulturell hochentwickelten Bewohner des südlichen Hoch-
tales gegen die Nomaden des Nordens ab.

3. Die Totonaken (170 000) nehmen Teile der Staaten Puebla
und Vera Cruz ein mit dem (heutigen) Kerngebiet an der
Grenze dieser beiden Staaten, d. h. am Osthang der südlichen
Sierra Madre Oriental, sowie im Tiefland von Papantla. Sprachlich sind ihnen die Tepehua verwandt, mit denen sie gemeinsam
die Sprachfamilie des Totonakischen bilden. In ihrer Kulturaus-
prägung standen die Totonaken in vorkolonialer Zeit den mesoamerikanischen Hochkulturvölkern der Tolteken und Azteken nahe, doch besaßen die Tiefland-Totonaken eine Reihe von
Kulturzügen, die auf enge Beziehungen zum zirkum-karibischen Kulturraum deuten (s. Die zirkum-karibischen Indianer).

*Die Zahlen sind dem ›Handbook of Middle American Indians‹, Bd. 6 (1967)
entnommen.

4. Die Huaxteken (67 000) haben ihren Sitz an der atlantischen Golfküste und in dem Hinterland von Vera Cruz sowie dem Staat San Luis Potosí; sprachlich gehören sie zu den Maya.

5. Die Tarasken (45 000) besiedeln den westlichen und zentralen Teil des nördlichen Michoacán (Westmexiko), um den See von Patzcuaro. Ihr Verbreitungsgebiet reichte in vorspanischer Zeit weiter nach Osten und Süden bis zum Rio de las Balsas, während sich ihr heutiges Wohngebiet fast ganz auf die Tierra Fría der südlichen Sierra Madre Occidental beschränkt. Die Tarasken gehören zu den wenigen indianischen Völkern, die nicht von den Azteken unterworfen worden waren, sondern ihre politische Unabhängigkeit bis nach der Eroberung des aztekischen Reiches durch die Spanier bewahrten.

Einige kleinere Stämme, die im mittleren Teil der Sierra Madre Occidental leben, wie die Cora, Huichol, Tepehuan und Tepecano zählt man kulturanthropologisch zu den nordwestmexikanischen Indianern, die im Kapitel ›Der Südwesten‹ kurz behandelt worden sind.

B. Im südmexikanischen Gebirgsland ist eine Vielzahl indianischer Bevölkerungsgruppen beheimatet. Die indianische Tradi-

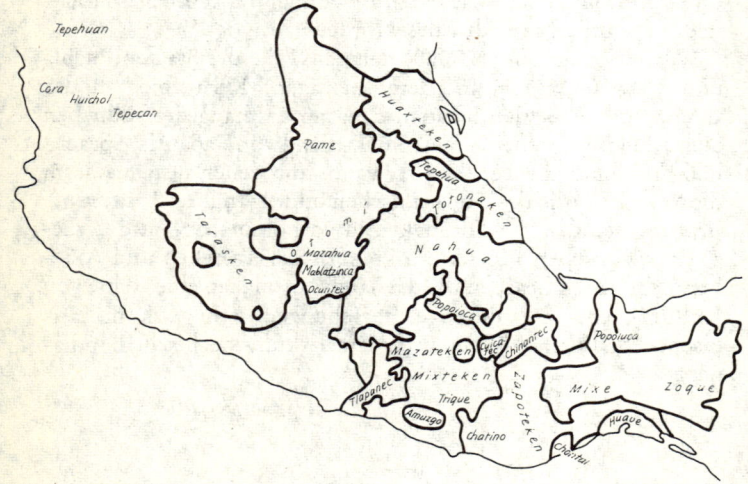

Verbreitung indianischer Stämme im heutigen Mexiko nördlich des Isthmus von Tehuantepec

tion hat sich hier stärker erhalten als im Norden, weil der spanische Einfluß weitaus geringer war als im Hochtal von Mexiko und insgesamt erst viel später einsetzte. Unter den Indianern dieses Berglandes stellen die Zapoteken und die Mixteken die Mehrheit.

1. Die Zapoteken von Oaxaca (230000) bewohnen die Sierra Madre del Sur bis zum Isthmus von Tehuantepec und zerfallen in mehrere sprachliche Untergruppen, wobei größere kulturelle Unterschiede zwischen den Berg-Zapoteken des Nordens und den Tal-Zapoteken des Südens bestehen. In den (heute) größeren Städten sowie im gesamten Isthmusgebiet ist bereits eine starke Mestizisierung festzustellen.

2. Die Mixteken (185000) bewohnen den nördlichen und westlichen Teil des Staates Oaxaca, ein stark zerklüftetes Bergland, bis hin zur pazifischen Küste. Man unterscheidet zwischen dem inneren Berg- und Plateaugebiet (Mixteca Alta), der legendären Heimat der Mixteken, dem tiefer gelegenen Teil am Rio Mixteco (Mixteca Baja) sowie der Küstenregion (Mixteca Costa). Das Mixtekenreich war zur Zeit der Ankunft der Spanier den Azteken tributpflichtig, nachdem es zuvor die zapotekische Herrschaft abgeschüttelt hatte.

3. Die Mazateken (78000) konzentrieren sich auf den nördlichen Teil des Staates Oaxaca.

4. Die Mixe (46000) und die Zoque (18000) leben im östlichen Oaxaca und in angrenzenden Teilen von Chiapas. Das ganze Gebiet ist, wie die Mixteca Alta, gebirgig und stark gekammert; es wird noch von weiteren größeren und kleineren Ethnien bewohnt.

Die meisten Splittergruppen gehören der Macro-mixtekischen Sprachgruppe an: Chatino (14000), Cuicateco (10000), Popoluca (25000), Popoloca (17000), Tlapaneco (18000), Chinanteco (35000), Chontal (25000). Noch kleinere Gruppen bilden die Trique, Amuzgo und Huave.*

Die Zahlen liegen heute (1985) z. T. erheblich über den hier angegebenen, wobei allerdings die Zahl der monolingualen Indianer ständig zurückgeht.

---

*Es wird hier, soweit die Namen nicht eingedeutscht sind, die im ›Handbook of Middle American Indians‹ übliche Schreibweise übernommen.

Lebensunterhalt: Mais und die Vielfalt der subtropischen Pflanzenwelt

In allen indianischen Völkern Zentralmexikos bildet der Bodenbau die Grundlage der Selbstversorgung. Wichtigste Anbaupflanze ist der Mais, der nach neuesten archäo-botanischen Untersuchungen bereits im 5. Jahrtausend v. Chr. im Tal von Tehuacán, im Süden des Staates Puebla, aus einer primitiven, kleinkolbigen Wildmaisart gezüchtet worden ist. Da das Vorkommen von Mais auch in Südamerika bereits aus sehr früher Zeit archäologisch bezeugt ist, kann nicht ausgeschlossen werden, daß sowohl in Mesoamerika als auch in Südamerika unabhängig voneinander diese wichtigste indianische Nahrungspflanze aus lokalen Wildformen gezüchtet worden ist. Die Belege für einen Kontakt zwischen den Hochkulturzonen Alt-Amerikas (Mesoamerika und zentrales Andengebiet) sind bisher für eine so frühe Zeit viel zu karg und ungesichert, um nachweisen zu können, daß Mais nur in einem Kulturbereich entwickelt und von dort über Tausende von Kilometern hinweg in eine andere Hochkulturwelt verbreitet wurde. Für Mesoamerika steht jedenfalls fest, daß Mais und andere wichtige Nahrungspflanzen wie Bohne (Phaseolus) und Kürbis (Cucurbita) im Gebiet des zentralen Mexiko domestiziert worden sind und schon in präklassischer Zeit (etwa 1500 bis 200 v. Chr.) die Grundnahrung der Indianer bildeten. Vor der Einführung europäischer Getreidearten spielte der Anbau von Amaranth (Amaranthus) im Hochland eine gewisse Rolle. Aber auch Kakao (Theobroma cacao), Tomate (Lycopersicum, Physalis), Vanille (Vanilla planifolia), Ananas, Camote oder Süßkartoffel (Ipomoea batatas), süßer Maniok (Manihot esculenta, M. dulcis), Papaya (Carica papaya), Chili-Pfefferschoten (Capsicum), Baumwolle (Gossypium hirsutum) und Tabak (Nicotiana tabacum, N. rustica) waren hier bereits bekannt. Die meisten dieser Kulturpflanzen stammen aus den Tiefländern der Golfküste.

Im allgemeinen waren die Anbaumethoden der indianischen Pflanzer in vorkolonialer Zeit – und sind es übrigens heute noch – recht primitiv und unterscheiden sich nicht wesentlich von denen der einfachen Bodenbaukulturen anderswo. Der Grabstock diente als Universalinstrument; heute sind Feldhacke, Pflug und andere Geräte europäischen Ursprungs fast überall an seine Stelle getreten. Daß es jedoch in Mesoamerika schon gegen Ende des Präklassikums trotz dieses primitiven Grabstock-

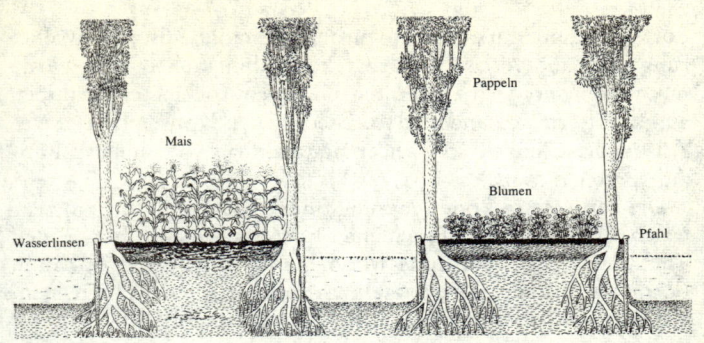

Querschnitt durch die chinampas, Hochtal von Mexiko (Coe 1964)

baus zu einem starken Bevölkerungszuwachs infolge guter Nahrungsversorgung kommen konnte, ist namentlich der Kenntnis und Anwendung intensiver Formen der Bodennutzung zu verdanken: Man verstand es bereits, die Felder in Gebirgsgegenden zu terrassieren und aride Zonen zu bewässern, wobei nicht nur die Techniken der Brunnen-, sondern auch der Kanalbewässerung und des Überflutungssystems beherrscht wurden. Nur in der Tierra Caliente der Küste waren natürliche Voraussetzungen für hohe Erträge (starke Niederschläge, keine Frostperiode) gegeben, so daß hier sogar zwei Ernten im Jahr erzielt werden konnten.

Eine einmalige Sonderform des Bodenbaus stellt das Chinampas-System im Hochtal von Mexiko dar. Die um den See von Texcoco lebenden Gruppen hatten sogenannte schwimmende Inseln, Chinampas, angelegt, die mit dem fruchtbaren Faulschlamm des Seebodens gedüngt wurden und dadurch außerordentlich hohe Erträge lieferten. Die Chinampas waren kleine rechteckige Flöße aus Flechtwerk, die mit Schilf, Zweigen und Schlamm aufgefüllt und durch Bepflanzen der Ränder mit rasch wachsenden Pappeln im Seeboden verankert wurden. Die Chinampa produziert ohne Unterbrechung Jahr für Jahr, weil sie ständig neue Nährstoffe erhält und stets auch Wasser durch die Wurzeln aufsaugt. Ohne zu übertreiben kann man sagen, daß das Chinampas-System das stabilste, intensivste und produktivste Kultivierungssystem auf der Welt ist.

In neuester Zeit mußte in manchen Teilen Zentralmexikos,

dort wo Staudämme gebaut wurden, die einheimische Bevölkerung ihr Land verlassen (Mazateken, Chinanteken). Sie wurde in anderen, oft weit entfernten Gebieten, in kleinen Gruppen aufgesplittert, neu angesiedelt. Die sozialen Konsequenzen waren für diese Völker so verheerend, daß man von einem Ethnozid sprechen muß.

Die verbesserte Bodennutzung findet sich namentlich im zentralen und südlichen Hochland. Hier, vor allem aber in den Tiefländern (vgl. ›Südliches Mesoamerika‹), wird der Anbau in Form der Brandrodung (aztekisch: milpa), auch Roza-System genannt, betrieben, deren Technik darin besteht, daß man mit der Machete, einem eisernen, leicht gekrümmten Haumesser (früher wurden Steinbeile benutzt), kleine Bäume und Sträucher abschlägt, dann das Gestrüpp austrocknen läßt und es vor dem Einsetzen der Regenzeit verbrennt. Die großen Bäume werden in Bodenhöhe gefällt, d.h. man läßt die Stümpfe stehen. Die Asche des verbrannten Holzes dient zugleich als eine natürliche Düngung. Mit der Coa, einem Grabstock mit spatenartiger Klinge, wird der Boden dann zur Pflanzung vorbereitet. Ein weiteres Gerät, die Espeque, die ein einfacher Stock mit gehärteter Spitze oder Eisentülle ist, dient schließlich dazu, Saatlöcher in das Brandrodungsfeld zu stechen. In die Löcher werden mehrere, meist schon vorgekeimte Maiskörner gelegt, über die der Boden zuletzt leicht angehäufelt wird. Im Maisfeld oder in angrenzenden Feldern werden Bohnen, Kürbisse, Zuckerrohr und – im Totonakengebiet – Vanille angebaut. Wichtig ist die fast tägliche Unkrautbekämpfung, an der sich alle Haushaltsmitglieder beteiligen.

In der Tierra Templada und der Tierra Fría ist hauptsächlich das Barbecho-System verbreitet. Es ähnelt dem Roza-System, doch werden hier die Baumstümpfe gerodet und der Boden – meist ohnehin baumfrei, weil ständig kultiviert – sorgfältiger vorbereitet. Ein solches Feld kann dann auch mit dem Pflug bearbeitet werden.

Die Arbeitsteilung folgt alten Regeln: Die Männer arbeiten auf den Feldern, enthülsen den Mais, sind für das Brennholz zuständig, stellen Holzkohle her, jagen, kümmern sich um die Arbeitstiere und bauen und reparieren die Häuser. Die Frauen verrichten die häuslichen Arbeiten, sehen nach dem Kleinvieh, bearbeiten die Hausgärten, sammeln Wildpflanzen, handeln auf den Märkten und helfen gelegentlich bei der Feldarbeit, etwa beim Jäten. In vorspanischer Zeit gab es vor allem im aztekischen Bereich eine Händlerkaste (Pochteca), in deren Händen der gesamte Fernhandel lag, der hauptsächlich aus Luxusgütern bestand. Diese Händler hatten ein hohes soziales Prestige und waren im Rang den Kriegern ebenbürtig. Heute liegt der über-örtliche Handel meist in den Händen von Mestizen.

Als Grundnahrungsmittel gilt, wie schon zu sehen war, für alle Indianer Mexikos gleichermaßen der Mais. Er wird mit Handreibsteinen (Manos) auf steinernen Mahlplatten (Metates) zusammen mit Staub aus gebranntem Kalk zu Mehl zerrieben, das dann auf erhitzten Steinen oder Tonplatten (Comales) in dünnen Fladen (Tortillas) gebacken wird. Als Beikost dienen verschiedene Gemüse- oder Fleischarten, früher namentlich Truthahn-, heute überwiegend Hühnerfleisch. Auch Wildbret ist geschätzt. Heute findet man überall europäische Haustiere. Schweine- und Geflügelhaltung sind in allen indianischen Bauerngruppen Mexikos anzutreffen, während die Rinderhaltung im wesentlichen auf die Hochländer beschränkt ist, ebenso wie die Schaf- und Ziegenhaltung (Otomí, Tarasken). Auch der Holzpflug kommt aus Europa. Er wird jedoch nur auf größeren Ackerflächen, besonders auf den Ebenen des Hochlandes, verwendet; auf den Brandrodungsfeldern des zerklüfteten Berglandes oder im Tiefland dagegen, wo man die größeren Baumstümpfe stehen läßt (Roza-System), eignet er sich nicht, zumal er hier die sehr dünne Humusdecke aufreißen würde. Durch die Einführung europäischer Getreidepflanzen, die meist in der Pflugtechnik angebaut werden, ist die Nahrung vielfältiger geworden, obwohl im Ganzen gesehen die Indianer kaum auf die europäischen Getreidearten zurückgreifen, und wenn, dann nur wo Chinampas und bewässerte Felder zur Verfügung stehen. Weizen wird vor allem im südlichen Puebla und in Westmexiko, Reis im Tiefland angepflanzt. Oberhalb der Maisanbaugrenze werden die Felder mit Roggen und Hafer bestellt. Das europäische Getreide verkaufen die Indios zumeist auf dem Markt, der eigenen Ernährung dient es seltener. Als Vermarktungsprodukte haben sich hauptsächlich Kaffee, Zuckerrohr und Vanille durchgesetzt. In der Region von Vera Cruz wurde die Vanille bereits in vorspanischer Zeit kultiviert und galt schon damals ebenso wie der Kakao als wichtiges Handelsgut. Auf den aztekischen Tributlisten erscheinen Kakaobohnen als eine Art von Wertmesser. Heute werden die Kakaopflanzen auf Plantagen im tropischen Tiefland von Tabasco gezogen.

Das wichtigste Maisgericht, auch heute in der gesamten mexikanischen Bevölkerung beliebt, sind die Tamales. Es sind mit Fleisch, Gemüse und Gewürzen gefüllte und in Blätter einge-rollte gekochte Maisfladen (Tortillas). Häufig werden Bohnen dazu gegessen. Außerdem gibt es eine scharfe Soße (Mole po-blano), die je nach Zusammensetzung aus Chili, Mandeln, Avo-cados, Erdnüssen und anderen Zutaten hergestellt wird und meist zu Fleischarten, vor allem aber zu Gemüse, gegessen wird. Als Getränk ist das Pinole bekannt, das man aus geröste-tem Mais mit Gewürzen (Kakao, Anis, Zucker, Ingwer oder Zimt) und Wasser mischt. Zu erwähnen ist ferner der aus vergo-renem Saft der Maguey-Pflanze (Agave) gewonnene Pulque, der gebrannt wird und in Form von Tequila, als scharfes Getränk sehr beliebt ist. Auch Maisbier wird in großen Mengen herge-stellt und besonders von der ländlichen Bevölkerung bevorzugt.

Innerhalb der indianischen Gemeinden spielt sich der Pro-duktionsprozeß in der (Groß-)Familie ab: Diese kommt für den Gewinn der Nahrungs- und Genußmittel ebenso wie für die Herstellung von Handwerksprodukten auf, womit sie die Selbstversorgung, die Belieferung des Marktes und die Tribut-leistungen, die im frühen Kolonialsystem an die königliche Schatzkammer und die Latifundienbesitzer gerichtet wurden, sicherte.

Neben dem privaten Sektor des Wirtschaftens gibt es den öffentlichen, der von Staatsbeamten verwaltet wird. Das ge-samte Land gehörte in frühkolonialer Zeit der Gemeinde – vom Privatbesitz des Kaziken abgesehen – und wurde ursprünglich auf die Familienhaushalte verteilt. Darüber hinaus gab es die Allmende, gemeinsam genutztes oder verpachtetes Land (Ejido oder Propio), dessen Erträge in die Gemeindekasse (für Schu-len, Straßen- und Brückenbau) flossen. Außerdem erbrachte jeder Haushalt entsprechend seinem Landnutzungsanteil Ar-beitsleistungen oder Zahlungen an die Inhaber von Ämtern der zivilen oder religiös-zeremoniellen Hierarchie. Solche Dienst-leistungen sind inzwischen abgebaut oder werden vom Staat als Gehalt erstattet.

In den heutigen indianischen Gemeinden hat sich eine stär-kere Spezialisierung von Anbauprodukten und Handwerkser-zeugnissen durchgesetzt, die auf den regionalen Märkten eine Interdependenz zwischen den Gemeinden und dem nicht-india-nischen Segment der Bevölkerung bewirkt hat. Das Gemeinde-land ist in der Regel in privaten Besitz übergegangen, obwohl nach der Revolution von 1910/17 im Gefolge der allgemeinen, aber nur teilweise durchgeführten Landreform in einigen Regionen wiederum Gemeindeland (Ejido) geschaffen wurde.

Die Abgaben erfolgen heute als Steuern an Staats- oder Bundesbehörden. Vom prä- und frühkolonialen »öffentlichen Sektor« ist meist nur der Tequio übriggeblieben: die Verpflichtung, gewisse Dienstleistungen für den Bau und die Instandhaltung öffentlicher Anlagen zu erbringen sowie gelegentliche Sammlungen für die Ausstattung zeremonieller Feste zu organisieren. Die zivilen und zeremoniellen Amtsinhaber werden somit nicht mehr von den privaten Haushalten bezahlt, sondern müssen ihre öffentlichen Ausgaben aus eigenen Mitteln bestreiten (System der Bürgschaft: Mayordomía).

Generell kann man sagen, daß es heute drei Formen des Landbesitzes gibt: 1. Gemeindeland, das allen Dörfern in einem Municipio gehört, 2. Ejido-Land, das nominell dem Dorf gehört, aber tatsächlich von Verwaltungsbeamten der Staatsregierung an die Familienhaushalte aufgeteilt wird, und 3. Privatland, das aus kleineren Landflächen besteht, deren Produkte zur Unterstützung der Kirche verkauft oder den kirchlichen Amtsträgern zur Verfügung gestellt werden.

Die Verteilung von Gemeinschaftsland und Privatbesitz variiert von Region zu Region sehr stark. Da Privatland mancherorts durch die Landreform wieder in Ejido-Land umgewandelt worden ist, gibt es in dichter besiedelten Gebieten nur noch selten größere Privatländereien.

Haupterwerbsquelle und Hauptgrundlage der indianischen Wirtschaftsstruktur ist neben der Landwirtschaft das Handwerk. Zu seinen wichtigsten Erzeugnissen gehören die Produkte der Weberei, die sehr vielfältig sind: etwa Wolldecken, die als Umhänge (Serapes) dienen, Hemden (Huipiles) aus Baumwolle, Stolen (Rebozos) sowie Schärpen und Gürtel (Fajas). Tragsäcke, Matten und Seile werden aus Fasern der Sisalagave hergestellt (s. auch den Abschnitt ›Materieller Kulturbesitz‹).

Weit verbreitet und regional sehr unterschiedlich in Qualität und Form sind die Erzeugnisse des Töpferhandwerks: Wasserkrüge, Kochtöpfe und Gefäße verschiedenster Art, heute auch Touristenware in größeren Mengen.

Es bleibt noch nachzutragen, wie sich die indianische Landwirtschaft in den letzten Jahrzehnten verändert hat. Dazu wäre vor allem anzuführen, daß die Stellung und die Funktion der indianischen Subsistenzproduktion im Rahmen der nationalen mexikanischen Gesellschaft tiefgreifende Veränderungen erfahren hat, indem sie in zunehmendem Maße eine marginale Position einnimmt. Hinzu kommt, daß die Indianer sowohl als Individuen wie auch als geschlossene Gemeinden immer stärker in die nationale Gesellschaft integriert und von ihr absorbiert werden. Die Integration erfolgt für den einzelnen aufgrund neuer ökonomischer Tätigkeiten, die erst in zweiter Linie landwirtschaftlicher Natur sind. Geschlossene indianische Gemeinden werden dagegen hauptsächlich durch die Kommerzialisierung der traditionellen landwirtschaftlichen Arbeit absorbiert. Die indianische Landwirtschaft ist also in einem Transformationsprozeß von einer dualen in eine moderne, nationale und konformistische Gesellschaft begriffen.

Materieller Kulturbesitz: Bäuerliches Handwerk

Die lokale Umwelt beeinflußt Hausbau, Siedlungswesen, Handwerkskunst, Kleidung und andere Bereiche des materiellen Kulturbesitzes. Da der Boden im Bergland intensiver kultiviert wird als im Tiefland, trifft man hier auf dichte Besiedlung, Landknappheit, Handwerksspezialisierung und eine differenzierte Marktwirtschaft. Im großen und ganzen ist diese Entwicklung bis lange vor die Ankunft der Spanier, wahrscheinlich schon bis in das Klassikum, im ganzen mesoamerikanischen Raum zurückzuverfolgen. Sie hat heute umso mehr Gültigkeit, als die indianische Bevölkerung sich weiter stark vermehrt hat. Das Tiefland mit seinem tropischen Klima dagegen wurde nur extensiv genutzt und zeigt in seiner Geschichte eine weniger dynamische Entwicklung.

Wie in der Wirtschaft und Gesellschaft zeichnet sich auch in der materiellen Kultur einerseits eine Kontinuität in der Technologie und Ergologie der Bauernwirtschaft ab, während sich andererseits vom materiellen Besitz der indianischen Adelsschicht (Architektur, Luxusgüter, durch Fernhandel erworbene exotische Materialien) fast nichts erhalten hat. Häuser und viele Handwerksprodukte der Gegenwart (Töpferwaren, Flechtarbeiten, Webereierzeugnisse), die auf vorspanische Tradition zurückgehen, entstammen dem indianischen Bauerntum. Die öffentliche Architektur und die Produktion von Gütern für die spanische und mestizisierte Oberschicht dagegen ist fast ausschließlich spanischen Ursprungs. Aus der altindianischen Welt sind nur wenige Luxusprodukte, wie Federschmuck- und Goldarbeiten bis in die Kolonialzeit erhalten geblieben; sie wurden für die Spanier und die katholische Kirche hergestellt. Die hochentwickelte Steinmetzkunst der vorspanischen Hochkulturen hat sich zum Teil in der Architektur der öffentlichen Gebäude und Kirchen der frühkolonialen Phase niedergeschlagen.

Obwohl zahlreiche traditionelle indianische Techniken bis in die Gegenwart weiterleben, ist der Einfluß der vorindustriellen europäischen Technologie doch überall bemerkbar: er zeigt sich vor allem in der Töpferei (Töpferscheibe), Wollweberei und Holzbearbeitung. In neuerer Zeit haben auch industrielle Erzeugnisse in der indianischen Bauernbevölkerung Eingang gefunden. So werden fast überall importierte Eisenwaren (beim Hausbau, bei den Geräten des Bodenbaus usw.) verwendet.

Haus und Hausrat

Für die Hochebenen und die höheren Lagen der Gebirge ist ein Rechteckhaus charakteristisch, das aus sogenannten Adobes, Trockenlehmziegeln, errichtet wird und ein Flachdach aus Maisstroh besitzt. Es hat nur einen einzigen Raum, an den bei Bedarf weitere Räume angebaut werden (Tarasken, Zapoteken). Daneben finden sich aber auch Häuser mit Giebeldach, die sowohl mit Palm- oder Agaveblättern, als auch mit Gras oder Holzschindeln abgedeckt sein können. In den tieferen Lagen der Gebirge und im eigentlichen Tiefland kommen ferner Häuser mit einfachen Wänden aus Bambus und Strohdächern vor. Die Stangenwände sind mit Gras zugestopft und gelegentlich mit Kalk verputzt (Tiefland-Totonaken, Huaxteken). Manchen Häusern, vor allem im warmen Tiefland, ist eine Veranda angebaut, auf der man sich im Sommer aufhält.

Die Wohnhäuser werden durch Kochhütten, Vorratsspeicher und Schwitzhütten ergänzt. Bemerkenswert ist die Konstruktion der Vorratsspeicher: Sie gleichen gewaltigen, mit Strohdächern versehenen Tonurnen, die über Steinsockeln errichtet sind, oder sie werden als Kästen aus einem Balken- bzw. Stangengerüst gebaut und ruhen auf Stützen. Die Schwitzhütten sind wiederum rechteckig und mit einem gewölbten oder flachen Dach versehen. Schließlich gehören zu einem kleinen Gehöft noch Stallungen für das Vieh.

Maisspeicher mexikanischer Indianer (Gierloff-Emden 1970)

Gekocht wird entweder auf offenem Feuer oder auf einem Herd mit einer Herdplatte aus Ton, heute aus Eisen.

Zur Inneneinrichtung der Wohnhäuser gehören inzwischen überall Stühle, kleine Hocker, Sitzbänke, Tische und Schlafpritschen mit geflochtenen Matten und Wolldecken. Im Tiefland schläft man auf Matten aus Palmblattgeflecht, die tagsüber zusammengerollt werden. Hängematten sind vor allem im südmexikanischen Bergland verbreitet, wohin sie in spanischer Zeit aus den Antillen eingeführt wurden. Der Hausrat besteht aus Metates und Manos (Mahlsteinen und Handwalzen), Töpfen und Vorratskrügen für Wasser, Kalebassen und Holztruhen. Plastik- und Eisengeräte haben heute auch in den entlegensten Dörfern Einlaß gefunden.

Töpferei

Die Töpferkunst hat eine lange, in die vorspanische Zeit zurückreichende Tradition und ist seit jeher überall im indianischen Mexiko verbreitet gewesen. Sie unterscheidet sich bei den verschiedenen Stämmen sehr deutlich durch eine jeweils andere Formung des Aufbaus der Tonmasse (Wulstringtechnik, Formung durch Kalebassen oder durch pilzförmige Modeln) sowie der Glasur (europäischen Ursprungs), der Polierung und der Bemalung. Diese Unterschiede zeigen sich auch heute noch in der überwiegend für die Touristen gefertigten Ware. In Coyotepec (Oaxaca) wird eine monochrome schwarze Keramik hergestellt, neuerdings auch in Acatlan (Puebla) und Tzintzuntzan

(Michoacan). Getöpfert wird heutzutage häufig auf der von den Spaniern eingeführten, in der Neuen Welt zuvor unbekannten Töpferscheibe. Seither ist die Töpferarbeit Männersache. Entweder wird im Freien oder im ebenfalls erst von den Spaniern eingeführten Brennofen gebrannt, in dem die Keramik auch mit Blei oder Zinn glasiert wird. In traditioneller Handarbeit fertigen die Frauen und jungen Mädchen kleinere Tonwaren (Räuchergefäße, Spinnwirtel, Siebe und nachgemachte Antiquitäten für die Touristen) an. Die für den Hausgebrauch hergestellten Gefäße (Wasserkrüge, Kochtöpfe, Kasserolen usw.) bleiben meist unverziert.

Weberei und Kleidung

Mit der Einführung der Wolle, des Spinnrades und des Fußwebstuhles sind entscheidende Veränderungen auch hier eingetreten. Die Baumwollweberei (wie heute noch die Gürtelweberei) war früher Arbeit der Frauen, heute bedient der Mann den großen Fußwebstuhl, ähnlich wie es bei der Töpferscheibe der Fall ist.

In der Kleidung wirkte sich die spanische Eroberung besonders nachhaltig aus: anstelle des bisherigen Lendenschurzes übernahmen die Männer die spanische Hose und das Hemd. Hinter dieser Veränderung stand der Druck der Kirche, die den indianischen Lendenschurz als Nacktheit verurteilte. Erhalten blieb der Umhang (Tilma), und auch die Frauenkleidung, die aus einem Wickelrock und Huipil (s. o.) bestand, hielt sich noch lange. Im Laufe der Kolonialzeit wurde dann das Tragen von Wollsachen (Röcke, Serapes) üblich. Auch der Rebozo ist europäischen Ursprungs.

Die Weberei ist bei den Nahua das wichtigste Handwerk. Männer fertigen Serapes, Wolldecken und Schärpen an. Im Gebiet von Puebla stellen Frauen für den Hausgebrauch Produkte auf dem altaztekischen Webstuhl her, und zwar hauptsächlich Fajas (Gürtel, Schärpen). In der Nähe von Teotihuacan gibt es ausgesprochene Weberdörfer. Gefärbt wurde früher mit Mineralien und Cochenille, einer roten Laus, die auf Kakteen regelrecht gezüchtet wurde. Die Cochenille-Färberei war noch bis vor kurzem im zapotekischen Bereich bekannt. Baumwolltextilien werden vor allem bei den Tiefland-Totonaken hergestellt. Über Webtechniken vgl. das Kapitel ›Südliches Mesoamerika‹.

Tragsäcke, Matten und Seile werden aus Agavefasern (Maguey) geknüpft (Nahua). Die Korbflechterei war früher weit verbreitet, bei einigen Stämmen ist sie jedoch heute nahezu ausgestorben (Totonaken). Holzarbeiten fertigen vor allem die Tarasken an: sie reichen von Planken für Häuser und Boote über Gitarren und Violinen bis zu zahlreichen Exportgütern, wie Möbelteilen, Schalen, Kerzenhaltern, Schachfiguren und Spielzeug.

Auch Lackarbeiten werden von den Tarasken hergestellt; sie haben eine alte Tradition, die auf vorspanische Zeit zurückgeht. Man stellte früher den Lack aus Öl von Samenkörnern und Insektenfett her, heute wird Schellack benutzt. Lackiert werden namentlich Kürbishälften, die entweder bemalte, (mit Farben) eingelegte oder herausgeschnittene Muster tragen. Lackarbeiten werden außer im Taraskenland noch in Guerrero und in Chiapas hergestellt.

Für die handwerkliche Industrie, d.h. für die Heimarbeit von serienmäßigen Produkten (Webwaren, Töpferwaren, Lederwaren, Hüte und andere Flechtarbeiten), die meist für den Touri-

Huichol-Tablilla, mit farbigen Baumwollfäden auf eine Holztafel geklebt. Einst Opfergaben, heute für den Fremdenverkehr hergestellt. (Nach Rubin de la Barbolla 1963)

stenhandel bestimmt sind, arbeiten etwa zwei Millionen Mexikaner, davon ein relativ hoher Prozentsatz von Indianern, die allerdings nur einen Bruchteil des Verkaufspreises für ihre Arbeit bekommen. Oft verkaufen die Handwerker ihre Produkte nicht selbst. Entsprechend einer Arbeitsteilung nach rassisch-sozialen Gesichtspunkten, die sich häufig durchgesetzt hat, ist der Indianer ausschließlich Produzent, während der Mischling als Händler auftritt.

Soziale Umwelt: Haushalt und Cargo-System

Familie und Verwandtschaft

Bei den zentralmexikanischen Indianern bildet die Familie in der Form der Gemeinschaft des Haushaltes auch heute noch den Kern der intakten sozialen Umwelt. Gleichzeitig stellt der Haushalt auch die ökonomische Einheit dar, die die Produktion, die Konsumtion und die Rekrutierung der Arbeitskräfte kontrolliert; mit anderen Worten: die Mitglieder eines Haushaltes bestellen gemeinsam ein Stück Land oder sie üben gemeinsam ein Handwerk aus.

Die Familien sind im allgemeinen patrifokal und kennen sowohl die Polygynie als auch das Levirat. Doch haben die beiden letztgenannten Institutionen in den verschiedenen Völkern ein unterschiedliches Gewicht. Die Polygynie findet sich vor allem in den oberen sozialen Schichten, das Levirat (als sukzessive Form der Polygynie) ist auch bei der breiten Masse der Bevölkerung üblich, weil hier familienökonomische Erwägungen eine Rolle spielen (Versorgung der Witwe). Bei den Isthmus-Zapoteken ist die besonders herausragende Rolle der Frau bemerkenswert; sie bleibt allerdings die Ausnahme. Als nach der spanischen Eroberung die katholische Kirche auch in entlegenen Gebieten Fuß faßte, wurden offiziell die Polygynie, das Levirat und die Heirat zwischen Verwandten zweiten und dritten Grades verboten; doch hat sich in abgelegenen Teilen des Landes dieses Verbot nicht durchgesetzt.

In vorkolonialer Zeit war es üblich, erst in späteren Lebensjahren zu heiraten, weil der Mann zuvor seinen vollen Status in der Gesellschaft erreicht haben mußte. Außerdem mag dabei eine Rolle gespielt haben, daß eine Ehe meist nur unter präferentiellen Partnern, z. B. Kreuzkusinen bzw. -vettern, stattfand. Nach dem weitgehenden Abbau der sozialen Hierarchie durch die spanische Kolonialmacht wurde es jedoch möglich, die Ehe schon wesentlich früher zu schließen, was bald die Regel wurde. Die institutionalisierte Heiratsvermittlung durch Zwischenträger, mit rituellen Besuchen und Gegenbesuchen, Geschenkaustausch und formalen Ansprachen, ist wahrscheinlich altindianische Tradition, sie war aber auch den Spaniern nicht unbekannt.

Dorf- und Kultgemeinschaft

Die frühere indianische Oberschicht, die Träger der höheren politischen, militärischen und religiösen Organisation war, ist völlig untergegangen. In der Architektur öffentlicher und religiöser Gebäude (Tempel), die diese Schicht durch die Forderung von Tributleistungen realisierte, hat sie sich ein eindrucksvolles Denkmal gesetzt. In der kolonialen Zeit ist sie zum Teil ausgestorben, zum Teil ist sie durch Mischehen in der spanischen Mittelschicht oder dem kleinen Landadel aufgegangen. Nachdem die Kolonialregierung nicht mehr auf die lokalen Machthaber angewiesen war, wurde sie von den Spaniern völlig entmachtet und aus der indianischen Mikrogesellschaft ausgeschlossen. In einem zweiten großen Transformationsprozeß erfolgte der Abbau der weitgehenden Autonomie der indianischen Gemeinde und ihre Integration in die breite »mexikanische« Bauernbevölkerung. Wie weit sich dieser Prozeß realisierte, hing von der Größe des Anteils der nicht-indianischen Bevölkerung ab: Während die schon mestizisierten Gebiete auf der höheren Verwaltungsebene völlig desintegriert wurden und sich dem mexikanisch-neuspanischen Dorfsystem anpaßten, wobei die Mestizen die Verwaltungsposten übernahmen, blieben die Rückzugsgebiete, in denen heute der Großteil der rein indianischen Bevölkerung lebt, davon lange Zeit unberührt.

Die politische Struktur der indianischen Gemeinde wird heute im wesentlichen von den allgemein geltenden Staatsgesetzen bestimmt, welche die Zahl der Amtsträger, ihre Amtsbezeichnungen und ihre Funktionen genau festlegen. Neben den offiziellen Amtspersonen gibt es die von den Indianern nach ihrer eigenen Tradition eingesetzten religiösen Würdenträger. Deren Ämter gehen auf ein altes indianisches System einer strengen sozialen und religiösen Rangstufenleiter zurück und sind meistens einjährig besetzt. Alle Männer einer Gemeinschaft ordnen sich diesem System unter. Je nach ihren Erfolgen und Interessen – im Kampf oder im kultischen Wettspiel – können sie sich für eine politische (früher: militärische) oder zeremonielle Laufbahn entscheiden. Sie durchlaufen eine Anzahl von Ämtern (Cargos) und haben die Möglichkeit, im Laufe ihres Lebens bis zur höchsten Stufe eines Ältesten (Principal) zu gelangen, aus denen die Mitglieder der Ratsversammlungen gewählt werden. In diesen Gremien verzahnt sich das indianische mit dem spanischen System.

Es ist weithin üblich, daß ein Mann im Laufe seines sozialen Aufstiegs zivile und zeremonielle Positionen wechselt. Zwischen den einzelnen Amtszeiten werden stets Ruhezeiten eingelegt. Ein Ältester ist immer in profanen wie in zeremoniellen Angelegenheiten bewandert und ausgebildet.

In einigen Gemeinden gibt es keine oder nur geringe Unterschiede zwischen den zivilen und den religiös-zeremoniellen Ämtern. Eine solche Unterscheidung läßt sich am besten im Hinblick auf die Funktionen machen: Die Träger ziviler Ämter sind für die Beziehungen der Gemeinde zur Außenwelt und für die Rechtsprechung innerhalb der Gemeinde verantwortlich. Die religiösen Amtsträger richten die Zeremonien des Heiligenkultes (der katholischen Kirche) aus, sorgen für die Erhaltung der kirchlichen Gebäude und leiten die Feiern anläßlich der Festtage der Heiligen (Fiestas). Die Integration der zivilen und religiösen Funktionen wird umso enger je höher die Ämter sind; die niederen Ämter bleiben in der Regel nach ihren zivilen oder zeremoniellen Aufgaben getrennt. In den meisten Gemeinden hat die Nationalregierung kürzlich ein System von zivilen Ämtern eingeführt. Hier haben die alten kombinierten höheren Ämter ihre zivilen Funktionen verloren.

Die heutigen Indianer sind meist Bauern, Handwerker oder Lohnarbeiter, die für den Eigenbedarf oder für lokale Märkte produzieren. Dabei schreitet die Arbeitsspezialisierung immer stärker voran, so daß eine ganze lokale Verwandtschaftsgruppe oder ein gesamtes Dorf etwa Töpferwaren herstellt, während in einem benachbarten Weiler nur Matten oder Webwaren gefertigt, in einem dritten vor allem landwirtschaftliche Produkte erzeugt werden. Die kooperative Arbeit an den einzelnen Produktionszweigen trägt entscheidend zur Bindung des einzelnen an die Gemeinschaft bei. Bei stärkerer Industrialisierung und

Abwanderung in die Städte werden diese Bande oft stark gelok-
kert.

In den größeren Siedlungen (Pueblos mit über 200 Einwohnern) gab es früher Stadtviertel (Barrios, aztekisch: Calpulli),
die überwiegend aus einem Verwandtschaftsverband bestanden,
dessen Struktur sich jedoch meist nicht mehr genau bestimmen
läßt. Nur bei den Totonaken und in Tlaxcala gibt es noch heute
Barrios, die mit Patriklanen identisch sind. Das Barrio wählt die
Führer der politischen und zeremoniellen Ämter und überwacht – genau wie die Dorfgemeinschaft – die profanen und
religiösen Aktivitäten des Gemeinwesens. Das moderne Barrio
stellt primär eine territoriale Gliederung dar; es findet sich auch
in Gebieten mit Mischlingsbevölkerung und in den Außenbezirken der Großstädte.

In den meisten Gegenden des zentralen Hochlandes kommt
dem Compadrazgo-System, der zeremoniellen Patenschaft, innerhalb des sozialen Beziehungssystems der einzelnen Verwandtschaftsgruppen eine große Bedeutung zu. Das System
wurde von den Spaniern eingeführt und ist hauptsächlich von
den Priestern verbreitet worden, um die Christianisierung voranzutreiben.

Religion: Götterkulte und Krankenheilung

»Die Tempel sanken in Schutt und Asche, die Idole zerbarsten,
und die heiligen Bücher gingen in Flammen auf – aber die alten
Götter lebten im Herzen der Indianer fort und sind noch heute,
viereinhalb Jahrhunderte nach Einführung des Christentums, in
manchen indianischen Orten gegenwärtiger als alle Heiligen der
Kirche«, so schreibt Walter Krickeberg in seinem Buch ›Altme-
xikanische Kulturen‹. Treffender kann man die allgemeine religiöse Situation der mexikanischen Indianer nicht charakteri-
sieren.

Diese allgemeine Aussage bedarf jedoch einer Differenzie-
rung. Man muß davon ausgehen, daß sich verschiedene Formen
der religiösen Integration bei den mexikanischen Indianern beobachten lassen, die einmal im privaten oder Familienbereich,
zum anderen im öffentlichen Sektor liegen.

Nach der Zwangsbekehrung zum Christentum wurde von
der indianischen Bevölkerung nach außen hin die neue Staatsre-

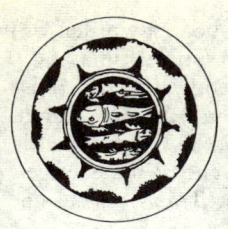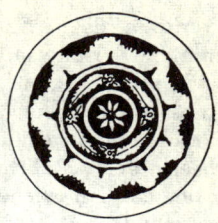

Ritzmuster auf Kalebassen. Oaxaca

ligion angenommen. Die großen öffentlichen Feiern der katholischen Kirche wurden von Priestern, die keine Indianer sein durften, geleitet. Sie waren häufig mit Heiligenkulten verbunden. In der privaten Sphäre, vor allem bei der ländlichen Bevölkerung, lebten dennoch zahlreiche alte Glaubensvorstellungen und Riten unverändert fort. Sie wurden in kleinem Kreis abgehalten, etwa anläßlich der Geburt eines Kindes, bei der Hochzeit, im Krankheitsfall oder beim Tod eines nahen Verwandten; ein Schamane oder Medizinmann leitete sie. Man hielt solche Riten vor den katholischen Priestern verborgen und erlaubte keinem Außenstehenden, daran teilzunehmen.

Die Spanier waren bei der Ausrottung der indianischen Staatsreligion so weit gegangen, daß sie ihre neuen Kirchen auf den Trümmern der alten Tempel errichteten. Die Wirkung war manchmal aber ihren Absichten geradezu entgegengesetzt, indem die alten Götterkulte – abgesehen von solchen Wertkomplexen wie »Krieg« und »Menschenopfer« bei den Azteken – im neuen christlichen Gewande weiterlebten. Das bekannteste Beispiel dafür ist das Nationalheiligtum Mexikos, die Wallfahrtskirche der Madonna von Guadalupe, die auf dem aztekischen Tempel der »Göttermutter« (Tonantzin oder Coatlicue) errichtet wurde. Hier brauchte nicht einmal der Name geändert zu werden, denn auch die Mutter Gottes ist die Mamacita, das »Mütterchen« der indianischen Pilger. Wie hier die ungeheure Popularität der braunen Madonna von Guadalupe, die 1531 Gläubigen erschienen war, von dem Ansehen der alten aztekischen Göttin lebt, so haben in vielen Gegenden des Landes heidnische Götter dem Christentum den Weg bereitet. Andere aztekische Götter wie Huitzilopochtli, der Kriegsgott, und Tezcatlipoca, der Gott der Nacht, hatten ihre Glaubwürdigkeit verloren, als die Azteken von den Fremden besiegt worden waren. Sie verschwanden aus dem aztekischen Universum.

Ein weiteres, viel zitiertes Beispiel von religiösem Synkretismus bietet der in den ärmeren Schichten und auf dem Lande verbreitete Totenkult. Hier werden katholische Gebete für die Seelen der Verstorbenen mit uralten heidnischen Vorstellungen vom jährlich wiederkehrenden Besuch der Toten als Geister vereinigt.

Verallgemeinernd läßt sich sagen, daß die katholische Kirche und ihre Würdenträger anfänglich solche Formen des Synkretismus durchaus duldeten, da sie das weitere Vordringen christlicher Glaubensinhalte förderten und zum Verschwinden heidnischer Kulte und Riten beitrugen. In der Tat zeigte es sich, daß im Laufe der Jahrhunderte die katholischen Heiligen in den öffentlichen Riten die Oberhand gewannen und die heidnischen Götter in die private Sphäre abdrängten, wo sie, ohne Bezug zum alten Pantheon und ihrer ursprünglichen Funktionen beraubt, zu Naturgottheiten herabsanken und immer mehr an Bedeutung verloren.

Für den zentralmexikanischen Bereich lassen sich heute zwei Haupttypen religiöser Konfiguration unterscheiden:

1. An den östlichen Hängen des Plateaus (Totonaken) und im Innern des südlichen Berglandes (südliche Zapoteken) leben zahlreiche Reste alter heidnischer Glaubensvorstellungen fort. Selbst im öffentlichen Sektor sind sie noch vorhanden, so z. B. beim Volador-Spiel: In Papantla und Tajín tanzen vier Männer, die vier Himmelsrichtungen darstellend, siebenmal »eine Kette« um einen Pfahl. Dann erklettern sie ihn, binden sich mit einem Seil an einem drehbaren Gestell an seiner Spitze fest und lassen sich, an dem Gestell um den Pfosten drehend, kopfüber mit ausgebreiteten Armen herabsinken. Sie drehen sich dreizehn Mal um sich selbst, entsprechend dem aztekischen Kalenderzyklus (4 x 13 = 52), in dem nach Ablauf von 52 Jahren der Tag des Jahresanfangs wieder die gleiche Kombination von Ziffer und Zeichen erhält wie der erste Tag des ersten Jahres dieses Zyklus. Die Voladores symbolisieren die Sonnenvögel, die durch ihr Herabsinken Regen bringen. – Dieser altindianische Brauch findet sich in der östlichen Sierra Madre Oriental und in den Staaten Hidalgo und San Luis Potosí, kommt aber auch in Guatemala vor. Er ist vermutlich toltekischer Provenienz.

Im privaten Bereich sind vorchristliche Kulte noch zahlreicher erhalten (Tarasken). So gibt es ein hochentwickeltes Sy-

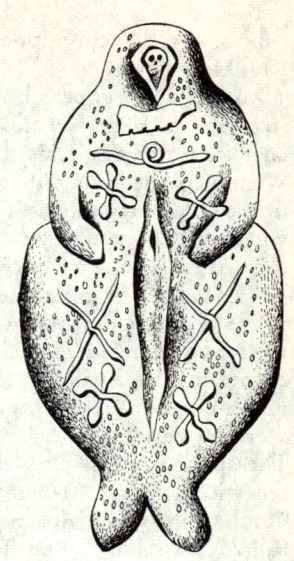

Totenbrot (Covarrubias o.J.)

stem von Riten anläßlich Geburt, Hochzeit, Krankheit und Tod sowie bei Subsistenzaktivitäten (Truthahnopfer bei Aussaat- und Erntezeremonien). Dieses System ist mit dem Glauben an Naturgeister verbunden, die in Schreinen, in Höhlen, an Seen oder anderen Örtlichkeiten (San Pablita) verehrt werden. Auch die konservativen Gruppen im Staat Oaxaca (Mazateken, Mixe, südliche Zapoteken) kennen ähnliche Zeremonien.

2. Ganz anders sieht es bei der ländlichen indianischen Bevölkerung in den Hochtälern von Mexiko, Puebla und Morelos aus. Hier, wie bei den stärker akkulturierten Gruppen Mexikos (Tarasken, Tal-Zapoteken), gibt es keine heidnischen Relikte in den öffentlichen Feiern mehr, und auch in der privaten Sphäre sind sie weitgehend vom Katholizismus zurückgedrängt worden. Sie finden sich nur noch im Bereich der Krankenheilung und der Wetterprophetie.

Die mexikanischen Indianer kennen zwei Arten von Krankenheilern:

a. den allgemeinen (»praktischen«) Arzt oder den »Facharzt« und

b. den »Sozialtherapeuten«, der unter Beibehaltung der von dem allgemeinen Krankenheiler verwendeten Medikamentie-

255

rung sich vor allem mit dem sozialpsychologischen Aspekt der Krankheit befaßt.

Zur ersten Gruppe gehören die Hellseher, Hebammen, (Geister-)boten, Sauger(schamanen), Heilpraktiker, Chiropraktiker, aber auch der akademisch ausgebildete Arzt und Pharmazeut. Wem die Behandlung übertragen wird, hängt von der Diagnose und der Verfügbarkeit eines gesuchten Spezialisten, aber auch von dem Bekanntheitsgrad des Heilers ab. In Kliniken ausgebildete Ärzte oder Apotheker stehen den Indianern in den Landbezirken nur selten zur Verfügung.

Die Sozialtherapeuten sind in der Regel keine »hauptamtlichen« Krankenheiler, sondern angesehene Männer der Gemeindeleitung (Principales) oder zählen zur Gruppe jener Zeremonialleiter, die für das rituelle Wohl der Gemeinschaft verantwortlich sind und über besondere (Zauber)kräfte verfügen. Ihre Therapie besteht hauptsächlich darin, den psychisch Erkrankten wieder in die Gemeinschaft einzugliedern, aus der er sich durch selbstverschuldetes Verhalten, das zu der Krankheit führte, ausschloß. Sein Fehlverhalten bestand meist in der Nichteinhaltung bestimmter Riten, in mangelndem Respekt vor den verstorbenen Ahnen oder ähnlichen Versäumnissen. Hinter dieser Anschauung steht der Glaube, daß die Harmonie der Gruppe durch Verstöße gegen fest vorgeschriebene Riten gestört wird, so daß es auch im Interesse der Gruppe liegt, den einzelnen Frevler wieder in das kollektive Harmoniegefühl zurückzuführen. Die Behandlung besteht zum einen aus den herkömmlichen Praktiken wie Massieren, Saugen (eines eingedrungenen Fremdkörpers aus dem Leib des Kranken), der Einnahme oder der Applikation von Heilkräutern und der Durchführung von Schwitzbädern, aber auch aus Beschwörungen und magischen Zauberformeln. Ein Curandero nimmt gewöhnlich kein Entgelt für seine Tätigkeit; seine besonderen Fähigkeiten, die er den engen Beziehungen zur Welt des Übernatürlichen, der Geisterwelt, verdankt, stellt er in den Dienst der Gemeinschaft in dem oben angedeuteten Sinne der Wiederherstellung von deren Harmonie. Ein Curandero hat ein Nagual, ein Alter Ego, das sich in ein Tier verwandeln kann und das seinem menschlichen Partner in übernatürlichen Angelegenheiten hilfreich zur Seite steht, indem es ihn an seiner magischen Kraft partizipieren läßt. Die Curanderos mit sozialtherapeutischer Behandlungsmethode sind wegen ihrer übernatürlichen Kräfte oft auch gefürchtet, weil sie – als Zauberer (dies ist die Kehrseite!) – zugleich in der Lage sind, Böses zu verursachen, d. h. Menschen krank machen können, wogegen nur der Gegenzauber eines anderen Medizinmannes hilft.

Es gibt eine ganze Reihe von präventiven Maßnahmen, um bestimmte Situationen, die zu Krankheiten führen können, abzuwenden: Vor Zauberei kann man sich vor allem durch korrektes soziales Verhalten und durch ständige Einhaltung vorgeschriebener Riten schützen, vor dem »Bösen Auge« beschirmt eine Mutter ihr Kind, vor den Totengeistern kann sich schützen, wer regelmäßig an den Zeremonien teilnimmt und Respekt vor den Verstorbenen bezeugt, und Angriffen bösartiger Geister kann man vorbeugen, wenn man den Versuchungen der nicht-indianischen Lebenswelt widersteht und in der Nähe seines Dorfes bleibt.

Geschichte: Vom Zusammenbruch der indianischen Reiche bis zur mexikanischen Revolution

Von der Geschichte Mexikos genügt es hier, diejenigen wesentlichen Ereignisse aufzuzeigen, die für die indianische Bevölkerung und die Entstehung ihrer heutigen Situation von Bedeutung sind.

Am 21. April 1519 landet Hernán Cortés mit 508 Offizieren und Soldaten, sechzehn Pferden und vierzehn Geschützen an der mexikanischen Küste und gründet die heutige Stadt Veracruz. Er verbrennt seine Karavellen und tritt am 15. August 1519 seinen Eroberungszug in das Landesinnere an. Mit Hilfe indianischer Bundesgenossen (Totonaken, Tlaxcalteken), die sich als Feinde der Azteken den Spaniern anschließen, gelangt er am 3. November in das Hochtal von Mexiko, wo er von dem aztekischen Herrscher Moctezuma II. (1502–20) gastfreundlich aufgenommen wird. Nach einem Aufstand, bei dem Moctezuma getötet wird, schließen sich die Azteken unter der Führung des angesehenen Kriegshäuptlings Cuauhtémoc aus Tenochtitlán zusammen und vertreiben Cortés. Dieser kehrt jedoch schon nach mehreren Monaten mit einer starken indianischen Hilfstruppe, die überwiegend aus Bewohnern der den Azteken traditionell feindlich gesonnenen Stadt Tlaxcala besteht, zurück und nimmt nach 75tägiger schwerer Belagerung die aztekische Hauptstadt im Sturm. Am 13. August 1521 bricht das Aztekenreich endgültig zusammen, die Stadt Tenochtitlán mit ihren zahlreichen Tempeln und Palästen wird dem Erdboden gleichgemacht.

In den folgenden Jahren erobern die Spanier und ihre indianischen Hilfstruppen weitere indianische Reiche und schließen sie zu dem neuen Kolonialreich Neuspanien zusammen. 1535 ernennt Kaiser Karl V. Antonio de Mendoza (1535–1550) zum ersten Vizekönig von Neuspanien; das Großreich umfaßt den gesamten spanischen Besitz in Nord- und Mittelamerika sowie Westindien und Venezuela.

In allen indianischen Gebieten werden die herrschenden Kaziken abgesetzt, die Tempel zerstört und die gesamte Oberschicht, sowohl die weltlichen wie auch die geistlichen Führer, ihrer Privilegien beraubt. Die Spanier führen ihr eigenes Verwaltungssystem ein und erklären das Christentum zur alleinigen Staatsreligion. Schon unmittelbar im Anschluß an die Eroberung haben Hungersnöte und eingeschleppte Krankheiten zahlreiche Opfer unter der Bevölkerung gefordert. Weitere Tausend sterben als Sklaven. In Westindien wird praktisch die gesamte indianische Bevölkerung ausgerottet. Die Bevölkerungszahl sinkt so stark, daß der Dominikanermönch Bartolomé de Las Casas, auf den Schutz der Indianer bedacht, den später von ihm bedauerten Vorschlag macht, Negersklaven aus Afrika einzuführen. Von 1519 bis 1600 sind schätzungsweise 85 Prozent der indianischen Bevölkerung den Folgen der Eroberung und der frühen Kolonialisierung erlegen.

Das eroberte Land, auch der Landbesitz der indianischen Kaziken, wird Eigentum der spanischen Krone. Während man den kleinbäuerlichen Besitz und das Dorfeigentum den Indianern beläßt, werden große Ländereien als Lehensgüter, sogenannte Encomiendas, samt den darauf lebenden Indianern, an verdiente Soldaten oder Beamte vergeben. Dadurch geraten die Indianer in kollektive Leibeigenschaft. Sie wurden zu bestimmten Dienstleistungen und Abgaben verpflichtet. Zwar ist den Encomenderos die Auflage übertragen worden, für den Schutz der Indianer zu sorgen, sie zu ernähren, zu kleiden und sie zum Christentum zu bekehren, doch Mißhandlungen und die erbarmungslose Ausnutzung der Arbeitskraft der Indianer führten bald zu Klagen beim Indienrat in Spanien. Besonders Fray Bartolomé de las Casas setzt sich für die Freiheit und Menschenwürde der Indianer ein und führt einen leidenschaftlichen Kampf gegen die unmenschlichsten Auswüchse des spanischen

Kolonialsystems. Das Ergebnis der Arbeit an verschiedenen Reformvorschlägen sind die 1542 erlassenen Leyes Nuevas (Neue Gesetze), die verbieten, neue Encomiendas zu vergeben bzw. schon vorhandene weiter zu vererben. Die Indianer sollen unmittelbar der Krone unterstellt werden, ihr Land und ihre Arbeitskraft nicht mehr einzelnen Besitzenden in Neuspanien ausgeliefert sein. Um 1570 gibt es noch insgesamt 827 Encomiendas, davon gehören 320 dem König. Sie werden von den Bischöfen von México, Tlaxcala und Michoacán »verwaltet«, die Tribute an die Krone abliefern. Erst 1720 werden die Encomiendas von der Krone endgültig abgeschafft.

Von den Inka übernehmen die Spanier die Mita, eine zwangsweise Dienstverpflichtung der Indianer zu Bergbau (Silberminen von Potosí) und Straßenbau. Die Schutzbestimmungen (festgelegte Arbeits- und Ruhezeit sowie Arbeitslohn) werden meist nicht beachtet, so daß es zur Flucht der Indianer aus den zur Mita verpflichteten Provinzen kommt. 1812 werden die Mita abgeschafft.

Von weitreichender Bedeutung ist die Anordnung des spanischen Königs aus dem Jahre 1547, die verstreut siedelnden Indianer in Zentren (Reducciones) zusammenzufassen, wo die Bekehrung zum Christentum besser überwacht und die Tribute besser eingetrieben werden können. Das hat die Gründung vieler neuer Ortschaften zur Folge, die den typischen quadratischen Grundriß der spanischen Neusiedlungen haben. Für die Indianer, die als Jäger und Sammler leben (z. B. in Baja California), führt die Reducción zum Aussterben fast der gesamten Bevölkerung.

Die Symbiose von spanischer und indianischer Kultur und die Mischung der Rassen beginnt zunächst in den Städten. Die Institution des Konkubinats, zwar durch König und Kirche verboten, jedoch in den neuen Kolonien mehr oder weniger geduldet, fördert das dauernde Zusammenleben von Spaniern mit Indianerinnen bzw. Mestizenmädchen. Die Mestizen entstammen also meist außerehelichen Beziehungen. Als Bevölkerungsklasse sind sie sowohl aus der indianischen Gemeinschaft wie auch aus der spanischen Kultur ausgeschlossen.

Schon im 17. Jahrhundert entbrennen vereinzelt Aufstände. Ursachen der Unzufriedenheit sind die hohe Besteuerung, die Bestechlichkeit der Verwaltung und die Gewinnsucht der dünnen Oberschicht. Mit dem Aufruf des Landpfarrers Miguel Hidalgo y Costilla zur Gegenwehr beginnt 1810 der Freiheitskampf, der eine Agrarreform, bessere Sozialverhältnisse und die Unabhängigkeit von Spanien bringen soll. Der Aufstand wird, ebenso wie die folgenden unter José Maria Morelos und Vicente Guerrero, niedergeschlagen. Erst 1820 kann der spanische Vizekönig zur Abdankung gezwungen werden. Am 24. 2. 1821 wird Mexiko unabhängig, 1824 (nach dem Sturz von Agustín de Iturbide [1822–23]) Republik nach amerikanischem Vorbild. 1825 räumen die Spanier ihre letzten Stützpunkte im Land. Doch bleiben auch weiterhin viele soziale Privilegien der Feudalgruppen bestehen. Es kommt zu weiteren Putschen und Aufständen. Nach dem Krieg mit den USA (1845–1848) gehen die nördlichen Staaten California, Texas, Neumexiko, Arizona und Teile von Colorado und Utah im Frieden von Guadalupe-Hidalgo 1848 an die USA verloren. Die Lage der Indios verschlechtert sich nach der Unabhängigkeit, da die Latifundienwirtschaft, neue Formen der Zwangsarbeit und Leibeigenschaft infolge Verschuldung zunehmen. Die schrittweise Aufteilung des Gemeindebesitzes nützt nur den Großgrundbesitzern und macht die Indianer zu lohnabhängigen Landarbeitern. Wiederum brechen mehrere Aufstände aus und werden niedergeschlagen. Unter Benito Juárez (1858), einem Zapoteken, beginnt eine liberalere Ära mit entsprechenden Gesetzen: das ungeheure Kirchenvermögen wird Nationaleigentum, die Religionsfreiheit wird garantiert und die bürgerliche Eheschließung legalisiert, Reformen gegen die Großgrundbesitzer kommen in Gang. Von 1857 bis 1860 toben blutige Revolutionskämpfe, in deren Folge das Land verarmt und Klerikale wie Zentralisten im Ausland um Hilfe suchen. Als Juárez die Rückzahlung der Auslandsschulden aussetzt, entsenden Spanien, Frankreich und England ein Expeditionskorps nach Mexiko, um die Erfüllung der Verpflichtungen zu erzwingen. Napoleon III. hofft durch Einsetzung eines Marionettenregimes, Mexikos Reichtümer für Frankreich erschließen zu können. Nach Abzug der Spanier und Engländer erobern französische Streitkräfte Puebla und ziehen in Mexiko-Stadt ein. Von 1863 bis 1867 wird Mexiko Kaiserreich unter dem österreichischen Erzherzog Maximilian. Nach Abzug der französischen Truppen (auf Drängen der USA) erkämpft sich Mexiko, angeführt von Benito Juárez, wieder die Unabhängigkeit. 1877 gelangt General Profirio Díaz an die Macht und bleibt bis 1911 Präsident. Er regiert als Diktator, wobei er sich auf eine Militärhausmacht, die Staatspolizei (Rurales) und den hohen Klerus stützt. Unter ihm beginnt die Modernisierung des Landes, fremdes Kapital strömt ein, Bergbau und Erdölreserven werden erschlossen, die Industrie gefördert und die Eisenbahnen ausgebaut. Die Stadt Mexiko wird modernisiert und entwickelt sich zu einer Metropole. In den Städten entsteht ein Industriearbeiterproletariat. Während die Großgrundbesitzer und Industriellen vom wirtschaftlichen Wohlstand profitieren, verelenden die Mestizen und Indianer immer mehr, besonders als sie den Rest ihres Gemeindeeigentums verlieren. Die sozialen Spannungen (Arbeiter, Bauern) entladen sich anläßlich der Wiederwahl von Díaz in einem revolutionären Ausbruch, in dessen Verlauf Díaz zurücktritt. Sein Nachfolger wird der gemäßigte Politiker Francisco Madero (1911), neben den sich im Bürgerkrieg als Mitkämpfer Pancho Villa und der Bauernführer Emiliano Zapata stellen. 1913 wird Madero ermordet. In den Jahren bis 1917 verwüstet der Bürgerkrieg das Land, Dörfer werden niedergebrannt und die großen Viehbestände der Haciendas dezimiert. Etwa eine Million Menschen kommen um. In der neuen Verfassung von 1917 werden die Ziele der Revolution verkündet, und unter den Präsidenten Obregón (1920–1924), später unter Cárdenas (1934–1940) schrittweise durchgeführt; Agrarreform, Enteignung des Großgrundbesitzes der Kirche und der privaten Hand, Verstaatlichung der Petroleumindustrie und anderer Schlüsselwirtschaften, Gültigkeit des Zivilrechts vor dem Kirchenrecht, Mindestlohn für Arbeiter, Schulpflicht, Abschaffung der Rassendiskriminierung, Unveräußerlichkeit des bäuerlichen Gemeindebesitzes (Ejido) und anderes mehr. Sie enthält also starke nationalistische und sozialistische Züge und richtet sich vor allem gegen die Macht des ausländischen Großkapitals und die kulturelle Vorherrschaft der katholischen Kirche.

Indessen begegnet die Verwirklichung dieser einschneidenden Bestimmungen stärksten Widerständen von innen durch die katholische Kirche und von außen durch die USA. 1928 wird mit der Patido Nacional Revolucionario, 1946 in Partido Revolucionario Institutional (PRI) umgewandelt, eine Regierungspartei geschaffen, die seither den Präsidenten des Landes stellt. Nach 1945 beginnt eine Agrarreform: die Ansiedlung von Bauern auf Land, das früher in ausländischem Besitz war und jetzt konfisziert ist. Die Bodenreform beschleunigt die Industrialisierung, da sich der Binnenmarkt erweitert und die Verstädterung (durch die langen Revolutionskämpfe) vorangetrieben wird.

Unter dieser Bezeichnung faßt man in Mexiko alle Bestrebungen zusammen, die sich die Eingliederung der Indios in die mexikanische Gesellschaft zum Ziel gesetzt haben. Der Indigenismus basiert in seiner heutigen Form auf der mexikanischen Revolutionsideologie, geht aber darüber hinaus auf die Abschaffung der rassischen Diskriminierung unter Juárez und die christlich-humanistischen Ziele eines Bartolomé de las Casas zurück. Die Bewegung wird von der Regierung unterstützt, die ein eigenes Indianerinstitut (Instituto Nacional Indigenista, INI) gegründet hat (1948). Es hat die Aufgabe, Theorien und Programme zum gelenkten Kulturwandel in indianischen Gemeinden zu entwickeln und durchzuführen. Als Voraussetzung zu einem Gelingen seiner Arbeit werden die endgültige Lösung der Bodenreform und der Abbau der Spannungen zwischen Mestizen und Indios in den ländlichen Gebieten angesehen.

Das INI untersteht direkt dem mexikanischen Präsidenten. Sein Hauptsitz ist Mexiko-Stadt. Hier werden auch die einzelnen Regionalpläne erarbeitet, die sich nach den Ergebnissen und Erfahrungen der regionalen Filialen des Instituts, den Koordinationszentren, ausrichten sollen. Unter ihrer Aufsicht laufen die Hilfsprogramme, sie überwachen die Aufträge für Straßenbau, Erziehungswesen, Landwirtschaft, Gesundheitswesen und juristische Probleme, die von der Zentrale vergeben werden. Die Zentrale in Mexiko-Stadt beschäftigt sich überwiegend mit der wissenschaftlichen Auswertung dieser Programme. Die Leitung der Projekte liegt in der Hand von Ethnologen, »um so politische und ökonomische Interessen weitgehend auszuschalten«. Bis 1972 gab es in Mexiko 22 Koordinationszentren, die knapp zwei Millionen der rund fünf Millionen Indianer Mexikos kontrollieren. Die Finanzierung erfolgt im Rahmen des mexikanischen Haushaltsplanes; der Gesamtbetrag belief sich in den letzten Jahren auf knapp über sechs Millionen DM, eine absurd kleine Summe.

11. Die siebziger Jahre in Anglo-Amerika

Überblick

Die für einen deutschen Leser schwer durchschaubaren komplexen judikativen und edukativen Probleme der indianischen Welt im anglo-amerikanischen Nordamerika können in einem kurzen Abschnitt nur stark vereinfacht dargestellt werden. Es sei deshalb auf die in der Bibliographie zu diesem Kapitel angeführten Bücher hingewiesen. Aufgrund des amerikanischen Präjudizrechtes und der komplizierten Rechtslage bei der Ausdeutung der in der Vergangenheit geschlossenen amerikanisch- bzw. kanadisch-indianischen Verträge erklärt es sich, daß viele verantwortliche indianische Stammesführer darauf bedacht sind, daß Angehörige ihrer Gruppe Rechtswissenschaft studieren, um dem juristischen System der dominanten Gesellschaft gewachsen zu sein. Es ist kein Zufall, daß einer der bedeutendsten Indianersprecher, Vine Deloria Jr., ein ausgebildeter Jurist ist. Die jüngste Vergangenheit hat immer wieder gezeigt, daß es keinesfalls allein vom Wohlwollen amerikanischer Gerichte oder indianerfreundlicher Institutionen abhängt, ob und wie ein Rechtsstreit entschieden wird, sondern daß die genauen Kenntnisse des angelsächsischen Rechtssystems, das intensive Studium der Rechtsgrundlagen, auf denen die meisten Verträge mit Indianern beruhen, sowie last not least auch die Expertenmeinungen kompetenter Ethnologen und Historiker nötig sind, um Klagen vor amerikanischen Gerichten mit wenigstens teilweisem Erfolg abzuschließen. Daß dieses Kapitel dunkelster amerikanisch-indianischer Geschichte noch lange nicht abgeschlossen ist, zeigen die noch anhängigen Verfahren, die vorgelegten und noch diskutierten Kompromißvorschläge amerikanischer Gerichtshöfe sowie vor allem die drängenden Fragen immer selbstbewußter werdender indianischer Gesellschaften, die sich – eben aufgrund des präjudiziellen Rechtssystems in den USA – bei ihren legal-formalen Ansprüchen gegenseitig unterstützen, beraten und informieren. Hier kann man von einer konkreten pan-indianischen Aktionsebene sprechen, die – in ihrer Tiefenwirkung – weit über die bekannten spektakulären pan-indianischen Aktivitäten hinausgehen, die zwar die öffentliche Meinung in unserer schnellebigen Zeit für einige Tage und Wochen auf oft verzweifelte Situationen aufmerksam machen, aber kaum von dauerhafter Wirkung sind. Es liegt in der Natur der Sache, daß spektakuläre Aktionen auch in deutschen Medien großes Interesse hervorrufen und auf dieses oder jenes indianische Problem aufmerksam machen, doch sollte es Anliegen von Ethnologen sein, auch auf die weniger bekannten Aktivitäten indianischer Juristen, Ökonomen und anderer mit der Materie bestens vertrauter Indianer hinzuweisen.

Wie überfordert deutsche »Indianerfreunde« oft sind, zwischen indianischer Wirklichkeit und pseudo-indianischen Welterlösungsreligionen, die von indianischen »Experten« – meist gegen hohes Entgelt – dargeboten werden, zu unterscheiden, zeigt sich in den auswuchernden »Angeboten« indianischer »Heiliger« oder »Medizinmänner«.

In diesem Kapitel sollen – exemplarisch – einige anstehende indianische Probleme besprochen werden, die, von utopischen Ansprüchen wie der Rückgabe des größten Teiles des amerikanischen Bundesstaates Maine und ähnlicher illusionärer Forderungen abgesehen, für die indianischen Minderheiten von großer und größter Bedeutung für das Überleben als eigene Ethnien in der dominanten amerikanischen Gesellschaft sind. Hierzu ist ein kurzer historischer Exkurs in die siebziger Jahre notwendig, in denen einige Weichen für die mögliche Lösung heutiger Probleme gestellt wurden, wenn auch die Gründe und Begründungen für indianische Ansprüche weit zurück in der Vergangenheit liegen, häufig bis in die Zeit der Eroberung des nordamerikanischen Kontinents durch die europäischen Kolonialmächte zurückreichen.

Eine Einschränkung sei noch gemacht: Die hier geschilderten Verhältnisse beziehen sich, wo nicht anders erwähnt, ausschließlich auf die USA. Die Lage der Indianer in Kanada ist oft anders, die der Indios in Mexiko weicht völlig von der angloamerikanischen Situation ab und wird deshalb im lateinamerikanischen Kontext des zweiten Bandes behandelt.

Im Jahre 1968 endete der zunächst letzte Versuch der amerikanischen Bundesregierung, die indianischen Reservationen als »Selbstverwaltungsgebiete« aufzulösen und so endgültig das Ziel einer Zwangsintegrierung aller Indianer zu erreichen. 1968 hatte Präsident Lyndon B. Johnson nämlich erklärt, daß das Recht der »ersten Amerikaner« (sic), Indianer zu bleiben, unangetastet bleiben müsse, ohne daß Rechte, die alle amerikanischen Staatsbürger besäßen, beschnitten werden dürften. »Wir müssen ihr Recht auf Freiheit der Wahl und Selbstbestimmung bestätigen« (sinngemäße Übersetzung). Auch Präsident Richard M. Nixon (1969–1974), der während der Terminierungsära Vizepräsident der Vereinigten Staaten gewesen war, bestätigte 1970 das Ende der Zwangsassimilierung, als er verkündete: »Dies muß nun das Ziel jeder neuen nationalen Politik gegenüber den indianischen Menschen sein: den Sinn für indianische Autonomie zu stärken, ohne das Bewußtsein für seine eigene Gesellschaft zu verlieren.« Diese während ihrer Amtszeit (nicht im Wahlkampf) verkündeten Auffassungen amerikanischer Präsidenten sind für die indianischen Minderheiten von ungleich größerer Bedeutung als die sehr allgemein gehaltenen politischen Leitlinien der Innenpolitik. Entsprechend diesen Deklarationen also beschloß der amerikanische Kongreß seit 1968, vor allem in den frühen siebziger Jahren, eine Reihe von Maßnahmen, die indianische Selbstbestimmungsbestrebungen fördern bzw. ermöglichen sollten. Man wäre ein Illusionist, wollte man glauben, daß diese politischen Meinungsäußerungen amerikanischer Präsidenten schon wichtige konkrete Entscheidungen seien; man würde auch die jurisdiktive Autorität des amerikanischen Kongresses unterschätzen. Immerhin sind die als politische Leitlinien gedachten Äußerungen des Repräsentanten der jeweiligen Partei, als die der Präsident nun einmal fungiert, für Kongreß und Senat in vielen Fällen Richtschnur für manche Abstimmungen gewesen. Auch sollte man die Autorität des Präsidenten nicht unterschätzen, die es ihm ermöglicht, selbst eigene parteipolitische Minderheiten im Repräsentantenhaus oder im Senat durch Überzeugungskraft zu überspielen. Beispiele aus der Reagan-Administration der jüngsten Zeit gibt es mehr als genug.

Vom Kongreß wurden folgende, vom Prinzipiellen her gesehen bedeutsame Beschlüsse verabschiedet:

1. Den einzelnen Bundesstaaten wurde verboten, die allgemeine Jurisdiktion über indianische Reservationen ohne Zustimmung der betroffenen Stämme zu übernehmen. Das bedeutete offiziell das Ende der Terminierungspolitik, d. h. die Auflösung der Reservationen und die Übernahme von Indianerland durch den jeweiligen Bundesstaat.

2. Der Kongreß verabschiedete ein Gesetz zur Einrichtung

eines Fonds für indianische mittelständische Betriebsgründungen, den »Indian Business Development Fund Act«, um indianische kleine und mittelständische Unternehmen finanziell zu unterstützen und zu fördern; damit sollte auch die Beschäftigungslage verbessert werden. Dies geschah zweifellos vor dem Hintergrund weiter wachsender Arbeitslosigkeit in den USA, die in den indianischen Reservationen ein katastrophales Ausmaß erreicht hatte und mit Beschäftigungsprogrammen im Rahmen infrastruktureller Maßnahmen nicht mehr eingedämmt werden konnte. Außerdem entsprach diese Wirtschaftspolitik, die man nun den Indianern mit öffentlichen Förderungsmitteln anbot, ganz den amerikanischen Vorstellungen einer kapitalistischen Gesellschaft. In welcher Weise indianische Unternehmer schließlich hiervon Gebrauch machten, entsprach allerdings nicht immer den Erwartungen des amerikanischen Gesetzgebers. Indianische Vorstellungen standen hierzu in krassem Gegensatz, und die teilweise Akzeptanz des Programmes zeigt deutlich, wie zäh sich indianische Grundwertvorstellungen trotz der überwältigenden Dominanz des amerikanischen Gesellschaftssystems die letzten vierhundert Jahre erhalten haben. Betriebsgründungen, soweit sie überhaupt stattfanden, wurden von indianischer Seite aus fast stets auf kooperativer Basis, d. h. als Kollektive, vorgenommen. Mit anderen Worten: Es wurden »stammeseigene Betriebe« gegründet.

3. und 4. Im Jahre 1974 verabschiedete der Kongreß zwei weitere Gesetze, die eng miteinander verzahnt sind: den »Indian Financing Act« und den »Native American Programs Act«. Beide Gesetze sollten es indianischen Stämmen und intertribalen indianischen Organisationen ermöglichen, die natürlichen Ressourcen der Reservationen zu entwickeln, auszubauen oder – im Falle von Bodenschätzen – auszuschöpfen. Als einige Stämme dann aber begannen, solche Möglichkeiten in die Tat umzusetzen, z. B. durch die Gründung von CERT (»Council of Energy Resource Tribes«) einer Art von indianischer OPEC-Organisation, beklagte man alsbald diese Gründungen als Kartelle, welche die amerikanische Rohstoffsicherung (v. a. Uran, Kohle, Gas, Öl) bedrohten. Es hatte sich nämlich herausgestellt, daß in den sonst meist unwirtlichen indianischen Reservationen Bodenschätze riesigen Ausmaßes vorhanden waren, deren Ausbeutung – allein in den Händen indianischer Organisationen – die großen amerikanischen Unternehmen in ihrer Rohstoffsicherung beschränken würden, schon durch die dann

zu erwartende Preispolitik, auf die man keinen oder nur geringen Einfluß ausüben konnte.

5. Der »Buy-Indian Act« verlangt, daß das Bureau of Indian Affairs soweit wie möglich indianische Arbeitnehmer einstellt (»Indian Preference«) und indianische Produkte bei der Erfüllung der von ihm eingegangenen Kontrakte kaufen soll. Nominell hat heute das BIA sowohl in der Washingtoner Zentrale als auch in den regionalen Zentren zum größten Teil indianische Angestellte, alle Direktoren sind seit Jahren Indianer. Inwieweit sich das positiv für die Reservationsgruppen ausgewirkt hat, darüber gibt es z. T. harte Urteile seitens der Stammesverwaltungen und einzelner Indianer. Ob hier interne Stammesrivalitäten mit ins Spiel kommen, müßte einmal untersucht werden; zumindest kann es bei einigen Stämmen nicht ausgeschlossen werden.

6. Das wohl wichtigste Gesetz, der »Indian Self-Determination and Education Assistance Act« (Indianisches Selbstbestimmungs- und Erziehungsgehilfe-Gesetz) von 1975 erfordert, daß das Bureau of Indian Affairs und seine lokalen Organisationen angewiesen werden, dafür zu sorgen, daß qualifizierte Stammesräte und intertribale Organisationen die Ausführungen der föderalen Programme auf den Reservationen verantwortlich übernehmen und leiten. Dieser Kongreßbeschluß kann im Endeffekt wesentlich dazu beitragen, daß indianische Identität – wohlgemerkt nicht im konservativen Sinne einer antiquarischen Bewahrung – sich in einer stets wandelnden Gesellschaft entwickelt und behauptet.

7. Der »Indian Religious Freedom Act« (1978) soll dazu dienen, traditionelle religiöse Glaubensvorstellungen und Praktiken der Indianer in den USA zu schützen und zu erhalten. Hierzu gehört z. B. die Ausübung des Sonnentanzes.

Mit Hilfe dieser wichtigen Grundsatzentscheidungen, die zumindest für eine Weile die offizielle Indianerpolitik der Vereinigten Staaten bestimmen könnten, ist der Wunsch der indianischen Reservationsgesellschaften im wesentlichen formal erfüllt worden, so daß der Oberste Gerichtshof der USA, der Supreme Court, im Jahre 1976 zurückhaltend formulierte, »die Politik der Zentralverwaltung scheint (sic) dafür gesorgt zu haben, daß die tribalen Stammesregierungen wieder eine starke Stellung einnehmen«.

Es ist selbstverständlich unmöglich vorauszusagen, wie sich

die Politik der Zentralregierung im Hinblick auf indianische Belange weiter entwickeln wird. Man muß bedenken, daß der Kongreß in den letzten vierzig Jahren seine Indianerpolitik dreimal radikal geändert hat. Außerdem fehlt es heute noch an vielen Ausführungsbestimmungen zu den genannten Gesetzen. Daß viele Kongreßabgeordnete mit den verabschiedeten Gesetzen nicht einverstanden sind, zeigt die Tatsache, daß bereits im Jahre 1977 dem Kongreß drei Gesetzentwürfe vorgelegt worden waren, die in krassem Gegensatz zu den verabschiedeten Gesetzen standen, darunter einer über das für viele Indianer so wichtige Recht auf Wasser sowie einer, der den Präsidenten der Vereinigten Staaten ermächtigen sollte, *alle* Verträge mit den Indianern aufzuheben. Es ist unter diesen Umständen durchaus verständlich, daß die Vertreter vieler indianischer Gruppen die Kontinuität der in den siebziger Jahren vom Kongreß beschlossenen Gesetze äußerst skeptisch beurteilen. Die Stammesverwaltungen achten mit größter Aufmerksamkeit auf die ihnen gesetzlich zugestandenen Rechte und Pflichten, die ihnen von verschiedenen nicht-indianischen Gruppen in einzelnen Bundesstaaten immer wieder streitig gemacht werden. Eine Senatskommission hat inzwischen bestätigt, daß die indianische Selbstverwaltung auf den Reservationen berechtigt ist, alle Rechte, wie sie andere amerikanische lokale Selbstverwaltungen schon längst besitzen, auszuüben.

Die Rahmenbedingungen für eine weitgehende Selbstbestimmung der auf den Reservationen lebenden Indianer sind also in den USA von zentraler Verwaltungsebene her gegeben, zumindest theoretisch. Daß es in der Praxis dennoch viele Probleme gibt, die in zahlreichen Einzelfällen vor Gerichten durchgekämpft werden müssen, sollen in diesem Kapitel einige Beispiele zeigen, die auch wegen ihrer Brisanz in der weiteren Öffentlichkeit bekanntgeworden sind.

Die Lage der in Kanada lebenden Indianer unterscheidet sich in mancher Hinsicht von der in den USA lebenden Gruppen. Nach der Zählung von 1979 waren unter dem »Indian Act of Canada« insgesamt 309 590 Indianer registriert. Sie verteilten sich auf 576 verschiedene Stämme, in Kanada als »Bands« bezeichnet, und wohnten auf 2 250 Reservationen (in Kanada »Reserves« genannt) mit einer Gesamtfläche von 2 636 900 Hektar (26 369 km^2). Diese Zahlen machen deutlich, daß die kanadischen Indianer zumeist in kleinen und kleinsten Gruppen über

alle Provinzen des riesigen Landes verstreut leben. Die »Bands«
werden formal ebenso wie die in den USA lebenden Indianerstämme als autonome Gemeinschaften vom Zentralstaat heute
anerkannt. Etwa die Hälfte der registrierten kanadischen Indianer, hauptsächlich die in den Provinzen Ontario und den drei
Plains-Provinzen Alberta, Manitoba und Saskatchewan lebenden Gruppen, erhält aufgrund der zwischen ihren Vorfahren
und der britischen Krone geschlossenen Verträge regelmäßige
Unterstützungsgelder, kostenlose medizinische Betreuung und
schulische Ausbildung vom »Department of Indian Affairs and
Northern Development«. Die Zahl der Indianer, die nicht unter
den »Indian Act« fallen, ist nicht genau feststellbar. Viele von
ihnen haben ihren einstigen indianischen Status freiwillig aufgegeben, indem sie durch einen Akt der Einbürgerung Kanadier
»geworden sind«. Zu der unbekannten Zahl kanadischer »Indianer ohne Status« gehören auch diejenigen indianischen Frau-
en, die einen Nicht-Indianer geheiratet haben, die Métis (eine
große Mischlingsbevölkerung in den Northern Territories), ca.
100 000, die sich heute als eigene ethnische Gruppe verstehen,
und die Abkömmlinge von Personen, die privates Land oder
finanzielle Abfindungen erhalten haben und keine Ansprüche
mehr geltend machen können.

Die Selbstverwaltung der »Bands« wurde ab 1965 schrittweise eingeführt. Anfang 1980 stand 519 Bands für den Ausbau
und die Verwaltung von örtlichen Programmen und Infrastruk-
turmaßnahmen ein bescheidener jährlicher Betrag von 253 Millionen kanadischer Dollar zur Verfügung. Es war den »Bands«
überlassen, ob sie die gesamte Verwaltung ihrer »Reserve« oder
nur Teile selbst übernehmen und gemeinsam mit euro-kanadischen Angestellten durchführen wollten. Der Anteil der Beteiligung von Indianern hängt im wesentlichen von dem Qualifika-
tionspotential des eigenen Personals ab, so daß die Ausbildung
von Verwaltungsfachleuten zum Bestandteil der Maßnahmen
wurde.

Das gilt auch und insbesondere für den Erziehungssektor. Da
die Kosten der Erziehung der auf den »Reserves« lebenden Indianer von der Zentralregierung getragen werden, und zwar
vom Kindergarten bis zur Universitätsausbildung in allen Fach-
richtungen, mußte qualifiziertes indianisches Personal zur Verfügung stehen, wollte man nicht den gesamten Lehrkörper und
die Aufstellung von Schulplänen allein den Weißen überlassen.
Verantwortlich ist auch hier das »Department of Indian Affairs

and Northern Development«. Etwa die Hälfte der indianischen Schüler besucht heute Schulen, die den Provinzverwaltungen unterstehen; nur auf einigen »Reserves« gibt es Schulen, die von der »Band« in eigener Verantwortung geleitet werden. Die Finanzierung trägt auch in diesen Fällen die zuständige Indianerbehörde. Seit der Annahme der 1973 von der »National Indian Brotherhood« (heute »Assembly of First Nations of Canada«) erhobenen Forderung, das indianische Erziehungswesen ganz unter indianische Kontrolle zu stellen (»Indian Control of Indian Education«), haben zunehmend die Band-Verwaltungen mit qualifiziertem Erziehungs- und Verwaltungspersonal das lokale Schulwesen und andere edukative Organisationen in die Hand genommen. Von 392 föderalen und Band-Schulen werden heute 155 von Indianern selbst verwaltet und organisiert, d. h. u. a. solche Schulpläne aufgestellt und durchgesetzt, die auf indianische Belange und örtliche Notwendigkeiten Rücksicht nehmen. Das bedeutet auch, daß indianische Sprachen alphabetisiert und in den Schulen gelehrt werden. Die Band-Verwaltungen werden bei der Übernahme der Verantwortung auf dem Erziehungssektor von der Zentralregierung in Ottawa beraten und personell unterstützt. Die Mehrzahl der insgesamt 237 föderalen Schulen, die vom »Department of Indian Affairs and Northern Development« getragen werden, haben inzwischen auch kulturelle Programme mit in Planung aufgenommen, die »Native Studies Units«. Um diese Programme zu realisieren und auszubauen, bieten verschiedene Provinzen und Universi-

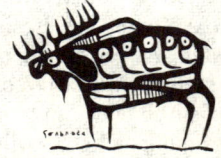

Moderne indianische Malerei aus Kanada

täten besondere Lehrerausbildungskurse an. Außerdem wird auf lokaler Ebene indianisches Hilfspersonal ausgebildet. In letzter Zeit werden auch Berufsausbildungsprogramme vom »Department of Indian Affairs« zusammen mit dem »Department of Employment and Immigration« entworfen und angeboten. Teil dieser Programme ist die Ausbildung von Indianern zu qualifiziertem Verwaltungspersonal für die Band-Selbstverwaltungen.

Ähnlich wie der US-amerikanische Kongreß hat das kanadische Parlament auch Finanzierungsfonds für wirtschaftliche Entwicklungsvorhaben auf den »Reserves« bereitgestellt; insbesondere sollen damit »Band«-eigene Unternehmungen gefördert werden. Hierzu gehört auch die Beteiligung an der Erschließung und am Abbau von Bodenschätzen sowie andere Unternehmen, die indianisches Land und indianischen Lebensstil beeinflussen. Wenn man jedoch an das große Stromgewinnungsprojekt der Hydro-Québec denkt, wird deutlich, daß solche großzügigen Angebote an die Indianer wohl nur für Kleinbetriebe bestimmt sind. Bei großen Projekten, wie an zwei Beispielen gezeigt werden soll, nimmt man auf indianische Interessen keine Rücksicht. Finanzielle Abfindungen und Umsiedlungen sind für Indianer allemal ausreichend, so meint man in Ottawa.

Das grönländische Autonomiestatut
von Alfred Stolz

Wie bereits in Kapitel 1 angedeutet, unterscheidet sich die Situation der grönländischen Inuit (Kalaallit) wesentlich von der ihrer Verwandten in Kanada und Alaska. Daß Grönland trotz seiner Zugehörigkeit zu Dänemark geographisch von diesem getrennt ist und sich die eingeborene Bevölkerung mit einem Anteil von über 80 Prozent gegenüber den meist nur vorübergehend hier lebenden Dänen in der Mehrheit befindet, begünstigte die Grönländer in ihrem Bestreben, eine größere Selbständigkeit zu erreichen. Keine Gruppe der autochthonen Bevölkerung Nordamerikas hat bislang einen solchen Grad an Autonomie erlangt.

Die Vorgeschichte der am 1. Mai 1979 in Kraft getretenen inneren Selbstverwaltung (Hjemmestyre) reicht bis in den Beginn der siebziger Jahre zurück. Bereits 1972 trat der grönländische Landesrat – damals ein Parlament mit beratender Funktion – mit dem Wunsch nach Erweiterung seiner Kompetenzen an das Ministerium für Grönland heran. Begründet wurde dies mit den ethnischen Unterschieden zwischen Grönländern und Dänen, mit der geographischen Lage der Insel sowie der politischen Ohnmacht der Grönländer, die zwar gleichberechtigte dänische Bürger waren, aber ihre besonderen Interessen über die beiden von ihnen gewählten Reichstagsmitglieder nicht hinreichend vertreten konnten.

Hintergrund für diese Initiative war eine wachsende Unzufriedenheit mit den Resultaten der Grönlandpolitik Dänemarks während der fünfziger und sechziger Jahre sowie die Volksabstimmung von 1972 über den Beitritt Dänemarks zur Europäischen Gemeinschaft. Dieser wurde in Grönland mit einer Mehrheit von 70 Prozent abgelehnt, was jedoch nicht verhinderte, daß die Insel als Teil Dänemarks zur EG kam. Diese Erfahrung ließ bei großen Teilen der Bevölkerung den Wunsch nach mehr Unabhängigkeit aufkommen.

Ein erster Entwurf zu einem Autonomiestatut wurde von einem 1973 gebildeten grönländischen Ausschuß vorgelegt. Auf dieser Grundlage erarbeitete eine 1975 gebildete paritätisch besetzte dänisch-grönländische Kommission in z. T. kontroversen Verhandlungen einen Gesetzesvorschlag, der 1978 im dänischen Parlament verabschiedet und im Januar 1979 in Grönland in einer Volksabstimmung mit großer Mehrheit angenommen wurde.

Das Gesetz sieht die Wahl eines Parlamentes (Landsting) vor, das aus seinen Reihen die Mitglieder der Landesregierung (Landsstyre) bestimmt. Die erste Regierung wurde 1979 von der sozialistischen Siumut(Vorwärts)-Partei gebildet. Neben dieser sind heute im Landsting die eher konservative Atassut (Zusammengehörigkeit)-Partei, die für eine enge Bindung an Dänemark eintritt, sowie die marxistisch orientierte, eine volle Unabhängigkeit anstrebende Inuit Ataqatigiit (Inuit-Bewegung) vertreten. Die letztgenannte Gruppierung gewinnt zunehmend an Einfluß bei der jüngeren Generation.

Das Landesparlament bzw. die Regierung ist zuständig für die Verwaltung der Insel, für Steuer- und Sozialpolitik, für Schul- und Ausbildungswesen, Kulturpolitik, Gesundheitsfürsorge, Arbeitsmarktpolitik, Fischerei, Landwirtschaft, Jagd, Natur- und Umweltschutz, Stadtplanung, das interne Verkehrsnetz sowie andere Aufgabenbereiche. Ihm untersteht auch die Königlich Grönländische Handelsgesellschaft (KGH), die einen wesentlichen Teil des Handels abwickelt und zahlreiche Produktionsanlagen (Fischverarbeitung etc.) betreibt. Die einzelnen Ressorts wurden seit 1979 sukzessive vom Landsting übernommen. Von besonderer Bedeutung war die 1980 erfolgte Übertragung der Zuständigkeit für die Schulausbildung. Die neue Landesregierung beschloß, das Grönländische (Kalaallisut) wieder zur ersten Unterrichtssprache zu machen.

Die dänische Regierung ist weiterhin für die Bereiche Außen-, Verteidigungs- und Währungspolitik verantwortlich sowie für die Einhaltung internationaler Abkommen und grundlegender Rechtsprinzipien.

Dänemark weigerte sich jedoch, den Grönländern im Rahmen der Autonomieregelung die volle Verfügungsgewalt über die Bodenschätze zu übertragen. Dabei stand zweifellos das wirtschaftliche Eigeninteresse im Vordergrund. Man einigte sich nach zähen Verhandlungen schließlich darauf, daß in dieser Frage beide Regierungen gemeinsam entscheiden sollen und räumte sich ein gegenseitiges Vetorecht ein. Aufgrund der ökonomischen und finanziellen Abhängigkeit Grönlands von Dänemark wird sich bei eventuellen Unstimmigkeiten, trotz der Einspruchsmöglichkeit, vermutlich der dänische Standpunkt durchsetzen.

Die in den fünfziger und sechziger Jahren geschaffenen ökonomischen Strukturen und der permanente Kapitalmangel machen es unwahrscheinlich, daß Grönland im Verlauf der kommenden Jahrzehnte von der finanziellen Unterstützung durch Dänemark unabhängig wird und im Konfliktfall wirklich selbständig entscheiden kann.

Inuit Ataqatigiit lehnte, im Gegensatz zu den anderen Parteien, die Autonomieregelung mit der Begründung ab, daß mit der Annahme dieses Gesetzes die Grönländer zum ersten Mal in ihrer Geschichte den Anspruch Dänemarks auf ihr Land in juristisch gültiger Weise anerkennen würden.

Ein Beispiel dafür, wie die gewonnene Selbständigkeit genutzt werden kann, aber auch dafür, wie man versuchte, dies durch wirtschaftlichen Druck zu beeinflussen, war die 1982 durchgeführte Volksabstimmung über den weiteren Verbleib in der EG. Aufgrund seines autonomen Status hatte Grönland nun die Möglichkeit, aus der EG auszuscheiden. Dies war auch das erklärte Ziel der Siumut-Regierung. Mit der Androhung wirtschaftlicher Nachteile und dem Angebot weiterer finanzieller Zuschüsse versuchte man seitens der EG die anstehende Entscheidung zu beeinflussen. Die Mehrheit der Grönländer gab jedoch ihrem Willen nach größerer ökonomischer Selbständigkeit mit der Ablehnung des weiteren Verbleibs in der EG Ausdruck. Am 1. Februar 1985 schied Grönland aus der Gemeinschaft aus.

James Bay und kein Ende? Kanadas Norden wird »entwickelt« von WOLFGANG MÜLLER

Dieses Werk zeichnet sich durch die knappe Übersichtlichkeit seiner Kapitel aus. Um den konzeptionellen Rahmen nicht zu sprengen, war es in den früheren Ausgaben nicht möglich, Einzelaspekte erschöpfend zu behandeln; so mußten z. B. wichtige zeitgeschichtliche Entwicklungen im Bereich der Subarktis ausgespart werden. Die durch die aktuellen Ereignisse hervorgerufenen Veränderungen des im Hauptkapitel besprochenen Naturraumes und seiner Kulturbilder sind jedoch derart schwerwiegend und haben – in Ausschnitten – auch hierzulande ein so starkes publizistisches Echo gefunden, daß man nicht umhin kann, das Versäumte an dieser Stelle nachzuholen. Der Einfachheit halber wird dies anhand zweier Beispiele aus Kanada geschehen.

Unter dem Eindruck der Debatte um eine langfristige gesicherte Energieversorgung der Industrienationen wurde etwa seit 1960 in kanadischen Regierungskreisen überlegt, wie man sich des gewaltigen Energiereservoirs, das der Norden des Landes in Form von Wasserkraft und fossilen Brennstoffen bereithält, zum Wohle der gesamten Nation versichern könne. Die abgelegene und weithin unzugängliche Region mußte geöffnet, wirtschaftlich erschlossen und ihre strukturelle Anbindung an die Metropolen des Südens vorangetrieben werden. Mit einem Plan zur Öffnung des Waldlandes an der James Bay stellte dann Anfang der siebziger Jahre die Provinzregierung von Québec die Weichen in diese Richtung – ein Vorstoß, dem sehr bald andere entwicklungspolitische Überlegungen folgen sollten. Vor allem sollten große Anlagen zur Energiegewinnung, zur Sicherung des Energietransfers sowie der Verteilung gebaut werden. Der Umfang der ins Auge gefaßten Maßnahmen mußte tiefste Einschnitte sowohl im labilen ökologischen Gefüge als auch im traditionellen Wirtschaftssystem hervorrufen. Konflikte mit den indianischen Bevölkerungen waren damit sicher zu erwarten.

Bezeichnenderweise unterstützte die Bundesregierung den eingeschlagenen Kurs durch eine Empfehlung zur Änderung des Indianerstatuts. Bereits 1969 veröffentlichte sie »The Statement of the Government of Canada on Indian Policy« und vertrat darin die völlige rechtliche Gleichstellung der indianischen Völker mit den übrigen Mitgliedern der kanadischen Gesellschaft. Was hier unter dem Deckmantel der Menschenrechte versucht wurde, hätte in der Praxis den Verlust einer ganzen Reihe von Privilegien zur Folge gehabt, die der Urbevölkerung seit dem »Indian Act« von 1876 zustehen und bisher ihre kulturelle Eigenart sichern halfen. Hierzu gehören etwa die Steuerbefreiung auf den Reservationen, uneingeschränkte Jagd- und Fischereirechte sowie das Recht auf kollektiven Grundbesitz einer Reservatsgemeinschaft. Gerade an dem letzten Punkt lassen sich die an der Sicherung ihres Energieprogrammes orientierten Intentionen der Administration leicht durchschauen. Nach der im »Statement« geforderten neuen Politik würde das kommunale Land einer Lokalgruppe seinen Rechtstitel verlieren, müßte individuell aufgeteilt werden und wäre frei zu verkaufen – beispielsweise an Spekulanten oder Vertreter der Großwirtschaft. Nun haben die Verantwortlichen in Ottawa zwar bislang keine Schritte zur Umsetzung ihrer Pläne unternommen, allerdings gibt es bis heute auch keinen Hinweis darauf, daß die gesetzliche Festschreibung unterbleiben wird. Hinsichtlich der Vereinbarkeit von Energiepolitik und Landfrage sind in Einzelfällen (indianische Gruppen ohne Vertragstitel, Ureinwohner ohne offiziellen Status, Métis) aber auch alternative »Lösungen« denkbar, etwa nach Art der Formel, die bei der Durchführung des James Bay-Projektes in Québec gefunden wurde.

Bei diesem kurz »La Grande« genannten Vorhaben, das sich langsam seinem Ende nähert, handelt es sich um das größte Wasserkraftwerk der Erde. Die Wässer der Flüsse Grande Rivière, Eastmain und Caniapiscau werden – mehrfach gestaut und in ihrer Fließrichtung teilweise verändert – ein Gebiet überfluten, das in der Fläche den Bodensee zwanzigmal aufnehmen könnte. Die vom provinzeigenen Energiegiganten »Hydro Québec« und seiner Tochtergesellschaft »Société d'énergie de la

Baie James« gebaute Anlage soll nach Inbetriebnahme 12 000 Megawatt liefern, eine Leistung, die fünfmal über der des deutschen Kernkraftwerks Biblis liegt. Fünf gewaltige Überlandleitungen, für die 10 000 Pfeiler – jeder in einer Tiefe von 62 Metern verankert – benötigt werden, übernehmen den Transfer des erzeugten Stromes zu den Ballungszentren von Québec und Montreal. Klimatologen haben errechnet, daß sich durch Entwaldung, Insolation und Evaporation das Wetter in der Region wandeln wird. Man rechnet mit größeren Niederschlägen als bisher, niedrigeren Temperaturen im Sommer, höheren im Winter. Zahlreiche Tierarten, z. B. bestimmte Fische, Biber, Bisam und Elch, dürften veränderte Umweltbedingungen vorfinden und entweder abwandern oder aussterben.

In dem von »La Grande« betroffenen Gebiet leben zwischen 6500 und 7000 Indianer, die man meist als Östliche Cree anspricht. Dieser Name führt etwas in die Irre, denn sie haben mit ihren westlichen Verwandten (Omaśkekowak, Nehiyawak etc.) wenig zu tun und gehören sprachlich zum Montagnais/Naskapie-Spektrum; als Eigennamen geben sie selbst »Iyiyuć« (= Menschen) an.

Wie bei allen Indianern der nördlichen Wälder war auch die Kultur der Iyiyuć zahlreichen sozialen und ökonomischen Deformierungen ausgesetzt, die durch Kontakt und Interaktion mit der dominanten Gesellschaft entstanden sind. So vollzog sich etwa mit der Einführung des Pelzhandels die schrittweise Desintegration der wandernden, familienzentrierten Lagergemeinschaften und die Annahme einer relativ stabilen Jäger-Trapper-Ökonomie. Diese Wirtschaftsform hing vom Weltmarkt ab, was häufig zu Notsituationen führte, die durch gelegentliche Unterstützung merkantiler, missionarischer oder staatlicher Institutionen gemildert werden konnten, die Abhängigkeit von »westlichen« Industrieerzeugnissen aber vertieften. Ende des 19. Jahrhunderts gingen die Iyiyuć deshalb dazu über, sich in der Nähe von Handelsposten niederzulassen: aus mobilen Jagdscharen wurden seßhafte »trading post bands«. Die erste Hälfte des 20. Jahrhunderts brachte eine Ausweitung missionarischer, bürokratischer und edukativer Aktivitäten. Traditionelle Führerschaft in den Lokalgruppen wurde zugunsten eines gewählten Häuptlings, eines Ratgebergremiums und eines behördlich verantwortlichen »band managers« aufgegeben. Trotz all dieser Umwälzungen blieb die Orientierung an Jagd und Fischfang zentrales Identifikationsmerkmal der Iyiyuć-Kultur.

Es überrascht daher nicht, daß die Pläne zum Bau von »La Grande« von energischem indianischen Widerspruch begleitet waren. Die acht Lokalgruppen vereinigten sich im »Grand Council of the Crees« und zogen mit der neugewonnenen politischen Schlagkraft vor Gericht. Tatsächlich gelang es den Iyiyúc, eine einstweilige Verfügung zu erwirken, die im November 1973 die Arbeiten am Kraftwerk stillegte. Aber schon eine Woche später wurde die Verfügung durch das kanadische Bundesgericht wieder aufgehoben. Die nachfolgenden Verhandlungen zwischen dem »Großen Rat«, der »Northern Quebec Inuit Association«, der Provinz Québec und der Bundesregierung mündeten 1975 in eine Kompromißformel, die von Regierungsseite als historischer Meilenstein gefeiert wird. Danach erhalten die Iyiyúc 5,6 Quadratkilometer Land als Eigentum und weitere 65 Quadratkilometer zur Nutzung als Jagd- und Fischgrund; außerdem werden dem Rat 175 Millionen (kanadische) Dollar als Entschädigung für die verlorenen zwei Drittel des früher bewirtschafteten Territoriums gutgeschrieben.

Auf den ersten Blick erscheinen diese Zahlen angemessen, hält man aber die Nachteile der Regelung dagegen, wird deutlich, was der Kompromiß wirklich wert ist. Zunächst beträgt die Pro-Kopf-Pauschale der Entschädigungssumme (bei berücksichtigter Inflationsrate) nur ca. 7 000 Dollar, die sich noch dazu über einen Zeitraum von zehn Jahren verteilt. Das Land, das den Iyiyúc nun als Reproduktionssphäre zur Verfügung steht, reicht bei weitem nicht aus, der noch immer starken jägerisch-trapperischen Ausrichtung der Kultur Rechnung zu tragen, ganz zu schweigen von den ökologischen Schäden, die diesen Lebensstil zusätzlich beeinträchtigen dürften. Mit der Preisgabe von zwei Dritteln der ursprünglichen Wirtschaftsfläche werden in Verbindung mit inundationsbedingten Umsiedlungen Veränderungen im traditionellen Identitätsbild einhergehen. Darüberhinaus versagt der Kompromiß aber auch durch fehlende Anreize zur Entwicklung neuer Identifikationsmomente: Entschädigungskapital und Bodenrestfläche sind nicht ausreichend, um neue und stabile ökonomische Muster zu schaffen. Holz- oder lederverarbeitende Kleinbetriebe und Bootsbau mögen individuelle Lösungen darstellen, können aber keinesfalls als Alternative für alle 7 000 Mitglieder der Iyiyúc-Gemeinschaft gelten.

Weltweite Aufmerksamkeit hat auch ein anderes kanadisches Großprojekt gefunden: der Bau gewaltiger Naturgasleitungen

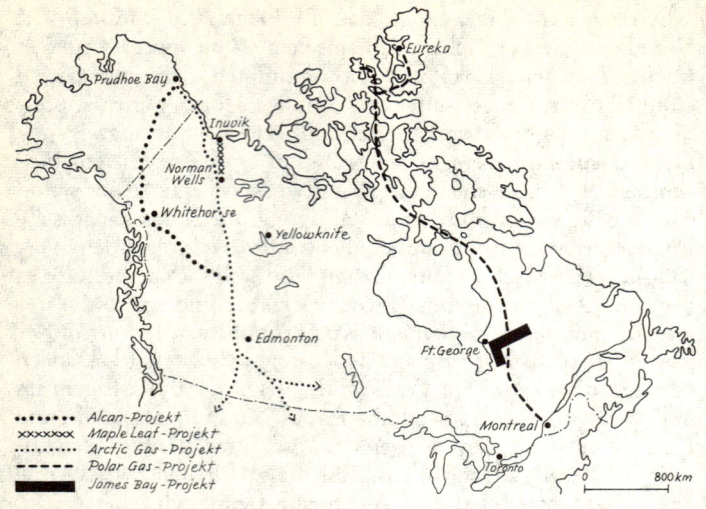

Alcan-Projekt
Maple Leaf-Projekt
Arctic Gas-Projekt
Polar Gas-Projekt
James Bay-Projekt

aus der Arktis zu den Verbraucherzentren des südkanadischen Industriegürtels. Neben den Plänen einer Pipeline-Route zwischen dem Franklin-Archipel und Montreal oder Toronto steht vor allem ein Vorhaben im Brennpunkt der Kritik: der sogenannte Mackenzie Valley-Energiekorridor.

Das (vorsichtig) auf 8,4 Milliarden Dollar geschätzte Projekt wird von einem multinationalen Konsortium getragen und soll Erdgas (später auch Erdöl) aus den Fördergründen an der Prudhoe Bay in Alaska entlang des Mackenzie-Flußtals nach Alberta und durch sich gabelnde Röhrensysteme in die USA bzw. zu den ostkanadischen Provinzen transportieren; eine entsprechende Vereinbarung wurde 1974 zwischen den Trägern und dem Energy Board getroffen.

Sollte der Korridor in der vorgeschlagenen Form gebaut werden (die Übersichtskarte zeigt einige alternative Routen), sind – abgesehen von wahrscheinlichen Umweltbelastungen (Störung der Rentierwurfplätze bei Porcupine, Schwankungen im sensiblen Gefüge der Permafrostböden, Verschmutzung des Mackenzieflusses, Entwaldung etc.) – wieder Belange nationaler Minderheiten berührt. Neben den Inuvialuit, die den Inupiat-Dialekt der Inuit-Sprache sprechen, handelt es sich im Mackenzietal und am Arctic Red River um Verbände aus dem athapaskischen Sprachspektrum. Im direkten Einzugsbereich der Pipeline leben die Dinjye (Red River Kutchin) und Dene-da (Slavey) mit mehreren Untergruppen. Ihre Zahl wird in offiziellen Publikationen mit 13 000 angegeben; als »Vertragsindianer« fallen allerdings nur ca. 7 000 unter die Jurisdiktion des »Indian Act«.

Seit dem Bekanntwerden der Pläne zum Pipeline-Bau haben die Indianer im Verein mit Umweltschützern auf die ihre Kultur und den Naturhaushalt schädigenden Auswirkungen des Projektes hingewiesen. In der kanadischen Öffentlichkeit ist so eine Diskussion in Gang gekommen, die sich generell mit der Zukunft des Nordens und seiner Bewohner auseinandersetzte. Die Bundesregierung sah sich entgegen der üblichen Praxis gezwungen, eine Untersuchungskommission in die Region zu entsenden. Unter der Leitung von Richter Thomas Berger wurden über einen Zeitraum von 18 Monaten Hearings mit Experten und den Betroffenen veranstaltet. Das Ergebnis war selbst für Optimisten überraschend. In dem 1977 erschienenen ›Berger Report‹ plädierte der Untersuchungsleiter für die Aussetzung der Planungen mindestens bis 1987 und für gründliche Forschungen auf umwelt- und sozialpolitischem Gebiet. Zum gegenwärtigen Zeitpunkt, schrieb er damals, halte er das Bauvorhaben wegen seiner vermutlich negativen Effekte auf die Kultur der Ureinwohner und das Ökosystem, wegen der ungeklärten Frage indianischer Landtitel sowie unter allgemein energiewirtschaftlichen Gesichtspunkten für nicht opportun. Diese Empfehlung ist gewiß maßgeblich unter dem Eindruck der Befragungen vor Ort zustandegekommen. Die Bewohner des Mackenzietals konnten Berger davon überzeugen, daß ihre an die Ressourcen der Taiga gebundene Lebensweise keineswegs aussterben muß, wie es gängige Akkulturationsklischees nahelegen, sondern noch breit in der Bevölkerung verankert ist.

Ähnlich wie bei den Iyiyúc geht die jägerisch-trapperische Adaption der Mackenzie-Athapasken auf den Kontakt mit Vertretern der großen Pelzhandelskompanien nach 1820 zurück. Auch in ihrer Geschichte wiederholt sich der Auflösungsprozeß familienbezogener Jagdscharen, die semipermanente, schließlich permanente Ansiedlung neuformierter sozio-politischer Einheiten bei Handelsniederlassungen. Größere strukturelle Umwälzungen (Ölfunde bei Norman Wells 1920, Entdeckung von Pechblende nahe Port Radium 1931, Bau der US-Army-Stichstraße durch die Mackenzie Mountains 1942–43

279

usw.) setzten – im Vergleich mit der James Bay-Region – relativ früh ein und führten zu einem bescheidenen Angebot befristeter Lohnarbeit, zu besserer medizinisch-sanitärer Versorgung und zur Verbreiterung edukativer Möglichkeiten.

Unberührt von diesem »zivilisatorischen Prozeß« blieb die Frage respektierter Landrechte. Die Indianer registrierten betroffen, daß Vertreter der nationalen Gesellschaft ihren Boden umpflügten, das Landschaftsbild umgestalteten und das Jagdwild vertrieben. Aus diesem Gefühl allgemeiner Verunsicherung und Wut resultierten die ersten Versuche einer übergreifenden politischen Organisation. So schlossen sich 1970 Dinjye, Dene-da, Done (Dogrib) und Déné (Chipewyan/Yellowknife) in der »Indian Brotherhood of the North West Territories« zusammen.

Zentrales Anliegen des Bündnisses war und ist die Regulierung der Landfrage. Die Verträge 8 und 11, von den Gruppen zwischen 1900 und 1921 ratifiziert, hatten sich an den Richtlinien des »Indian Act« orientiert und den Indianern lediglich insulare Ausschnitte ihres früheren Territoriums in Form von Reservationen gesichert. Nun formulierte man unter dem Slogan »Land and Unity« den von traditionellem Gewohnheitsrecht abgeleiteten Anspruch auf 1,165 Quadratkilometer und forderte die Bundesregierung auf, diesen Anspruch bei indianischer Selbstverwaltung gesetzlich festzulegen. Ein 1973 vor dem Obersten Gerichtshof der Territorien erstrittenes Urteil zugunsten der indianischen Auffassung wurde in der Berufung zwar revidiert, stärkte aber das Ansehen der »Brotherhood« und führte zu weiteren Eingaben vor Gericht. Vorläufiger Höhepunkt des Rechtsstreits war dann die bereits erwähnte Empfehlung der Berger-Kommission, Entwicklungsvorhaben im Mackenzie-Gebiet u. a. bis zu einer Entscheidung in der Landfrage auszusetzen.

Einer der interessantesten Gesichtspunkte dieser Auseinandersetzungen ist der von indianischer Seite unternommene Versuch, eine politische Organisation zu schaffen, die – über Sprachgrenzen hinausgreifend – die Entscheidungsvielfalt der traditionellen Strukturen gegen die Schlagkraft einer Nationalbewegung mit uniformierendem Charakter eintauscht. Der Begriff »Dene Nation« ist daher sicher mehr als nur ein Synonym für »Indian Brotherhood«. Sollte es den Promotoren dieser Idee tatsächlich gelingen, eine neue und auf Freiwilligkeit gegründete Nationalität aufzubauen, wäre das in der Geschichte des indianischen Amerika ohne Beispiel und würde die aktive Anpassungsfähigkeit einer vitalen menschlichen Gruppe unterstreichen.

Probleme indianischen Wasserrechts
von BERND C. PEYER

Eines der zentralen Probleme, mit denen die Indianer Nordamerikas heute konfrontiert sind, ist die Wasserversorgung der Reservationen im Westen der USA. Der renommierte Cahuilla-Historiker Rupert Costo bestätigt dies mit den Worten: »Keine Streitfrage ist von so großer Bedeutung für die Sache der Indianer heute wie die Angelegenheit der Wasserrechte und der Wasserversorgung. Es kann nicht oft genug unterstrichen oder nachdrücklich betont werden, daß dies das wichtigste Problem darstellt, mit dem wir konfrontiert werden ... ein Problem, welches unser tatsächliches Überleben betrifft.« (Costo 1972)

Etwa 55 Prozent der indianischen Reservationen in den USA liegen in den Trockengebieten des Westens, die ohne eine ausreichende Wasserversorgung kaum bewohnbar wären. Als Folge der raschen Zuwachsrate der Bevölkerung und der expandierenden Städte in diesem Gebiet wurde die Wasserversorgung bald zu einem immer dringenderen Problem. Nach der Verabschiedung des »Reclamation Act« (ein Gesetz zur Landerschließung) von 1902, führte die US-Regierung zahlreiche Bewässerungsprojekte durch, die gemeinsam mit der wachsenden Industrialisierung des Westens den Wasserverbrauch erheblich steigerten. Da Wasser hier von jeher knapp war, entwickelte es sich bald zur kostbarsten Ware, deren Verteilung unweigerlich zu Konflikten zwischen den verschiedenen Verbrauchern führte. Am schwersten davon betroffen sind die Indianer.

Obwohl indianische Wasserrechte seit 1908 durch Gerichtsentscheidungen geschützt sind, vernachlässigt die US-Regierung allzu oft ihre Pflicht gegenüber den Indianern zugunsten nicht-indianischer Interessengruppen und den häufig indianerfeindlich eingestellten Regierungen der westlichen Bundesstaaten.

Reservationen wurden durch Verträge (Treaties), Regierungsverordnungen (Executive Orders) oder Gesetze des Kongresses (Congressional Acts) eingerichtet. In keinem dieser juristischen

Dokumente findet sich jedoch ein Hinweis auf die Sicherung der Wasserversorgung der Reservationsbewohner. Ganz im Gegensatz zum östlichen Teil Amerikas, wo Wasser reichlich vorhanden ist und daher alle Bewohner einen gleichberechtigten Anspruch haben (Riparian Doctrine), besteht in den meisten Bundesstaaten des Westens eine Art »Wer-zuerst-kommt-mahlt-zuerst«-Gesetz zur Regelung der Wasserverteilung. Dieses Gesetz, die »Doctrine of Prior Appropriation«, besagt, daß der erste Verbraucher Priorität vor nachfolgenden Nutzern hat. Wenn in Dürreperioden Wasserknappheit auftritt, müssen alle Nachverbraucher auf ihren Anspruch zugunsten des Erstverbrauchers verzichten, solange dieser seinen Anspruch geltend macht. Da aber die Indianer eine Sonderstellung innerhalb der amerikanischen Gesetzgebung einnehmen und ihre allgemeine Rechtslage in vielen Bereichen unklar bleibt, werden sie oft nicht in die Doctrine of Prior Appropriation einbezogen, obwohl sie historisch gesehen ja die ersten »Wasserverbraucher« dieser Gegenden waren. Ihr Anspruch auf Wasser mußte erst vom Obersten Gerichtshof der USA (Supreme Court) gesetzlich festgelegt werden.

Die bis heute wichtigste Entscheidung über indianische Wasserrechte wurde 1908 vom Obersten Gerichtshof im Verfahren »Winters gegen die Vereinigten Staaten« verabschiedet. In diesem Gerichtsfall wehrten sich die Gros Ventre und Assiniboin der Fort Belknap-Reservation gegen das Vorhaben einiger Nicht-Indianer, Dämme am Milk River zu errichten, die die Wasserversorgung der Reservation bedroht hätten. Das Oberste Gericht entschied, daß das Recht der Reservationsbewohner auf eine ausreichende Wasserversorgung bereits zu dem Zeitpunkt bestanden hat, als die Regierung das Land für die Reservationsgründung beanspruchte. Diese Entscheidung, die unter der Bezeichnung »Winters Doctrine« bekannt wurde, bildet – im Rahmen des präjudiziellen Rechtssystems der Vereinigten Staaten – das zentrale Prinzip des indianischen Wasserrechts.

Obgleich die Winters Doctrine den Reservationsindianern ein deutliches Sonderrecht zuspricht, bleiben noch zahlreiche rechtliche Fragen offen. Es ist z. B. unklar, wem nun tatsächlich das Recht auf eine ausreichende Wasserversorgung vorbehalten bleibt – den Indianern oder der Regierung. Wird die Winters Doctrine so interpretiert, daß die Indianer selbst ein Recht auf Wasser haben, dann hätten sie Priorität vor allen anderen Verbrauchern. Wenn aber diese Gerichtsentscheidung so verstanden wird, daß es die US-Regierung war, die dieses Recht für die Indianer erworben hat, so würde dies bedeuten, daß das indianische Wasserrecht nur bis zur Gründung der Reservation zurückzuführen ist und daher keine Priorität vor dem Recht derer hat, die schon früher Wasser in Anspruch genommen haben.

Die Winters Doctrine enthält zudem keine Stellungnahme über Menge und Qualität des den Reservationsbewohnern zustehenden Wassers und erklärt ebenfalls nicht, für welche Zwecke es benutzt werden darf. Erst 1963 legte das Oberste Gericht im Streitfall »Arizona gegen California« fest, daß Reservationsbewohner Anrecht auf so viel Wasser haben, wie sie zur Bewässerung ihrer Anbauflächen benötigen. Da die von diesem Gerichtsbeschluß betroffenen Reservationen (Chemehuevi, Cocopah, Fort Yuma, Colorado River und Fort Mojave) ausschließlich durch Anordnungen des Präsidenten oder des Kongresses entstanden sind, bleibt bis heute ungeklärt, welche Wassermenge und Verwendungszwecke den Bewohnern von Vertragsreservationen (Treaty Reservations) tatsächlich zustehen. Diese nicht eindeutige Auslegung des Obersten Gerichtshofes in der Formulierung indianischer Wasserrechte führt seitdem immer wieder dazu, daß diese Rechte von Nicht-Indianern übergangen werden können.

Ein tragisches Beispiel hierfür ist das Schicksal der Pyramid Lake-Paiute in Nevada. Ihre 1859 gegründete Reservation umschließt den Pyramid Lake, ein Überbleibsel des späteiszeitlichen Lake Lahontan, der einst den größten Teil des westlichen Great Basin bedeckte. Die Pyramid Lake-Paiute sind traditionell Fischer und bestreiten heute noch etwa 75 Prozent ihres mageren Einkommens mit dem Verkauf von Boots- und Anglerlizenzen an Touristen.

Ohne vorher mit den Paiute verhandelt zu haben, die ja ebenfalls durch die Winters Doctrine geschützt sind, genehmigte das Bureau of Reclamation im Innenministerium den Bau eines Staudammes am Truckee River, der einzigen Frischwasserzufuhr des Sees. Dieser Staudamm leitet seither so viel Wasser zur Versorgung der weißen Farmer Nevadas ab, daß der Wasserspiegel des Sees bereits um etwa 30 Meter gesunken ist. Durch die fortschreitende Versalzung des Sees hat gleichzeitig der Fischreichtum abgenommen, und die wirtschaftliche Grundlage der Paiute ist dadurch in Gefahr geraten.

Im Jahr 1944 legte die US-Regierung die Verteilung des umgeleiteten Wassers durch den »Orr Water Ditch Company Decree« fest. Den Paiute wurde zwar eine gewisse Menge zugesprochen, aber diese sollte ausdrücklich für Bewässerungszwecke verwendet werden. Als der Wasserspiegel des Sees zu sinken begann, baten die Paiute die Regierung um Erlaubnis, ihr Wasser zur Stabilisierung des Wasserspiegels des Sees benutzen zu dürfen, um somit auch ihre Existenz zu sichern. Das Innenministerium verweigerte allerdings 1955 diese Genehmigung mit der Begründung, die Regelung des Orr Ditch Decree verbiete dies.

Gemeinsam mit Umweltschutzverbänden haben die Paiute seit den sechziger Jahren mehrmals versucht, ihr Anliegen vor Gericht zu bringen in der Hoffnung, endlich ihren Anspruch auf Wasser zur Erhaltung des Sees einsetzen zu können. Sie berufen sich dabei auf ihre Überzeugung, daß die US-Regierung die indianischen Interessen im Orr Ditch Decree nicht ausreichend vertreten habe, da sie zur gleichen Zeit die Interessen der weißen Farmer für das Bewässerungsprojekt (Newlands Project) in Nevada vertreten habe.

Der Fall wurde schließlich dem Obersten Gerichtshof übertragen, der am 24. Juni 1983 endgültig gegen die Paiute entschied. Die Richter weigerten sich, die Richtlinien des Orr Ditch Decree zu revidieren und vertraten ebenso konsequent die Ansicht, daß die US-Regierung sehr wohl imstande sei, die Interessen mehrerer Parteien gleichzeitig gerecht zu vertreten.

Obwohl sich der Wasserspiegel des Sees durch den erheblichen Schneefall der letzten Jahre stabilisiert hat, wird er unweigerlich sinken, wenn weiterhin nicht genügend Wasser aus dem Truckee River zugeführt wird. Zwar ist die US-Regierung gesetzlich dazu verpflichtet, die Existenz der Paiute zu sichern, durch ihre Verweigerungspolitik bleibt jedoch die Frage offen, ob diese auch künftig auf ihrer Reservation überleben können.

Der geschilderte Fall der Paiute ist nur einer von vielen, die in den letzten Jahrzehnten zum Nachteil der Indianer entschieden wurden. Es drängt sich daher die Vermutung auf, daß die Bundesregierung nur deshalb allzu oft bereit ist, indianisches Recht dem Druck nicht-indianischer Interessengruppen zu opfern, weil die indianische Minderheit nur ein unbedeutendes Wählerpotential darstellt. Das Bureau of Indian Affairs befindet sich auf der untersten Stufe der Struktur des Innenministeriums, nach dem Bureau of Reclamation, dem Bureau of Sport Fisheries and Wild Life sowie den National Park Services, Einrichtungen also, die oftmals indianischen Interessen entgegengesetzte Ziele fördern. Der Verlauf der Wasserrechtsauseinandersetzungen zwischen Indianern und Nicht-Indianern am Rio Grande, am Colorado River und am Gila River deuten darauf hin, daß auch dort den Reservationsbewohnern das gleiche Schicksal droht, das sie bereits seit über hundert Jahren bei Entscheidungen über ihre Landrechte erfahren. Ihr Anspruch auf Wasser scheint heute ebenfalls dem »unaufhaltsamen Fortschritt« im Wege zu stehen.

Solange indianisches Wasserrecht nicht eindeutig durch Gesetze der US-Regierung formuliert wird, bleibt die Zukunft aller Reservationen im Westen Amerikas ungewiß.

Die Lakota und der Fall Black Hills
von PETER BOLZ

Wie die Ereignisse von Wounded Knee 1973 gezeigt haben, war das American Indian Movement nicht in der Lage, einen Beitrag zur Lösung der internen Konflikte auf der Pine Ridge-Reservation zu leisten. Der Einfluß des AIM auf dieser Reservation war in dem Maße gewachsen, wie die Amtsführung von Dick Wilson als Stammespräsident von der Reservationsbevölkerung als korrupt und verachtenswert abgelehnt wurde. Die nach Wilson amtierenden Stammespräsidenten auf Pine Ridge versuchten, die extremen Positionen der »Progressiven« und »Traditionalisten« (von den Indianern selbst als »Full Bloods« und »Mixed Bloods« bezeichnet) auszugleichen und Kompromisse zwischen beiden Lagern zu erzielen. In dem Maße, wie sie darin erfolgreich waren, schwand auch der Einfluß des AIM auf der Pine Ridge-Reservation, so daß es heute nur noch eine relativ kleine, wenn auch recht aktive Zahl von AIM-Anhängern gibt.

Versucht man, mehr als zehn Jahre nach den Ereignissen von Wounded Knee eine Bilanz zu ziehen, so lassen sich vor allem zwei Feststellungen treffen: Die Indianer haben eingesehen, daß gewaltsame Maßnahmen ihrer Sache mehr schaden als nutzen, und es sind vor allem die vom AIM hofierten traditionellen Führer, die jegliche Gewaltaktion als Mittel zur Durchsetzung indianischer Forderungen strikt ablehnen. Auf der anderen Seite hat man erkannt, daß politische Aktivität notwendig ist, um indianische Positionen gegenüber der weißen Gesellschaft durchsetzen zu können, so daß man sagen kann, durch Wounded

Knee wurde das politische Bewußtsein unter der indianischen Bevölkerung in starkem Maße aktiviert.

Ein Beispiel für das gewachsene politische Bewußtsein unter den Teton Sioux oder Lakota, wie sich die Gruppe der westlichen Dakota heute sehr selbstbewußt nennt, ist der Fall der Black Hills, der seit über fünfzig Jahren immer wieder neu vor Gericht aufgerollt wurde. Da dieser Fall auch sehr deutlich die sich wandelnden Wertvorstellungen der betroffenen Indianer in bezug auf dieses Land widerspiegelt, soll etwas näher auf die historischen Hintergründe dieses zur Zeit bedeutendsten Versuchs nordamerikanischer Indianer, vertraglich zugesichertes Land zurückzuerlangen, eingegangen werden.

Der Vertrag von Fort Laramie aus dem Jahre 1868 begründete für die Lakota die »Great Sioux Reservation«, ein Gebiet, das den gesamten westlich des Missouri gelegenen Teil des heutigen Staates South Dakota umfaßte und auch die Black Hills mit einschloß. Als 1874 Gold in den Black Hills entdeckt wurde, schickte die US-Regierung eine Kommission zu den Indianern, die einen Vertrag über die Abtretung dieses Gebietes aushandeln sollte. Diese Kommission erlebte die Lakota, allen voran Red Cloud und Spotted Tail, als zähe und geschäftstüchtige Verhandlungspartner, die den Wert der in den Black Hills verborgenen Schätze recht gut einzuschätzen wußten. Aus den überlieferten Ansprachen und Argumenten der Indianer geht deutlich hervor, daß sie die Black Hills als etwas ansahen, was einen hohen materiellen Wert für sie darstellte. Keiner der Redner führte jedoch irgendwelche religiösen Gründe an, die dem Verkauf der Black Hills im Wege stünden. Daraus wird deutlich, daß die Black Hills als sakraler Ort und mythische Ursprungsstätte der Sioux erst im Verlauf der Reservationszeit größere Bedeutung erlangten. Die Verhandlungen scheiterten einerseits an den in den Augen der Weißen überzogenen Forderungen derjenigen, die bereit waren, die Black Hills für eine Mindestsumme von 70 Millionen Dollar zu verkaufen, andrerseits am massiven Widerstand einer kleinen, jedoch sehr resoluten Gruppe, die sich strikt gegen jeden Verkauf von Land aussprach.

1876 jedoch, nach dem Pyrrhussieg über Custer, wurden die Lakota gezwungen, ein Abkommen zu unterzeichnen, in dem sie die Black Hills abtraten, ohne eine angemessene Entschädigung dafür zu erhalten. Dieses Abkommen wurde 1877 vom US-Kongress ratifiziert und erhielt damit Gesetzeskraft. Seit dieser Zeit warteten die Lakota auf eine angemessene Entschädigung und hielten ab 1887 regelmäßige Councils ab, um über diesen Akt der Enteignung durch die US-Regierung zu beraten. Für die ehemaligen Bisonjäger und Krieger wurden somit die Black Hills im Laufe der Zeit immer mehr zu einem Symbol ihres Stolzes und ihrer verlorenen Freiheit, das gleichzeitig die ungerechte Behandlung durch die weißen Eindringlinge dokumentierte. Die Aufrechterhaltung des Anspruchs auf die Black Hills wurde von den Vätern an die Söhne weitergegeben, so daß der Black Hills Claim für die Lakota schließlich zu einem festen Bestandteil ihrer Reservationskultur wurde.

Als es 1911 und 1915 zu weiteren Verhandlungen kam, bezogen sich die Forderungen der Lakota ausschließlich auf eine finanzielle Entschädigung. Auch 1920, als der Fall erstmals vor den United States Court of Claims gebracht wurde, beinhaltete die Gesamtforderung von 731 Millionen Dollar lediglich eine Geldentschädigung, von einer Landrückgabe war damals ebensowenig die Rede wie 1950, als der Fall nach der Gründung der Indian Claims Commission erneut vor Gericht aufgerollt wurde. Erst in den sechziger Jahren, also fast hundert Jahre nach der Zwangsabtretung dieses Gebietes, erhoben einige der älteren Traditionalisten die Forderung, das Land selbst müsse an die Lakota zurückgegeben werden. Je näher die Entscheidung der Indian Claims Commission rückte, um so heftiger wurde der Widerstand der Traditionalisten unter der Reservationsbevölkerung gegen eine finanzielle Entschädigung, die einem endgültigen »Verkauf« der Black Hills gleichgesetzt wurde.

Im Jahre 1980 schließlich gelangte der Oberste Gerichtshof der USA zu dem abschließenden Urteil, das Abkommen von 1877 habe den Vertrag von 1868 »aufgehoben«. Gleichzeitig wurde den Sioux eine Entschädigungssumme von 122,5 Millionen Dollar für die Abtretung der Black Hills zugesprochen. Damit schien der Fall endgültig aus der Welt geschafft, da der Oberste Gerichtshof keine weitere Möglichkeit der Revision zuließ.

Doch man hatte nicht mit der Hartnäckigkeit der Lakota gerechnet. Anstatt die nach so langer Zeit sehnlichst erwartete finanzielle Entschädigung zu begrüßen, wurde die Annahme des Geldes von allen maßgeblichen Sprechern und Organisationen der Lakota einmütig abgelehnt, obwohl sie genau das erreicht hatten, wofür sie seit über fünfzig Jahren gekämpft hatten. Das Vorgehen der Lakota nach dem Gerichtsurteil von

1980 legt daher die Vermutung nahe, daß es ihnen niemals darum gegangen war, den Fall Black Hills möglichst rasch erfolgreich abzuschließen, sondern im Gegenteil diesen Fall als Symbol des Unrechts, das ihnen von seiten der Weißen vor über hundert Jahren zugefügt worden war, möglichst lange aufrecht zu erhalten. Neben seiner politischen Bedeutung repräsentiert der Black Hills Claim somit den Verlust der traditionellen Lebensweise. Er gibt den heutigen Lakota etwas, worauf sie stolz sein können und macht ihnen bewußt, daß sie Indianer sind.

Die heutigen, nach wie vor sehr schlechten Lebensbedingungen der Lakota auf ihren Reservationen stehen in krassem Gegensatz zu den Reichtümern, die die Weißen durch den Abbau von Gold, Kohle und Uran und vor allem durch den Tourismus aus den Black Hills beziehen. Für die heutigen Stammesführer bedeuten die Black Hills Vergangenheit und Zukunft zugleich. Sie lassen vergangene Glorie wieder aufleuchten und erwecken gleichzeitig die Hoffnung, ein Stück ehemaliger Unabhängigkeit in die Zukunft hinüberretten zu können. Keine finanzielle Entschädigung kann daher jemals den symbolischen Wert der Black Hills ersetzen.

Erst vor diesem Hintergrund wird deutlich, warum die Lakota so zäh an der Aufrechterhaltung dieses Falles festhalten und heute alles daransetzen, durch eine Eingabe beim Kongreß der Vereinigten Staaten diesen Fall erneut aufrollen zu können.

Typisch für die Sioux-Reservationen ist die Tatsache, daß es verschiedene Organisationen und Gruppierungen gibt, die jeweils einen Alleinvertretungsanspruch im Falle Black Hills erheben. Neben einigen unbedeutenden Splittergruppen sind dies vor allem drei einflußreiche Organisationen der Lakota: das Black Hills Sioux Nation Council, das Lakota Treaty Council und die jeweilige Stammesregierung.

Das Black Hills Sioux Nation Council setzt sich aus traditionellen Führern zusammen, deren Vorfahren z. T. bei der Vertragsunterzeichnung in Fort Laramie 1868 dabei waren; Vorsitzender ist kein geringerer als Oliver Red Cloud, direkter Nachkomme des bedeutendsten Oglala-Führers in der zweiten Hälfte des 19. Jahrhunderts. Dieser Rat repräsentiert somit die »wahren« Traditionalisten der verschiedenen Sioux-Reservationen, während das Lakota Treaty Council hauptsächlich aus »Neotraditionalisten« besteht. Dieses Council wurde im Anschluß an die Besetzung von Wounded Knee 1973 gegründet und setzt sich vor allem aus ehemaligen AIM-Mitgliedern oder

AIM-Sympathisanten zusammen, die es verstanden, vorübergehend einige bedeutende traditionelle Führer auf ihre Seite zu ziehen, wodurch sie einen gewissen Einfluß gewinnen konnten, der aber in dem Maße schwand, wie sich diese Führer von AIM wieder distanzierten.

Die nach demokratischem Muster gewählten Stammesregierungen der verschiedenen Sioux-Reservationen schließlich betrachten sich aufgrund des Indian Reorganization Act von 1934 als die einzigen legitimen Vertreter der Lakota und nehmen daher das Recht für sich in Anspruch, die Lakota durch ihre stammeseigenen Anwälte vor Gericht zu vertreten. Nach dem Urteil des Obersten Gerichtshofes von 1980 beschlossen alle drei erwähnten Organisationen unabhängig voneinander, die Forderung nach Rückgabe der Black Hills aufrecht zu erhalten. Doch anstatt sich in dieser Angelegenheit zusammenzuschließen und eine gemeinsame Strategie zu verfolgen, sprachen sie sich zunächst einmal gegenseitig die Kompetenz ab, die Lakota in dieser Sache zu vertreten. Erst mit dem 1983 gegründeten »Tribal Steering Committee«, einem Koordinationsausschuß, wurde ein erster Schritt unternommen, das gemeinsame Ziel auch gemeinsam anzugehen. Seither arbeiten Lakota Treaty Council und Stammesregierung eng zusammen, während sich das Black Hills Sioux Nation Council nach wie vor als alleinigen Repräsentanten im Falle Black Hills ansieht.

Neben den verschiedenen, wenig koordinierten Bemühungen dieser Organisationen, den Fall Black Hills auf rein legalem Wege voranzutreiben – mit einem konkreten Ergebnis wird man erst in einigen Jahren, wenn nicht gar Jahrzehnten, rechnen können –, gab es auch einige Versuche, auf spektakuläre Art und Weise den Fall vor die Öffentlichkeit zu bringen. Im Gegensatz zu den Ereignissen von Wounded Knee 1973 war die Resonanz jedoch relativ gering. Das lag vor allem an der Zurückhaltung der zuständigen Behörden, die auf alle Fälle eine gewaltsame Konfrontation vermeiden wollten. So konnte das »Dakota American Indian Movement« (eine lokale Abteilung des AIM in South Dakota) im April 1981 unter der Führung von Russell Means ungehindert ein kleines Tal in den Black Hills (nicht weit von der Stadt Rapid City entfernt) besetzen und dort ein »spirituelles Camp« errichten, um auf »traditionelle« Art in Tipis zu leben und gleichzeitig den Anspruch auf die Black Hills durch permanente Anwesenheit zu dokumentieren. Dieses nach einem von Weißen ermordeten Indianer »Yellow

Thunder Camp« genannte Lager in den Black Hills entwickelte sich bald zu einer Pilgerstätte für zahlreiche Aussteiger, Alternativler und andere »Indianerfreunde« (viele davon aus Europa), die auf der Suche nach dem »spirituellen Weg« waren.

Von der Stammesregierung der Oglala-Sioux auf der Pine Ridge-Reservation fand dieses Camp jedoch ebensowenig Anerkennung wie von den Traditionalisten des Black Hills Sioux Nation Council, es wurde von beiden Organisationen für illegal erklärt. Vor allem sprach man den AIM-Besetzern jegliche Kompetenz ab, für die Oglala oder gar für die Lakota insgesamt zu sprechen. Solche Aktionen wurden von der Mehrzahl der Reservationsbevölkerung nicht unterstützt, da sie der indianischen Sache mehr schaden als nützen würden. So führte das Yellow Thunder Camp, nachdem die erste Euphorie abgeklungen war, ein medienpolitisches Schattendasein (zumal Russell Means sich nur gelegentlich dort aufhielt), und die Zahl seiner Bewohner reduzierte sich in dem Maße, wie die Zahl der anwesenden Journalisten und sonstiger Besucher zurückging. Im Sommer 1984 war sie auf zwei Familien geschrumpft, die Mehrzahl der Zelte stand leer.

Obwohl eine Rückgabe der Black Hills an die Lakota, in welcher Form auch immer, weitreichende ökonomische Konsequenzen für diese Indianer hätte, spielt der ökonomische Faktor in der Begründung der Landrückgabe gegenwärtig nur eine untergeordnete Rolle. Statt dessen werden religiöse Motive in den Vordergrund gestellt und der heilige Charakter der Berge betont, um damit den moralischen Anspruch auf dieses Land zu bekräftigen. Die heute von den Lakota mit Nachdruck vertretene Auffassung über ihren Ursprung in den Black Hills darf nicht historisch gewertet werden, sondern ist als ein religiöses Bekenntnis anzusehen, das die enge Verbundenheit der Lakota zu diesem Land zum Ausdruck bringen soll. Das »heilige Land« der Lakota ist somit ein wesentlicher Faktor ihrer ethnischen Identität, damit grenzen sie sich nicht nur von der weißen Gesellschaft ab, sondern auch von anderen Indianergruppen, die andere heilige Stätten besitzen.

Indianer und formale Erziehung: Tendenzen und Programme
von Gesine Schroeter-Temme

Der Akzent, der für die Indianerpolitik der siebziger Jahre
maßgebend sein sollte, lag auf »self-determination«, auf mehr
Selbstbestimmung und Autonomie für die indianischen Gruppen in allen Lebensbereichen, auch im Sektor der formalen Erziehung, dem als primärem Assimilationsbereich schon immer
eine große Bedeutung zukam, da sich hier der Konflikt zwischen indianischen und anglo-amerikanischen Wertvorstellungen besonders deutlich abzeichnet.

Die Wende zu mehr Selbstbestimmung und mehr Eigenverantwortung im Erziehungsbereich, die sich auf legislativer Ebene vor allem in den siebziger Jahren vollzog, ist jedoch eher als
eine bestätigende Reaktion der politisch Verantwortlichen auf
die Aktivitäten der Bürgerrechtsbewegungen der sechziger Jahre zu verstehen. Nicht nur die Indianer, sondern Angehörige
fast aller ethnischen Minderheiten und sozio-ökonomisch wie
kulturell benachteiligter Bevölkerungsschichten der USA waren
mit ihren Forderungen verstärkt an die Öffentlichkeit getreten.
Eines der ersten Gesetze, das den Zielen dieser Bewegungen
Rechnung trug, war der »Elementary and Secondary Education
Act« (ESEA) von 1965, der Schulen mit einem hohen Anteil an
Schülern aus Familien der unteren Einkommensklassen finan-
zielle Unterstützung für Nachhilfeprogramme gewährte. Der
ESEA wurde 1968 auf Drängen starker hispano-amerikanischer
Interessengruppen durch den Title (Paragraph) VII ergänzt, den
»Bilingual Education Act«. Title VII regelt Finanzierung und
Durchführung von Zweisprachenprogrammen an Schulen, die
einen hohen Prozentsatz von Schülern aufweisen, deren sprach-
licher Hintergrund nicht Englisch ist oder von einer anderen
Sprache als der englischen stark beeinflußt ist.

1969 wurden die Ergebnisse einer vom Senat eingeleiteten
Untersuchung der Schulsituation indianischer Kinder und Ju-
gendlicher veröffentlicht: der ›Kennedy Report‹. Dieser Bericht
weist auf die kulturelle Diskriminierung und Benachteiligung
indianischer Kinder im anglo-amerikanischen Schulsystem hin,
kritisiert jedoch vor allem das fehlende Mitbestimmungsrecht
der Indianer in Schul- und Lehrplanangelegenheiten. In einer
Reaktion auf diesen Report verabschiedete der Kongreß 1972
den »Indian Education Act«, der als Title IV einen großen Teil
der Erziehungsprogramme trägt, die speziell auf die Bedürfnis-

se indianischer Schulkinder zugeschnitten sind, die in der Mehrheit (etwa zwei Drittel) öffentliche Schulen besuchen. Neben Nachhilfe- und Beratungsprogrammen – letztere behandeln besonders Probleme, die im Kontakt Schule-Elternhaus auftreten, sowie Disziplinarverfahren gegen Schüler – finanziert Title IV auch Programme der Erwachsenenbildung und vergibt Stipendien für das Studium an Colleges und Universitäten.

Wie der IEA hat auch der 1975 verabschiedete »Indian Self-Determination and Education Assistance Act« nur für Indianer Gültigkeit. Dieses Gesetz ermächtigt Stämme und tribale Gremien Regierungsprogramme, die bislang vom Innenministerium für die Indianer durchgeführt wurden, in Eigenverantwortung zu leiten, soweit diesen Gremien vom Innenminister Kompetenz zugestanden wurde. Für den Bereich der Schulerziehung bedeutet dies, daß indianische Erziehungsprogramme von solchen Organisationen wie den tribalen Erziehungsabteilungen initiiert, geleitet und kontrolliert werden. Neben den speziell auf den Schulbetrieb abgestimmten Programmen werden dabei auch Projekte zur Förderung und Erhaltung von Sprachen und Kulturen der indianischen Gruppen finanziert.

Allerdings haben schon vor der Verabschiedung der Gesetze von 1972 und 1975 Indianer auf lokaler Ebene versucht, ihre Vorstellungen vom selbstbestimmten Unterricht, der den jeweiligen kulturellen und sprachlichen Hintergrund berücksichtigt, in die Tat umzusetzen. Die »Rough Rock Demonstration School« der Navajo ist dafür ein Beispiel. Sie wurde mit Mitteln des Bureau of Indian Affairs und des Office of Economic Opportunities finanziert.

Zweisprachenprogramme als Beispiel einer Unterrichtsveranstaltung im Rahmen indianischer Erziehungsprojekte bieten zum einen natürlich Unterricht in der jeweiligen Sprache an, die je nach Schulklasse in steigenden Schwierigkeitsgraden vermittelt wird, zum anderen wird aber auch die je eigene Kultur zum Unterrichtsgegenstand gemacht, indem jede Gruppe ihr Konzept und ihre eigene Sicht ihrer Geschichte, der traditionellen und der heutigen Kultur einbringt und eine Kontinuität zwischen gestern und heute herzustellen sucht.

Aufgabe der Zweisprachenprogramme war es ursprünglich, einen Übergang zwischen »ethnischer« Sprache – in diesem Fall der jeweiligen indianischen – und Englisch zu schaffen. In jüngster Zeit wurden sie hauptsächlich eingeführt, um dem Verlust der tribalen Sprachen entgegenzuwirken, den viele Stämme bei den Kindern, aber auch bei der Elterngeneration festgestellt haben. Dies ist bislang kaum bzw. nur in Ansätzen gelungen. Viele Kinder, die in der Schule am Zweisprachenunterricht teilnehmen, lernen oft nicht mehr als Zahlen, Farben und die Bezeichnung der Körperteile in ihrer eigenen Sprache. Dies bedeutet jedoch nicht, daß indianische Zweisprachenprogramme sinnlos oder nur Augenwischerei sind. Der Anstoß, den sie geben, hat Prozesse ausgelöst, die auf anderer Ebene für die Indianer von Bedeutung sind. So haben sie beispielsweise bewirkt, daß viele indianische Familien wieder versuchen, verstärkt ihre eigene Sprache zu sprechen, sie mit ihren Kindern zusammen wieder zu lernen oder vielmehr, sich ihrer wieder zu erinnern, nachdem der mit dem ständigen Kontakt verbundene Assimilationsdruck der dominanten anglo-amerikanischen Gesellschaft sie gezwungen hatte, ihre indianische Sprache zu vernachlässigen.

Noch wichtiger ist jedoch, daß die bilingualen Programme in den indianischen Kindern Stolz auf ihr sprachliches und kulturelles Erbe wecken, daß sie sie motivieren, dies wieder aufzugreifen und es als etwas anzusehen, was gleichberechtigt neben der anglo-amerikanischen Kultur steht. Ihr Selbstwertgefühl wird gestärkt durch das Bewußtsein – oder das, im Lernprozeß, Bewußtwerden – ihrer ethnischen Identität, d. h. der kulturellen Merkmale und Symbole, die ihre Gruppe von der amerikanischen Gesellschaft unterscheiden.

Für Kinder aus ethnischen Minderheiten stellt der Schulbesuch den ersten intensiven Kontakt mit der dominanten Kultur dar. Unterrichtssprache ist das Englische, der Unterrichtsstoff nimmt Bezug auf die Wert- und Normvorstellungen der anglo-amerikanischen Gesellschaft, ihren »way of life«. So orientiert sich der Geschichtsunterricht beispielsweise fast ausschließlich an Sichtweise und Interpretation der historischen Ereignisse durch die dominante Gruppe. Informationen über die autochthone Bevölkerung der USA werden in diesem Zusammenhang oft romantisch verbrämt oder zu Klischeevorstellungen verzerrt dargestellt. Meist betrifft das entsprechende Unterrichtsmaterial die Vergangenheit »der Indianer«, ohne kulturelle Unterschiede zwischen den Stämmen zu beachten, und berücksichtigt nur selten die heutigen Lebensbedingungen.

Seit den siebziger Jahren engagieren sich indianische Gruppen verstärkt, um dem einseitig an amerikanischen Gesellschaftsnormen orientierten Unterricht Erziehungsprogramme entgegensetzen zu können, die Sprache, Kultur und Geschichte der jeweiligen Gruppe zum Gegenstand haben. Das Zweisprachenprojekt der Northern Ute soll hier als Beispiel vorgestellt werden.

In einer 1978 vom Stamm der Ute eingeleiteten Untersuchung wurde auch hier ein fortschreitender Verlust der Ute-Sprache und ein geringes Selbstwertgefühl bei den Kindern dieser Gruppe festgestellt. Den Mangel an Selbstbewußtsein führte man vor allem auf fehlende Kenntnis des eigenen kulturellen Kontexts zurück. Um dem zumindest im Bereich der formalen Erziehung zu begegnen, arbeiteten Erziehungsexperten des Stammes ein Konzept für ein bilinguales und bikulturelles Unterrichtsprogramm aus. Sie konnten sich dabei auf Material stützen, das die Ute gemeinsam mit amerikanischen Ethnologen und Historikern im Rahmen von Projekten zur Erhaltung und Förderung ihrer Sprache und Kultur zusammengetragen hatten.

Das durch Title VII finanzierte Projekt gehört seit 1981 zum Lehrangebot einer Grundschule, die von ca. 55 Prozent der schulpflichtigen Ute-Kinder besucht wird. Die Unterrichtseinheiten des Projekts sind für die Klassen »Kindergarten« (Vorschuljahr) bis zur 5. Klasse konzipiert. Der Unterrichtsstoff ist dementsprechend in fortschreitenden Schwierigkeitsgraden abgestuft.

Im Sprachunterricht werden dabei zuerst in Sachgebiete zusammengefaßte Wortgruppen – Farben, Nahrungsmittel, Körperteile – und Zahlen gelehrt, während sich in den höheren Klassen die Schüler mit Satzbau und Grammatik der Ute-Sprache auseinandersetzen. Daneben werden die Kinder auch mit den kunsthandwerklichen Traditionen ihrer Gruppe vertraut gemacht, die sie im Bastelunterricht spielerisch nachahmen.

Ein zweiter Schwerpunkt des Projekts liegt auf der Vermittlung von Wissen über Kultur und – beginnend mit der 4. Klasse – Geschichte der Ute. So umfaßt die Unterrichtseinheit über die Ute-Familie beispielsweise nicht nur die jeweiligen Verwandtschaftsbezeichnungen in Ute, sondern auch Informationen zu Struktur und Funktion der Familie, erläutert Rechte und Pflichten der Familienangehörigen und macht dadurch den hohen Stellenwert dieser Institution in der Ute-Gesellschaft deutlich.

»Kulturunterricht« in diesem Sinne läßt die Ute-Kinder ihre Kultur und Geschichte als gleichwertig neben der anglo-amerikanischen Kultur und Geschichte bzw. sogar als wichtigeres und maßgeblicheres Bezugssystem erleben. Andererseits zielt das Projekt auch auf die Förderung des gegenseitigen Verständnisses zwischen Ute und Amerikanern. So nehmen neben den indianischen Kindern auch weiße Schüler am bilingualen Unterricht teil und lernen dadurch den kulturellen Hintergrund ihrer Mitschüler besser kennen.

Im Unterricht soll Ute so oft wie möglich gebraucht werden; die Ute-Sprache ist daher nicht so sehr Unterrichtsgegenstand wie -medium. Alle Mitarbeiterinnen des Zweisprachenprojekts sind Ute-Indianer. Eine Direktorin leitet und koordiniert sämtliche Aktivitäten der Projektmitglieder. Dies sind fünf Lehrerinnen, eine Curriculum-Sachbearbeiterin, eine Elternberaterin und eine Sekretärin. Die Lehrerinnen haben keine abgeschlossene Ausbildung, nehmen jedoch an entsprechenden Kursen teil, die an einer vertraglich festgelegten Universität belegt werden können. Ausbildung indianischer Lehrer ist meist ein fester Bestandteil indianischer Erziehungsprogramme. Alle Mitarbeiterinnen des Projekts, mit Ausnahme der Sekretärin, nehmen darüber hinaus auch an Kursen zur Didaktik sowie zur Entwicklung und Aufbereitung von Unterrichtsmaterial teil. Diese Kurse werden »vor Ort«, also in der Schule selbst, von Pädagogen und Didaktikern der Arizona State University in Tempe durchgeführt. Für die linguistische Analyse von Ute-Sprachmaterial, das im Unterricht gebraucht wird, steht dem Projekt ein Linguist der American University in Washington, D. C. zur Verfügung.

Die praktische Umsetzung des Stoffs, also der Unterricht selbst, soll in Zusammenarbeit mit dem regulären Lehrpersonal erfolgen. So jedenfalls sieht es das Konzept vor, in der Praxis findet Teamarbeit von indianischem Lehrer und Klassenlehrer selten statt. Das ist bedauerlich, denn das Zweisprachenprogramm soll dem jeweiligen Klassenlehrer nicht nur Information zum kulturellen Hintergrund seiner Ute-Schüler liefern, sondern ihm auch Hilfestellung bei Problemen der englischen Sprachkompetenz der indianischen Kinder leisten. Das Englisch, das von indianischen Gruppen gesprochen wird, ist sehr stark von der Sprachstruktur ihrer eigenen Sprachen beeinflußt. Die dadurch auftretenden Fehler und Abweichungen vom Standard-Englisch lassen sich dann leichter korrigieren, wenn man mit der Kenntnis der der indianischen Sprache zugrundeliegenden Strukturen auch die Fehlerquelle für das »indianische Englisch« aufdecken und in den Griff bekommen kann.

Unterstützung erhält das Zweisprachenprojekt nicht nur von

Experten, sondern auch von der Ute-Gemeinde. Die Erziehungsabteilung des Stammes ist für die gesamte Koordination des Projekts zuständig und versorgt es darüber hinaus auch mit Archivmaterial zu Sprache und Kultur. Viel wichtiger ist jedoch die Hilfe, die von Mitgliedern der Gemeinde selbst kommt, den »resource persons«. Dies sind meist ältere Stammesmitglieder, die ihre eigene Sprache noch fließend sprechen und auch ihr reiches Wissen über Geschichte und Traditionen des Stammes dem Projekt für Unterricht und Materialerarbeitung zur Verfügung stellen.

Die Zweisprachenlehrer sehen sich aber auch Kritik aus ihrer eigenen Gemeinde ausgesetzt. Anfänglich wurden Zweifel an der Sprachbeherrschung der Projektmitglieder laut, eine Kritik, die insofern unbegründet war, als fließendes Sprechen der Ute-Sprache Voraussetzung für die Einstellung als Mitarbeiter war. Zum anderen machte sich eine Ablehnung des Programms bemerkbar, die von den Indianern mit der Furcht, die Weißen könnten ihnen nun noch ihre Sprache und Kultur wegnehmen, begründet wurde. Später konkretisierte sich diese zunächst nur ganz allgemein geäußerte Befürchtung dahingehend, daß man eine Diskussion von Themen aus dem Bereich der Ute-Religion im Unterricht ablehnte, da diese nicht für eine »weiße« Öffentlichkeit bestimmt seien. Von seiten der amerikanischen Lehrer kam eine andere Kritik. Sie bemängelten Lehrbefähigung und Unterrichtsstil der Ute-Lehrer. Diese verfolgen im Gegensatz zum eher autoritären »Frontalunterricht« der weißen Lehrer einen mehr auf Interaktion ausgerichteten Unterrichtsstil, der den Schülern viel mehr Freiheit zur Entfaltung von Eigeninitiative und -verantwortung gibt.

Ein Erfolg für das Zweisprachenprojekt zeichnet sich mittlerweile schon darin ab, daß es die oft passiv sich verhaltenden indianischen Schüler zu verstärkter Mitarbeit und Interesse am Unterricht motivieren konnte. Aber auch die Ute-Eltern zeigen mehr Anteilnahme am Schulgeschehen, nachdem sie das amerikanische Schulsystem als eine ihnen fremde Konzeption doch eher ablehnend beurteilt hatten. Mit dem bilingualen Programm sind jedoch Unterrichtsinhalte in den Lehrbetrieb eingebracht worden, mit denen sie und ihre Kinder sich identifizieren können. Außerdem sind die Ute-Lehrer Angehörige der eigenen Gruppe.

Ein Zweisprachenprojekt wie das der Northern Ute kann immer nur Anstoß sein, Sprache und kulturelles Erbe einer indianischen Gruppe weiter zu pflegen und zu tradieren. Die eigentliche Arbeit – und so wird es auch von den Projektmitgliedern gesehen – muß in Elternhaus und Gemeinde erfolgen.

In den bislang erkennbaren Entwicklungstendenzen der Indianerpolitik der US-Regierung in den achtziger Jahren scheint sich erneut ein Umschwung anzudeuten, der die hoffnungsvollen Ansätze indianischer Selbstbestimmung und Selbstverwirklichung gefährdet. Kürzungen im Finanzhaushalt des Innenministeriums, das ja fast alle indianischen Programme leitet, machen es auch für die indianischen Organisationen und Gremien, die im Erziehungsbereich tätig sind, schwer, ihre Projekte ohne Einbußen zu verwirklichen. Für viele Indianer ist dies wieder einmal die Bestätigung dafür, daß der Assimilationsgedanke, d. h. die erzwungene Anpassung an anglo-amerikanische Wertvorstellungen, von der dominanten Gesellschaft keineswegs aufgegeben worden ist. Wie die Geschichte gezeigt hat, bedeutet dies jedoch nicht, daß die Indianer ihre Bemühungen um Selbstbestimmung und kulturelle Eigenständigkeit reduzieren werden.

Die Kontraktschulen der Navajo
von Ingrid Maier-Mölling

Die Verpflichtung der amerikanischen Bundesregierung, für die Erziehung der Navajo-Kinder aufzukommen, resultiert aus dem »Navajo Treaty« von 1868.

Daraufhin entwickelten sich drei Schultypen für die Navajo: 1. die Missionsschulen, 2. staatliche Schulen des »Bureau of Indian Affairs« (BIA) auf und außerhalb der Reservation und 3. öffentliche Schulen. Allen diesen Schulen war trotz starker Unterschiede im Erziehungsstil eines gemeinsam: die Leistungen der indianischen Schüler lagen weit unter den nationalen Durchschnittswerten weißer Schüler.

Jahrzehntelang wurde deshalb die Frage diskutiert, ob indianische Kinder weniger intelligent seien als weiße. Sie wurde schließlich durch Sozialwissenschaftler beantwortet: Schulleistungen sind stark von einem individuellen Selbstwertgefühl abhängig, d. h. Kultur und Sprache des Individuums müssen akzeptiert sein. Die Navajo-Schüler aber mußten ihre Sprache und Kultur ablegen, sie sollten weiße Amerikaner werden. So trugen Einstellungen und Erfahrungen in der Schule zu einem negativen, minderwertigen Selbstbild bei und verhinderten positive Leistungen – ganz abgesehen davon, daß die Indianer die Unterrichtssprache Englisch meist nur mangelhaft beherrschten.

Seit den sechziger Jahren wächst das Bewußtsein der Indianer über die eigene Identität, auch bei den Navajo; sie suchen alternative Wege und setzen neue Akzente in der Erziehung.

Der »Economic Opportunity Act« stellt Mitte der sechziger Jahre Geldmittel für Demonstrationsprojekte in ökonomisch unterentwickelten Gebieten bereit. Eine Gruppe führender Navajo und weißer Erziehungsspezialisten gründete 1966 die DINE, Inc. (Demonstration in Navajo Education), eine gemeinnützige, private Institution, die den Vertragspartner für das BIA und das »Office of Economic Opportunities« stellte. Als Versuchsort wurde die entlegene Gemeinde Rough Rock ausgewählt, da dort gerade eine neue Internatsschule fertiggestellt, aber noch nicht in Betrieb genommen war. Das BIA stellte diese Schule zur Verfügung und übernahm die Kosten, die, nach der Zahl der Schüler berechnet, für die BIA-Schule bereits bewilligt worden waren; außerdem gab das OEO noch einen Zuschuß von 329 000 US-Dollar.

Das Konzept der Rough Rock Demonstration School basiert auf der Grundidee, daß Indianer dazu erzogen werden können und müssen, ihre indianische Identität zu bewahren, und gleichzeitig lernen, sich in die anglo-amerikanische Welt zu integrieren (»both-and«-Philosophie). Ein zweiter, sehr wichtiger Aspekt ist die lokale Kontrolle der Navajo über ihre Schule; dabei nimmt auch die Gemeinde an schulischen Aktivitäten teil.

Um diese Ziele zu realisieren, wurde ein Navajo-Schulrat (School Board) aus Gemeindemitgliedern gewählt, dem erstmals Entscheidungsgewalt zuerkannt wurde, d. h. die Navajo konnten über Personalbesetzung, Curricula und Freizeitbedingungen selbst entscheiden. Die Schule entwickelte sich daher zu einem Zentrum der Gemeindeaktivitäten.

Der Begriff »Gemeinde« ist in diesem Zusammenhang zu klären, denn es handelt sich bei Navajo-Gemeinden nicht etwa um geschlossene Ortschaften, sondern um »Schwarmsiedlungen«, d. h. die Familiengruppen leben weit zerstreut. Eine Navajo-Gemeinde ist mehr oder weniger identisch mit dem Einzugsgebiet eines Trading Posts, die Navajo selbst identifizieren sich beispielsweise als Rough Rock-Navajo. Dieses Phänomen findet seine traditionelle Entsprechung in den Lokalgruppen.

Mit ihrer Demonstrations- und Informationsverpflichtung war die Rough Rock Demonstration School das Pilotprojekt für eine neue Schulform. Durch den »Indian Education Act« ist es lokalen Organisationen, also etwa einem Navajo-Schulrat, möglich geworden, einen Kontrakt mit dem BIA über die Erziehung der Kinder ihrer Gemeinde abzuschließen.

Jede dieser Kontraktschulen hat ein eigenes, differenziertes Schulprogramm entwickelt, das sich an den speziellen Bedürfnissen der Gemeinde orientiert. Trotz vieler Variationen sind bestimmte Grundideen in den Curricula vorhanden; auch die Probleme und Schwierigkeiten der Kontraktschulen ähneln sich.

Für Schüler, die Kontraktschulen besuchen, ist die dominante Kommunikationssprache Navajo; immer noch spricht der überwiegende Teil der Kinder, die zur Schule kommen, ausschließlich oder hauptsächlich Navajo. Die Kontraktschulen werden nach dem Grundgedanken organisiert, daß Kinder optimale Entwicklungsmöglichkeiten – sowohl im kognitiven wie im affektiven Bereich – beim Lehren und Lernen in der dominanten Sprache des Kindes haben, in diesem Fall also in Navajo. Man geht davon aus, daß die Entwicklung von Kognition sehr stark korreliert mit der Entwicklung der Sprachfähigkeit, daß also die allgemeine mentale Entwicklung von der Sprachkompetenz abhängt. Auch ein positives Selbstbild, d. h. eine stabile Identität, welche die Akzeptanz der eigenen Sprache durch andere impliziert, beeinflußt die Persönlichkeitsentfaltung – und somit die Leistungsfähigkeit.

Wenn also Navajo-Kinder eine anglo-amerikanischen Kindern qualitativ gleichwertige Erziehung bekommen sollen, dann müssen ihre kognitiven Fähigkeiten ebenso gründlich und in gleicher Weise gefördert werden, d. h. vor allem in ihrer Muttersprache. Ein Konzept bilingualer und bikultureller Erziehung ist dazu Voraussetzung. Daher beginnen die Kontraktschulen den Unterricht in Navajo; Lesen und Schreiben werden in Navajo eingeführt; gleichzeitig wird Englisch als zweite (fremde) Sprache gelehrt (TESL – Teaching English as a Second Language). Erst wenn die Kinder eine gewisse Sicherheit haben, in Navajo lesen und schreiben und in Englisch sprechen zu können, wird Englisch als Schriftsprache unterrichtet. Je höher die Kompetenz der Kinder in Navajo ist, um so leichter und schneller lernen sie in Englisch zu lesen; sie transferieren die Technik des »Dechiffrierens«.

Übersicht über die Kontraktschulen für 1983

Kontraktschule	Schülerzahl	Schuljahre
Alamo Community School	304	K – 12
Black Mesa Community School	42	V – 8
Borrejo Pass Community School	115	K – 6
Little Singer Community School	43	1 – 8
Navajo Mission/Academy	111	9 – 12
Ramah Pinehill School	475	K – 12
Rock Point Community School	430	K – 12
Rough Rock Demonstration School	455	K – 12
Shiprock Alternative High School	125	offene – 15–20 J
Shiprock Early Childhood Development Programm	53	Vorschule 0–4 J

V = Vorschule, K = Kindergarten, J = Jahre
Zahlen aus Informationen des »Education Committee of the Navajo Tribal Council«

Man hat hierzu intensive Englisch-Programme entwickelt, die auf die besonderen Schwierigkeiten der Navajo im Erwerb der englischen Sprache eingehen, z. B. auf das s im Plural. Die Programme variieren an den verschiedenen Schulen, sie sind verschieden strukturiert und orientieren sich an den spezifischen Bedürfnissen der Gemeinde; ein Kriterium ist z. B. die unterschiedliche Nähe zum dominanten englischen Sprachraum. In Ramah, das außerhalb des Reservats liegt, wird es eher nötig in Englisch zu kommunizieren als in Rough Rock im Herzen des Navajo-Landes.

Mit fortschreitendem Schulbesuch verschiebt sich die Wertigkeit der Unterrichtseinheiten von Navajo zugunsten des Englischen. Das bezieht sich nicht nur auf den Sprachgebrauch, sondern auch auf die Fächerkombination. Lag etwa anfänglich mehr Gewicht auf Navajo-Inhalten, so wird dann eine Angleichung der Fächerauswahl an amerikanische Normen vorgenommen und lediglich ein Fach »Navajo-Studien« beibehalten.

Diese Umwandlung impliziert mehrere Komponenten. Zuerst wird das Navajo-Kind befähigt, sich in seiner Sprache zu artikulieren und weiterzuentwickeln, gleichzeitig werden ihm Aspekte der traditionellen Navajo-Kultur, mit der es sich identifiziert, vermittelt. Es weiß nun, was es bedeutet ein Navajo zu sein, worauf sich sein Stolz begründet und womit es sich eigentlich identifiziert; sein Selbstbild kann sich positiv stabilisieren. In BIA-Schulen wußten die Kinder auch, daß sie Navajo sind, hatten aber mangels Informationen nur eine vage Vorstellung, was das impliziert.

In der gewonnenen Sicherheit seiner Navajo-Identität wird das Kind dann mit dem ihm relativ fremden, dominanten »weißen« Amerika konfrontiert, welches nun nicht mehr über es gestülpt wird, sondern transparent als andersartig vorgestellt und erklärt wird.

Die Kontraktschulen verschließen nicht die Augen davor, daß die amerikanische Welt nicht an den Grenzen des Navajo-Reservats verharrt, dazu sind die Verknüpfungen zu offensichtlich. Man ist sich durchaus bewußt, daß man sich der anglo-amerikanischen Welt nicht verschließen kann, daß man sich arrangieren und integrieren muß. Um eine selektive, selbstbestimmte Entscheidung über den Grad der persönlichen Anpassung fällen zu können, ist eine adäquate Ausbildung vonnöten, will man nicht wie bisher als deprivierte, unterqualifizierte Kraft arbeiten. Deshalb werden gute Schulleistungen in den »Fächern der weißen Welt« gefordert.

Diese Leistungen werden von Schülern der Kontraktschulen erbracht, sie liegen in den Statistiken der Navajo-Schulen vor den üblichen BIA-Schulen an der Spitze, mögen die Ergebnisse auch noch etwas unter dem nationalen Durchschnitt liegen. Dieses zeigt, daß Schüler von Kontraktschulen nicht etwa schlechter, sondern besser als andere indianische Schüler abschneiden, die monolingual in Englisch erzogen werden.

Ein solcher Nachweis ist auch unumgänglich notwendig, denn Kontraktschulen können nur überleben, wenn ihr Vertrag (contract) erneuert wird. Diese Prozedur muß jedes Jahr wiederholt werden. Die Schulen machen einen Vorschlag, in dem das Curriculum für das nächste Jahr genau festgelegt ist, und auch, welche finanziellen Mittel dafür gebraucht werden, wie die Erfolgschancen des Programms einzuschätzen sind und wieviel Personal benötigt wird. Der Entwurf wird mit Vertretern der Stammesregierung diskutiert, bevor er dem BIA vorgelegt wird. Gleichzeitig wird ein Bericht erstellt, der den Ablauf des vorherigen Jahres evaluiert, die Verwendung der Gelder nachweist und die Leistungen der Schüler statistisch erfaßt, so daß gezeigt werden kann, ob das Programm erfolgreich war.

Der administrative Aufwand ist hoch, und entsprechend groß ist der Verwaltungsapparat. Es ist, wie man sieht, nicht damit getan, daß ein paar lokale Navajo die Idee einer von der Gemeinde kontrollierten Schule zu realisieren wünschen, kurzerhand einen Vertrag mit dem BIA zur Finanzierung abschließen und daß dann alles problemlos abläuft. Spezialisten, die sich genauestens in den Gesetzen für Indianer auskennen, bemühen sich, immer neue, bessere Möglichkeiten der Finanzierung zu finden und zu nutzen. Oftmals müssen spitzfindige Umformulierungen oder Umbenennungen vorgenommen werden, weil ein Gesetzesparagraph verändert worden ist und unter dieser Bezeichnung keine Gelder mehr zu beantragen sind, aber unter jener. Die äußerst komplexe Gesetzeslage und die verwirrenden Möglichkeiten unter dem »Indian Education Act«, dem »Bilingual Education Act«, dem »Title I« oder dem »Johnson O'Malley Act« noch diese oder jene finanzielle Unterstützung erreichen zu können, beschäftigt einen ganzen Stab von Leuten, die bürokratisches Know-how besitzen müssen, um sich mit Bürokraten in Washington auseinanderzusetzen. In vielen Schulen handelt es sich hierbei um engagierte weiße Mitarbeiter.

Da die Kontraktschulen nicht wissen, ob und wieviel Geld der Schule im nächsten Jahr zur Verfügung stehen wird, leben sie in einer ständigen Unsicherheit, die eine kontinuierliche Planung erheblich erschwert. Auch die Situation der Lehrer wird dadurch beeinträchtigt; sie wissen nicht, ob sie im nächsten Jahr noch beschäftigt sein werden. Der Navajo-Schulrat interviewt die Bewerber und entscheidet über ihre Einstellung, wenn die Finanzlage geklärt ist, also jeweils für ein Jahr.

In vielen Fällen handelt es sich bei den Lehrern um Navajo, oftmals verfügen sie nicht über die nötige formale Qualifikation. Ihre Auswahl richtet sich nach ihren Fähigkeiten, in der Navajo-Sprache und über Navajo-Kulturinhalte unterrichten zu können; es wird von ihnen erwartet, daß sie in Universitätskursen nachträglich die Lehrberechtigung erwerben. Besonders in der Grundschule arbeiten hauptsächlich Navajo-Lehrer, die entweder Navajo oder Englisch als zweite Sprache (TESL-Lehrer) unterrichten. Mit Ausnahme der »Navajo-Fächer« sind in der High School noch immer mehr weiße Lehrer beschäftigt. Es ist auffällig, daß viele der amerikanischen Lehrer zuvor im Peace Corps tätig waren und ein starkes Engagement zeigen. Viele besitzen die Fähigkeit, andere Kulturvorstellungen zu akzeptieren und sich in einem anderen Kulturrahmen zu bewegen; oft unterrichten sie für viele Jahre und sind in die Gemeinde integriert.

Die Gemeindemitglieder selbst sind in den Kontraktschulen in besonderem Maße involviert, bieten sie doch den dort ansässigen Navajo ein relativ großes Angebot an Arbeitsplätzen, nicht nur innerhalb des Lehrkörpers, sondern z. B. als Köche, Putzleute, Gärtner, Busfahrer, Mechaniker oder Verwaltungsangestellte. Die Kontraktschulen haben sich auch in dieser Beziehung zu Zentren der Bevölkerung, unter deren lokaler Kontrolle sie durch den gewählten Schulrat stehen, entwickelt.

Alle Mitarbeiter der Kontraktschulen setzen sich für die Ideen der bilingualen und bikulturellen Erziehung ein. Immer wieder werden die raren Navajo-Unterrichtsmaterialien erweitert; es existiert viel zu wenig Literatur in und über Navajo, oft sind es nur fotokopierte Informations- und Leseblätter, manchmal gibt es sie aber auch schon in repräsentativer Form, wie etwa die Publikationen des »Navajo Curriculum Centers« in der Rough Rock Demonstration School oder der Rock Point Community School. Es ist eminent wichtig, mehr Unterrichtsmaterial zu erarbeiten, zum einen, um sinnvoll das Navajo-Lesen anwenden zu können, zum anderen, um auch einen größeren Einblick in Navajo-spezifische Themenbereiche (auch im Englischen) bieten zu können. Neben den Initiativen, die von den Kontraktschulen ausgehen, entwickelt auch das »Native American Development Center« in Albuquerque Materialien, die hauptsächlich Navajo betreffen. Einige informative Bücher über Navajo-Geschichte und -Problemstellungen werden von der »Navajo Community College Press« in Tsaile, Arizona, veröffentlicht; das Navajo Community College führt die Idee der Kontraktschulen für zwei Studienjahre fort.

Die Kontraktschulen repräsentieren einen neueren Schultypus innerhalb des Navajo-Erziehungswesens. Die lokale Kontrolle, die dabei den Gemeinden eingeräumt ist, entspricht der traditionellen Organisation der Navajo in Lokalgruppen. Die Kontraktschulen sind durch ihre verbesserten Schulleistungen als positiv einzuschätzen, sie sind jedoch auch innerhalb der Navajo-Nation nicht unumstritten. Seitens der amerikanischen Bundesregierung gibt es Bestrebungen, die Finanzmittel für indianische Erziehung direkt und pauschal an die Stammesregierung weiterzuleiten, dabei hätte eine zentrale Erziehungsinstitution in der Zentralverwaltung von Window Rock die Gelder umzuverteilen. Der immense bürokratische Aufwand, der mit den Verträgen für die lokale Kontrolle der Kontraktschulen aufgewendet werden muß, wäre dann mit der zentralen Instanz in der Navajo-Hauptstadt zu führen. Statt mit BIA-Bürokraten, so fürchten einige Administratoren der Kontraktschulen, wären sie dann mit vielleicht nicht weniger bürokratischen Navajo konfrontiert.

Die Erziehung soll deshalb in den Händen der »grass-root«-Navajo bleiben. Daß diese eine erfolgreiche Erziehung zu leisten verstehen, haben die Navajo-Kontraktschulen bereits demonstriert.

Indianer in Städten: Fallbeispiel Tucson, Arizona
von Sonja Schierle

Von der amerikanischen Öffentlichkeit kaum wahrgenommen, stieg die Zahl der städtischen Indianer nach dem Zweiten Weltkrieg beachtlich an. 1980 lebte bereits über die Hälfte der indianischen Bevölkerung außerhalb ihrer Reservationen in Städten. Unter den vielfältigen Ursachen, die Indianer zur Abwanderung veranlassen, spielt die geringe ökonomische Entwicklung der meisten Reservationen eine entscheidende Rolle.

In den fünfziger Jahren hatte das »Bureau of Indian Affairs« (BIA) durch gezielte Ausbildungsprogramme die Ansiedlung von Indianern in Städten gefördert (Relocation Program), um dadurch ihre Integration in die anglo-amerikanische Gesellschaft zu forcieren. Während 1950 etwa 15 Prozent der indianischen Bevölkerung in Städten lebte, waren es 1970 bereits 45 Prozent. Städtische Indianer konzentrieren sich vor allem auf Los Angeles, Oklahoma City, New York City, Phoenix, Minneapolis-St. Paul, San Francisco-Oakland und Tulsa, wobei in jeder dieser Städte Indianer unterschiedlichster tribaler Herkunft leben. Im multikulturellen Kontext der Stadt stellen Indianer, anders als auf der Reservation, eine verschwindend kleine Minderheit dar und repräsentieren zudem keine kulturelle Einheit.

Aufgrund der historischen Entwicklung gelten die durch Verträge festgelegten Verpflichtungen der amerikanischen Bundesregierung nur für Mitglieder staatlich anerkannter Indianerstämme, die auf Reservationen leben. Für städtische Indianer gibt es daher keine Sonderrechte, wie beispielsweise die Befreiung von Grund- und Bodensteuern oder die Inanspruchnahme föderaler Programme im Gesundheits-, Wirtschafts- und Ausbildungssektor, es sei denn, die Stadt liegt in Reservationsnähe und das BIA erklärt sich bereit, diesen Indianern die auf der Reservation geltenden Rechte zuzugestehen. In solchen Fällen herrscht häufig Verwirrung über die Zuständigkeit von öffentlichen Ämtern, und es kommt immer wieder vor, daß sie sich für nicht zuständig erklären und städtische Indianer zur Inanspruchnahme von Dienstleistungen auf Reservationseinrichtungen verweisen.

Der weitverbreiteten Meinung, daß Indianer, die in der Stadt leben, größere Bereitschaft zeigten, in der anglo-amerikanischen Gesellschaft »aufzugehen«, liegt ein lineares Anpassungskonzept zugrunde, durch das die tatsächliche Situation nicht erfaßt werden kann. Man kann keineswegs generell behaupten, daß Indianer, wenn sie ihre Reservationsgemeinschaften verlassen, sich im städtischen Kontext den anglo-amerikanischen Wert- und Normvorstellungen anpassen.

Am Beispiel der indianischen Bevölkerung in Tucson, Arizona, sollen interethnische Kontakte und die sich darin manifestierenden ethnischen Identitäten vorgestellt werden.

Nach Phoenix ist Tucson mit 600 000 Einwohnern die zweitgrößte Stadt Arizonas. Die auf etwa 6000 Personen geschätzte indianische Bevölkerung setzt sich vorwiegend aus Papago (Tohono O'odham) und Yaqui (Yoemem) zusammen, aber auch Navajo, Hopi, Pima, Apache und Mitglieder anderer indianischer Gruppen leben in Tucson.

Während die Papago lange vor Ankunft der spanischen Eroberer in »chuk shon« (= »am Fuße des Schwarzen Hügels«) siedelten, kamen die Yaqui erst zu Beginn des 20. Jahrhunderts nach Arizona, als sie ihre Siedlungen am Rio Yaqui in Sonora, Mexiko, verließen, um der von Präsident Porfirio Díaz angeordneten Deportation zu entfliehen.

Die Papago lebten in »Papagoville«, einer indianischen Siedlung, in die später auch arme Hispano- und Anglo-Amerikaner zogen. Die nach Tucson geflüchteten Yaqui gründeten zwei in sich geschlossene Siedlungen: Pascua und Barrio Libre. Durch das rasche Wachstum der zum ökonomisch expandierenden Sonnengürtel zählenden Stadt liegen diese indianischen Siedlungen heute inmitten des ausgedehnten Stadtgebiets.

Indianische Familien leben meist auf engem Raum in einfach ausgestatteten Einfamilienhäusern. In vielen Fällen wohnen drei

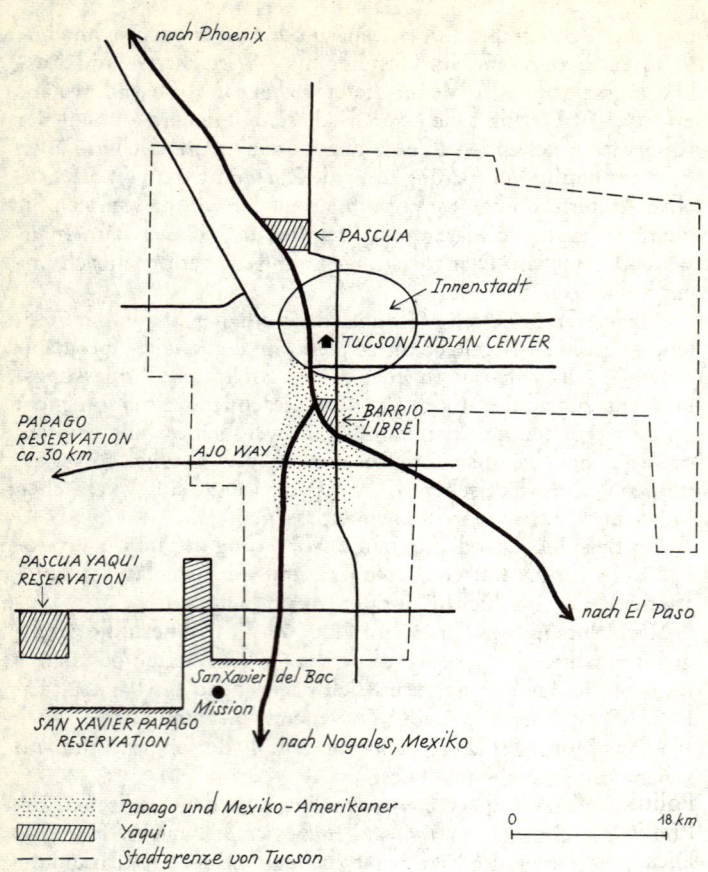

nach Phoenix

← PASCUA

Innenstadt

↑ TUCSON INDIAN CENTER

PAPAGO
RESERVATION
ca. 30 km

AJO WAY

BARRIO
LIBRE

PASCUA YAQUI
RESERVATION

nach El Paso

San Xavier del Bac
Mission

SAN XAVIER PAPAGO
RESERVATION

nach Nogales, Mexiko

Papago und Mexiko-Amerikaner
Yaqui
Stadtgrenze von Tucson

0   18 km

Generationen beisammen, wobei die Großeltern die Enkel versorgen und die Eltern Lohnarbeit verrichten.

Mangelnde berufliche Qualifikation, häufiger Arbeitsplatzwechsel und langfristige Arbeitslosigkeit gehen einher mit niedrigem Einkommen und unsicherer materieller Basis. Das Bemühen vieler Indianer, ihre ökonomische Lage zu verbessern, scheitert oft nicht so sehr an den am Arbeitsplatz erforderlichen Fertigkeiten wie an weitverbreiteten Stereotypen, nach denen Indianer generell betrunken, faul und unzuverlässig sind, Vorstellungen, die gegen eine Anstellung von Indianern sprechen. Finden Indianer Arbeit, so müssen sie häufig die entmutigende Erfahrung machen, daß sie durch das Verhalten ihrer nicht-indianischen Kollegen zu Außenseitern gemacht werden, indem sich diese durch sogenannte Indianerwitze und überhebliche Bemerkungen von ihnen abgrenzen. Indianer werden selten als gleichberechtigt anerkannt, und sie müssen sich – im eigenen Land! – ständig mit dem Problem der kulturellen Entwurzelung und Entfremdung auseinandersetzen. Da in der Stadt lebende Indianer gewöhnlich auch am Arbeitsplatz in der Minderheit sind, können sie nicht mit kollegialer Solidarität und Unterstützung rechnen.

Um den tagtäglichen Repressionen zu entgehen, ziehen es deshalb viele Indianer vor, ihren Arbeitsplatz bald wieder aufzugeben. Manche gehen wieder auf die Reservation zurück, andere hoffen auf eine bessere Stelle. Da die Papago-Reservationen in der Nähe Tucsons liegen, pendeln Papago häufig von der Reservation nach Tucson, um dort zu arbeiten; aber es gibt umgekehrt auch städtische Papago, die ihren Arbeitsplatz auf der Reservation haben.

Die in den USA lebenden Yaqui wurden jahrzehntelang als Mexikaner klassifiziert, bis sie 1978 die offizielle Anerkennung als US-amerikanische Indianer erhielten und eine Reservation für sie am Stadtrand von Tucson geschaffen wurde. Die Yaqui-Stammesverwaltung und die zur Entwicklung der Reservation gegründete »Yaqui Development Corporation« bieten vielfältige Arbeitsmöglichkeiten. Aufgrund der vom BIA verfolgten Politik der Bevorzugung indianischer Arbeitskräfte (»Indian Preference Clause«) sind nahezu alle Stellen mit Yaqui besetzt. Dies trifft z. B. auch auf die stammeseigene, von vielen Anglo-Amerikanern besuchte Yaqui-Bingo-Spielhalle zu.

Wie bei den Papago gibt es auch bei den Yaqui keine klare Trennung zwischen Stadt- und Reservationsbevölkerung. Beide Gruppen arbeiten sowohl für nicht-indianische Arbeitgeber, als auch »für den Stamm«.

Indianische Jugendliche, die in berufliche Ausbildungsprogramme aufgenommen werden wollen, müssen in der Stadt mit vielen anderen Bewerbern konkurrieren. Da die Eingangstests dem anglo-amerikanischen Standard entsprechen, sind die Chancen für ethnische Minderheiten von vornherein beeinträchtigt. Als Reaktion auf dieses Dilemma wurde in Tucson ein Ausbildungszentrum gegründet, in dem bevorzugt Jugendliche gesellschaftlich benachteiligter Bevölkerungsgruppen, insbesondere aber Yaqui und Papago, ausgebildet werden. Neben der beruflichen Qualifikation sollen die Lernenden ein Selbstbewußtsein entwickeln, das es ihnen ermöglicht, interethnische Beziehungen besser einzuschätzen und zu bewerten. In der Beurteilung solcher Versuche durch Außenstehende spielt neben deutlicher Geringschätzung die Betonung formaler Kriterien eine Rolle. Eine unter der weißen Bevölkerung weitverbreitete Meinung ist, daß durch derartige Programme die gesellschaftliche Integration von Indianern als erstrebenswertes Ziel beeinträchtigt oder gar verhindert werde. Ähnliche Argumente sind im Erziehungsbereich zu vernehmen.

In Tucson besuchen indianische Schüler öffentliche Schulen, sogar Kinder, die auf der südlich von Tucson liegenden San Xavier Papago Reservation leben, werden mit dem Schulbus in Schulen des Sunnyside-Schuldistrikts gefahren. Die Mehrzahl der in der Innenstadt lebenden Papago und Yaqui sowie die auf der Reservation lebenden Yaqui besuchen Schulen des größten öffentlichen Schuldistrikts Arizonas, des Tucson Unified School District No. 1.

Selbst das Dutzend Schulen, in denen der indianische Schüleranteil relativ hoch ist, wird in der Mehrzahl von nicht-indianischen Schülern besucht. Die Lehrkräfte und Angestellten der Schulverwaltung sind nahezu alle Anglo-Amerikaner oder Hispano-Amerikaner, lediglich in den zwei Programmen, die für indianische Schüler entwickelt wurden, arbeiten vorwiegend Indianer. Es handelt sich dabei um das nach Title IV geförderte indianische Erziehungsprogramm, dessen Bestreben es ist, indianischen Kindern einen qualifizierten Schulabschluß zu ermöglichen. Außer der Durchführung von Tutorien versuchen die Programmmitarbeiter Lehrer auf die unterschiedlichen kulturellen Wertvorstellungen ihrer indianischen Schüler aufmerksam zu machen, was wegen der unterschiedlichen tribalen Herkunft der Schüler sehr schwierig ist. Wie kann beispielsweise ein Papago einem Anglo-Schulleiter sowohl die Erfahrung eines Hopi- und eines Apache-Schülers, als auch eines Yaqui- und Tlingit-Schülers vermitteln, ohne auf pauschale Feststellungen und stereotype Argumente zurückzugreifen?

Der Einsatz für indianische Schüler an öffentlichen Schulen erfordert eine starke Persönlichkeit, viel Toleranz und Geduld. Die Erlaubnis zur Gestaltung eines indianischen »Kulturtages«

zu bekommen, kann schon als Erfolg verbucht werden. Bis auf wenige Ausnahmen stehen die Lehrer und Schulleiter der Vermittlung indianischer Traditionen und Denkweisen skeptisch gegenüber. Nach ihrer Auffassung sollten indianische Schüler befähigt werden, sich in der hochtechnisierten und spezialisierten amerikanischen Gesellschaft verwirklichen zu können, dabei sei ein Rückgriff auf »alte Zöpfe« nur hinderlich, biete den Kindern keine Zukunftsperspektiven, prädestiniere sie geradezu zu Versagern und Außenseitern.

Trotz solcher Argumente, die auch innerhalb der indianischen Bevölkerung diskutiert und teilweise übernommen werden, gelang es einigen engagierten Yaqui das Yaqui-Englisch-Zweisprachenprojekt an zwei Grundschulen durchzusetzen.

Während viele ältere Yaqui Englisch, Spanisch und Yaqui sprechen, verfügen Yaqui-Kinder nur über einen sehr begrenzten, meist passiven Wortschatz in der Yaqui-Sprache. Vielfach wird im Elternhaus Spanisch und Englisch gesprochen, wobei beide Sprachen vom offiziellen Standard abweichen. Da Englisch die einzig anerkannte Schulsprache ist, versuchen Mitarbeiter des Yaqui-Englisch-Zweisprachenprojekts außer dem Unterrichten der Yaqui-Sprache vor allem auch ein Interesse an der Kultur und Geschichte der Yaqui zu wecken. Um Gleichheitsprinzipien zu wahren, nimmt die gesamte Schülerschaft an dem Zweisprachenunterricht teil; so kann es vorkommen, daß ein hispano-amerikanischer Schüler die Yaqui-Vokabeln besser beherrscht als sein Yaqui-Mitschüler.

Da in Tucson mehr Yaqui als Papago die öffentlichen Schulen besuchen, wurde die Bewilligung eines Papago-Englisch-Zweisprachenprojekts aus Mitteln des Title VII abgelehnt. Lediglich auf der Papago-Reservation konnte ein bilinguales Grundschulcurriculum verwirklicht werden.

Im privaten Bereich entziehen sich städtische Indianer der spürbaren Abwehr und Ablehnung ihres traditionellen Erbes durch Nicht-Indianer, indem sich ihr Beziehungsnetz auf die indianische Gemeinschaft konzentriert. Dieses komplexe, auf Reziprozität beruhende Bezugssystem erstreckt sich bei den Papago auch auf die Verwandten und Bekannten, die auf den Papago-Reservationen leben. Zu den Yaqui werden geringe Kontakte unterhalten, Papago besuchen lediglich die Osterzeremonien und öffentlichen Auftritte traditioneller Yaqui-Tänzer. Auf der anderen Seite suchen auch die Yaqui keine Kontakte mit den Papago oder auch anderen Indianern, dafür bestehen enge Beziehungen zu eigenen Verwandten am Rio Yaqui in Mexiko. Wie bei den Papago, so spielt sich das soziale Leben der Yaqui innerhalb ihrer eigenen Gemeinschaften ab.

Viele Indianer, deren Reservationen weit entfernt sind, halten sich nicht permanent in Tucson auf, sie pendeln in größeren zeitlichen Abständen zwischen der Stadt und ihrer Reservation, partizipieren an Familienangelegenheiten und verstehen die Stadt nicht als ihren sozialen Bezugspunkt, vielmehr als einen Ort, der zeitweise gewisse Vorteile bietet, an den man sich ansonsten nicht emotional gebunden fühlt.

Zwar gibt es in Tucson ein Indianerzentrum, das Hilfsprogramme organisiert und durchführt, auch vereinzelt öffentliche Veranstaltungen anbietet, als sozialer Treffpunkt und Kommunikationszentrum für Indianer in Tucson jedoch kaum von Bedeutung ist. Diese Einrichtung bemüht sich, alle in der Stadt lebenden Indianer anzusprechen, was sehr schwierig ist, da städtische Indianer keine geschlossene Gemeinschaft bilden, vielmehr stark fluktuierende soziale Gruppierungen sind, die im privaten Bereich tribaler Affinität Priorität einräumen.

In Interaktionen mit Nicht-Indianern wird die tribale Identifikation häufig durch supratribale, manchmal panindianische Konzeptionen ergänzt oder ersetzt. Abgestimmt auf die jeweiligen Situationen können unterschiedliche Verhaltensweisen wirksam werden. Ethnische Identität zeigt sich in unterschiedlicher Form und kann von Außenstehenden aufgrund der variierenden Ausdrucksweise oft nicht eingeordnet werden. Indianer, deren äußere Erscheinung und materielle Basis den Eindruck der völligen Assimilation erwecken, können ihrer traditionellen Kultur näher stehen, als Indianer, die ihr Indianersein bewußt und demonstrativ nach außen tragen. Insbesondere im städtischen Bereich spielen äußere Abgrenzungsmerkmale eine nicht zu unterschätzende Rolle.

Sicherlich gibt es auch Indianer, die in der Absicht, die angloamerikanische Erfolgsleiter emporzusteigen, sich völlig umorientieren und ihre sozialen Kontakte mit Indianern aufgeben, dennoch können auch sie der Stigmatisierung durch die weiße Gesellschaft nicht entgehen. Gerade »angepaßten« Indianern wird häufig vorgeworfen, daß sie keine »richtigen« Indianer mehr seien. Mit solchen Erfahrungen sind Indianer heute wohlvertraut, und sie bewerten ihr eigenes kulturelles Erbe und ihre Geschichte als Identifikationsbasis, auch wenn dies nach außen hin, vor allem im multi-ethnischen Kontext der Großstädte, nicht leicht zu erkennen ist.

Glossar

Adobe: luftgetrockneter Lehmziegel, im Südwesten der USA und in Lateinamerika (aber auch in anderen Trockengebieten der Erde) verwendetes Baumaterial.

Akkulturation: Kulturwandel einer Gruppe durch Anpassung an eine andere (meist überlegene).

ambilinear: Verwandtschaftsrechnung nach beiden Elternteilen.

Ambilokalität: Wohnsitzregelung: Das Ehepaar lebt abwechselnd bei den Eltern des Mannes und denen der Frau.

Barrio: Stadtviertel, insbes. Vorort von einer Großstadt in Lateinamerika, früher identisch mit einer Verwandtschaftsgruppe.

bilateral: s. ambilinear.

Brandrodungswirtschaft: Traditionelle Bodenbauweise der meisten tropischen Bauernvölker. Die Anbaufläche wird durch Fällen und Niederbrennen der Vegetation gewonnen, die dabei entstehende Asche bildet einen (meist den einzigen) Dünger.
Zur B. gehört meist die Schwendwirtschaft: Nach einem oder wenigen Jahren wird die Pflanzung verlegt. Die Pflanzlöcher werden einzeln mit einem Grabstock (heute oft mit einer Hacke) gegraben und die Saatkörner in den Boden gelegt.

Compadrazgo: Rituelle Patenschaft in Lateinamerika, bei der die Beziehungen zwischen den Gevattern ebenso wichtig sind wie die zwischen Pate und Patenkind.

Connubium: Beziehungen zwischen Gruppen (z. B. Kernfamilien oder Dörfern): über mehrere Generationen werden durch ständiges gegenseitiges Heiraten immer wieder Frauen ausgetauscht.

Endogamie: Binnenheirat, d. h. ein Mitglied einer Gruppe muß seinen Ehepartner aus der gleichen Gruppe nehmen.

Ethnie: Bevölkerungsgruppe mit einheitlicher Kultur, Sprache und Zusammengehörigkeitsbewußtsein; identisch mit dem undifferenziert verwendeten Begriff »Stamm«.

Exogamie: Außenheirat, d. h. ein Mitglied einer Gruppe muß seinen Ehepartner aus einer anderen Gruppe nehmen.

Hochkultur: eine in der Völkerkunde und außereuropäischen Vor- und Frühgeschichte verwendete Bezeichnung für Kulturen, die einen hohen Stand der Entwicklung erreicht haben, erkennbar an ihrer Technologie (Metallurgie, Steinarchitektur, ausgedehnte Bewässerungsanlagen u. a. m.), an starker sozialer Schichtung und ihrer hierarchisch organisierten Religion mit institutionalisiertem Priestertum (Tempelwesen).

Klan: patri- oder matrilineare Blutsverwandtschaftsgruppe, die mit entsprechender Residenzregelung (viri-patrilokal oder uxori-matrilokal) eine Gruppe bildet, zu der auch – im Gegensatz zur Sippe – die angeheirateten Ehepartner zählen.

klassifikatorische Verwandtschaftsterminologie: Verwandtschaftstermi-nologie, bei der verschiedene Verwandtschaftsgrade zu wenigen Klassen zusammengefaßt werden, z. B. Mutter, Mutterschwester, Mutterkusine werden alle als »Mütter« bezeichnet.

Kreuzvetternheirat: Ein Mann heiratet die Tochter seines Mutterbru-ders oder seiner Vaterschwester oder umgekehrt eine Frau den Sohn ihrer Vaterschwester oder ihres Mutterbruders.

Levirat: Die Frau muß den Bruder ihres verstorbenen Mannes hei-raten.

Lineage: Blutsverwandtschaftsgruppe mit gemeinsamen Ahnen in noch überschaubarer (drei bis fünf Generationen) Abstammung.

matrifokal: Bezeichnung einer Sozialordnung, die auf die Mutter als Mittelpunkt bezogen ist.

matrilinear: Verwandtschaftsrechnung nach der mütterlichen Linie.

Moiety: Stammeshälfte oder Dorfhälfte in einer meist kultischen Zwei-teilung der Gruppe.

neolokal: Wohnsitzregelung: Das junge Paar verläßt mit seiner Heirat die Eltern.

Ökosystem: Zusammenhang zwischen natürlichen Voraussetzungen, Technologie und Produktionsweise, der ein spezifisches Kulturbild ergibt.

patrifokal: Bezeichnung einer Sozialordnung, die auf den Vater als Mit-telpunkt bezogen ist.

patrilinear: Verwandtschaftsrechnung nach der väterlichen Linie.

Polyandrie: Vielmännerei.

Polygamie: Vielehe.

Polygynie: Vielweiberei.

Schamanismus: Komplex von religiös-magischen Praktiken. Hierzu ge-hören die Initiation des zukünftigen Schamanen, der Trancezustand während der Séancen und der Glaube an eine Reise ins Reich der Geister, bei welcher der Schamane oft die verlorene Seele eines Kran-ken zurückzuholen versucht. Die reinste Form des Schamanismus findet sich in Sibirien; verwandte Formen finden sich vor allem im arktischen und subarktischen Nordamerika, in geringerem Maße auch in anderen Gebieten Amerikas.

Sippe: Blutsverwandtschaftsgruppe, die sich auf einen gemeinsamen Ahnen zurückführt und sich über mehr als fünf Generationen er-streckt.

Stamm: Ein in der heutigen Ethnologie stark umstrittener Begriff, der im allgemeinen eine homogene und in politischer Hinsicht autonome Gruppe mit eigenem Territorium bezeichnet. »Stamm« nennt man oft einen Zusammenschluß, der einerseits über Verwandtschafts-gruppen (s. Klan, Sippe) und oft auch über Dörfer hinausgeht, ande-rerseits nicht die politische Festigkeit eines durchorganisierten

Staatswesens erreicht. »Stämme« gab es z. B. nicht bei Jägern und Sammlern, die meist in Lokalgruppen lebten. An der Spitze einiger nordamerikanischer Indianerstämme standen Erbhäuptlinge, die von einem Ältestenrat unterstützt wurden. Doch diese Institution entwickelte sich im außerhochkulturlichen Amerika niemals zu einem Verwaltungsapparat. In den USA hat der Begriff eine eigene juristische Bedeutung bekommen. Als »Stämme« werden alle in den USA lebenden Indianergruppen bezeichnet, die in einer Reservation leben bzw. auf einer Stammesrolle registriert sind. Entsprechend wird die zentrale politische Autorität »Stammesrat« genannt, deren Mitglieder – nach den Gesetzen der USA – gewählt werden. die »Stämme« im heutigen Kanada – »bands«, heute »First Nations« genannt – sind oft sehr kleine Gemeinschaften, die auf den über 2000 »Reserves« leben und einen eigenen Status haben.

Sororat: Heiratsregelung: Ein Mann muß die Schwester seiner verstorbenen Frau heiraten.

Totemismus: religiös-kultisches und soziales Beziehungssystem, das auf der Bindung von Personen, vorwiegend aber von Gruppen mit Tieren, Pflanzen oder Naturerscheinungen beruht. Das betreffende Tier (Pflanze, Objekt), mit dem die Gruppe sich verbunden fühlt, wird »Totem« genannt; es bildet den Gegenstand eines Kultes, der Verehrung oder bestimmter Tabus von Seiten der Mitglieder der betreffenden Gruppe. Da die Mitglieder einer Totemgruppe sich miteinander verwandt fühlen, dürfen sie nicht untereinander heiraten.

unilinear: Verwandtschaftsrechnung nach nur einem Elternteil.

Uxori-Matrilokalität: Wohnsitzregelung: Das Ehepaar lebt bei der Mutter der Ehefrau.

Viri-Patrilokalität: Wohnsitzregelung: Das Ehepaar lebt beim Vater des Ehemannes.

Literatur: Panoff, M. und M. Perrin: Taschenwörterbuch der Ethnologie. Berlin 2. Aufl. 1982.
Hirschberg, Walter (Hrsg.): Das Neue Wörterbuch der Völkerkunde. Berlin 1987.

Literaturverzeichnis

Um den Nicht-Wissenschaftlern unter den Lesern die Übersicht zu erleichtern, sind einige leicht zugängliche und verständlich geschriebene Arbeiten mit einem * gekennzeichnet.

NORDAMERIKA: Allgemeine Übersichten

Bahr, Howard M., u. a. (Hrsg.): Native Americans Today. New York 1972.
Berkhofer, Robert F., Jr.: The White Man's Indian. New York 1978.
* Billard, Jules B. (Hrsg.): The World of the American Indian. National Geographic Society, Washington 1974.
* Bolz Peter und Bernd Peyer: Indianische Kunst Nordamerikas. Köln 1987
Brophy, William A. und Sophie D. Aberle (Hrsg.): The Indian, America's Unfinished Business. Report of the Commission on the Rights, Liberties, and Responsibilities of the American Indian. Norman 1966.
Cahn, Edgar S. (Hrsg.): Our Brother's Keeper. The Indian in White America. New York 1969.
Cardinal, Harold: The Unjust Society. The Tragedy of Canada's Indians. Edmonton 1969.
Crosby, Alfred W., Jr.: The Columbian Exchange. Biological and Cultural Consequences of 1492. (Contributions in American Studies, No. 2). Westport 1972.
Curtis, Edward S.: The North American Indian. Being a Series of Volumes Picturing and Describing the Indians of the United States, and Alaska. 20 Bde, Norwood 1907–1930, Reprint New York 1970.
Debo, Angie: A History of the Indians of the United States. Norman 1970.
Deloria, Vine, Jr. und Clifford M. Lytle: American Indians, American Justice. Austin 1983.
* Dockstader, Frederick J.: Kunst in Amerika. Bd. I: Die Welt der Indianer und Eskimo (dt. Übers. von ›Indian Art in America‹. New York 1962). Stuttgart 1965.
Driver, Harold: Indians of North America. Chicago 1961.
Eggan, Fred (Hrsg.): Social Anthropology of North American Tribes. Chicago 1937, ²1955.
* Farb, Peter: Die Indianer, Wien 1975.
Feder, Norman: American Indian Art. New York 1969.
* Feest, Christian F.: Das rote Amerika. Wien 1976.
Feest, Christian F.: Native Arts of North America. London 1980.
Fleming, Paula R. und Judith Luskey: Die Indianer Nordamerikas in frühen Photographien. München 1988.
Fuchs, Estelle und Robert J. Havighurst: To Live on this Earth. American Indian Education. Garden City 1972.
Garbarino, Merwyn S.: Native American Heritage. Boston 1976.
* Haberland, Wolfgang: Nordamerika (Kunst der Welt). Baden-Baden 1965.
Hagan, William T.: American Indians. Chicago ²1979.
Hawthorn, H. B. (Hrsg.): A Survey of the Contemporary Indians of Canada. 2 Bde, Ottawa 1966/67.

Hertzberg, Hazel W.: The Search for an American Indian Identity. Modern Pan-Indian Movements. Syracuse 1971.

Hodge, F. W. (Hrsg.): Handbook of American Indians North of Mexico. 2 Bde (Bureau of American Ethnology, Bulletin 30), Washington 1907, 1910.

Hodge, William: The First Americans, Then and Now. New York 1981.

Horr, David A. (Hrsg. u. Komp.): American Indian Ethnohistory. 118 Bde, New York 1974.

Hughes, Donald J.: American Indian Ecology. El Paso 1983.

Hultkrantz, Åke: Les religions des Indiens primitifs de l'Amérique (Acta Universitatis Stockholmienses 4). Stockholm 1963.

Hultkrantz, Åke: The Study of American Indian Religions. Ed. by Christopher Vecsey (American Academy of Religion, Studies in Religion, 29). New York 1983.

* Jenness, Diamond: The Indians of Canada (National Museum of Canada, Bulletin 65). Ottawa 1955.

Jennings, Francis: The Invasion of America. Indians, Colonialism, and the Cant of Conquest. Chapel Hill 1975.

Jennings, Francis (Hrsg.): The Newberry Library Center for the History of the American Indian. Bibliographical Series, ca. 30 Bde, Bloomington, London 1976 ff.

* Josephy, Alvin M., Jr.: The Indian Heritage of America. New York 1968.

Josephy, Alvin M., Jr.: Red Power. The American Indians' Fight for Freedom. New York 1971.

Kehoe, Alice M.: North American Indians. Englewood Cliffs 1981.

Klein, Bernard und Daniel Icolari: Reference Encyclopedia of the American Indian. New York 1967.

Krickeberg, Walter: Ältere Ethnographica aus Nordamerika im Berliner Museum für Völkerkunde (Baessler-Archiv NF 2). Berlin 1954.

Kroeber, Alfred L.: Cultural and Natural Areas of Native North America (Univ. of California Publications in American Archaeology and Ethnology 38). Berkeley 1939.

* La Farge, Oliver: Die große Jagd (dt. Übers. von ›A Pictorial History of the American Indian‹, 1956). Olten 1961 (Fischer-Taschenbuch 1025, 1969).

* Läng, Hans: Kulturgeschichte der Indianer Nordamerikas. Olten 1981.

Leacock, Eleanor B. und Nancy O. Lurie (Hrsg.): North American Indians in Historical Perspective. New York 1971.

Levine, Stuart und Nancy O. Lurie (Hrsg.): The American Indian Today. Deland 1968 (Penguin Books 1970).

Lindig, Wolfgang: Die Kulturen der Eskimo und Indianer Nordamerikas (Handbuch der Kulturgeschichte, Abt. 2). Frankfurt a. M. 1972.

Lindig, Wolfgang: Indianische Realität. Nordamerikanische Indianer in der Gegenwart. München 1994.

* Lips, Eva: Das Indianerbuch, Leipzig 1956.

McNickle, D'Arcy: Native American Tribalism. London 1973.

* Marquis, Arnold: A Guide to America's Indians. Ceremonials, Reservations, and Museums. Norman 1974.

Medicine, Bea: The Native American Woman: A Perspective. Austin 1978.

Murdock, George P. und Timothy J. O'Leary: Ethnographic Bibliography of North America. 5 Bde (Behavior Science Bibliographies), New Haven ⁴1975.

Newcomb, William W., Jr.: North American Indians. An Anthropological Perspective. Pacific Palisades 1974.

Nichols, Roger L. (Hrsg.): The American Indian. Past and Present. New York ²1981.

* Nostitz, Siegfried von: Die Vernichtung des Roten Mannes. Düsseldorf, Köln 1970.

Oswalt, Wendell H.: This Land was Theirs. New York 1966.

Owen, Roger, u. a.: The North American Indians. New York 1966.

Patterson, E. Palmer: The Canadian Indian. A History Since 1500. Toronto 1972.

Pearce, Roy H.: Savagism and Civilization. A Study of the Indian and the American Mind. Baltimore 1967.

Pinnow, Hans-Jürgen: Die nordamerikanischen Indianersprachen. Wiesbaden 1964.

Price, John A.: Native Studies. American and Canadian Indians. Toronto 1978.

Price, John A.: Indians of Canada. Cultural Dynamics. Scarborough, Englewood Cliffs 1979.

Prucha, Francis P. (Hrsg.): Documents of United States Indian Policy. Lincoln 1975.

Prucha, Francis P.: A Bibliographical Guide to the History of Indian-White Relations in the United Stats. Chicago 1977.

Purich, Donald: Our Land. Native Rights in Canada. Toronto 1986.

* Scherer, Joanna C. mit Jean B. Walker: Indianer (dt. Übers. von ›Indians‹. New York 1973). Rüschlikon-Zürich 1975.

* Schulze-Thulin, Axel: Weg ohne Mokassins. Düsseldorf 1976.

Smith, Dwight L. (Hrsg.): Indians of the United States and Canada. Santa Barbara, Oxford 1974.

Smith, Jane F. und Robert M. Kvasnicka (Hrsg.): Indian-White Relations. A Persistent Paradox. Washington 1976.

Spencer, Robert F. u. a.: The Native Americans. New York 1965, ²1977.

* Spicer, Edward H.: A Short History of the Indians of the United States. New York 1969.

Spicer, Edward H. (Hrsg.): Perspectives in American Indian Culture Change. Chicago 1961.

Spicer, Edward H.: The American Indians. Cambridge 1982.

Spindler, George und Louise (Hrsg.): Native North American Cultures. Four Cases. New York 1977.

Stanley, Sam (Hrsg.): American Indian Economic Development (World Anthropology). Den Haag 1978.

Steiner, Stan: The Vanishing White Man. New York 1976.

Sturtevant, William C. (Hrsg.): Handbook of North American Indians. 20 Bde, Washington 1978 ff.

Swanton, John R.: The Indian Tribes of North America (Bureau of American Ethnology, Bulletin 145). Washington 1952.

Thompson, Judy: The North American Indian Collection (Jahrbuch d. Bernischen Histor. Museums 53/54). Bern 1973/74.

Tooker, Elisabeth (Hrsg.): The Development of Political Organization in Native North America (American Ethnological Society). Washington 1983.

* Underhill, Ruth M.: Red Man's America. Chicago ²1955.

* Underhill, Ruth M.: Red Man's Religion. Chicago 1965.

U.S. Department of Commerce: Federal and State Indian Reservations and Indian Trust Areas. Washington 1974.

Utley, Robert M.: The Indian Frontier of the American West, 1846–1890. Albuquerque 1984.

Waddel, Jack O. und O. M. Watson (Hrsg.): The American Indian in Urban Society. Boston 1971.

Walker, Deward E., Jr.: The Emergent Native Americans. Boston 1972.
Washburn, Wilcomb E. (Hrsg.): The Indian and the White Man. Garden City (Anchor Book) 1964.
Washburn, Wilcomb E.: The Indian in America. New York 1975.
Wax, Murray L.: Indian Americans. Englewood Cliffs 1971.

1. Die Eskimo

Balikci, Asen: The Netsilik Eskimo. Garden City 1970.
Bandi, Hans-Georg: Urgeschichte der Eskimo. Stuttgart 1965.
Basse, Bjarne und Kirsten Jensen (Hrsg.): Eskimo Languages. Their Present-Day Conditions. Aarhus 1979.
* Birket-Smith, Kaj: Die Eskimos. Zürich 1948.
Boas, Franz: The Central Eskimo (Bureau of American Ethnology, 6th Annual Report). Washington 1888.
Boas, Franz: The Eskimo of Baffin Land and Hudson Bay (American Museum of Natural History, Bulletin 15). New York 1902–1907.
Briggs, Jean L.: Never in Anger. Portrait of an Eskimo Family. Cambridge 1970.
Brody, Hugh: The People's Land. Eskimo and Whites in the Eastern Arctic. Harmondsworth 1975.
Carpenter, Edmund u. a.: Eskimo. Toronto 1959.
Chance, Norman: The Eskimo of North Alaska. New York 1966.
Damas, David: The Copper Eskimo. In: M. G. Bicchieri (Hrsg.): Hunters and Gatherers Today. New York 1972.
Drucker, Philip: The Native Brotherhoods (Bureau of American Ethnology, Bulletin 168). Washington 1958.
Egede, Hans: Die Erforschung von Grönland. Leipzig 1923.
* Freuchen, Peter: Book of the Eskimos. London 1962.
* Freuchen, Peter: Der Eskimo. Berlin 1928 (1982).
Gad, Finn: Greenland's History. 2 Bde, London 1970–1973.
Giffen, Naomi M.: The Roles of Men and Women in Eskimo Culture. Chicago 1930, New York 1975.
Graburn, Nelson H. H.: Eskimos Without Igloos. Boston 1969.
Graburn, Nelson H. H.: Eskimos of Northern Canada. 2 Bde, New Haven 1972.
Graburn, Nelson H. H. und B. Stephen Strong: Circumpolar Peoples. An Anthropological Perspective. Pacific Palisades 1973.
Gubser, Nicholas J.: The Nunamiut Eskimos. New Haven 1965.
Hatt, Gudmund: Arctic Skin Clothing in Eurasia and America. In: Arctic Anthropology 5 (1969).
Hoffman, Walter J.: The Graphic Art of the Eskimo. In: U.S. National Museum, Report for 1895. Washington 1897.
Honigmann, John J. und Irma: Arctic Townsmen. Ottawa 1970.
Hughes, Charles C.: Under Four Flags. Recent Culture Change among the Eskimos. In: Current Anthropology 6. Chicago 1965.
Iglauer, Edith: The New People. The Eskimo's Journey into Our Time. Garden City 1966.
Ingstad, Helge: Nunamiut. Berlin 1952.
Israel: Heinz: Kulturwandel grönländischer Eskimo im 18. Jahrhundert (Abhandlungen und Berichte des Staatlichen Museums für Völkerkunde Dresden 29). Berlin 1969.

Jenness, Diamond: The People of the Twilight. Chicago 1928.
Jenness, Diamond: Eskimo Administration. 5 Bde (Arctic Institute of North America, Technical Papers 10, 14, 16, 19, 21), Montreal 1962–1968.
Jones, Dorothy: Aleuts in Transition. Seattle 1976.
Kjellström, Rolf: Eskimo Marriage. Lund 1973.
Kleivan, Helge: The Eskimo of Northeast Labrador (Norsk Polarinstitutt Skrifter 139). Oslo 1966.
Krauss, Michael: Eskimo-Aleut. In: Sebeok, T. A. (Hrsg.): Native Languages of the Americas. Bd. 1, New York 1976.
Krupnik, I. I. u. a.: Yuit. Asiatic Eskimo. In: Inuit Studies 5 (1981) 2.
* Malaurie, Jean: Die letzten Könige von Thule. Frankfurt a. Main 1979.
Mauss, Marcel und M. H. Beuchat: Seasonal Variations of the Eskimo. Frz. Paris 1906, engl. London 1971.
Müller-Wille, Ludger u. a. (Hrsg.): Consequences of Economic Change in Circumpolar Regions (Boreal Institute for Northern Studies, Occasional Publ. 14). Edmonton 1975.
* Nansen, Fridtjof: Eskimoleben. Berlin 1903.
Nelson, Edward W.: The Eskimo about Bering Strait (Bureau of American Ethnology, 18th Annual Report, Part 1). Washington 1899.
Nelson, Richard K.: Hunters of the Northern Ice. Chicago 1969.
Oswalt, Wendell H.: Alaskan Eskimos. Chicago 1967.
Oswalt, Wendell: Eskimos and Explorers. Novato 1979.
Petersen, Robert: Burial-Forms and Death Cult Among the Eskimos. In: Folk 8/9 (1966/67).
Petersen, Robert: Some Considerations Concerning the Greenland Longhouse. In: Folk 16/17 (1974/75).
Platzer, Matthias: Die Eskimo der Keewatin Region. Freiburg 1980.
Rasmussen, Knud: Grönlandsagen. Berlin 1922.
Rasmussen, Knud: Verschiedene umfangreiche Arbeiten in: Reports of the Fifth Thule Expedition. Kopenhagen 1929 ff.
* Rasmussen, Knud: Rasmussens Thulefahrt. Frankfurt a. M. 1934.
Ray, Dorothy J.: The Eskimos of Bering Strait, 1650–1898. Seattle, London 1975.
Ray, Dorothy J.: Eskimo Art. Tradition and Innovation in North Alaska. Seattle, London 1977.
Ray, Dorothy J.: Aleut and Eskimo Art. Tradition and Innovation in South Alaska. Seattle, London 1981.
Rooth, Anna B.: The Alaska Expedition 1966. Lund 1971.
Rousselot, Jean-Loup: Die Ausrüstung zur Seejagd der westlichen Eskimo (Münchner Beiträge zur Amerikanistik, 11). München 1983.
* Schulze-Thulin, Axel (Hrsg.): Inuitkunst. Stuttgart 1983.
Spencer, Robert F.: The North Alaska Eskimo. A Study in Ecology and Society (Bureau of American Ethnology, Bulletin 171). Washington 1959.
Spiess, Arthur E.: Reindeer and Caribou Hunters. New York 1979.
Stefansson, Vilhjalmur: My Life with the Eskimos. New York 1913.
Swinton, George: Eskimo Sculpture. Toronto 1965.
Thalbitzer, William (Hrsg.): The Ammassalik Eskimo (Meddelelser om Grønland, 39, 40). Kopenhagen 1914/41.
Treude, Erhard: Genossenschaften in der kanadischen Arktis. In: Polarforschung 43 (1972).
Treude, Erhard: Studien zur Siedlungs- und Wirtschaftsentwicklung in der östlichen kanadischen Zentralarktis. In: Die Erde 104 (1973).

Turner, Lucien M.: Ethnology of the Ungava District, Hudson Bay Territory (Bureau of American Ethnology, 11th Annual Report). Washington 1894.

Valentine, Victor F. und Frank G. Vallee (Hrsg.): Eskimo of the Canadian Arctic. Princeton, London 1968.

VanStone, James W.: Eskimos of the Nushagak River (Univ. of Washington, Publ. in Anthropology, 15). Seattle 1967.

Weyer, Edward M.: The Eskimo, Hamden ²1962.

Williamson, Robert G.: Eskimo Underground. Socio-Cultural Change in the Canadian Central Arctic (Univ. Uppsala, Occasional Papers II). Uppsala 1974.

Wichtigste Zeitschrift ist ›Inuit Studies/Etudes Inuit‹, Québec. Weitere Arbeiten zur Ethnographie der Eskimo finden sich in den ›Reports of the Fifth Thule Expedition‹, Kopenhagen.

2. Die subarktischen Indianer

Bailey, Alfred G.: The Conflict of European and Eastern Algonkian Cultures, 1504–1700. Toronto ²1969.

Barnouw, Victor: Acculturation and Personality among the Wisconsin Chippewa (American Anthropological Association, Memoir 72). Menasha 1950.

Birket-Smith, Kaj: Contributions to Chipewyan Ethnology (Fifth Thule Expedition, Bd. 6). Kopenhagen 1930.

Bishop, Charles A.: The Northern Ojibwa and the Fur Trade. An Historical and Ecological Study. Toronto 1974.

Brill, Charles: Indian and Free. A Contemporary Portrait of Life on a Chippewa Reservation. Minneapolis 1971.

Crowe, Keith J.: A History of the Original Peoples of Northern Canada. Montreal 1974.

Cumming, Peter A. und Neil H. Mickenberg (Hrsg.): Native Rights in Canada. Toronto ²1972.

Danziger, Edmund J., Jr.: The Chippewas of Lake Superior. Norman 1978.

Dewdney, Selwyn: The Sacred Scrolls of the Southern Ojibway. Toronto 1975.

Dunning, R. W.: Social and Economic Change Among the Northern Ojibwa. Toronto ²1972.

Graburn, Nelson H. H. und B. Stephen Strong: Circumpolar Peoples. Pacific Palisades 1973.

Hallowell, Alfred I.: Culture and Experience. Philadelphia 1955.

Helm, June: The Lynx Point People. The Dynamics of a Northern Athapaskan Band (National Museum of Canada, Bulletin 176). Ottawa 1961.

Henriksen, Georg: Hunters in the Barrens. The Naskapi on the Edge of the White Man's World (Newfoundland Social and Economic Studies, 12). St. Johns 1973.

Hickerson, Harold: The Southwestern Chippewa (American Anthropological Association, Memoir 92). Menasha 1962.

Hickerson, Harold: The Chippewa and Their Neighbors. A Study in Ethnohistory (Studies in Anthropological Method, 9). New York 1970.

Hilger, Inez: Chippewa Child Life and Its Cultural Background. (Bureau of American Ethnology, Bulletin 146). Washington 1951.

Hoffmann, W. J.: The Midewiwin or ›Grand Medicine Society‹ of the Ojibwa (Bureau of American Ethnology, 7th Annual Report). Washington 1891.

Honigmann, John J.: Culture and Ethos of Kaska Society. (Yale University Publications in Anthropology 40). New Haven 1949.

Honigmann, John J.: The Kaska Indians (Yale University, Publications in Anthropology, 51). New Haven 1954.

Howley, James P.: The Beothucks or Red Indians. Cambridge 1915.

Innis, Harold A.: The Fur Trade in Canada. Toronto ²1956.

Jenks, Albert E.: The Wild-Rice Gatherers of the Upper Lakes (Bureau of American Ethnology, 19th Annual Report). Washington 1900.

* Jenness, Diamond: The Indians of Canada (National Museum of Canada, Bulletin 65). Ottawa ⁴1958.

Jochim, Michael A.: Hunter-Gatherer Subsistence and Settlement. A Predictive Model. New York 1976

* Johnston, Basil: Ojibwa Heritage. Toronto 1976. (Dt. ›Und Manitou erschuf die Welt‹. 1979)

Kinietz, William V.: Indian Tribes of the Western Great Lakes, 1615–1760 (University of Michigan, Museum of Anthropology, Occasional Publications 10). Ann Arbor 1940.

Krech, Shepard III (Hrsg.): Indians, Animals, and the Fur Trade. Athens 1981.

Landes, Ruth: The Ojibwa Woman (Columbia University, Contributions to Anthropology, 31). New York 1938.

Landes, Ruth: Ojibwa Religion and the Midéwiwin. Madison, London 1968.

Lips, Eva: Die Reisernte der Ojibwa-Indianer. Berlin 1956.

McClellan, Catharine: My Old People Say. An Ethnographic Survey of Southern Yukon Territory. (National Museum of Man, Publications in Ethnology, 6) 2 Tle, Ottawa 1975.

McCullum, Hugh und Karmel: This Land is Not For Sale. Canada's Original People and Their Land. Toronto 1975.

Martin, Calvin: Keepers of the Game: Indian-Animal Relationships and the Fur Trade. Berkeley 1978.

Mason, Leonard: The Swampy Cree: A Study in Acculturation (National Museum of Canada, Anthropological Paper 13). Ottawa 1967.

Müller-Wille, Ludger: Wirtschaftlicher und kultureller Wandel bei Indianern und Eskimo in Nord-Kanada. In: Trierer Geographische Studien, Sonderheft 1 (1977).

Nagler, Mark: Indians in the City. Ottawa 1970.

Nelson, Richard K.: Hunters of the Northern Forest. Chicago 1973.

Osgood, Cornelius: The Ethnography of the Tanaina (Yale University, Publications in Anthropology, 16). New Haven 1937.

Osgood, Cornelius: Ingalik Material Culture. Ingalik Social Culture. Ingalik Mental Culture (Yale University Publications in Anthropology 22, 53, 56). New Haven 1940, 1958, 1959.

Paredes, J. Anthony (Hrsg.): Anishinabe. Six Studies of Modern Chippewa. Tallahassee 1980.

Patterson, E. Palmer, II: The Canadian Indian. A History Since 1500. Don Mills 1972.

Patterson, Nancy-Lou: Canadian Native Art. Ontario 1973.

Ray, Arthur J.: Indians in the Fur Trade. Toronto 1974.

Ray, Arthur J. und Donald B. Freemann: »Give Us Good Measure«. An Economic Analysis of Relations Between the Indians and the Hudson's Bay Company Before 1763. Toronto 1978.

Rogers, Edward S.: The Material Culture of the Mistassini (National Museum of Canada, Bulletin 218). Ottawa 1967.

Rohrl, Vivian J.: Change for Continuity. The People of a Thousand Lakes. Washington 1981.

Rowe, Frederick W.: Extinction: The Beothucks of Newfoundland. Toronto 1977.

Savishinsky, Joel S.: The Trail of the Hare. Life and Stress in an Arctic Community. New York 1974.

Slobodin, Richard: Band Organization of the Peel River Kutchin (National Museum of Canada, Bulletin 179). Ottawa 1962.

Speck, Frank G.: Naskapi. Norman 1935.

Stanbury, W. T.: Success and Failure. Indians in Urban Society. Vancouver 1975.

Tanner, Adrian: Bringing Home Animals. Religious Ideology and Mode of Production of the Mistassini Cree Hunters. London 1979.

VanStone, James W.: The Changing Culture of the Snowdrift Chipewyan (National Museum of Canada, Bulletin 209). Ottawa 1965.

* VanStone, James W.: Athapaskan Adaptations. Hunters and Fishermen of the Subarctic Forests. Chicago 1974.

Vizenor, Gerald R.: The Everlasting Sky. New Voices from the People Named the Chippewa. New York 1972.

Watkins, Mel (Hrsg.): Dene Nation. The Colony Within. Toronto 1977.

Weaver, Sally M.: Making Canadian Indian Policy. The Hidden Agenda 1968–70. Toronto 1981.

Das »National Museum of Man« in Ottawa gibt seit einigen Jahren in seiner Reihe ›Canadian Ethnology Service Papers‹ der ›Mercury Series‹ laufend kleinere Arbeiten heraus, die eine Fülle von Daten über die ethnischen Gruppen Kanadas enthalten.

3. Die Nordwestküsten-indianer

Amoss, Pamela: Coast Salish Spirit Dancing. The Survival of an Ancestral Religion. Seattle, London 1978.

Ballard, Arthur C.: Indians of the Lower Puget Sound. Portland 1963.

* Bancroft-Hunt, Norman und Werner Forman: Totempfahl und Maskentanz. Die Indianer der pazifischen Nordwestküste. Freiburg 1980.

Barbeau Marius: Totem Poles. 2 Bde, Ottawa 1950.

Barbeau, Marius: Pathfinders in the North Pacific. Caldwell 1958.

Barnett, Homer G.: The Coast Salish of British Columbia. Eugene 1955.

Barnett, Homer G.: Indian Shakers. A Messianic Cult of the Pacific Northwest. Carbondale 1957.

Blackman, Margaret B. (Hrsg.): Continuity and Change in Northwest Coast Ceremonialism (Arctic Anthropology, 14). Madison 1977.

Boas, Franz: Social Organization and the Secret Societies of the Kwakiutl Indians (United States National Museum, Report 1895), Washington 1897.

Boas, Franz: Kwakiutl Ethnography. Hrsg. von Helen Codere. Chicago 1966.

Boas, Franz: Tsimshian mythology (Bureau of American Ethnology, 31st Annual Report). Washington 1916.

Brink, J. H. van den: The Haida Indians. Cultural Change mainly between 1876–1970 (Monographs and Theoretical Studies in Sociology and Anthropology, Publ. 8). Leiden 1974.

Brown, Vinson: Peoples of the Sea Wind. The Native Americans of the Pacific Coast. London 1977.

Codere, Helen: Fighting with Property (American Ethnological Society, Monograph 18). Seattle 1950.

Collins, June M.: Valley of the Spirits. The Upper Skagit Indians of Western Washington (American Ethnological Society, Memoir 56). Seattle 1974.

Colson, Elizabeth: The Makah Indians. Minneapolis 1953.

* Deloria, Vine, Jr.: Indians of the Pacific Northwest. New York 1977.

Deloria, Vine, Jr.: The Lummi Indian Community. The Fishermen of the Pacific Northwest. In: S. Stanley (Hrsg.): American Economic Development (World Anthropology). Den Haag 1978.

* Drucker, Philip: Indians of the Northwest Coast. New York 1955.

Drucker, Philip: The Native Brotherhoods. Modern Intertribal Organizations on the Northwest Coast (Bureau of American Ethnology, Bulletin 168). Washington 1958.

Drucker, Philip: Cultures of the North Pacific Coast. San Francisco 1965.

Drucker, Philip und Robert F. Heizer: To Make My Name Good. A Reexamination of the Southern Kwakiutl Potlatch. Berkeley 1967.

Fields, D. B. und W. T. Stanbury: The Economic Impact of the Public Sector Upon the Indians of British Columbia. Vancouver 1973.

Fisher, Robin: Contact and Conflict. Indian-European Relations in British Columbia, 1774–1890. Vancouver 1977.

Garfield, Viola E. und Paul S. Wingert: The Tsimshian. Their Arts and Music. New York 1951.

Gerber, Peter R. und Maximilien Bruggmann (Fotos): Indianer der Nordwestküste. Zürich 1987.

Goldman, Irving: The Mouth of Heaven. An Introduction to Kwakiutl Religious Thought. New York 1975.

Gunther, Erna: Art in the Life of the Northwest Coast Indians. Seattle 1966.

* Gunther, Erna: Indian Life on the Northwest Coast of North America. Chicago 1982.

* Haberland, Wolfgang: Donnervogel und Raubwal. Die indianische Kunst der Nordwestküste Nordamerikas. Hamburg 1979.

Jilek, Wolfgang G.: Indian Healing. Shamanic Ceremonialism in the Pacific Northwest Today. Surrey 1982.

Jonaitis, Aldona: From the Land of the Totem Pole. New York u. Seattle 1988.

Kasten, Erich: Maskentänze der Kwakiutl. Berlin 1990.

Knight, Rolf: Indians at Work. An Informal History of Native Indian Labour in British Columbia, 1858–1930. Vancouver 1978.

Krause, Aurel: Die Tlingit-Indianer. Jena 1885.

Laguna, Frederica de: Under Mount Elias. The History and Culture of the Yakutat Tlingit. 3 Bde (Smithsonian Contribution to Anthropology, 7). Washington 1972.

McEvers, Charles L.: Uncommon Controversy. Fishing Rights of the Muckleshoot, Puyallup, and Nisqually Indians. Seattle 1970.

McFeat, Tom: Indians of the North Pacific Coast. Toronto 1966.

McIlwraith, Thomas F.: The Bella Coola Indians. 2 Bde, Toronto 1948.

Müller, Werner: Weltbild und Kult der Kwakiutl-Indianer. (Studien zur Kulturkunde, 15). Wiesbaden 1955.

Oberg, Kalervo: The Social Economy of the Tlingit Indians (American Ethnological Society, Memoir 55). Seattle 1973.

Ray, Verne F.: Primitive Pragmatists. The Modoc Indians of Northern California. Seattle 1963.

Rohner, Ronald P.: The People of Gilford. A Contemporary Kwakiutl Village (National Museum of Canada, Bulletin 225). Ottawa 1967.

Rohner, Ronald P. und Evelyn C.: The Kwakiutl. Indians of British Columbia. New York 1970.

Rosman, Abraham und Paula G. Rubel: Feasting with Mine Enemy. Rank and Exchange Among Northwest Coast Societies. New York, London 1971.

Ruby, Robert H. und John A. Brown: The Chinook Indians. Traders of the Lower Columbia River. Norman 1976.

* Siebert, Erna und Werner Forman: Indianerkunst der amerikanischen Nordwestküste. Hanau 1967.

Smith, Marian W. (Hrsg.): Indians of the Urban Northwest. New York 1949.

Spradley, James P.: Guests Never Leave Hungry. The Autobiography of James Sewid, a Kwakiutl Indian. New Haven 1969.

Stearns, Mary L.: Haida Culture in Custody. The Masset Band. Seattle 1981.

Stern, Bernhard J.: The Lummi Indians of Northwest Washington. (Columbia University, Contributions to Anthropology 17). New York 1934.

Swanton, John R.: Contributions to the Ethnology of the Haida (American Museum of Natural History, Memoir 8). New York 1905.

Walens, Stanley: Feasting with Cannibals. An Essay on Kwakiutl Cosmology, Princeton 1981.

Wolcott, Harry F.: A Kwakiutl Village and School. New York 1967.

Woodcock, George: Peoples of the Coast. The Indians of the Pacific Northwest. Bloomington 1977.

4. DIE INDIANER KALIFORNIENS

Barrett, S. A. und Edward W. Gifford: Miwok Material Culture (Public Museum of the City of Milwaukee, Bulletin 2). Milwaukee 1933.

Baumhoff, Martin: Ecological Determinants of Aboriginal California Populations (University of California, Publications in American Archaeology and Ethnology 49). Berkeley 1963.

Bean, Lowell J.: Mukat's People. The Cahuilla Indians of Southern California. Berkeley 1972.

Bean, Lowell J. und Thomas C. Blackburn (Hrsg.): Native Californians. Ramona 1976.

Carranco, Lynwood und Estle Beard: Genocide and Vendetta. The Round Valley Wars of Northern California. Norman 1981.

Cook, Sherburne F.: The Conflict between the Californian Indian and White Civilization. (Ibero-Americana 21–23) 3 Bde, Berkeley 1943.

Cook, Sherburne F.: The Population of the California Indians, 1769–1970. Berkeley 1976.

DuBois, Cora: Wintu Ethnography (University of California, Publications in American Archaeology and Ethnology 36). Berkeley 1935.

DuBois, Cora: The 1870 Ghost Dance (University of California, Anthropological Records 3). Berkeley 1939.

* Forbes, Jack D.: Native Americans of California and Nevada. Healdsburg 1969, Happy Camp ²1982.

Heizer, Robert F. und Alan J. Almquist: The Other Californians. Prejudice and Discrimination under Spain, Mexico, and the United States to 1920. Berkeley 1971.

Heizer, Robert H. und M. A. Whipple (Hrsg.): The California Indians. Berkeley ²1971.

Hudson, Travis und Thomas C. Blackburn: The Material Culture of the Chumash Interaction Sphere. 4 Bde (Ballena Press, Anthropological Publications 25ff.). Ramona 1979ff.

Johnston, Bernice E.: California's Gabrielino Indians (Frederick Webb Hodge Anniversary Publication Fund, Publication 8). Los Angeles 1962.

Jorgensen, Joseph P.: Western Indians. San Francisco 1980.

Krause, Fritz: Die Kultur der kalifornischen Indianer. Leipzig 1921.

Kroeber, Alfred L.: Handbook of the Indians of California (Bureau of American Ethnology, Bulletin 78). Washington 1925.

Kroeber, Theodora: Ishi in Two Worlds. Berkeley 1961.

Landberg, Leif C. W.: The Chumash Indians of Southern California (Southwest Museum Papers, 19). Los Angeles 1965.

Loeb, Edwin L.: The Western Kuksu Cult. The Eastern Kuksu Cult (University of California, Publications in American Archaeology and Ethnology 33). Berkeley 1932/33.

Nelson, Byron, Jr.: Our Home Forever. A Hupa Tribal History. Salt Lake City 1978.

Strong, William D.: Aboriginal Society in Southern California (University of California, Publications in American Archaeology and Ethnology 26). Berkeley 1929.

Zahlreiche ethnographische Arbeiten finden sich in den Reihen ›University of California, Publications in American Archaeology and Ethnology‹ (Berkeley) und ›University of California, Anthropological Records‹ (Berkeley).

5. Die Indianer der Plateaus und Hochbecken des Westens

Anastasio, Angelo: The Southern Plateau. An Ecological Analysis of Intergroup Relations (Northwest Anthropological Research Notes 6). Moscow, Id. 1972.

* Beal, Merill D.: »I will fight no more forever«. Chief Joseph and the Nez Perce War. Seattle 1963.

De Azevedo, W. L. (Hrsg.): Washo Indians of California and Nevada (University of Utah, Anthropological Papers 67). Salt Lake City 1963.

Downs, James F.: The Two Worlds of the Washo. New York 1966.

Dusenberry, Verne: The Montana Cree. A Study in Religious Persistence (Acta Universitatis Stockholmiensis, 3). Stockholm 1962.

Fahey, John: The Flathead Indians. Norman 1974.

Fowler, Don D. und C. S. (Hrsg.): Anthropology of the Numa (Smithsonian Contributions to Anthropology, 14). Washington 1971.

Fowler, Don D. und John F. Matley: Material Culture of the Numa. The John Wesley Powell Collection 1867–1880. (Smithsonain Contributions to Anthropology, 26). Washington 1979.

Haines, Francis: The Nez Percés. Norman 1955.

* Haines, Francis: Indians of the Great Plains and Plateau. New York 1970.

Jorgensen, Joseph G.: The Sun Dance Religion. Power for the Powerless. Chicago 1972.

* Josephy, Alvin, Jr.: The Nez Perce Indians and the Opening of the Northwest (Yale Western Americana Series, 10). New Haven 1965.

Knack, Martha C.: Life Is With People. Household Organization of the Contemporary Southern Paiute Indians (Ballena Press, Anthropological Publications 19). Ramona 1980.

Kelly, Isabel T.: Southern Paiute Ethnography (University of Utah, Anthropological Papers 69). Salt Lake City 1964.

Lang, Gottfried O.: A Study in Culture Contact and Culture Change. The Whiterock Utes in Transition (University of Utah, Anthropological Papers 15). Salt Lake City 1953.

Lowie, Robert H.: The Northern Shoshone (American Museum of Natural History, Anthropological Papers 2). New York 1909.

Madson, Brigham D.: The Bannock of Idaho. Caldwell 1958.

Madsen, Brigham D.: The Northern Shoshoni. Caldwell 1980.

Maud, Ralph (Hrsg.): The Salish People. The Local Contribution of Charles Hill-Tout. 4 Bde, Vancouver 1978.

Murphy, Robert F. und Yolanda: Shoshone-Bannock Subsistence and Society (University of California, Anthropological Records 16/7). Berkeley 1960.

Ray, Verne F.: The Sanpoil and Nespelem (University of Wahington, Publications in Anthropology 5). Seattle 1932.

Relander, Click (Hrsg.): The Yakimas. Yakima 1955.

Ruby, Robert H. und John A. Brown: The Spokane Indians. Norman 1970.

Ruby, Robert H. und John A. Brown: The Cayuse Indians. Norman 1972.

Smith, Anne M.: Ethnography of the Northern Utes (Papers in Anthropology, 17). Santa Fe 1974.

Spier, Leslie: Klamath Ethnography (University of California, Publications in American Archaeology and Ethnology, 30). Berkeley 1930.

Spier, Leslie (Hrsg.): The Sinkaietk or Southern Okanagon of Washington (General Series in Anthropology, 6), Menasha 1938.

Steward, Julian H.: Basin-Plateau Aboriginal Sociopolitical Groups (Bureau of American Ethnology, Bulletin 120). Washington 1938.

Stryd, Arnoud H. und Rachel A. Smith (Hrsg): Aboriginal Man and Environments on the Plateau of Northwest America. Calgary 1971.

Teit, James A.: The Thompson Indians of British Columbia (American Museum of Natural History, Memoir 2). New York 1900.

Teit, James A.: The Shuswap. (American Museum of Natural History, Memoir 4). New York 1909.

Teit, James A.: The Salishan Tribes of the Western Plateaus (Bureau of American Ethnology, 45th Annual Report). Washington 1930.

Treide, Dietrich: Die Organisierung des indianischen Lachsfangs im westlichen Nordamerika (Veröffentlichungen des Museums für Völkerkunde zu Leipzig, 14). Berlin 1965.

* Trenholm, Virginia C. und M. Carley: The Shoshonis. Norman 1964.

Tuohy, Donald R. (Hrsg.): Selected Papers from the 14th Great Basin Anthropological Conference (Ballena Press, Publications in Archaeology, Ethnology and History 11). Socorro 1978.

Turney-High, Harry H.: The Flathead Indians of Montana (American Anthropological Association, Memoir 48). Menasha 1937.

Walker, Deward E., Jr.: Conflict and Schism in Nez Perce Acculturation. A Study of Religion and Politics. Pullman 1968.

Walker, Deward E., Jr.: American Indians of Idaho (University of Idaho, Anthropological Monographs 1). Moscow, Id. 1973.

Whiting, Beatrice B.: Paiute Sorcery (Viking Fund, Publications in Anthropology 15). New York 1950.

Anson, Bert: The Miami Indians. Norman 1970.

Bailey, Alfred G.: The Conflict of European and Eastern Algonkian Cultures, 1504–1700. A Study in Canadian Civilization. Saint John 1937, Toronto ²1969.

Blu, Karen I.: The Lumbee Problem. The Making of an American Indian People (Cambridge Studies in Cultural Systems, 5). London 1980.

Brasser, Ted J.: Riding on the Frontier's Crest. Mahican Indian Culture and Culture Change (National Museum of Canada, Ethnology Division, Paper 13). Ottawa 1974.

Brown, Douglas S.: The Catawba Indians. Columbia 1966.

Callender, Charles: Social Organization of the Central Algonkian Indians (Milwaukee Public Museum, Publications in Anthropology 7). Milwaukee 1962.

Chafe, Wallace L.: Seneca Thanksgiving Rituals (Bureau of American Ethnology, Bulletin 183). Washington 1961.

Clark, Jerry E.: The Shawnee. Lexington 1977.

Clifton, James A.: The Prairie People. Continuity and Change in Potawatomi Indian Culture. Lawrence 1977.

Colden, Cadwallader: The History of the Five Indian Nations of Canada. 2 Bde, London 1755.

Curtin, Jeremiah und J.N.B. Hewitt: Seneca Fiction, Legends, and Myths (Bureau of American Ethnology, 32nd Annual Report). Washington 1918.

Deardorff, Merle H.: The Religion of Handsome Lake (Bureau of American Ethnology, Bulletin 149). Washington 1951.

Dial, Adolph L. und David K. Eliades: The Only Land I Know. A History of the Lumbee Indians. San Francisco 1975.

Dräger, Lothar: Formen der lokalen Organisation bei den Stämmen der Zentral-Algonkin (Veröffentlichungen des Museums für Völkerkunde zu Leipzig, 18). Berlin 1968.

Dräger, Lothar: Wandlungen im System der Stammeshäuptlinge bei den Zentral-Algonkin unter den Bedingungen der US-amerikanischen Indianerpolitik. In: Jahrbuch des Museums für Völkerkunde Leipzig 28 (1972).

Ellis, George W. und John E. Morris: King Philip's War. New York 1906 (Reprint).

Feest, Christian F.: Tomahawk und Keule im östlichen Nordamerika. In: Archiv für Völkerkunde 19 (1964/65).

Fenton, William N.: The Iroquois Eagle Dance (Bureau of American Ethnology, Bulletin 156). Washington 1953.

Fenton, William N.: American Indian and White Relations to 1830. Chapel Hill 1957.

Fenton, William N.: Iroquoian Culture History (Bureau of American Ethnology, Bulletin 180, No. 25). Washington 1961.

Fenton, William N. (Hrsg.): Symposium on Local Diversity in Iroquois Culture (Bureau of American Ethnology, Bulletin 149). Washington 1951.

Fenton, William N. (Hrsg.): Parker on the Iroquois. Syracuse 1968.

Flannery, Regina: An Analysis of Coastal Algonquian Culture (The Catholic University of America, Anthropological Series 7). Washington 1939.

Freilich, Morris: Mohawk Heroes in Structural Steel. In: M. Freilich (Hrsg.): Marginal Natives. New York 1970.

Gearing, Frederick O.: The Face of the Fox. Chicago 1970.

Gibson, Arrell M.: The Kickapoos. Lords of the Middle Border. Norman 1963.

327

Guillemin, Jeanne: Urban Renegades. The Cultural Strategy of American Indians. [Micmac]. New York 1975.

Hagan, William T.: The Sac and Fox Indians. Norman 1958.

Hale, Horatio: The Iroquois Book of Rites. Philadelphia 1883, Toronto 1965.

Hauptmann, Laurence M.: The Iroquois and the New Deal. Syracuse 1981.

Heckewelder, Johann: Nachricht von der Geschichte, den Sitten und Gebräuchen der Indianischen Völkerschaften, welche ehemals Pennsylvanien und die benachbarten Staaten bewohnten. Göttingen 1821 (Kassel 1975); engl.: Philadelphia 1819.

Heidenreich, Conrad: Huronia. A History and Geography of the Huron Indians, 1600–1650. Toronto 1971.

Hewitt, J.N.B.: Iroquoian Cosmology. 2 Teile (Bureau of American Ethnology, 21st and 43rd Annual Reports). Washington 1903, 1928.

Hoffman, Bernard G.: Cabot to Cartier. Sources for a Historical Ethnography of Northeastern North America, 1497–1550. Toronto 1961.

Hoffman, Walter J.: The Menomini Indians (Bureau of American Ethnology, 14th Annual Report). Washington 1896.

Howard, James H.: Shawnee. The Ceremonialism of a Native Indian Tribe and Its Cultural Background. Athens 1981.

Hudson, Charles M.: The Catawba Nation. Athens 1970.

Hunt, George T.: The Wars of the Iroquois. A Study of Intertribal Trade Relations. Madison 1940.

* Hyde, George E.: Indians of the Woodlands. Norman 1962.

Jackson, Donald (Hrsg.): Black Hawk. An Autobiography. Urbana 1964.

Jaenen, Cornelius J.: Friend and Foe. Aspects of French-Amerindian Cultural Contact in the Sixteenth and Seventeenth Centuries. Toronto 1976.

Jenks, Albert E.: The Wild Rice Gatherers of the Upper Lakes (Bureau of American Ethnology, 19th Annual Report). Washington 1900.

The Jesuit Relations and Allied Documents. Travel and Explorations of the Jesuit Missionaries in New France, 1610–1791. Hrsg. von Reuben G. Thwaites. 73 Bde, Cleveland 1896/1901, Reprint New York 1959.

Keesing, Felix M.: The Menomini Indians of Wisconsin (Memoirs of the American Philosophical Society, 10). Philadelphia 1939. Reprint New York 1971.

Krusche, Rolf: Zur Genese des Maskenwesens im östlichen Waldland Nordamerikas. In: Jahrbuch des Museums für Völkerkunde Leipzig 30 (1975).

Lafitau, Joseph-François: Moeurs des sauvages amériquaines, comparées aux moeurs des premiers temps. 2 Bde, Paris 1724.

Landes, Ruth: The Prairie Potawatomi. Madison 1970.

Latorre, Felipe A. und Dolores L.: The Mexican Kickapoo Indians. Austin, London 1976.

Leach, Douglas: Flintlock and Tomahawk. New England in King Philip's War. New York 1958.

Lindig, Wolfgang: Geheimbünde und Männerbünde der Prärie- und der Waldlandindianer Nordamerikas (Studien zur Kulturkunde, 23). Wiesbaden 1970.

Loskiel, George Heinrich: Geschichte der Mission der evangelischen Brüder unter den Indianern in Nordamerika. Barby 1789.

Michelson, Truman: Contributions to Fox Ethnology. I, II (Bureau of American Ethnology, Bulletins 85, 95). Washington 1927, 1930.

Morgan, Lewis H.: League of the Ho-de-no-sau-nee or Iroquois. 2 Bde, Rochester 1851.

Müller, Werner: Die Religionen der Waldlandindianer Nordamerikas. Berlin 1956.

Newcomb, William E., Jr.: The Culture and Acculturation of the Delaware Indians (University of Michigan, Museum of Anthropology, Anthropological Papers 10). Ann Arbor 1956.

Noon, John A.: Law and Government of the Grand River Iroquois (Viking Fund, Publications in Anthropology 12). New York 1949.

Parker, Arthur C.: The Code of Handsome Lake, the Seneca Prophet (New York State Museum, Bulletin 163). Albany 1912.

Peroff, Nicholas C.: Menominee Drums. Tribal Termination and Restoration, 1954–1974. Norman 1982.

Radin, Paul: The Winnebago Tribe (Bureau of American Ethnology, 37th Annual Report). Washington 1923.

Ritzenthaler, Robert E.: The Oneida Indians of Wisconsin (The Public Museum of the City of Milwaukee, Bulletin 19). Milwaukee 1950.

Ritzenthaler, Robert E. und Pat R.: The Woodland Indians of the Western Great Lakes. Milwaukee 1983.

Schlesier, Karl H.: Die Irokesenkriege und die Große Vertreibung 1609 bis 1656. In: Zeitschrift für Ethnologie 100 (1975).

Schulze-Thulin, Axel: Intertribaler Wirtschaftsverkehr und kulturökonomische Entwicklung (Studia Ethnologica, 6). Meisenheim a. Glan 1973.

Schumacher, Irene: Gesellschaftsstruktur und Rolle der Frau. Das Beispiel der Irokesen (Soziologische Schriften, 10). Berlin 1972.

Shimony, Annemarie: Conservatism among the Iroquois at the Six Nations Reserve (Yale University, Publications in Anthropology 65). New Haven 1961.

Speck, Frank G.: Penobscot Man. Philadelphia 1940.

* Speck, Frank G.: The Iroquois. A Study in Cultural Evolution (Cranbrook Institute of Science, Bulletin 23). Bloomfield Hills 1945.

Speck, Frank G.: Midwinter Rites of the Cayuga Longhouse. Philadelphia 1949.

Spindler, George und Louise: Dreamers without Power. The Menominee Indians. New York 1971.

Tooker, Elisabeth: An Ethnography of the Huron Indians 1615–1649 (Bureau of American Ethnology, Bulletin 190). Washington 1964.

Tooker, Elisabeth (Hrsg.): Iroquois Culture, History, and Prehistory. Albany 1967.

Tooker, Elisabeth (Hrsg.): Native North American Spirituality of the Eastern Woodlands. New York 1979.

Travers, Milton A.: The Wampanoag Indian Federation of the Algonquin Nation. Boston 1957.

Trigger, Bruce G.: The Huron. Farmers of the North. New York 1969.

Trigger, Bruce G.: The Children of Aataentsic. A History of the Huron People to 1660. 2 Bde, Montreal 1976.

Weslager, C. A.: The Delaware Indians. New Brunswick 1972.

Wallace, Anthony F. C.: The Death and Rebirth of the Seneca. New York 1969.

Whitney, Ellen M. (Hrsg.): The Black Hawk War, 1831–1832. (Collections of the Illinois State Historical Library 36 u. 37). 2 Bde, Springfield 1973–1975.

Witthoft, John: Green Corn Ceremonialism in the Eastern Woodlands (University of Michigan, Museum of Anthropology, Occasional Contributions 13). Ann Arbor 1949.

Blanchard, Kendall: The Mississippi Choctaws at Play. Urbana 1981.

Burt, Jesse und Robert B. Ferguson: Indians of the Southeast. Then and Now. Nashville 1973.

Corkran, David H.: The Creek Frontier, 1540–1783. Norman 1967.

Cotterill, R. S.: The Southern Indians. The Story of the Civilized Tribes Before Removal. Norman 1954.

Debo, Angie: The Road to Disappearance. A History of the Creek Indians. Norman 1941.

Debo, Angie: The Rise and Fall of the Choctaw Republic. Norman ²1967.

DeRosier, Arthur: The Removal of the Choctaw Indians. Knoxville 1970.

* Foreman, Grant: The Five Civilized Tribes. Norman 1934, 1972.

Foreman, Grant: Sequoyah. Norman 1938, 1980.

Fundaburk, Emma L.: Southeastern Indians. Luverne 1958.

* Fundaburk, Emma L. und Mary D. Foreman (Hrsg.): Sun Circles and Human Hands. The Southeastern Indians. Art and Industry. Luverne 1957.

Garbarino, Merwyn S.: Big Cypress. A Changing Seminole Community. New York 1972.

Gearing, Frederick O.: Priests and Warriors. Social Structures for Cherokee Politics in the 18th Century (American Anthropological Association, Memoir 93). Menasha 1962.

Gibson, Arrell M.: The Chickasaws. Norman 1971.

Glenn, James L.: My Work Among the Florida Seminoles. Orlando 1982.

Griffin, John W.: The Florida Indian and his Neighbors. Winter Park 1949.

Halbert, H. S. und T. H. Ball: The Creek War of 1813 and 1814. University 1969.

Howard, James H.: Oklahoma Seminoles. Norman 1984.

Hudson, Charles: The Southeastern Indians. Knoxville 1976.

Hudson, Charles: Elements of Southeastern Indian Religion (Iconography of Religions X, 1). Leiden 1984.

Hudson, Charles M. (Hrsg.): Four Centuries of Southern Indians. Athens, Ga. 1975.

Hudson, Charles (Hrsg.) Black Drink. A Native American Tea. Athens 1979.

Kilpatrick, Jack und A. G.: The Shadow of Sequoyah. Social Documents of the Cherokees, 1862–1964. Norman 1965.

Kilpatrick, Jack und A. G.: Run Toward the Nightland. Magic of the Oklahoma Cherokees. Dallas 1967.

King, Duane H. (Hrsg.): The Cherokee Indian Nation. Knoxville 1979.

Kupferer, Harriet J.: The ›Principal People‹, 1960. A Study of Cultural and Social Groups of the Eastern Cherokee (Bureau of American Ethnology, Bulletin 196). Washington 1966.

Le Page du Pratz, Antoine S.: Histoire de la Louisiane. 3 Bde, Paris 1758.

Littlefield, Daniel F., Jr.: The Chickasaw Freedman. Westport 1980.

McKee, Jesse O. und Jon A. Schlenker: The Choctaws. Cultural Evolution of a Native American Tribe. Jackson 1980.

McReynolds, Edwin C.: The Seminoles. Norman 1957.

Mooney, James: Myths of the Cherokee (Bureau of American Ethnology, 19th Annual Report). Washington 1900.

Peithmann, Irvin M.: Red Men of Fire. A History of the Cherokee Indians. Springfield 1964.

Speck, Frank G.: Ethnology of the Yuchi Indians. Philadelphia 1909.

Strickland, Rennard: The Indians in Oklahoma. Norman 1980.

Sturtevant, William C.: Creek into Seminole. In: E. B. Leacock und N. O. Lurie (Hrsg.): North American Indians in Historical Perspective. New York 1971.

Swanton, John R.: Indian Tribes of the Lower Mississippi Valley and Adjacent Coast of the Gulf of Mexico (Bureau of American Ethnology, Bulletin 43). Washington 1911.

Swanton, John R.: Social Organization and Social Usage of the Indians of the Creek Confederacy (Bureau of American Ethnology, 42nd Annual Report). Washington 1928.

Swanton, John R.: The Indians of the Southeastern United States (Bureau of American Ethnology, Bulletin 137). Washington 1946.

Van Tuyl, Charles und Willard Walker: The Natchez. Annotated Translations from Antoine Simon le Page du Pratz's Histoire de la Louisiane and a Short English-Natchez Dictionary. (Oklahoma Historical Society, Series in Anthropology 4). Oklahoma 1979.

Wardell, Morris L.: A Political History of the Cherokee Nation, 1838–1907. Norman 1938, 1977.

Williams, Walter L. (Hrsg.): Southeastern Indians Since the Removal Era. Athens 1979.

Wood, Peter H. et al. (Hrsg.): Powhatan's Mantle. Indians in the Colonial Southeast. Lincoln u. London 1989.

Woods, Patricia D.: French-Indian Relations on the Southern Frontier, 1699–1762. Ann Arbor 1979.

Woodward, Grace S.: The Cherokees. Norman 1963.

8. Die Indianer der Prärien und Plains

Albers, Patricia und Beatrice Medicine: The Hidden Half. Studies of Plains Indian Women. Lanham, New York 1983.

Andrist, Ralph K.: The Long Death. The Last Days of the Plains Indians. New York 1964.

Benedict, Ruth: The Vision in Plains Culture. In: American Anthropologist 24 (1922).

Benedict, Ruth F.: The Concept of the Guardian Spirit in North America (American Anthropological Association, Memoir 29). Menasha 1923.

Berlandier, Jean L.: The Indians of Texas in 1830. Hrsg. von John C. Ewers. Washington 1969.

Berthrong, Donald J.: The Cheyenne and Arapaho Ordeal. Reservation and Agency Life in the Indian Territory, 1875–1907. Norman 1976.

Bowers, Alfred W.: Mandan Social and Ceremonial Organization. Chicago 1950.

Bowers, Alfred W.: Hidatsa Social and Ceremonial Organization (Bureau of American Ethnology, Bulletin 194). Washington 1965.

* Brown, John E. (Hrsg.): Die Heilige Pfeife. Olten 1978, engl.: The Sacred Pipe. Norman 1953.

Catlin, George: Letters and Notes on the Manners, Customs, and Condition of the North American Indian. 2 Bde. New York 1841.

Catlin, George: O-kee-pa. A Religious Ceremony and Other Customs of the Mandans. Hrsg. von John C. Ewers. New Haven 1967.

Cooper, John M.: The Gros Ventres of Montana. (Catholic University, Anthropological Series 15, 16). 2 Bde, Washington 1953, 1956.

* Deloria, Vine: God is Red. New York 1973.

DeMallie, Raymond J. (Hrsg.): The Sixth Grandfathers. Black Elk's Teachings Given to John G. Neihardt. Lincoln 1984.

Ewers, John C.: The Horse in Blackfoot Indian Culture (Bureau of American Ethnology, Bulletin 159). Washington 1955.

Ewers, John C.: The Blackfeet. Norman 1958.

Ewers, John C.: Indian Life on th Upper Missouri. Norman 1968.

* Fire, John (Lame Deer) und Richard Erdose: Tahca Ushte. Medizinmann der Sioux. München 1979, engl.: Lame Deer, Seeker of Visions. New York 1972.

Fletcher, Alice C. und Francis La Flesche: The Omaha Tribe (Bureau of American Ethnology, 27th Annual Report). Washington 1906, Lincoln 1972.

Fortune, R. F.: Omaha Secret Societies (Columbia University, Contributions to Anthropology 14). New York 1932.

Foster, Morris W.: Being Comanche. Tucson 1991.

Fowler, Loretta: Arapahoe Politics, 1851–1978. Symbols in Crises of Authority. Lincoln 1982.

Gerber, Peter: Die Peyote-Religion. Nordamerikanische Indianer auf der Suche nach einer Identität (Völkerkundemuseum der Universität Zürich). Zürich 1980.

* Gerhards, Eva: Blackfoot-Indianer. Innsbruck 1980.

Grinnell, George B.: The Cheyenne Indians. 2 Bde, New Haven 1923, Lincoln 1972.

Grobsmith, Elizabeth S.: Lakota of the Rosebud. A Contemporary Ethnography. New York 1981.

Haberland, Wolfgang: Oglala. Pine Ridge Reservation (Wegweiser zur Völkerkunde, 31). Hamburg 1984.

Haberland, Wolfgang: Ich, Dakota. Berlin 1986.

Hail, Barbara A.: Hau, Kóla! The Plains Indian Collection of the Haffenreffer Museum of Anthropology. Bristol 1980.

Hanson, James A.: Metal Weapons, Tools, and Ornaments of the Teton Dakota Indians. Lincoln 1975.

Hartmann, Horst: George Catlin und Balduin Möllhausen (Baessler-Archiv, Neue Folge, Beiheft 3). Berlin 1963, ²1984.

* Hartmann, Horst: Die Plains- und Prärieindianer Nordamerikas (Veröffentlichungen des Museums für Völkerkunde Berlin, NF 22). Berlin 1973.

* Hassrick, Royal B.: Das Buch der Sioux. Köln 1982, engl.: The Sioux. Norman 1964.

Hoebel, E. Adamson: The Political Organization and Law-Ways of the Comanche Indians (American Anthropological Association, Memoir 54). Menasha 1940.

Hoebel, E. Adamson: The Cheyennes. New York ²1978.

Holder, Preston: The Hoe and the Horse on the Plains. Lincoln 1970.

Howard, James H.: The Ponca Tribe (Bureau of American Ethnology, Bulletin 195). Washington 1965.

Hultkrantz. Åke: Prairie and Plains Indians (Iconography of Religions, Section 10: North America). Leiden 1973.

Hyde, George E.: Red Cloud's Folk. A History of the Oglala Sioux Indians. Norman ²1957.

Hyde, George E.: The Pawnee Indians. Norman ²1974.

Jorgensen, Joseph G.: The Sun Dance Religion. Chicago 1972.

Kennedy, Michael S. (Hrsg.): The Assiniboines. Norman 1961.

Kroeber, Alfred L.: The Arapaho (American Museum of Natural History, Bulletin 18). New York 1902–1907, Lincoln 1983.

Krusche, Rolf: Soziale Gruppierung und politische Autorität bei indianischen Stämmen im Zentral-Plains-Gebiet und ihr historischer Wandel. In: Jahrbuch des Museums für Völkerkunde Leipzig 28 (1972).

LaBarre, Weston: The Peyote Cult (Yale University, Publications in Anthropology 19). New Haven 1938, New York ⁴1975.

LaFlesche, Francis: The Osage Tribe (Bureau of American Ethnology, 36th Annual Report). Washington 1921.

Landes, Ruth: The Mystic Lake Sioux. Sociology of the Mdewakantonwan Santee. Madison, London 1968.

* Läng, Hans: Indianer waren meine Freunde. Leben und Werk Karl Bodmers (1809–1893). Bern 1976.

Lawson, Michael L.: Dammed Indians. The Pick Sloan Plan and the Missouri River Sioux. 1944–1980. Norman 1982.

Lindig, Wolfgang: Geheimbünde und Männerbünde der Prärie- und der Waldlandindianer Nordamerikas (Studien zur Kulturkunde, 23). Wiesbaden 1970.

Lowie, Robert H.: The Crow Indians. New York 1935, Lincoln 1983.

* Lowie, Robert H.: Indians of the Plains. New York 1954, Lincoln 1982.

McFee, Malcolm: Modern Blackfeet. New York 1972.

Mails, Thomas E.: Dog Soldiers, Bear Men and Buffalo Women. A Study of the Societies and Cults of the Plains Indians. Englewood Cliffs 1973.

Mails, Thomas E.: Sundancing at Rosebud and Pine Ridge. Sioux Falls 1978.

Maynard, Eileen und Gayla Twiss: That These People May Live. Conditions Among the Oglala Sioux of the Pine Ridge Reservation. Pine Ridge 1970.

Mead, Margaret: The Changing Culture of an Indian Tribe [Omaha]. New York 1932.

Meyer, Roy W.: History of the Santee Sioux. Lincoln 1967.

Meyer, Roy W.: The Village Indians of the Upper Missouri. The Mandans, Hidatsas, and Arikaras. Lincoln 1977.

Mishkin, Bernard: Rank and Warfare Among the Plains Indians (American Ethnological Society, Monograph 3). New York 1940.

Mooney, James: The Ghost-Dance Religion and the Sioux Outbreak of 1890 (Bureau of American Ethnology, 14th Annual Report). Washington 1896, New York 1973.

Müller, Werner: Glauben und Denken der Sioux. Berlin 1970.

Newcomb, W. W.: The Indians of Texas. Austin 1961.

Parks, Douglas R. (Hrsg.): Ceremonies of the Pawnee. (Smithsonian Contributions to Anthropology 27). 2 Bde, Washington 1981.

Powell, Peter J.: Sweet Medicine. [Northern Cheyenne] 2 Bde, Norman 1969.

Powell, Peter J.: People of the Sacred Mountain. A History of the Northern Cheyenne Chiefs and Warrior Societies, 1830–1879. 2 Bde, San Francisco 1979.

Powers, William K.: Oglala Religion. Lincoln 1977.

Powers, William K.: Yuwipi. Vision and Experience in Oglala Ritual. Lincoln 1982.

Roe, Frank G.: The Indian and the Horse. Norman 1955.

Schach, Paul (Hrsg.): Languages in Conflict. Linguistic Acculturation on the Great Plains. Lincoln 1980.

Schlesier, Karl H.: Migration und Kulturwandel am Mittleren Missouri, 1550–1850. In: Zeitschrift für Ethnologie 93 (1968).

* Schulze-Thulin, Axel: Indianer der Prärien und Plains (Linden-Museum, Bildheft 2). Stuttgart 1976.

Schusky, Ernest L.: The Forgotten Sioux. An Ethnohistory of the Lower Brule Reservation. Chicago 1931.

Secoy, Frank R.: Changing Military Patterns on the Great Plains (American Ethnological Society, Monograph 21). New York 1953.

Skinner, Alanson: Ethnology of the Ioway Indians (Public Museum of the City of Milwaukee, Bulletin 5). Milwaukee 1926.

Snow, John: These Mountains Are Our Sacred Places. The Story of the Stoney Indians. Sarasota 1977.

Steinmetz, Paul B.: Pipe, Bible and Peyote Among the Oglala Lakota (Acta Universitatis Stockholmiensis, 19). 1980.

Unruh, John D., Jr.: The Plains Across. The Overland Emigrants and the Trans-Mississippi West, 1840–60. Urbana 1979.

Utley, R. M.: The Last Days of the Sioux Nation. New Haven 1963.

Walker, James R.: Lakota Belief and Ritual. Lincoln 1980.

Walker, James R.: Lakota Society. Lincoln 1982.

Walker, James R.: Lakota Myth. Lincoln 1983.

Wallace, E. und E. A. Hoebel: The Comanches. Norman 1952.

Wallis, Wilson D.: The Canadian Dakota (American Museum of Natural History, Anthropological Paper 41). New York 1947.

Wied, Maximilian Prinz zu: Reise in das innere Nord-America in den Jahren 1832 bis 1834. 2 Bde, Koblenz 1839, 1841.

Will, George F. und George E. Hyde: Corn Among the Indians of the Upper Missouri. Lincoln 1917.

Will, George F. und Herbert J. Spinden: The Mandans (Peabody Museum of American Archaeology and Ethnology, Paper III). Cambridge 1906.

Wissler, Clark: Material Culture of the Blackfoot Indians (American Museum of Natural History, Anthropological Papers 5). New York 1910.

Wissler, Clark (Hrsg.): Sun Dance of the Plains Indians (American Museum of Natural History, Anthropological Paper 16) New York 1921.

Wood, W. Raymond: An Interpretation of Mandan Culture History (Bureau of American Ethnology, Bulletin 198). Washington 1967.

Wood, W. Raymond und Margot Liberty (Hrsg.): Anthropology on the Great Plains. Lincoln 1980.

Wright, Muriel H.: A Guide to the Indian Tribes of Oklahoma. Norman 1951.

9. Die Indianer des Südwestens

Aberle, David F.: The Peyote Religion among the Navaho (Viking Fund, Publications in Anthropology 42). New York 1966.

Adair, John: The Navajo and Pueblo Silversmiths. Norman 1944.

Adams, William Y.: Shonto. A Study of the Role of the Trader in a Modern Navaho Community (Bureau of American Ethnology, Bulletin 188). Washington 1963.

Amsden, Charles A.: Navaho Weaving: Its Technic and History. Santa Ana 1934, Glorieta 1971.

Bahr, Donald M. u. a.: Piman Shamanism and Staying Sickness. Tucson 1974.

Basauri, Carlos: Monografía de los Tarahumaras. México 1929.

Basso, Keith H.: The Cibecue Apache. New York 1970.

Basso, Keith H. (Hrsg.): Western Apache Raiding and Warfare. From the Notes of Grenville Goodwin. Tucson 1971.

Basso, Keith H. und Morris Opler (Hrsg.): Apachean Culture History and Ethnology (University of Arizona, Anthropological Papers 21). Tucson 1971.

Beals, Ralph L.: The Aboriginal Culture of the Cáhita Indians (Ibero-Americana, 19). Berkeley 1929.

Beals, Ralph L.: The Comparative Ethnology of Northern Mexico Before 1750 (Ibero-Americana, 2). Berkeley 1932.

Beals, Ralph L.: The Contemporary Culture of the Cáhita Indians (Bureau of American Ethnology, Bulletin 142). Washington 1945.

Bee, Robert L.: Crosscurrents Along the Colorado. The Impact of Government Policy on the Quechan Indians. Tucson 1981.

Benedict, Ruth: Zuni Mythology. 2 Bde, New York 1935.

Bennett, Wendell C. und Robert M. Zingg: The Tarahumara. Chicago 1935.

Boyer, L. Bryce: Childhood and Folklore. A Psychoanalytic Study of Apache Personality. New York 1979.

* Broder, Patricia J.: Hopi Painting. New York 1978.

Brugge, David M. und Charlotte J. Frisbie (Hrsg.): Navajo Religion and Culture. Santa Fe 1982.

Bunzel, Ruth L.: Introduction to Zuni Ceremonialism (Bureau of American Ethnology, 47th Annual Report). Washington 1932.

Castetter, Edward F. und Willis H. Bell: Pima and Papago Indian Agriculture (Inter-American Studies, 1). Albuquerque 1942.

Castetter, Edward F. und Willis H. Bell: Yuman Indian Agriculture. Albuquerque 1951.

Clemmer, Richard O.: Continuities of Hopi Culture Change. Ramona 1978.

Crumrine, Lynne S.: Ceremonial Exchange as a Mechanism in Tribal Integration Among the Mayos of Northwest Mexico (University of Arizona, Anthropological Papers 14). Tucson 1969.

Crumrine, N. Ross: The Mayo Indians of Sonora. Tucson 1977.

* Deimel, Claus: Tarahumara. Indianer im Norden Mexikos. Frankfurt a. M. 1980.

Devereux, George: Mohave Ethnopsychiatry and Suicide (Bureau of American Ethnology, Bulletin 175). Washington 1961.

Downs, James F.: Animal Husbandry in Navajo Society and Culture (University of California, Publications in Anthropology 1). Berkeley 1964.

Downs, James F.: The Navajo. New York 1972.

Dozier, Edward P.: Hano. A Tewa Indian Community in Arizona. New York 1966.

* Dozier, Edward P.: The Pueblo Indians of North America. New York 1970.

* Dutton, Bertha P.: Indians of the American Southwest. Englewood Cliffs 1975.

Dyk, Walter: Son of Old Man Hat. A Navaho Autobiography. New York 1938.

Dyk, Walter und Ruth: Left Handed. A Navajo Autobiography. New York 1980.

Eggan, Fred: Social Organization of the Western Pueblos. Chicago 1950.

Ezell, Paul H.: The Hispanic Acculturation of the Gila River Pimas (American Anthropological Association, Memoir 90). Menasha 1961.

Fewkes, Jesse W.: Hopi Katcinas (Bureau of American Ethnology, 21st Annual Report). Washington 1903.

Fontana, Bernhard L. u. a.: Papago Indian Pottery. Seattle 1964.

Forbes, Jack D.: Apache, Navaho, and Spaniard. Norman 1960.

Forbes, Jack D.: Warriors of the Colorado. The Yumas of the Quechan Nation and Their Neighbors. Norman 1965.

Forde, Daryll: Ethnography of the Yuma Indians (University of California, Publications in American Archaeology and Ethnology 28). Berkeley 1931.

Franz, Roger: Die Wirtschaft der Navajo und Pueblo. Wirtschaftsethnologie und Entwicklungshilfe (Münchner Beiträge zur Amerikanistik, 12). München 1983.

Frisbie, Charlotte, J.: Kinaaldá. A Study of the Navaho Girl's Puberty Ceremony, Middletown 1967.

Frisbie, Charlotte J. (Hrsg.): Southwestern Indian Ritual Drama (School of American Research, Advanced Seminar Series 16). Albuquerque 1980.

Geertz, Armin W. and Michael Lomatuway'ma: Children of Cottonwood. Piety and Ceremonialism in Hopi Indian Puppetry. Lincoln 1987.

Gifford, Edward W.: The Southeastern Yavapai (University of California, Publications in American Archaeology and Ethnology 29). Berkeley 1932.

Gilbreath, Kent: Red Capitalism. An Analysis of the Navajo Economy. Norman 1973.

Gómez González, Filiberto: Rarámuri, mi diario Tarabumara. Mexiko 1948.

Goodman, James M.: The Navajo Atlas. Environments, Resources, People, and History of the Diné Bikeyah. Norman 1982.

Goodwin, Grenville: The Social Organization of the Western Apache. Chicago 1942.

Greifeld, Katrin: Die Heil-s-lehre der Mayo (Nordwest-Mexico). Frankfurt/Main 1985.

Griffen, William B.: Notes on Seri Indian Culture. Sonora, Mexico (Latin American Monographs, 10). Gainesville 1959.

Gunnerson, Dolores A.: The Jicarilla Apache. DeKalb 1974.

Hartmann, Horst: Kachina-Figuren der Hopi-Indianer (Veröffentlichungen des Museums für Völkerkunde, NF 36). Berlin 1978.

Hill, W. W.: An Ethnography of Santa Clara Pueblo. New Mexico. Albuquerque 1982.

Iverson, Peter: The Navajo Nation. Westport 1981.

Jett, Stephen C. und Virginia E. Spencer: Navajo Architecture. Tucson 1981.

Joseph, Alice u. a.: The Desert People. A Study of the Papago Indians of Southern Arizona. Chicago 1949.

Kaemlein, Wilma R.: An Inventory of Southwestern American Indian Specimens in European Museums. Tucson 1967.

Kammer, Jerry: The Second Long Walk. The Navajo-Hopi Land Dispute. Albuquerque 1980.

Kelly, Lawrence C.: The Navajo Indians and Federal Indian Policy, 1900–1935. Tucson 1968.

Kennedy, John G.: Tarahumara of the Sierra Madre. Arlington Heights 1978.

Kirchhoff, Paul: Las tribus de la Baja California y el libro del P. Baegert. Mexiko 1942.

Kluckhohn, Clyde und Dorothea Leighton: The Navaho. Cambridge 1946.

Kluckhohn, Clyde: Navaho Witchcraft. Boston [2]1967.

Kluckhohn, Clyde u. a.: Navaho Material Culture. Cambridge 1971.

* König, René: Indianer wohin? Opladen 1973.

König, René: Navajo Report 1970–1980. Von der Kolonie zur Nation. Berlin [2]1983.

Kroeber, Alfred L. (Hrsg.): Walapai Ethnography (American Anthropological Association, Memoir 42). Menasha 1935.

Lamphere, Louise: To Run After Them. Cultural and Social Bases of Cooperation in a Navajo Community. Tucson 1977.

Lange, Charles H.: Cochiti. A New Mexico Pueblo Past and Present. Austin 1959.

Leighton, Alexander H. und Dorothea: Gregorio, the Hand-Trembler. A Psychobiological Personality Study of a Navaho Indian (Peabody Museum of American Archaeology and Ethnology, Harvard University, Papers 40). Cambridge 1949.

Lindig, Wolfgang: Die Seri. In: Internationales Archiv für Ethnographie 49 (1959).

Lindig, Wolfgang: Der Riesenkaktus in Wirtschaft und Mythologie der sonorischen Wüstenstämme. In: Paideuma 9 (1963).

Lindig, Wolfgang und Helga Teiwes (Fotos): Navajo. Zürich 1991.

Lumholtz, Carl: Unknown Mexico. 2 Bde, New York 1902.

McNitt, Frank: The Indian Traders. Norman 1962.

Mails, Thomas E.: The People Called Apache. Englewood Cliffs 1974.

Malotki, Ekkehart: Hopi-Raum. Eine sprachwissenschaftliche Analyse der Raumvorstellungen in der Hopi-Sprache (Tübinger Beiträge zur Linguistik, 81). Tübingen 1977.

Nagata, Shuichi: Modern Transformations of Moenkopi Pueblo. (Illinois Studies in Anthropology, 6). Urbana 1970.

Newcomb, Franc J.: Hosteen Klah. Navaho Medicine Man and Sand Painter. Norman 1964.

Nolasco Armas, Margarita: Los Seris, desierto y mar. (Anales del Instituto Nacional de Antropología e Historia, 18). Mexiko 1967.

Opler, Morris E.: An Apache Life-Way. The Economic, Social and Religious Institutions of the Chiricahua Indians. Chicago 1941.

Opler, Morris E.: Apache Odyssey. New York 1969.

Opler, Morris E. (Hrsg.): Grenville Goodwin Among the Western Apache. Tucson 1973.

Ortiz, Alfonso: The Tewa World. Chicago 1969.

Ortiz, Alfonso (Hrsg.): New Perspectives on the Pueblos. Albuquerque 1972.

Parman, Donald: The Navajos and the New Deal. New Haven 1976.

Parsons, Elsie C.: Pueblo Indian Religion. 2 Bde, Chicago 1939.

Pennington, Campbell W.: The Tarahumar of Mexiko. Salt Lake City 1963.

Pennington, Campbell W.: The Tepehuan of Chihuahua. Salt Lake City 1969.

Pennington, Campbell W.: The Pima Bajo of Central Sonora. 2 Bde, Salt Lake City 1979/80.

Reichard, Gladys A.: Navaho Religion. 2 Bde, New York 1950.

Russell, Frank: The Pima (Bureau of American Ethnology, 26th Annual Report). Washington 1908.

Schroeder, Albert H. (Hrsg.): Changing Ways of Southwestern Indians. A Historic Perspective. Glorieta 1973.

Shepardson, Mary: Navajo Ways in Government (American Anthropological Association, Memoir 96). Menasha 1963.

Sheridan, Thomas E. und Thomas H. Naylor (Hrsg.): Rarámuri. A Tarahumara Colonial Chronicle, 1607–1791. Flagstaff 1979.

Sonnichsen, C. L.: The Mescalero Apaches. Norman 1958.

Spicer, Edward H.: Pascua. A Yaqui Indian Village in Arizona. Chicago 1940.

Spicer, Edward H.: Potam. A Yaqui Village in Sonora (American Anthropological Association, Memoir 77). Menasha 1954.

* Spicer, Edward H.: Cycles of Conquest. The Impact of Spain and the United States on the Indians of the Southwest. Tucson 1962.

Spicer, Edward H.: The Yaquis. A Cultural History. Tucson 1980.

Spicer, Edward H.: People of Pascua. Tucson 1988.

Spicer, Edward H. (Hrsg.): Ethnic Medicine in the Southwest. Tucson 1977.

Spicer, Edward H. und Raymond H. Thompson (Hrsg.): Plural Society in the Southwest. Albuquerque 1972.

Spier, Leslie: Havasupai Ethnography (American Museum of Natural History, Anthropological Papers 29). New York 1928.

Spier, Leslie: Yuman Tribes of the Gila River. Chicago 1933.

Stephen, Alexander M.: Hopi Journal of Alexander M. Stephen. Hrsg. v. Elsie C. Parsons. (Columbia University, Contributions to Anthropology 23) 2 Bde, New York 1936.

Stevenson, Matilda C.: The Zuni Indians (Bureau of American Ethnology, 23rd Annual Report). Washington 1904.

* Talayesva, Don C.: Sonnenhäuptling Sitzende Rispe. Kassel 1964, engl.: Sun Chief. The Autobiography of a Hopi Indian. New Haven 1942.

Tanner, Clara Lee: Southwest Indian Craft Arts. Tucson ⁵1975.

Thompson, Laura: Culture in Crisis. A Study of the Hopi Indians. New York 1950.

Tiller, Veronica E. V.: The Jicarilla Apache Tribe. A History, 1846–1970. Lincoln 1983.

Titiev, Mischa: The Hopi Indians of Old Oraibi. Ann Arbor 1972.

Underhill, Ruth M.: Social Organization of the Papago Indians (Columbia University, Contribution to Anthropology 30). New York 1939.

Underhill, Ruth M.: Ceremonial Patterns in the Greater Southwest (American Ethnological Society, Monograph 13). New York 1948.

Upham, Steadman: Polities and Power. An Economic and Political History of the Western Pueblo. New York 1982.

Vogt, Evon Z. und Ethel M. Albert: People of Rimrock. Cambridge 1966

Waddell, Jack O.: Papago Indians At Work (University of Arizona, Anthropological Papers 12). Tucson 1969.

Weaver, Thomas (Hrsg.): Indians of Arizona. A Contemporary Perspective. Tucson 1974.

Welck, Karin von: Untersuchungen zum sogenannten Konservatismus der Pueblo-Indianer in Arizona und Neu Mexiko. Dissertation Köln 1973.

White, Leslie A.: The Pueblo of Santo Domingo (American Anthropological Association, Memoir 43). Menasha 1935.

* Wienands, Rolf: Die Lehmarchitektur der Pueblos. Köln 1983.

Witherspoon, Gary: Navajo Kinship and Marriage. Chicago 1975.

Witherspoon, Gary: Language and Art in the Navajo Universe. Ann Arbor 1975.

* Worcester, Donald E.: Die Apachen. Düsseldorf, Wien 1982, engl.: The Apaches. Norman 1979.

Wright, Barton: Hopi Kachinas. Flagstaff 1977.

Wyman, Leland C.: Blessingway. With Three Versions of the Myth Recorded and Translated from the Navaho By Father Berard Haile. Tucson 1970.

Wyman, Leland C.: The Mountainway of the Navajo. Tucson 1975.

Wyman, Leland C. (Hrsg.): Beautiway. A Navajo Ceremonial (Bollingen Series, 53). New York 1957.

10. Die Indianer Zentralmexikos

Ayre, Linda und Stefano Varese: La población zapoteca en el estado de Oaxaca según el censo de 1970. Oaxaca 1978.

Bartolomé, Miguel A. und Alicia M. Barabas: Tierra de la Palabra. Historia y etnografía de los Chatinos de Oaxaca (Instituto Nacional de Antropología e Historia, Coll. Cient. 108). Mexiko 1982.

Basauri, Carlos: La población indígena de México. 3 Bde. Mexiko 1940.

Beals, Ralph L.: Ethnology of the Western Mixe (University of California, Publications in American Archeology and Ethnology 42). Berkeley 1945.

Beals, Ralph L.: Cheran. A Sierra Tarascan Village (Smithsonian Institution, Institute of Social Anthropology, Publication 2). Washington 1946.

Benitez, Fernando: In the Magic Land of Peyote. Austin 1975.

Bernal, Ignacio: Bibliografía de Arqueología y Etnografía. Mesoamérica y Norte de México, 1514–1960 (Insituto Nacional de Antropología e Historia, Memorias 7). Mexiko 1962.

Carrasco, Pedro: Los Otomies (Publicaciones del Instituto de Historia, Serie 1, No. 15). Mexiko 1950, 1979.

Caso, Alfonso: Indigenismo. Mexiko 1958.

Chamoux, Marie Noëlle: Indiens de la Sierra [Nahua]. Paris 1981.

Chiñas, Beverly L.: The Isthmus Zapotecs. Women's Roles in Cultural Context. New York 1973.

Cook, Scott: Zapotec Stoneworkers. The Dynamics of Rural Simple Commodity Production in Modern Mexican Capitalism. Washington 1982.

Dow, James W.: Santos y supervivencias. Funciones de la religión en una comunidad Otomí, México. Mexiko 1974.

Fisher, G.: Directed Culture Change in Nayarit, Mexico (Tulane University, Middle American Research Institute, Publication 17). New Orleans 1953.

* Foster, George M.: Culture and Conquest. America's Spanish Heritage (Viking Fund, Publications in Anthropology 27). New York 1960.

Foster, George M. (Hrsg.): Contemporary Latin American Culture. An Anthropological Sourcebook. New York o. J.

Goldschmidt, Walter und Harry Hoijer: The Social Anthropology of Latin America. Los Angeles 1970.

Granberg, Wilbur J.: People of the Maguey. The Otomi Indians of Mexico. New York 1970.

Ichon, Alain: La religion des Totonaques de la Sierra. Paris 1969.

Jäcklein, Klaus: San Felipe Otlaltepec. Beiträge zur Ethnoanalyse der Popoloca de Puebla, Mexico (Göppinger Akademische Beiträge, 12). Göppingen 1970.

Jäcklein, Klaus: Die Popoloca von Tepexi (Puebla). Das Mexiko-Projekt der Deutschen Forschungsgemeinschaft, 15). Wiesbaden 1978.

Kearney, Michael: The Winds of Ixtepeji. World View and Society in a Zapotec Town. New York 1972.

Kelly, I. T. und A. Palerm: The Tajin Totonac (Smithsonian Institution, Institute of Social Anthropology, Publication 13). Washington 1952.

Kemper, Robert V.: Migration and Adaptation. Tzintzuntzan Peasants in Mexico City. Beverly Hills 1977.

Kendall, Carl u. a. (Hrsg.): Heritage of Conquest Thirty Years Later. Albuquergue 1983.

Margolies, Barbara L.: Princes of the Earth. Subcultural Diversity in a Mexican Municipality [Mazahua]. (American Anthropological Association, Special Publications 2). Washington 1975.

Malinowski, Bronislaw und Julio de la Fuente: Malinowski in Mexico. The Economies of a Mexican Market System. London 1982.

Marschall, Wolfgang: Beiträge zur Ethnographie der Sierra-Totonaken (Das Mexiko-Projekt der DFG, 4). Wiesbaden 1972.

Mata Torres, Ramón: Vida y arte de los Huicholes. 2 Teile, Mexiko 1960.

Myerhoff, Barbara G.: Peyote Hunt. Ithaca 1974.

Nader, Laura: Talea and Juquila. A Comparison of Zapotec Social Organization (University of California, Publications in American Archaeology and Ethnology 48). Berkeley 1964.

Nutini, Hugo G.: Ritual Kinship. 2 Bde, Austin 1976–1984.

Papousek, Dick A.: The Peasant Potters of Los Pueblo. Stimulus Situation and Adaptive Processes in the Mazahua Region in Central Mexico (Studies of Developing Countries, 27). Assen 1981.

Preuss, K. Th.: Die Nayarit-Expedition. Leipzig 1912.

Romanucci-Ross, Lola: Conflict, Violence, and Morality in a Mexican Village. Palo Alto 1973.

Romney, Kimball und R.: The Mixtecans of Juxtlahuaca, Mexico. New York 1966.

* Rubín de la Borbolla, Daniel F.: Arte popular de México. Mexiko 1963.

Selby, Henry A.: Zapotec Deviance. Austin 1974.

Schultze-Jena, L. S.: Bei den Azteken, Mixteken und Tlapaneken der Sierra Madre del Sur von Mexiko (Indiana, 3). Jena 1938.

Soustelle, George: Tequila. Un village nahuatl de Mexique oriental (Université de Paris, Institut Ethnologique, Travaux et Mémoires 62). Paris 1958.

Taggart, James M.: Nahuat Myth and Social Structure. Austin 1983.

Tax, Sol: Heritage of Conquest. The Ethnology of Middle America. Glencoe 1952.

Trotter, Robert, II. und Jean Antonio Chavira: Curanderismo. Mexican American Folk Healing. Athens 1981.

Turner, Paul R.: The Highland Chontal. New York 1972.

Villa Rojas, Alfonso u. a.: Los Zoques de Chiapas. Mexiko 1975.

West, R. C.: Cultural Geography of the Modern Tarascan Area (Smithsonian Institution, Institute of Social Anthropology, Publication 7). Washington 1948.

Whitecotton, Joseph W.: The Zapotecs. Norman 1977.

* Wolf, Eric R.: Sons of the Shaking Earth. Chicago 1959.

Young, James C.: Medical Choice in a Mexican Village. [Tarasken] New Brunswick 1981.

Die am leichtesten zugängliche Darstellung der indianischen Kulturen von Mexiko findet sich in den folgenden Bänden des ›Handbook of Middle American Indians‹: 6: Social Anthropology; 7: Ethnology, 1; und 8: Ethnology, 2. Austin 1967–1969.

11. DIE SIEBZIGER JAHRE IN ANGLO-AMERIKA

Barman, Jean et al. (Hrsg.): Indian Education in Canada. Vol. 1: The Legacy. Vancouver 1986.

Barsh, Russell L. und J. Y. Henderson: The Road. Indian Tribes and Political Liberty. Berkeley 1980.

Beck, Peggy V. und Anna L. Walters: The Sacred Ways of Knowledge. Sources of Life [Navajo]. Tsaile 1977.

Bennett, John W. (Hrsg.): The New Ethnicity. Perspectives from Ethnology (1973 Proceedings of the American Ethnological Society). St. Paul 1975.

Berger, Thomas R.: Northern Frontier, Northern Homeland. The Report of Mackenzie Valley Pipeline Inquiry. 2 Bde, Ottawa 1977.

Berry, John W.: Acculturative Stress among the James Bay Cree. Prelude to a Hydroelectric Project in Northern Québec, Canada. In: Ludger Müller-Wille u. a. (Hrsg.): Consequences of Economic Change in Circumpolar Regions (Boreal Institute for Northern Studies, Occasional Publications 14). Edmonton 1975.

Berry, Mary C.: The Alaska Pipeline. The Politics of Oil and Native Land Claims. Bloomington 1975.

Bingham, Sam und Janet: Between Sacred Mountains. Stories and Lessons from the Land [Navajo]. Chinle 1982.

* Bolz, Peter: Die Sioux und der »Verkauf« der Black Hills (Amedian, 1). Stuttgart 1981.

Bolz, Peter: Ethnic Identity and Cultural Resistance. The Oglala-Sioux of the Pine Ridge Reservation Today. In: Pieter Hovens (Hrsg.): North American Indian Studies, 2. Göttingen 1984.

Cardinal, Harold: The Rebirth of Canada's Indians. Edmonton 1977.

Charest, Paul: Hydroelectric Dam Construction and the Foraging Activities of Eastern Quebec Montagnais. In: E. Leacock und R. Lee (Hrsg.): Politics and History in Band Societies. Cambridge, Paris 1982.

Clow, Richmond L.: A New Look at Indian Land Suits. The Sioux Nation's Black Hills Claim as a Case for Tribal Symbolism. In: Plains Anthropologist 28 (1983).

Costo, Rupert: Indian Water Rights. A Survival Issue. In: The Indian Historian 5 (1972) 3.

Dosman, Edgar J.: Indians. The Urban Dilemma. Toronto 1972.

Dumars, Charles u. a. (Hrsg.): Pueblo Indian Water Rights. Struggle for a Precious Resource. Tucson 1984.

Frideres, James S.: Native People in Canada. Contemporary Conflicts. Scarborough 1983.

Fuchs, Helmuth und Wolfgang Lindig: A Report on Research Possibilities Concerning Ethnic Identity and Cultural Self-Determination among the Native People of Manitoulin Island, Ontario, Canada. In: North American Indian Studies 2. Göttingen 1984.

Gerber, Peter: Indian Control of Indian Education. In: Indianer heute (Ethnologica Helvetica, I). Bern 1979.

Gerber, Peter: Canada's Indians. From »bands« to »First Nations«. In: Alfred Pletsch (Hrsg.): Ethnicity Problems in Canada and other Northern Lands (Marburger Geographische Schriften, 97). Marburg 1985.

Hovens, Pieter: Indians in the City. In: Research 1. Göttingen 1982.

* Hundley, Norris C., Jr.: The Dark and Bloody Ground of Indian Water Rights. Confusion Elevated to Principle. In: The Western Historical Quarterly 9 (1978).

Indian Education. A National Tragedy – a National Challenge. [»Kennedy Report«]. Report of the Special Sub-Committee on Indian Education, Committee on Labor and Public Welfare, U. S. Senate. Issued as Senate Report No. 501, 91st Congress, 1st Session. Washington 1969.

Jacobson-Widding, Anita (Hrsg.): Identity. Personal and Social-Cultural (Uppsala Studies in Cultural Anthropology, 5). Uppsala 1983.

Josephy, Alvin M., Jr.: Here in Nevada a Terrible Crime ... In: American Heritage 21 (1970).

* Josephy, Alvin M., Jr.: Now that the Buffalo's Gone. A Study of Today's American Indians. New York 1982.

Kickingbird, Kirke und Karen Ducheneaux: One Hundred Million Acres. New York 1973.

Martone, Rosalie: The United States and the Betrayal of Indian Water Rights. In: The Indian Historian 7 (1974) 3.

Müller-Wille, Ludger: Population Concentration in Arctic and Subarctic Ethnic Groups. In: L. Müller-Wille u. a. (Hrsg.): Consequences of Economic Change in Circumpolar Regions. Edmonton 1975.

The Native American Today: The Second Convocation of American Indian Scholars. San Francisco 1974.

O'Malley, Martin: The Past and Future Land. An Account of the Berger Inquiry into the Mackenzie Valley Pipeline. Toronto 1976.

Pevar, Stephen L.: The Rights of Indians and Tribes. Toronto 1983.

Philips, Susan U.: The Invisible Culture. Communication in Classroom and Community on the Warm Springs Indian Reservation. New York 1983.

Roessel, Robert A., Jr.: Navajo Education, 1948–1978. Its Progress and Its Problems (Navajo History III, Pt. A). Rough Rock 1979.

Schierle, Sonja: Funktion einer Survival School für städtische Indianer. Heart of the Earth Survival School. Indianische Alternativschule in Minneapolis, Minnesota (Arbeiten aus dem Seminar für Völkerkunde der J. W. Goethe-Universität Frankfurt a. Main, 12). Wiesbaden 1981.

Schierle, Sonja: »Are You a Spy?« Or »Do You Come From Outer Space?«. Fieldwork on Urban Indian Education in Tucson, Arizona. In: North American Indian Studies 2 (1984).

* Schlesier, Karl H.: Die Ersten und die Letzten. Vom Überleben der nordamerikanischen Indianer. In: Frankfurter Hefte 31 (1976).

Schroeter-Temme, Gesine: Wykoopah – A Northern Ute Bilingual Project. In: North American Indian Studies 2 (1984).

Schusky, Ernest L: The Right to be Indian. San Francisco 1970.

Simões, Jr., Antonio (Hrsg.): The Bilingual Child. Research and Analysis of Existing Educational Themes. New York 1976.

Sorkin, Alan L.: The Urban American Indian. Lexington 1978.

St. Clair, Robert und William Leap (Hrsg.): Language Renewal Among American Indian Tribes. Issues, Problems, and Prospects. Rosslyn 1982.

Sutton, Imre: Indian Land Tenure. Bibliographical Essays and a Guide to the Literature. New York 1975.

Szasz, Margaret C.: Education and the American Indian. The Road to Self-Determination Since 1928. Albuquerque [2]1977.

Thornton, Russell und Mary K. Grasmick: Sociology of American Indians. A Critical Bibliography. Bloomington 1980.

Turner, Paul R. (Hrsg.): Bilingualism in the Southwest. Tucson [2]1982.

Waddell, Jack O. und Michael O. Watson (Hrsg.): The American Indian in Urban Society. Boston 1971.

Weaver, Sally M.: Making Canadian Indian Policy. The Hidden Agenda 1968–70. Toronto 1981.

Young, Robert W.: A Political History of the Navajo Tribe. Tsaile 1978.

Es sind hier nur Titel aufgeführt, die für das Kapitel ›Die siebziger Jahre‹ relevant und in deutschen Bibliotheken vorhanden sind.

* Ceram, C. W.: Der Erste Amerikaner. Hamburg 1972 und München 1993.
Fagan, Brian M.: Aufbruch aus dem Paradies. München 1991.
Fagan, Brian M.: Das frühe Nordamerika (engl. Ancient North America, London/New York 1991). München 1993.
* Haberland, Wolfgang: Nordamerika (Kunst der Welt). Baden-Baden 1965.
Jennings, Jesse D. (Hrsg.): Ancient North Americans. San Francisco 1983.
Lindig, Wolfgang: Die Kulturen der Eskimo und Indianer Nordamerikas (Handbuch der Kulturgeschichte). Frankfurt a. M. 1972.
Lindig, Wolfgang: Vorgeschichte Nordamerikas. Mannheim 1973.
Müller-Beck, Hansjürgen: Amerika. In: Neue Forschungen zur Altsteinzeit (Forschungen zur Allgemeinen und Vergleichenden Archäologie, 4). München 1984.
Pörtner, Rudolf und Nigel Davies (Hrsg.): Alte Kulturen der Neuen Welt. Düsseldorf 1980.
* Snow, Dean: Die ersten Indianer. Bergisch Gladbach 1976, engl.: The American Indians. London 1976.
Willey, Gordon R.: An Introduction to American Archaeology. 2 Bde, Englewood Cliffs 1966/71.

Die wichtigste Zeitschrift zur prähistorischen Archäologie Amerikas, zugleich Organ der »Society for American Antiquity«, ist ›American Antiquity‹ (Washington).

Register

345